한국전쟁과 중국

한국전쟁과 중국

초판1쇄 인쇄 | 2017년 6월 27일
초판1쇄 발행 | 2017년 6월 30일

지은이 | 김옥준

펴낸이 | 신일희

펴낸곳 | 계명대학교출판부

등 록 | 1970년 9월 1일 (신고번호 제347-1998-1호)

주 소 | 42601 대구광역시 달서구 달구벌대로 1095
전 화 | 053-580-6233 **팩 스** | 053-580-6235

ISBN 978-89-7585-786-7 93340

값 25,000원

이 도서의 국립중앙도서관 출판예정도서목록(CIP)은 서지정보유통지원시스템 홈페이지(http://seoji.nl.go.kr)와 국가자료공동목록시스템(http://www.nl.go.kr/kolisnet)에서 이용하실 수 있습니다.(CIP제어번호: CIP2017014757)

한국전쟁과 중국

김옥준 지음

계명대학교 출판부

머리말

한국전쟁이 발발한지 60여 년이 흘렀지만 이 전쟁에 대해서 아직도 풀리지 않는 의문들이 도처에 깔려있어 이러한 부분들이 여전히 연구자들 사이에 논쟁거리가 되고 있다. 과거 한국전쟁과 관련된 문제들, 특히 소련과 중국과 관련된 문제들이 명쾌하게 밝혀지지 못한 원인은 이들 사회주의 국가들의 폐쇄성으로 인한 관련 자료의 제한이었다. 그러나 소련이 붕괴되고 관련 자료들이 공개되면서 많은 의혹들이 풀리기 시작하였으며, 중국도 일정 부분 당시의 외교 비밀문건들에 대한 접근을 허용하게 되었다. 따라서 김일성의 남침계획 단계에서부터 휴전협정체결까지 소련과 중국의 역할, 특히 김일성의 전략적 계산, 김일성의 남침 승인과정, 중국의 개입 결정과정, 전쟁 전반에 걸친 중국과 소련의 역할 및 중·소 관계, 휴전회담과정에서의 중국과 소련의 입장과 역할 등의 문제에 대해 비교적 심도 있는 접근이 가능하게 되었다. 이에 따라 한국전쟁과 관련된 연구가 새삼 활발해 지면서 적지 않은 성과물들이 나오게 되었음은 다행스러운 일이라 하겠다.

이 책은 한국전쟁이 중국에게 어떠한 의미를 가지고 있는 것인가라는 물음에 해답을 제시하기 위하여 한국전쟁 참전을 둘러싼 중국의 입장과 대내외적인 전략적 고려에 초점을 맞추었다. 이를 위해 저자는 김일성이 남침계획을 스탈린에게 처음으로 제의한 1949년 3월부터 휴전회담이 시작되어 1951년 11월 군사분계선 협정이 체결된 시점까지를 주로 분석하였다. 군사분계선협정 이후 북방한계선(NLL)과 포로교환문제로 휴전협정이 체결될 때까지는 또다시 1년 반 이상이 소요되었으나 중국의 휴전회담에 임하는 기본적인 입장은 별다른 변화가 없었다.

북한의 남침은 1950년 6월 25일 개시되었으나 김일성은 이보다 훨씬 전인 1949년 3월과 9월에 이미 스탈린에게 남침을 제의하고 동의와 지원을 요청하였다. 그러나 당시 스탈린은 동의하지 않았으며, 마오저뚱(毛澤東) 역시 스탈린과 마찬가지로 1949년 말 까지는 김일성의 남침계획에 동의하지 않았다. 그러나 스탈린과 마오는 한반도를 무력으로 통일하려는 김일성의 제의에 원칙적으로 반대하지는 않았다. 당시 스탈린은 김일성의 남침계획에 중국의 개입을 확실히 연계시키고자 하였으며, 1950년 1월 마오와의 회담에서 외부세력이 개입할 경우라는 단서가 있었지만 중국의 직접 파병약속을 이끌어 내게 된다. 중국의 지원약속으로 미국과의 직접충돌의 가능성을 배제시킨 스탈린은 곧 이어 김일성의 남침개시를 승인하게 되었고, 마오 역시 이에 동의하게 되었다.

북한의 남침으로 시작된 한국전쟁은 준비 단계부터 휴전까지 전 기간에 걸쳐 스탈린의 전략적인 계산 아래 스탈린에 의해 주도되었다고 해도 과언이 아니다. 특히 스탈린은 북한의 남침을 냉전구도 하에서의 세계 전략적 차원에서 고려하고 있었으며 미국을 이 전쟁에 끌어들이면서 NATO의 출범으로 유럽에서 강화되고 있었던 미국의 위협수위를 낮추기 위하여 미국의 힘을 분산시키고자 하였다. 그러나 미국의 개입이 예상되는 이 전쟁에 소련 자신이 직접 나선다는 것은 곧 3차 대전을 의미하는 것이었기 때문에 미군과 직접 충돌하게 되는 상황이 발생한다면 이는 중국이 나서서 해결해 주어야 하는 것이었으며, 이에 스탈린은 이 전쟁에 중국을 끌어들이기 위하여 세심하고 신중한 접근을 하였다. 따라서 중국에 있어서 북한의 남침에 대한 동의는 곧 중국의 지원을 의미하는 것이었으며, 특히 유사시 지상군의 파병을 포함하는 것이었다.

그러나 마오의 북한의 남침에 대한 동의와 지원약속은 상당히 이념적·제한적인 차원에 머물러 있었다. 우선 마오는 미국의 개입을 거의 고려하고 있지 않았으며, 남과 북의 역량 차이를 볼 때 북한의 무력통일은 빠른 시일 내에 완성될 수 있을 것이라는 낙관적인 인식을 가지고 있었다. 그리고 북한의 남침에 소요되는 물적 지원은 모두 소련이 제공할 것이므로 중국은 이에 거의 부담을 느끼지 않았다. 따라서 북한에 대한 지원은 이념적·정신적 지원과 인민해방군 조선인 부대의 이양, 미군이 38선을 넘을 경우라는 제한적·조건부 지원을 약속하였을 뿐이다.

하지만 북한의 남침이 시작되자 미국은 신속하게 그것도 아주 깊숙이 전쟁에 개입하였으며, 8월 이후의 전쟁전개 양상은 마오의 예상과는 전혀 다르게 발전되고 있었다. 당초 한반도의 전쟁에 직접 참전할 의도도 필요도 없었던 중국은 미국이라는 강력한 변수가 나타나자 참전에 대한 인식을 달리하게 된다.

인천상륙작전 성공 이후 전세가 급격히 역전되기 시작하고 서울이 탈환되면서 중국 역시 미군의 38선 돌파의 우려와 함께 위협을 인식하게 되었고 그 동안 참전에 소극적인 자세에서 벗어나 적극적인 참전을 고려하기 시작하였다고 볼 수 있다.

전황이 급속하게 불리해지자 9월 30일 김일성은 스탈린에게 지원을 요청하였으며, 스탈린은 즉각 마오에게 북한을 직접 지원해 줄 것을 요구하게 된다. 이는 사실상 김일성의 남침에 동의하면서 스탈린과 마오가 한 약속이었다. 그렇지만 김일성의 남침에 동의하면서 참전의 조건으로 제시하였던 미군의 38선 돌파는 아직 이루어지지 않고 있었다. 하지만 한국군은 이미 38선을 넘고 있었고 미군의 위협이 현실화 되어가자 스탈린으로부터 북한지원 요청을 받은 10월 1일부터 중국지도부는 참전에 대한 본격적인 논의에 들어가게 된다. 그리고 참전이 논의되고 있을 때인 10월 8일 미군은 38선을 넘게 된다.

미군이 주축이 된 유엔군의 북진은 중국지도부의 참전결정에 결정적인 역할을 하였으며, 중국은 인민지원군의 이름으로 10월 19일 압록강을 건너기 시작하여 10월 25일 미군과 첫 교전을 하게 된다. 중국의 개입으로 한국전쟁은 이미 국제화가 되어버렸으며, 당시 냉전체제하에서 동서진영의 대결이라는 양상으로 발전하게 되면서 이는 곧 세계대전으로의 확전 가능성을 내포하고 있었다. 이를 우려한 국군과 유엔군은 11월 24일 종전을 위한 총공세를 전개하였으나 중국인민지원군의 강력한 반격에 부딪히면서 전쟁의 주도권은 중국인민지원군에게 넘어가게 되었다. 이에 11월 30일 유엔 안보리는 '중국인민지원군의 즉시 철퇴 요구 결의안' 상정하였으나 소련의 거부권 행사로 부결됨에 따라 미군과 유엔군에 의한 한반도 통일은 불가능해졌으며, 전쟁목적 변경에 의한 평화적인 해결모색이 불가피하게 되었다.

이러한 배경 하에 서방측은 1950년 12월 공산군 측에 처음으로 휴전을 제의하게 되었다. 그러나 전쟁에서의 우세를 점하고 있으면서 남진을 계속하고 있던 공산군 측은 이를 거부하였고, 이어 38선을 넘어 서울을 다시 함락하고 37도선까지 남진하였다. 이에 서방측은 휴전을 다시 모색하기 위해서는 38선의 회복이 전제가 되어야 함을 인지하고 1951년 4~5월에 걸친 중국인민지원군의 춘계공세를 막아내면서 5월 말에는 38선 이남을 회복하게 되었다. 따라서 1951년 6월은 1950년 12월과는 달리 교전당사국들은 물론 이해관계국들에게 있어서도 휴전을 모색하기에는 최적의 시기였다. 38도선에서 전선이 재형성되자 이는 교전 양측 모두에게 휴전의 당위상과 명분을 제공해 주고 있었다. 1951년 6월 23일 유엔주재 소련대사 말리크(Malik)가 '평화의 가치'제하의 연설을 통해 우회적으로 한국전쟁의 휴전을 제의하였고 6월 30일 리지웨이(Ridgway) 유엔군사령관은 이에 대한 동의성명을 발표함으로써 휴전회담의 개최는 기정사실화 되었다.

이에 따라 한국전쟁의 휴전을 논의하기 위한 회담이 1951년 7월 10일 오전

10시 개성 내봉장에서 개최되었다. 이에 앞서 7월 8일 예비회담 격인 연락관회담에서 양측 대표단 명단을 교환하였고 7월 10일 휴전회담이 시작되었으나 유엔군 측과 공산측은 의제채택을 둘러싸고 7월 26일까지 10차례의 회담을 가지면서 공방을 벌였다. 공산측이 의제채택협상과정에서 가장 강력하게 주장한 것은 38도선 군사분계선 설정과 한국으로부터 모든 외국군의 철수였다. 그러나 유엔군 측은 38도선 군사분계선설정과 외국군 철수문제를 의제에 포함시키는데 대해 반대함으로써 결국 38도선 문제는 본 회담에서 군사분계선설정문제를 토의할 때 다시 제기하기로 하였으며, 외국군 철수문제는 정부차원에서 논의되어야 하는 정치적인 문제라는데 동의하고 이를 의제에서 제외시키고 이를 휴전 후에 논의하는 것으로 양보하였다. 반면에 휴전 감시기구 구성문제와 전쟁포로 처리문제는 이견이 있었으나 비교적 순조롭게 의제로 채택되었다.

휴전회담은 초기부터 스탈린이 배후에서 통제하고 있었지만, 마오가 협상대표단을 실질적으로는 지휘하고 있었다. 스탈린과 마오가 한국전쟁 휴전에 대한 생각이 서로 상반되어 있었음을 고려한다면 휴전회담에서의 마오의 협상전략이 완전히 스탈린의 통제 하에 있었다고만은 볼 수 없을 것이다. 기본적으로 회담이 임하는 양측의 입장에서 볼 때 중국과 북한은 조속한 시일 내에 휴전협정이 체결되어 전쟁을 끝내야 한다는 것이었고, 미국 역시 국내외 여론이 휴전 쪽으로 기울고 있었다. 그러나 스탈린은 그의 세계전략에 근거하여 한국전쟁의 휴전에 소극적이었다. 휴전회담뿐만 아니라 한국전쟁을 초기부터 배후에서 통제하고 있었던 스탈린과 회담대표단을 실질적으로 지휘하고 있었던 마오와의 휴전에 대한 입장 차이가 휴전회담 전 과정에서 상호 갈등을 야기하게 되었음은 당연한 일이라 할 수 있다.

중국은 회담운영체제로서 직접협상을 담당하는 회담대표단과 막후에서 회담을 지휘·통제하는 협상지휘부로 구성된 이중 체제를 구축하였다. 본 회담에서 가장 먼저 다루어진 군사분계선 설정과 관련하여 마오(毛)는 이미 의제채택 회담에서부터 38도선 군사분계선 설정의 주장이 논리적으로 취약하며 설득력이 없다는 것을 간파하고 있었다. 따라서 유엔군 측이 38도선 문제는 거부하고 있었지만 비무장 지대 설정에는 동의하고 있었으므로 본회담에서 비무장지대에 대한 구체적인 논의가 진행될 때 다시 조정이 가능한 사안으로 고려할 수 있다는 계산이었다. 중국으로서는 실질적인 회담을 진전시켜 조속한 시일 내에 전쟁을 종결시키는 것이 가장 중요한 목표였다. 이렇게 볼 때 중국 측의 입장에서는 38도선의 주장보다는 유엔군 측이 동의하는 실질적인 비무장지대설정에 비중이 옮겨가고 있었고 따라서 회담 초기에 이미 양보전략이 마련되었다고 보아야 할 것이다. 결과적으로 중국은 38도선 주장을 양보하는 대신 미국의 지상보상요구와 개성지역 확보요구를 철회시키고 현 쌍방군대의 접촉선에서 군사분계선을 확정하는 방안을 관철시켰다. 그러나 30일 내에 다시 의세

합의, 특히 포로교환합의에 실패함으로써 30일 이내에 휴전협정이 조인될 경우에 한하여 유효하다는 동 협정의 3항 조항과 1항의 전투계속원칙에 의하여 이후 1년 반 이상 한 치의 땅도 더 차지하려는 치열한 전투가 계속되었고 엄청난 사상자를 내었다. 하지만 쌍방군대의 접촉선은 불행히도 1953년 7월 휴전협정 체결시점에 와서도 크게 달라진 것은 없었다.

북한의 남침제의부터 참전의 결정, 휴전회담 등에 대한 중국의 입장과 전략을 분석하는 것 못지않게 한국전쟁이 중국 국내정치·사회에 미친 영향을 파악하는 작업 역시 한국전쟁과 관련한 중국의 입장 분석에 중요한 의미를 지니고 있다. 오랜 기간 동안의 항일전쟁과 국공내전을 거치면서 피폐해진 신생 사회주의 중국이 세계최강의 미국을 상대로 대외전쟁을 감행한다는 것은 상식적으로 이해하기 힘든 부분이 있다. 따라서 미 제국주의의 동북지역 안전에 대한 위협이라는 대외적인 위기의식 못지않게 상당히 많은 대내적인 요인들이 고려되었을 것이라는 점을 짐작할 수 있을 것이다.

신생 사회주의중국의 과제는 다른 신생국과 다를 바 없는 정권의 정통성 획득과 국내정치통합이었다. 국내의 정치·경제·사회체제 등 모든 영역에서의 근본적인 변화가 필요하었으며, 사회주의를 경험해 보지 못했던 중국에서 사회주의 체제로의 급속한 전환이 필요하였다. 따라서 신생 중국의 내부에 존재하고 있었던 과거 봉건주의적인 요소와 서구열강들과 미국, 그리고 국민당정부가 남겨놓은 자본주의적 요소 등 다양하고도 복잡한 이질성을 어떻게 극복하고 사회주의 정권에 대한 대중들의 지지를 획득하고 정치통합을 이룩할 것인가는 당시 중국지도부가 가장 심각하게 고려해야 할 문제였다. 그들의 당면 목표인 정치통합을 단시간에 가능하게 해준 것이 바로 한국전쟁의 발발과 참전이었다. 다시 말해서 신생 사회주의 중국의 당면과제인 정통성 획득과 정치통합을 이룩하여 정권을 안정시키기 위해서는 먼저, 전면적인 사회주의적 개조를 통한 사회, 경제, 문화적인 통합을 이룩하여야 하였으며, 폭력수단에 대한 효과적인 통제권을 확립하고 지방분권세력의 제거를 통한 중앙집권화의 완성이라는 세 가지 목표를 달성해야 하였다. 이러한 세 가지 목표를 단시간에 달성하게 하여준 계기가 된 것이 한국전쟁이었다.

또한 정부수립 초기 대대적인 대중운동의 전개는 사회주의국가들에 있어서 보편적으로 나타나는 특징 중에 하나이지만 방대한 영토와 인구를 가진 중국의 경우 더욱 중요한 의미를 가진다고 볼 수 있다. 특히 1950년 10월 한국전쟁 참전을 계기로 대대적으로 전개된 항미원조(抗美援朝)운동은 사회주의국가로서의 기반을 구축하는데 결정적인 역할을 하였다. 항미원조운동은 표면적으로는 미국의 침략에 대항하고 조선(북한)을 지원하기 위한 운동이지만 이 운동의 전개 과정과 성과를 살펴볼 때 그 실제적인 목적은 대외적인 측면 보다는 대내적인 측면에 그 초점이 맞춰져 있었다고 볼 수 있다. 전쟁이 끝난 후 중국은 항미원조운동으로 한국전쟁에서의 승리 및 국내적인 경제건설과 사회주의 기반 구축 등 두 마리의 토끼를 동시에 잡는 성과를 거두었다고 스스로 평가하였다는 사실이 이를 뒷받침하고 있다. 실제 한국전쟁에서 중국은 대내적으로 전쟁참전을 구실로 항미원조운동을 전개하면서 국민들로부터 막대한 성금을 거둬들이고, 국가와 사회 각 부문에서 대대적인 사회주의개혁을 단행함으로써 사회주의국가의 기반을 구축하는 등 한국전쟁이 아니었으면 상상하기 어려운 성과를 거둘 수 있었다.

이 책에서 저자는 한국전쟁과 관련하여, 특히 중국의 한국전 참전결정과정과 관련하여 크게 다음 몇 가지 쟁점에 중점을 두고 구체적으로 밝혀보고자 한다. 즉 중국이 북한의 남침준비단계에서부터 소련, 북한과 공모하여 한국전쟁에 참전할 준비를 하고 있었다는 주장, 북한의 남침 이전에 중국이 취했던 군사적인 조치를 포함한 각종 움직임, 특히 동북변방군의 편성과 배치가 참전을 위한 준비였다는 주장, 소련의 지원에 의한 중국 공군력 강화의 의미에 관한 논쟁, 참전결정 시기의 논쟁, 그리고 휴전회담에 대한 중국의 입장 등에 관하여 기존의 주장들을 평가해보고 이에 대한 재해석과 분석을 통하여 이러한 문제들의 진상을 밝혀보고자 하는 것이다. 또한 중국의 한국전 참전의 결과 즉 참전의 대내외적인 성과와 영향을 살펴봄으로써 그들의 참전의도와 목적을 입증해 보고자 한다.

위와 같은 목적에서 이 책은 제1장부터 3장까지는 김일성의 남침제의에서부터 중국이 참전을 결정할 때까지의 중국의 한국전쟁에 대한 시각과 입장, 그리고 전략을 분석해 볼 것이다. 그리고 제4장에서는 휴전을 모색하는 과정과 의제채택협상, 군사분계선설정협상과정에서 나타난 중국의 입장과 전략을 살펴보고자 한다. 제5장에서는 한국전쟁이 중국의 대내적인 영역에 미친 영향, 즉 국내정치통합, 군사적인 정규화와 현대화, 중국사회의 사회주의적 개조 등에 미친 영향을 살펴보고 특히 한국전쟁 참전과 함께 전개된 항미원조운동의 실체를 분석해 보고자 한다.

이 책은 60여 년이 지난 한국전쟁에서의 중국의 입장과 전략을 심도 있게 분석해 봄으로써 북한의 핵실험과 미사일 개발로 인하여 남북한 관계가 위기로 치닫고 있는 현 상황에서의 한중관계, 북중관계, 미중관계, 북미관계 등에 대한 적지 않은 시사점을 제시하고 있다 할 것이다. 다시 말해 60여 년이 지났지만 한국전쟁에서 나타난 중국의 대북정책과 대동북아 정책, 그리고 한반도 문제를 둘러싼 대미정책과 전략은 크게 달라진 것이 없다는 것이다.

그리고 이 책은 주로 저자가 그동안 중국에 있어서 한국전쟁이 가지는 의미가 무엇인가에 대해서 의문을 가지고 연구 발표해 온 연구 성과물들을 중심으로 수정·보완하여 재구성하였으며, 1차 자료인 한국전쟁과 관련된 중국과 소련과의 외교전문을 중심으로 분석해 봄으로써 최대한 사실에 접근해 보고자 하였다. 또한 본문에서 인용된 전문들은 주로 沈志華교수의《朝鮮戰爭: 俄國檔案館的機密文書》에 근거하였음을 밝혀둔다.

2017년 5월

저자 **김옥준**

차례

3장 북한의 지원요청과 중국의 참전결정

5장 중국의 한국전 참전과 대내외적 영향

01 장

북한의 남침제의와 중국의 지원 약속

01장 북한의 남침제의 수용과 중국의 지원약속

1절 북한의 초기 남침제의와 소련과 중국의 거부

해방 후, 미·소에 의한 한반도의 분할과 3년 동안의 정치적 격동기를 거치면서 결국 통일정부의 수립이 무산되고 남북한이 각각 단독정부를 수립함으로써 한반도와 우리 민족의 비극이 시작되었다. 단정수립 후 남북한 모두 한반도 통일을 위해서는 무력사용도 불사하겠다는 인식을 가지고 있었다. 이승만 대통령은 공공연하게 북진통일을 외치면서 미국에게 이를 지원해 줄 것을 요구하였으나 2차 대전이 끝난 지 얼마 되지 않아 또다시 전쟁에 휘말릴 것을 우려한 미국행정부와 의회에 의해 거부되었다. 하지만 김일성은 한반도 무력통일을 위하여 소련에 대해 상당히 전략적으로 접근하고 있었던 것으로 보인다. 한반도의 무력통일을 생각하고 있었던 김일성에게 있어서 이의 실행을 위해서는 소련의 승인과 지원이 필수적이었다. 뿐만 아니라 당시 비록 국공내전상태에 있었지만 중국공산당의 지원도 대단히 긴요한 것이었다. 1949년 초, 중국

대륙에서 중국공산당의 승리가 거의 확실시되고, 특히 동북지역을 중국 인민해방군이 완전히 장악하자 김일성은 그의 남침계획을 공식화하기 시작하였다. 물론 김일성이 남침계획을 실행을 결심하게 된 배경은 1948년 소련군의 철수와 함께 모든 무기와 군수품들을 북한 인민군에게 이양하게 된 것도 중요하게 작용하였다. 이에 김일성은 남침계획을 실행에 옮기기 위하여 먼저 모스크바를 방문하여 스탈린에게 남침의사를 밝혔다. 1949년 3월 3일 모스크바를 방문한 김일성은 스탈린과의 수차례 회담에서 '전국토의 무력해방을 위한 공세'를 제기 하였지만, 스탈린으로부터 '남진은 안 된다'는 단호한 답을 들어야 하였다. 당시 스탈린은 남침 불가의 이유로 북한군이 한국군에 대해 완전한 군사적 우위를 차지하지 않았고, 38선을 기준으로 잠정적인 한반도 분단에 대한 미·소 간의 합의가 있으며, 미군이 여전히 한국에 주둔하고 있다는 점 등을 내세웠으나 김일성의 무력에 의한 한반도 통일 제의를 근본적으로 반대하지는 않았다.[1]

그 후 1949년 8월에서 9월 중순 사이 김일성은 재차 남침을 위한 제안서를 스탈린에게 보냈다.[2] 그러나 10월 초, 소련은 김일성의 모든 제안을 다음과 같은 이유에서 거절하였다. 그것은 첫째, 북한의 군사적 준비가 불충분하기 때문에 북한군은 아직까지 한국군에 대해 신속한 승리를 거둘 수 없다. 그리고 장기전은 결과적으로 북한 내부의 정치적, 경제적 문제를 야기할 수 있다. 둘째, 한국내의 정치적 준비 또한 불충분하다. 폭동, 전반적인 인민봉기 및 게릴라전의 발전이 거의 없다. 셋째, 옹진반도의 강탈은 북한의 경계를 서울로 너무 접근하게 하여 양측 분쟁의 확대가 필연적이다. 넷째, 가장 중요한 것으로서 지역전은 미

1 Kathryn Weathersby, "To attack, or not to attack? Stalin, Kim Ilsung, and the prelude to wat" in *CWIHP Bullitin*, Issue 5, 1995, pp.4~5.또한 스탈린은 한국이 북한을 선제공격하면 북한이 한반도를 통일하기 위하여 반격할 수 있다는 데는 동의하였다.

2 동 제안서는 1)전면공격 2)옹진반도만을 점령하는 제한공격 3)제한공격으로 한국군이 혼란에 빠지면 전면공격 등 세 가지를 제의한 것으로 알려져 있다.

국으로 하여금 한반도에 관련된 모든 종류의 간섭을 가능하게 하는 구실을 만들어 줄 수 있다는 것 등이었다.[3] 그러나 스탈린이 김일성의 남침 제안을 거절한 가장 중요한 이유는 한국에서의 전쟁이 미·소간의 군사적 충돌을 촉발시킬지도 모른다는 두려움과 비록 그해 10월 1일 중화인민공화국 설립이 선포되기는 하였으나 중국공산당이 완전히 중국 대륙을 통제하지 못하고 있다는 사실 등을 지적할 수 있을 것이다. 스탈린은 김일성의 무력통일 제의에 대해 미국의 직접개입을 항상 고려하였고 이로 인한 직접충돌을 우려하였다. 이점에 관하여 후르시쵸프는 그의 회고록에서 당시 스탈린은 한국전쟁에서 미국과의 직접 충돌을 두려워한 나머지 이를 피하기 위해 '비록 김일성이 패배한다 할지라도 소련은 파병하지 않을 것'이라 언급한 것으로 밝혀지고 있다.[4]

스탈린으로부터 남침계획 실행을 거절당했던 김일성은 1차 제안 직후인 1949년 4월 말에서 5월 초, 모스크바 방문 시 자신을 수행하였던 김일(당시 민족보위성 부상 겸 인민군 총정치부 주임)을 베이징에 보내어 한반도 정세와 그의 무력통일 구상을 전달하게 하면서 조선인으로 구성된 중국 인민해방군 부대의 북한 인도를 협의토록 하였다. 마오는 당시 김일과의 회담에서 한반도에서 전쟁이 발발할 경우 인민해방군 소속 조선인 간부들과 조선인으로 구성된 2개 사단병력을 지원할 용의가 있음을 밝혔다. 그러나 마오저뚱(毛澤東)의 조선인 부대의 지원은 '한반도에서 전쟁이 발발할 경우'라는 조건이었으며, 이는 북한의 남침을 지원하겠다는 의미는 아니었다.

1949년 말까지는 마오 역시 스탈린과 마찬가지로 김일성의 남침계획에 동의하지 않고 있었다. 즉 마오는 당시까지 공산주의 혁

3 Kathryn Weathersby(1995), pp.7~8.

4 Jerrold L. Schecter, *Khurshchev Remembers*, The Glasnost Tapes, Little Brown Company, 1970, p.147.

명세력 강화와 공산주의자에 의한 한반도 통일을 지지하고 있었다는 것은 짐작할 수 있지만 북한의 한국에 대한 조급한 선제공격을 시도하는 것에 대해서는 강력하게 반대하였다. 마오는 만일 북한이 선제공격을 한 것으로 보여 지면 미국이 아마도 일본군을 동원하는 것으로 반응할지도 모른다는 점을 두려워했다. 당시 중국 인민해방군의 주력이 여전히 양자강 남부에 있는 동안 중국이 북한에 대한 대규모 군사지원을 할 만한 위치가 아니었기 때문이기도 하였다. 마오는 중국공산당이 1950년 초기에는 중국 전 대륙에 걸쳐 통제력을 확보할 수 있을 것이고 이 시기가 북한이 선제공격을 하기 위한 기회라고 계산 했으며, 이때 일본군의 한국 투입을 전제로 중국 인민해방군을 한반도로 신속히 투입시킬 수 있을 것이라 생각하고 있었고, 이에는 소련과의 사전협의가 필요하다고 강조하였다.[5] 즉 당시 마오는 북한이 남침을 감행하기 위해서는 중국공산당의 중국대륙에 대한 완전한 통제력 확보, 국제적 상황의 유리한 전개, 중국 군대의 한반도 진입에 대한 소련의 승인 등이 조건이 충족되어야 될 것이라 보았다.

위에서 보는 바와 같이 마오는 당시 미국의 직접개입을 거의 고려하지 않고 있으며, 단지 미국의 용병으로 일본군의 개입만을 우려하고 있었음을 알 수 있다. 그러나 마오가 미국의 직접 개입을 심각하게 고려하였더라면 과연 직접 파병이라는 지원을 장담할 수 있었을까, 그리고 미국의 대규모 무력개입에 대한 스탈린의 심각한 우려를 충분히 전달 받았더라도 김일성의 남침제의를 받아들였을까라는 의문을 가지게 된다. 우리는 이 점에서 미·소의 직접충돌을 피하고 필요할 경우 그 역할을 중국이 해 주어야 한다는 스탈린의 한국전쟁에 대한 고도의 전략

5 Valeri Denissov), "Korean War of 1950~1953: Thoughts about the conflict's causes and actors" 1995. 7. 24 '한국전쟁: 역사적 기록의 평가'학술회의(워싱턴 조지타운대학) 발표문, David Tsui,"중공군의 한국전쟁참전(II)",『전략연구』통권 36호, 서울: 한국전략문제연구소, 2006, p.170.

적 계산이 김일성의 남침제의 단계에서부터 깔려있었다고 보아야 한다.

김일성의 남침계획에 대한 소련과 중국의 거부 의사는 1949년 10월 21일 마오가 스탈린에게 보냈던 김일성의 남침계획에 대한 신중한 결정이 필요하다는 전문에 대한 10월 26일 스탈린의 회신에서도 잘 나타나고 있다. 주중 소련대사 로신에게 보낸 동 전문의 내용은 다음과 같다.

> **코바료프, 로신**
>
> 필리포프(스탈린)동지의 10월 21일 마오저뚱 동지의 전문에 대한 아래와 같은 회신을 마오저뚱 동지에게 전달 바람.
>
> **마오저뚱 동지**
>
> 우리는 귀하의 의견에 동의합니다. 현재 북한의 군대는 남쪽으로 진격해서는 안 된다고 생각합니다. 우리 역시 북한에 대해 현재 군사적으로나 정치적으로 모두 진격의 준비가 되지 않았기 때문에 그들의 조선인민군이 아직 남쪽으로 진격해서는 안 된다고 지적하였습니다. 우리는 현재 북한은 조선통일을 위한 투쟁에서 마땅히 역량을 집중하여 유격활동을 전개해야 하며, 남한에 해방구를 구축하고, 최선을 다하여 조선인민군을 정비해야 할 것이라 생각합니다.
>
> 필리포프
>
> 1949. 10. 26.[6]

위의 전문에서 볼 때, 당시 중국과 소련은 모두 김일성의 한반도 통일을 위한 투쟁, 즉 전 한반도의 공산화 시도에 대해서는 지

6 АПРФ, ф.45, оп.1, д.332, л.47~48(1949. 10. 26), 필리포프는 스탈린의 암호명.

지를 보내지만 현 단계에서는 전면적인 남침이 아니라 게릴라전과 북한 인민군의 정비가 시급하다는 점에 동의하고 있음을 알 수 있다.

2절 소련의 남침제의 수용과 전략적 계산

01 북한의 남침에 대한 소련의 전략적 고려

1949년 말까지 북한의 남침에 유보적인 태도를 보이면서 이를 거부하고 있었던 스탈린은 1950년이 되면서 적극적인 자세로 전환하여 이를 긍정적으로 검토하기 시작하였다.[7]

스탈린이 처음으로 김일성의 남침에 긍정적인 입장을 밝힌 것은 1950년 1월 30일 평양에 보낸 다음과 같은 전문이었으며, 김일성에게는 이 전문이 스탈린이 자신의 남침계획에 드디어 승인한 것으로 받아들여졌다.

> **평양, 소련대사**
>
> 본직은 김일성동지의 불민을 잘 이해하지만 '남조선 공격을 목적으로 한 그러한 큰 작업에는 엄청난 준비가 필요하다는 것을 이해해야 함. 그 작업은 심각한 손실을 피하도록 주비되어야 함. 만일 이 일에 대해 본인과 논의하고 싶다면

7 1949년까지 북한의 남침에 대한 소련의 유보적인 태도에 관하여 자세한 것은沈志華 저, 최만원 역, 『마오저뚱, 스탈린과 조선전쟁』(서울: 선인, 2010), Sergei N. Goncharov & John W. Lewis, *Uncertain Partner: Stalin, Mao and Korean War,* (Stanford Univ. Press, 1993) 등 참조.

> 본인은 항상 그와 논의할 준비와 그의 의견을 경청할 준비가 되어 있음. 이 모든 사실을 김일성에게 전하고 이 문제와 관련하여 그를 도울 준비가 되어 있다는 점을 전하기 바람.
>
> 필리포프
> 1950. 01. 30.[8]

이 전문은 사실상 스탈린이 김일성의 남침계획에 동의하는 첫 전문으로서 김일성은 이 소식을 듣자마자 대단히 만족하면서 바로 다음날 모스크바 방문의사를 전달하였다.[9] 이때부터 소련은 북한의 남침에 대한 전폭적인 지원과 유사시 중국의 지원보장을 확보하기 위한 전략을 추구하게 된다. 1949년 말까지만 하더라도 북한의 남침에 대해 부정적이던 스탈린이 단 1~2개월 사이에 북한의 남침에 대한 입장이 적극적으로 변하게 된 이유는 무엇이었는가. 여기서 스탈린의 태도를 변화시킨 몇 가지 요인들에 대한 분석을 통하여 당시 스탈린이 북한의 남침에 대하여 어떠한 전략적인 고려를 하고 있었는지를 파악해 보고자 한다.

먼저, 1950년에 들어서면서 스탈린은 북한이 남침을 감행해도 좋을 국제적인 여건이 조성되고 있다고 판단하였다는 점을 들 수 있다. 특히 '국제적인 여건'의 가장 중요한 부분은 중국공산당이 중국 대륙을 석권하고 사회주의 중국을 수립했다는 점을 지적할 수 있을 것이다. 이는 북한의 남침동의에는 반드시 중국의 지원이 보장이 되어야 한다는 스탈린의 생각이 잘 반영되어 있는 부분이다. 이러한 스탈린의 생각은 1950년 3월 30일에서 4월 25일까지 모스크바를 방문한 김일성과의 회담에서 언급한 내용에 잘 나타나고 있다. 즉 당시 회담에서 스탈린은

---

8 АВПРФ, ф.059а, оп.5а, п.11, д.3, л.92(1950. 1. 30).

9 АВПРФ, ф.059а, оп.5а, п.11, д.3, л.92~93(1950. 1. 31).

김일성에게 "조선통일문제에 대하여 보다 적극적인 자세를 취할 수 있도록 국제환경이 충분히 변화하였다. 국제적인 측면에서 국민당에 대하여 중국공산당이 승리를 거둠으로써 조선에서 행동을 취하기 위한 환경이 개선되었다는 것이다. 또한 중국이 소련과 동맹조약을 체결하였기 때문에 미국은 아시아에서 공산주의에 도전하는 데 더욱 더 주저하게 될 것이다"라고 언급한 사실이 이를 잘 입증하고 있다.[10] 또한 이러한 국제환경의 변화에 대한 인식은 1950년 5월 14일 마오에게 보낸 북한의 남침에 동의하는 전문에서도 "조선동지들과의 회담에서 국제환경이 변하고 있기 때문에 조선인들의 조선통일 행동개시에 동의를 표시 하였습니다"[11]라고 다시 한 번 언급하고 있다는 사실에서 확인될 수 있다.

둘째, 1950년 2월 14일 체결된 중·소 동맹조약을 들 수 있다. 1949년 말에 시작된 중·소 동맹조약 체결과정을 살펴보면 쌍방의 입장은 미국의 정책에 대해 어떻게 대처하고 각자의 실질적 이익을 어떻게 추구할 것인가 라는 두 가지 측면에서 복잡하게 얽혀 있었다. 소련과 중국이 공동의 적인 미국에 대처하는 것은 동맹체결을 위한 기본적인 조건이었으며, 동시에 쌍방의 공통목표이기도 하였다. 그러나 마오는 대만을 포함한 전 중국의 해방이라는 대업을 완성하기 위하여 소련의 지원과 지지를 얻어야 했지만 소련은 중국의 힘을 빌려 미국의 힘이 아시아에서 확장되는 것을 막으면서, 동시에 중·미간의 충돌, 즉 중국의 대만해방전쟁에 소련이 직접 개입되는 것을 피하고자 하였다. 소련에 있어서 중·소동맹 결성의 주요 목적은 미국과 냉전을 진행하고 있는 국제적 상황에서 중국의 힘을 빌려 아시아에서 미국의 영향력에 타격을 가하고 견제하

10 소련공산당 중앙위원회 국제부, "김일성의 소련 방문(1950. 3. 30~4. 25)에 관한 보고", 예프게니 바자노프, 나딸리아 바자노프 저, 김광린 역,『소련의 자료로 본 한국전쟁의 전말』(서울: 도서출판 열림, 1998), pp.52~53.

11 АПРФ, ф.45, оп.1, д.331, лл.5581950. 5. 14).

는 것에 있었다.[12] 이를 위해 중·미간의 적대관계를 심화시킬 필요가 있었고 중국의 대만해방전쟁에 직접개입 되는 것을 피하면서 중·미간의 적대관계를 심화시킬 수 있는 방안이 북한의 남침승인이었다. 중국과 미국과의 적대관계를 심화시킬 필요가 있었다는 측면에서 볼 때, 소련의 입장에서 사회주의 신중국의 수립은 한편으로는 아시아에서 소련의 안전지대를 확대함으로써 이지역에서의 소련의 이익을 강화시켰지만 다른 한편으로는 이 거대한 영토와 인구를 가진 인접국이 강력하게 성장하면서 자신의 노선과 정책에서 벗어난 길을 걷게 된다면 소련의 안전과 이익을 위협할 수 있다는 가능성이라는 양면성을 가지고 있었다는 점을 지적할 필요가 있다. 당시 소련은 중국의 티토화를 우려하고 있었으며 나아가 중·미관계 개선을 우려하고 있었다. 마오가 모스크바에 체류하고 있을 때 미국의 우방인 영국이 신중국을 승인하기를 원한다는 소식을 전하자 스탈린은 이것이 중·미관계 개선의 전조라고 판단하기까지 하였다.[13]

따라서 중국과 미국과의 적대관계를 심화시킬 필요가 있었고 이는 한반도에서의 전쟁에 미국의 직접개입을 예상하고 있던 스탈린으로서는 중국으로 하여금 지원군을 파병하게 하여 미국과의 직접충돌을 야기함으로써 그 목적을 달성할 수 있을 것이라 생각하였다. 이러한 인식에서 스탈린은 북한의 군사행동을 승인하는 동시에 이 문제에 대한 마오의 지원을 확보해야 할 것이라는 점을 반복해서 강조하였으며, 1950년 4월 김일성과의 회담에서도 만약 북한이 남침과정에서 강력한 저항에 부딪힌다면, 자신은 전혀 도울 수가 없으니 마오에게 가능한 모든

12 沈志華(2010), p.167.

13 1950년 1월 인도와 영국은 중국을 승인하였다. Sergei N. Goncharov & John W. Lewis, *Uncertain Partner: Stalin, Mao and Korean War,* (Stanford Univ. Press, 1993), p.211.

도움을 요청할 것을 주문하였다.[14] 또한 중국을 한반도의 전쟁으로 끌어들이기 위해서는 소련의 해·공군의 지원이 필요하며, 그 결과 미국과의 직접 충돌의 가능성이 높아 질 수밖에 없는 그들의 대만 해방전쟁을 방지하면서 중국의 힘과 행동을 소련의 전략적 구상안으로 끌어 들이고자 하는 의도가 숨어 있었다는 사실 역시 지적하고 넘어가야 할 필요가 있다.

또한 소련의 대동북아 전략의 측면에서 본다면 사회주의 중국이 탄생하고 국가주권의 회복을 요구하게 되면 얄타협정을 통해 동북아지역에서 확보한 소련의 이익이 영향을 받을 수밖에 없었다.[15] 이는 사회주의 신중국의 수립과 함께 중·소 동맹의 성립이 소련이 동북아에서 자신들의 세력을 강화시켜 한반도에서의 미국과 대결에서 승리할 수 있다는 자신감을 가지게 되었다는 측면보다는 역으로 신중국의 수립과 중소동맹조약의 체결로 동북아지역에서 소련의 이익이 위협을 받거나 완전히 상실할 수 있다고 스탈린은 판단하였으며, 바로 그런 이유에서 정책을 전환하여 소련이 전후 확정한 동북아에서의 전략적 목표가 계속해서 유지 될 수 있도록 보장하기 위해서였다. 즉 중·소 동맹조약으로 동북아에서 기득권을 상실하게 된 소련은 동 지역에서의 전략적 이익을 위한 새로운 정책 필요했다는 것이다.[16]

이러한 측면에서 중소동맹조약은 스탈린의 입장에서 보면 전후 얄타협정과 국민당과의 '중소조약'으로 실현되었던 동북아 지역에서의 소련의 전략적 목표, 즉 태평양 진출을 위한 출구와 부동항 확보가 1950년 이후에는 더 이상 존재하지 않게 됨을 의미했다. 이러한 상황에서 스탈린은 반드시 다른 보완조치를 취해 소련의 전통적 전략목표의

14 위의 책, p.106.

15 沈志華(2010), pp.123~124.

16 沈志華, 『中蘇同盟與朝鮮戰爭研究』, (廣西師範大學出版社, 1999), pp.133~134, p.215.

실현을 유지, 또는 보장받기를 원했다. 따라서 한반도 문제가 모스크바의 의사일정에 올라왔을 때 스탈린의 지도에서 오직 한반도만이 동북아 지역에서 소련의 요구를 어느 정도 만족시켜줄 수 있었을 뿐 아니라, 가능한 짧은 철로를 이용해 소련의 유럽부분과 태평양으로 항하는 출구를 연결시킬 수 있었다. 따라서 바로 이시기에 스탈린은 한반도의 긴장국면에서 자신의 정책을 완전히 수정하여 계속해서 수세적 전략을 취했던 방침에서 공격적인 전략으로 전환하였다고 볼 수 있을 것이다.[17]

셋째, NATO의 출범으로 유럽에서의 긴장과 자신에 대한 안보위협이 가중되고 있다는 인식이 소련의 대한반도정책, 즉 북한의 남침에 대한 소련의 입장변화에 영향을 미쳤다고 볼 수 있다. 냉전이 격화되던 시기 북한의 남침으로 인한 한반도 전쟁의 발발은 소련의 세계전략에서 볼 때, 미국의 역량을 유럽으로부터 분산시킬 수 있는 가장 효과적인 방법이었으며, 이를 위해서는 미국의 전략을 탐색하고 미국과 중국의 적대관계를 심화시킬 필요가 있었다는 것이다. 이러한 스탈린의 전략적 계산은 전쟁 발발 직후 북한을 침략자라고 규정하고 유엔군의 파병을 결의한 6월 27일 유엔안보리의 표결에 소련의 불참이 부적절하였다는 당시 체코슬로바키아 공산당 코트발트 서기장에게 보낸 다음과 같은 전문에서 잘 나타나고 있다. 동 전문의 내용은 당시 유엔안보리의 6월 27일 표결에 소련의 기권에 대한 스탈린의 입장을 밝힌 것으로 북한의 남침에 대한 그의 전략적 계산을 이해하는데 대단히 의미 있는 문서로서 그 중요성을 감안하여 전문(全文)을 게재한다.

17 沈志華(2010), p.195.

프라하, 소련대사

코트발트에게 아래의 내용을 구두로 전달할 것. 만약 서면 전문을 요구할 시, 복사본 1부를 제공해도 무방함.

소련의 6월 27일 안보리불참(보이콧)과 불참 후 발생한 일에 대해 우리는 코트발트동지와 다른 생각을 가지고 있음. 우리의 안보리 불참의 목적은 4가지가 있었음. 첫째, 소련과 신중국의 일치단결을 보여주는 것임. 둘째, 미국의 정책이 황당하고 우둔함을 강조하는 것임. 왜냐하면 미국은 국민당정부 같은 허수아비를 안보리에서의 중국대표로 승인하고, 진정한 중국대표가 안보리에 들어가는 것을 거부하고 있기 때문임. 셋째, 두 강대국 대표가 불참한 가운데 통과된 안보리의 결정은 불법임을 인정하고자 하는 것임. 넷째, 미국으로 하여금 그들 마음대로 할 수 있는 상황을 만들어 주어 안보리의 다수를 이용하여 또 다시 어리석은 일을 저지르게 함으로써 세계여론 앞에 미국정부의 진면목을 폭로하는 것임.

본직의 생각으로는 우리는 이미 이러한 목적을 모두 달성하였음. 우리가 안보리에 불참한 후, 미국은 조선에 대한 군사적 간섭이라는 함정에 빠졌으며, 자신의 군사적, 도덕적인 위신을 훼손시켰음. 현재 미국이 조선에서 가해자와 침략자의 역할을 하고 있으며, 군사적으로도 자신이 자랑하듯 그렇게 강대하지도 않다는 사실에 대해서 아무도 의심하지 않고 있음. 또한 미국의 주의력(관심)은 유럽에서 극동으로 옮겨갔음이 분명하게 나타나고 있음. 범세계적인 세력균형의 관점에서 볼 때, 이 모든 것이 우리에게 유리한 것인가 아닌가? 당연히 유리한 것임.

만일 미국정부가 여전히 계속 극동에서 헤어나지 못하고 조선해방과 자신의 독립 쟁취를 위해 투쟁하는 중국을 끌어들인다면 어떠한 결과를 초래할 것인가.

우선, 미국 역시 다른 국가들과 마찬가지로 대규모 군사력을 보유하고 있는 중국의 적수는 되지 못함. 미국은 이러한 투쟁에서 무기력해 질 것임. 다음으로, 미국은 여기서 수렁에 빠진 후 단기간 내에 제3차대전을 착수하지는 못할 것임. 그렇다면 제3차대전은 상당기간 연기될 수 있을 것임. 이것은 바로 유럽의 사회주의 공고화를 위한 시간을 버는 것임. 미국과 중국의 투쟁이 아시아와 전 극동지역의 혁명을 유발할 것인지 여부는 단정하기 어렵지만 세계적인 세력균형의 관점에서 볼 때, 이 모든 것이 당연히 우리에게 유익한 것임. 이렇게 볼 때, 소련의 안보리 참석과 불참의 문제는 이미 표면적으로 보는 바와 같은 그렇게 간단한 문제는 아님.
종합해 볼 때, 우리는 '민주진영이 안보리를 떠날 필요가 없다'는 말을 할 이유가 없음. 참석과 불참은 모두 구체적인 정황에 의해 결정됨. 우리는 다시 안보리를 떠날 수도 있고 다시 돌아갈 수도 있음. 이 모든 것이 국제정세에 달려있음. 일부에서 우리가 현재 왜 다시 안보리로 돌아갔냐고 질문하고 있음. 그것은 미국정부의 침략정책을 지속적으로 폭로하기 위함이고, 미국이 안보리의 깃발아래 자신의 침략행위를 은폐하는 것을 저지하기 위함임. 지금, 미국이 이미 조선전쟁의 소용돌이 속으로 휘말려들어 갔을 때 안보리에서 (우리는)이러한 목적을 가장 쉽게 달성할 수 있을 것임. 본직의 생각으로는 이는 대단히 명백하며, 다시 해명할 필요가 없음.

필리포프
1950. 08. 27.[18]

위의 전문에서 볼 때, 스탈린은 김일성의 남침계획 승인

18 РГАСПИ, ф.558, оп.11, д.334, лл.97~98(1950. 8. 27).

단계에서부터 미국의 개입을 냉전적 구도 하에서 세계전략적인 관점에서 다각도로 검토하고 있었으며, 북한의 남침은 미국의 직접개입을 야기할 것이라는 확신에 가까운 고려를 하고 있었고, 미국의 직접개입이 있을 경우 중국의 파병을 보장 받음으로서 미국과 중국의 직접충돌을 유도하고자 하는 전략적 계산이 숨어 있었음을 알 수 있다. 즉 미국의 개입은 중국과의 직접충돌을 야기함으로써 미국은 한반도에서 전쟁의 수렁에 빠지게 될 것이라는 계산이 6월 27일 유엔 안보리 결정의 불참으로 이어졌다는 결론을 내릴 수 있다. 따라서 위의 전문으로 인하여 당시 소련이 유엔군 한국파병을 결정하는 안보리 회의에 불참한 이유가 소련이 미국과의 충돌을 피하고 전쟁확대를 미연에 방지하기 위한 것이었다는 주장은 설득력을 잃는다.[19] 뿐만 아니라 스탈린은 한반도에서 전쟁이 발생했을 때 미국이 직접 나서서 간섭하지 못할 것이라고 예상하고 있었다는 주장 역시 받아들이기 힘들게 된다.[20] 또한 이의 연장선에서 1950년 1월 12일 미국의 극동방위선에서 한국을 제외시킨다는 '에치슨 라인'이 북한의 남침과 소련의 승인에 영향을 미쳤다는 주장에 대해 다시 한 번 검토할 필요가 있다. '에치슨 라인' 선언은 미군의 개입을 우려하고 있었던 스탈린의 결정에 중요한 요인으로 작용하였다는 주장들이 그동안 보편적으로 제기되어 왔다. 이러한 주장은 미국의 에치슨 라인의 발표로 한국이 미국의 방위선에서 베제되었으며, 따라서 김일성의 남침에 대한 미군의 개입 가능성이 낮아졌다는데 초점을 맞추고 있다.[21] 그러나 여기서 저자는 다른 관점에서 스탈린의 남침에 대한 전략적 고려에 있어서 '에치슨 라인'의

19 이러한 주장은 和田春樹, 『韓國戰爭』(東京: 岩波書店, 1995), p.19 이종석, "한국전쟁과 북한–중국관계", 『전략연구』통권 15호 (서울:전략문제연구소, 1999), p.226 참조.

20 이러한 주장은 沈志華(2010), p.221~223 참조.

21 Weathersby(1995), p.4, 송종환, "한국전쟁에 대한 소련의 전략적 목표에 관한 연구" 『국제정치논총』제39집 2호, (서울: 한국국제정치학회, 1999), pp.192~193.

의미를 파악해 보고자 한다. 그 중 하나는, 스탈린이 한국전쟁에서 미국과의 직접충돌을 우려하기는 하였던 것은 분명하나 그 점은 이미 중국의 지원약속으로 이미 직접충돌이라는 가능성이 배제된 상태에서 미군의 개입 가능성 여부, 즉 '에치슨 라인' 선언이 김일성의 남침 승인에 중요한 요인으로 작용하였다고 보기는 어렵다는 것이다. 곤차로프 등도 이 점에 대해 "스탈린이 에치슨의 발언을 진심으로 받아들였다고 믿기는 어렵다. 이에 대한 저자의 견해로는 스탈린이 에치슨의 발언만으로 김일성의 계획에 대한 승인을 결정했다는 견해에는 반대한다. 스탈린은 노련한 전략가로서 미국이 아마도 무력개입을 할 것이라 믿었다. 그러나 미국이 대규모 군사력을 한반도에 파병시키기 전에 북한 인민군이 한반도 남부를 석권할 수 있으리라 기대했다. 이것이 실패할 경우에는 이로 인한 미국과 소련 사이의 무력충돌을 피하기 위해 모택동이 이 사태에 개입하도록 하는 것이었다."[22]고 주장하고 있다. 이 견해에 의하면 스탈린은 '에치슨 라인'의 존재여부를 떠나서 김일성의 남침이 미국의 직접개입을 불러 올 것이라는 확신에 가까운 인식을 가지고 있었다고 보아야 한다. 따라서 스탈린은 만일의 경우에 대비하여 중국의 직접 지원약속을 받아내는 것이 김일성의 남침승인의 전제조건이라 생각 했던 것이다. 단순히 미군의 개입가능성이 낮아졌다는 사실 때문이 아니라 미군이 개입하더라도 미국과의 직접 충돌을 피할 수 있도록 중국의 직접 개입 약속을 마오로 부터 받아내었다는 사실이 더욱 중요하다. 이러한 관점에서는 '에치슨 라인'은 스탈린의 남침 승인에 중요한 요인으로 작용하지는 않았다는 결론이 된다.

다른 하나는 '에치슨 라인'이 미군의 개입가능성을 현저하게 축소시켰다는 기존의 주장을 받아들이더라도 단지 그것이 소련과 미국의 직접충돌 가능성을 축소시키고 김일성의 무력통일 가능성을 증

22 Goncharov(1993), p.262.

대시킨다는 의미보다는 역으로 미국의 '에치슨 라인' 선언으로 미국의 동북아 지역에 대한 관심과 개입 가능성이 줄어드는 것을 방지하고 미국의 세력을 아시아에 묶어 두고자하는 전략적 고려, 즉 당시 악화되고 있던 유럽의 긴장국면과 연관시켜 그 의미를 파악해 보고자 하는 것이다. 다시 말해 '에치슨 라인'의 선언이 김일성의 남침계획 승인에 중요한 요인으로 작용하였다면 그것은 미군의 개입 가능성이 낮아졌기 때문이 아니라 동 선언으로 인한 미국의 관심과 세력이 유럽으로 집중되는 것을 방지하기 위한 미국 세력의 분산이라는 전략적 고려에서 오히려 한반도의 전쟁에 미국의 개입을 유도하고자 하는 의도로 해석하고자 하는 것이다. 당시 유럽은 NATO의 출범과 함께 소련과 서유럽과의 관계는 극도로 악화되고 있었다. '에치슨 라인'의 성격 역시 미국의 유럽 중시정책의 일환으로 보아야 한다는 보편적인 견해를 인정한다면 스탈린의 입장에서는 이는 미국의 대유럽 정책 강화를 의미하는 것이고 그렇다면 소련의 유럽정책은 타격을 받을 수밖에 없었을 것이다. 즉 '에치슨 라인' 선언이 북한이 남침 승인에 중요한 요인으로 작용하였다면 그것은 유럽으로 집중되고 있는 미국의 역량을 분산시키려는 의도, 다시 말해 '에치슨 라인'을 무력화 시키려는 의도가 더욱 크게 작용하였다고 보는 것이 타당할 것이다.

위와 같은 전략적 고려와 함께 스탈린은 중국을 유인하기 위해 마오가 모스크바에 체류하고 있을 당시 유엔 안보리에서의 중국의 지위에 대해 다음과 같은 소련의 입장을 밝히면서 선물을 안겨 주었다. 즉 스탈린은 유엔에서 중국의 지위에 관한 성명을 중국이 발표하되, 그 내용은 '국민당대표가 유엔 안전보장이사회에 있는 것은 불법이며, 이들은 반드시 축출되어야 한다'는 것이며, 소련은 이 중국의 성명을 지지하는 성명을 발표하고 안전보장이사회에서 국민당대표를 축출할 것을 요구하면서 국민당대표가 안보리에 출석하는 한 소련대표는 안보리를 보이콧할 것이라고 언급하였다. 마오는 이러한 스탈린의 제안에 흡족해 하였

으며 이에 전적으로 동의하였다.[23]

02 중국의 동의 유도를 위한 스탈린의 전략

1) 미국의 개입가능성 은폐

소련의 전략 하에서 한국전쟁에서의 중국의 역할은 외부세력의 개입 시, 특히 미국의 개입 시 중국의 지상군파병이었다. 김일성의 남침에 동의한 스탈린의 전략적 계산속에는 미군의 참전이 포함되어 있었으며, 미국과의 직접 충돌을 피해야 하는 소련의 입장으로서는 자신을 대신하여 중국이 이 역할을 해주어야 한다고 생각하였다. 미국의 직접개입에 대한 확신에 가까운 우려는 1949년 김일성의 남침제의를 거부하는 소련의 입장에서도 잘 나타나고 있다. 1949년 9월 21일 북한의 남침이 시기상조라는 견해와 함께 그로미코와 불가닌에 의해 서명된 초안 속에는 "미국은 틀림없이 군대를 남조선으로 이동시킬 것이며, 북조선은 이를 중단시킬 수 없을 뿐만 아니라 심지어 남조선군을 패배시킬 수도 없음"이라 밝히고 있으며,[24] 또한 앞에서 언급한 바 있는 코트발트에게 보낸 스탈린의 전문에서 나타난 바와 같이 유럽으로부터 미국의 힘을 분산시키기 위해 오히려 미군의 한국전 참전을 유도하고자 한 전략적 고려가 숨어 있었음을 알 수 있다.

따라서 스탈린에 있어서 미국이 대규모 군사력을 한반도에 파병하기 전에 북한이 한반도 남부를 석권하는 것이 실패 할 경우

23 沈志華(2010), p.183.

24 예프게니 바자노프, 나딸리아 바자노프 저, 김광린 역(1998),『소련의 자료로 본 한국전쟁의 전말』(서울: 도서출판 열림, 1998), p.43.

이로 인한 소련과 미국 간의 무력충돌을 피하기 위해 중국이 이 사태에 직접 개입하도록 보장을 받아내는 것이 북한의 남침에 동의하는 전제조건이 되는 것이었다.[25] 또한 이러한 고려는 앞에서 언급한 1950년 4월 김일성과의 회담에서도 스탈린은 "필요하다면 중국은 자국의 다른 필요를 희생시키지 않으면서도 조선에 파병할 수 있는 병력을 보유하게 되었다. 따라서 조선의 해방은 중국 지도부가 이를 찬성할 때만 개시될 수 있다. 또한 이 문제(남침)를 재차 마오와 상의하도록 (김일성에게) 촉구하며, 특히 미국이 조선에 군대를 파견하는 모험을 하는 경우 소련은 조선 문제에 직접 개입할 준비가 되어 있지 않다"고 언급함으로써 미군의 직접참전 시 중국의 지상군 파병을 전제로 한 전략적 고려를 일찍이 하고 있었다는 사실을 입증하고 있다.[26]

그러나 스탈린은 위에서 언급한 바와 같이 북한이 남침할 경우 미국의 직접개입을 예상한 전략적 고려를 하고 있었으나 마오와 김일성에게 미국의 직접개입을 심각하게 고려할 것을 주문하였다는 기록, 혹은 이러한 인식을 공유하였다는 사실은 찾아보기 어렵다. 이는 미국의 직접개입 가능성을 전제한다면 중국은 지상군 파병지원 약속에 상당히 소극적인 자세로 나올 것을 우려한 스탈린의 연막전술일 가능성이 높다. 더구나 당시 마오와 김일성은 미국의 직접개입 가능성을 낮게 평가하고 있었다. 스탈린 자신은 미국의 직접개입의 가능성을 심각하게 고려하는 전략적 계산을 하고 있었으나 1950년 1월 모스크바에서의 마오와의 회담, 그리고 1950년 4월 김일성과의 회담에서도 미국의 직접개입의 가능성을 낮게 평가하는 마오와 김일성의 인식에 어떠한 반론도 제기하지 않았을 뿐만 아니라 이러한 인식을 전환시키기 위한 어떠한 노력도 하

25 Goncharov(1993), p.262.

26 예프게니(1998), pp.53~54.

지 않았다. 마오가 1950년 초 모스크바에 체류하고 있을 때조차도 "미국은 조선에 직접개입하지 않을 것이며, 전쟁은 조선인들 스스로가 결정하는 내전이 될 것이다"라고 언급한 사실이 이를 잘 입증하고 있다.[27] 또한 김일성과의 회담에서도 스탈린은 "미국에서 입수한 정보에 의하면 미국 내의 지배적인 분위기는 조선 문제에 간섭하지 않는다는 것이며, 이러한 판단은 사실이다"라고 언급함으로서 김일성에게는 오히려 미국의 직접개입 가능성을 배제해도 좋다는 의미의 언급을 한 바 있다.[28]

스탈린은 자신의 남침동의 사실을 마오에게 확인시켜준 1950년 5월 중순까지 자신의 전략적 고려 속에 포함시키고 있던 미국의 개입 가능성을 은폐하면서 마오의 미국개입 가능성에 대한 인식을 파악하고자 하였으며, 결국은 마오가 미국의 개입을 낮게 평가하고 있다는 것을 확신하게 된다. 그렇다면 스탈린은 미국의 개입을 전제로 한다면 중국이 지상군 파병을 주저할 수밖에 없는 전략적 사고에서 본다면 마오가 가능성이 낮다고 생각하는 미국의 개입을 구태여 강조할 필요는 없었을 것이다. 중국의 지원약속은 스탈린의 김일성 남침승인에 대한 전략적 계산의 중요한 부분이었다. 스탈린은 자신이 확신하고 있었던 미군의 직접개입 가능성을 철저하게 은폐한 채 마오의 지원약속을 이끌어내었다. 이에 따라 스탈린은 북한의 남침에 대한 자신의 전략구상 실현에 한 걸음 더 다가서게 된다.

27 寶石少譯, 『赫魯曉夫回憶錄』(北京: 中國廣播電視出版社, 1998), p.359.

28 예프게니(1998), p.53.

2) 중국에 대한 우려와 남침동의사실 통보지연

소련의 지원으로 수립된 북한과는 달리 중국은 비록 소련과 동맹을 맺기는 했지만 스탈린은 마오를 신뢰하지도 안심하지도 않았다. 이로 인해 김일성의 남침에 대한 전략적 고려에서 스탈린은 새로운 동맹국인 중국에 대해서 두 가지 우려를 가지고 있었다. 즉 마오가 사전에 모스크바의 결정에 반대할 것이라는 점과 상황이 어려워졌을 때 마오가 사태에 개입하지 않고 모스크바의 지휘를 따르지 않을 것에 대한 우려가 그것이었다. 따라서 스탈린은 중국과의 관계를 처리하면서 세심한 고려와 함께 신중하게 접근할 필요가 있었으며, 이렇게 함으로써 소련의 전략적 결정이 순조롭게 받아들여질 수 있을 뿐 아니라 소련의 전략적 목표가 실현되는 것을 보장 받을 수 있었다.[29]

이러한 관점에서 스탈린은 마오에 대해 미국의 직접개입의 가능성을 은폐하였을 뿐만 아니라 1950년 1월 말 북한남침에 동의한 사실을 전쟁이 임박해진 5월 중순에 가서야 비로소 마오에게 알려주면서 중국의 지원 동의를 구하였다. 중국의 지원약속이 무엇보다도 필요한 북한의 남침에 관하여 마오에게 자신이 동의한 날로부터 3개월 반 동안이나 이 사실을 함구하고 있었다는 점이 스탈린이 마오에 대하여 위에서 언급한 바와 같은 우려를 하고 있었다는 것을 역설적으로 입증하고 있다. 즉 스탈린에 있어서 3개월 반이라는 시간은 중국을 그들의 한반도 전략 속으로 끌어들이기 위하여 미국의 직접개입에 대한 인식을 포함한 북한의 남침계획, 그리고 중·소관계 전반에 관한 마오의 입장파악에 필요한 시간이었다고 볼 수 있을 것이다.

마오가 소련의 남침동의에 대한 사실을 1950년 초 스탈린이 동의 했을 때부터 알고 있었는가에 대한 사실 여부는 중국이 북한

29 沈志華(2010), p.238.

의 남침계획단계부터 깊숙이 개입되어 있었다는 주장을 반박할 수 있는 중요한 근거가 될 수 있으므로 여기서 분명히 밝혀보고자 한다.

스탈린이 1950년 1월 말 이미 김일성의 남침에 동의하였고 동년 3월 30일부터 4월 25일에 걸쳐 모스크바를 방문한 김일성과 남침에 대한 구체적인 협의를 하였음에도 불구하고 마오가 스탈린의 남침 동의 사실을 알게 된 것은 동년 5월 13일 김일성의 북경방문에서였다. 우선 1950년 1월 30일 김일성에게 남침에 동의한다는 의미의 전문을 보낸 며칠 후인2월 2일 스탈린은 또 다시 주북한 대사 슈티코프에게 전문을 보내 "김일성에게 이 시점에서 그가 본인과 논의하려고 하는 문제는 완전히 비밀로 유지해야 한다는 점을 설명할 것. 중국동지들은 물론 심지어 북조선 지도부 내의 그 누구에게도 말해서는 안 될 것임. 이는 동 문제를 적에게 노출시키지 않으려는 의도임. (중략) 아직도 모스크바에 체류하고 있는 마오와 대화중임. 우리는 군사적 잠재력과 방어 역량을 배양하도록 북조선을 도와줄 필요성과 가능성에 대하여 논의하였음"이라 언급하였다.[30] 이 전문의 내용에서 볼 때 스탈린은 김일성의 남침계획에 이미 동의하였음에도 불구하고 당시 모스크바를 방문 중이던 마오와의 한반도문제에 대한 논의에서 여전히 북한의 남침역량이 아닌 방어역량 배양을 도와줄 필요성에 대해서만 논의하고 있었음을 알 수 있다. 비밀유지의 목적이 적에게 노출시키지 않으려는 의도라고 언급하고 있으나 중국에 대한 전략적 고려가 숨어 있다는 것을 부정할 수 없을 것이다. 또한 2월 15일 두 번째 비밀 회담에서 한반도문제가 논의되었음은 짐작할 수 있으나 구체적인 내용은 확인할 수 없다. 그러나 그 이후의 정황으로 볼 때 스탈린이 마오에게 자신의 새로운 결정, 즉 김일성의 남침에 동의하였

30 예프게니(1998), p.48.

다는 사실에 대해서는 언급하지 않았던 것으로 판단된다.[31] 이는 스탈린이 중국을 북한의 남침에 끌어들이려는 신중하고도 면밀한 전략적 계산을 하고 있었다는 사실을 읽을 수 있는 대목이라 볼 수 있다.

이외에도 4월 모스크바를 방문한 김일성과의 회담 내용에 대해서 "조선동지들이 여기를 다녀갔습니다. 그들과의 회담 결과는 조만간 별도로 통보해 드리겠습니다."[32]라는 전문을 5월 3일 마오에게 보냈으나 그 이후 별다른 통보는 없었다. 이 전문의 또 다른 중요한 의미는 마오가 김일성의 모스크바 방문 자체를 모르고 있었다는 것으로 해석할 수도 있다는 점이다. 또한 이러한 해석을 뒷받침할 수 있는 또 다른 문건을 발견할 수 있다. 즉 1950년 4월 10일 마오와 이연주 주중 북한대사와의 회견 내용에 관하여 당시 이그나티예프(주중 참사관)가 비신스키에게 보낸 전문에 의하면 동 회견은 3월 말에 이루어 진 것으로 김일성과 마오와의 회담에 관하여 논의하였으며, 이 때 "이연주대사는 회담의 시간과 방식에 대해서 김일성이 현재 와병중이라는 이유로 구체적인 언급을 회피하였다"고 적고 있다. 김일성은 3월 30일 모스크바로 가서 4월 25일 귀국하게 된다. 마오와의 회견 일자가 '3월 말'이라고만 밝혀져 있지만 김일성의 모스크바행을 이연주대사가 몰랐을 리가 없다. 따라서 이는 이연주대사 역시 본부의 지시로 김일성의 모스크바행을 은폐하고 있었음이 분명하다.[33]

따라서 마오는 1950년 5월 13일 김일성의 방문을 받은 자리에서 비로소 스탈린의 남침동의 사실을 알았다고 보아야 할 것이다. 김일성은 5월 13일 저녁 마오를 비롯한 중국지도부와 회담을 가지고 이

31 1950년 초 마오가 모스크바를 방문하였을 때, 스탈린은 마오와 두 번의 비밀 회담을 한 것으로 알려지고 있다. 沈志華 역시 이와 같은 주장을 하고 있다. 沈志華(2010), pp.234~236 참조.

32 АПРФ, ф.45, оп.1, д.331, лл.54(1950. 5. 3).

33 주중 북한대사 이연주는 김일성이 모스크바에서 돌아오자 귀국하여 마오와의 회견내용을 보고하고 김일성의 북경방문일정에 관한 지시를 받고 돌아갔다.

자리에서 김일성은 스탈린의 남침동의사실을 통보하였으나 중국지도부는 김일성이 말한 상황에 대해서 믿지 않았으며, 따라서 회담이 중단되었고 마오는 황급히 당일 밤 23시 30분 조우은라이(周恩來)로 하여금 소련대사관을 방문하여 스탈린에게 이를 확인하는 전문을 보내게 하였고 다음날 스탈린의 사실 확인 전문을 받게 된 정황이 이를 입증할 수 있을 것이다. 먼저 마오가 스탈린에게 사실 확인을 요청한 사실에 대해 주중대사 로신이 보낸 전문의 내용은 다음과 같다.

즉각 필리포프 동지에게 보고하기 바람

금일 5월 13일 23시 30분 마오저뚱의 지시로 조우은라이가 당관을 찾아와 아래와 같은 사항을 전달하였음.

1. 김일성과 조선민주주의 인민공화국 외무상 박헌영이 5월 13일 북경을 방문하였음.
2. 오늘 저녁 마오저뚱 동지는 그들 일행과 회담하였음. 동 회담에서 조선동지들은 다음과 같은 필리포프 동지의 지시를 통지하였음. 즉 "현재의 정세는 과거와 다르며, 북조선은 행동개시를 할 수 있다. 그러나 이 문제는 반드시 중국동지와 마오저뚱 동지 본인과 논의해야 할 것이다."
3. 조선동지는 북경에 이틀 동안 체류할 예정임.

위의 상황으로 볼 때, 마오저뚱 동지는 이 문제에 대한 필리포프 동지 본인의 설명을 듣기를 원하고 있음. 중국동지는 신속한 회신을 바라고 있음.

로신
1950. 5. 13.[34]

34 АВПРФ, ф.059а, оп.5а, п.11, д.3, лл.100~103(1950. 5. 13).

위의 전문 중 특히 마오가 "필리포프 동지 본인의 설명을 듣기를 원하고 있다"고 언급한 부분에서 우리는 당시까지 중국은 스탈린의 남침동의 사실을 몰랐다고 단정 지을 수 있다. 이에 대해 스탈린은 다음날(14일) 새벽 신속하게 마오에게 다음과 같이 회신하였다.

마오저뚱 동지

필리포프 동지와 그의 동지들은 조선의 동지들과의 회담에서 국제정세가 변하고 있기 때문에 조선인들의 조선통일 행동개시에 동의를 표시하였습니다. 동시에 중국동지와 조선동지가 공동으로 이 문제를 최종적으로 해결할 것을 결정하였습니다. 만일 중국동지가 조선통일의 행동에 동의하지 않는다면 다시 논의하여 결정할 것입니다.

조선동지들이 이번 회담의 상세한 상황을 소개할 것입니다.

필리포프

1950. 5. 14.[35]

위 전문에서 보는 바와 같이 스탈린은 김일성의 남침개시에 동의하면서 자신이 전쟁을 주도한다는 의미를 최대한 축소함과 동시에 교묘하게 중국을 끌어들이는 전략을 구사하고 있다. 특히 북한의 남침개시와 관련된 문제를 중국과 북한이 공동으로 최종적으로 해결해야 할 것이라는 말의 의미는 김일성의 남침개시에 중국의 동의를 구하는 형식을 취하고 있지만 실제로는 거부할 수 없도록 하는 의도와 함께 그 속에는 직접개입을 포함한 중국의 군사적 지원과 나아가 전쟁의 책임을 중국에 떠넘기려는 계산이 깔려 있다고 볼 수 있다.[36] 스탈린은 김일성의

35 이 전문은 1950년 5월 14일 04시 10분에 평양주재 소련대사관에 접수되었다. АПРФ, ф.45, оп.1, д.331, л.55(1950. 5. 14).

36 陳宏, 『跨過鴨綠江』(北京: 藍天出版社, 2003), pp.157~158.

남침개시에 대한 최종적인 결정에는 중국의 동의가 필요하며, 자신은 '동의'라는 단어만을 쓰면서 자신의 역할에 대해서는 언급을 회피한 채 만일 중국이 '동의'하면 남침개시와 이 전쟁에 관련된 문제들을 중국이 북한과 공동으로 해결해야 할 것을 요구하고 있다. 다시 말해 유사시 지상군파병 요구 등의 어떠한 구체적인 요구사항도 언급되어 있지 않는 포괄적인 중국의 지원 동의를 받아내는 내용으로 되어 있지만 이를 역으로 본다면 북한의 남침에 모든 지원과 책임을 떠넘길 수 있는 고도의 수사적인 표현이라 볼 수 있다.

3절 중국의 남침 지원약속

01 중국의 남침동의 및 배경

1) 중국의 남침동의 시점

스탈린이 북한의 남침에 동의한 사실을 마오가 공식적으로 통보 받은 것은 앞에서 본 바와 같이 1950년 5월 14일 전문이었다. 그러나 마오가 스탈린에게 (구체적인 일시는 명시 되지 않았지만) 김일성의 남침계획에 동의하면서 지원의사를 밝힌 시점은 1949년 12월 16일부터 1950년 2월 17일까지 모스크바를 방문하는 기간 중인 것으로 파악되고 있다. 사실 북한의 남침에 관한 중·소간의 구체적인 논의는 1949년 4월에서 7월 류사오치(劉少奇: 중국공산당 정치국상임위원)가 모스크바를 방문하였을 때 이미 이루어 진 것으로 보인다. 이 때 스탈린은 류사오치와 김일성의 남침제안에 대해 몇 번의 논의를 하였으며, 처음으로 김일성의 남침에 대한 중국의 지원 필요성을 언급한 것으로 파악되고 있다. 이 때 스탈린은

"김일성의 의도는 훌륭하고 용감하지만 소련이 보증하기에는 부적당하며 이는 중국공산당과 협의해야 할 것"이라 언급하였으며, 류사오치 등의 중국사절단을 위한 연회에서 "우리 양국은 '업무분담의 원칙'을 가져야 한다. 당신들은 동양의 국가들에 대해 더 많은 책임을 져야하고 우리는 반드시 서양에 대해서도 마찬가지로 해야 한다"고 말한 것으로 알려지고 있다.[37] 당시 전 세계적 차원의 미국과의 경쟁과 대립 상황에서 특히 유럽에서 소련과 그 위성국들의 안보 확보에 힘을 쏟아 붓고 있던 스탈린으로서는 세계 공산주의 운동에 대한 중국과의 업무분담의 요구는 자연스러운 것이었다 할 수도 있다. 이러한 관점에서는 '업무분담'이라는 스탈린의 언급을 김일성의 남침계획에 한정시켜 중국이 이를 지원해야 할 것이라는 스탈린의 요구로 받아들이기는 어렵다는 견해가 있을 수 있다.[38] 그러나 스탈린이 류사오치를 만난 시점이 김일성의 최초의 남침제안을 거부한 이후이면서 마오와 김일의 회담(1949. 5. 17) 직후이었고 이들 회담의 내용에 대해서 스탈린이 이미 보고를 받은 상태였다.[39] 따라서 스탈린의 언급을 단순히 세계 공산주의혁명의 '업무분담'이라기보다는 김일성의 남침계획을 염두에 둔 '업무분담'이라고 보는 것이 타당할 것이다. 또한 김일성의 남침계획은 '소련이 보증하기에는 부적당하며, 이는 중국공산당과 협의해야 할 것'이라는 스탈린의 언급은 김일성의 남침계획을 실현시키기 위해서는 중국의 보증이 전세되어야 한다는 의미로서 중국에 대한 지원 요구를 우회적으로 표현한 것으로 볼 수 있다.

1949년 12월 말 마오는 모스크바를 방문하게 된다. 동 기간 동안 마오는 스탈린과 수차례의 회담을 가지고 50년 2월 14일 '중·

37 Chen Jian(1994), p.74, 師哲,『在歷史巨人身邊: 師哲回憶錄』(北京: 中央文獻出版社, 1995), pp.412~413.

38 서상문,『毛澤東과 6·25전쟁』(서울: 국방부 군사편찬연구소, 2006), pp.336~337.

39 David Tsui(2006), p.200.

소 우호동맹상호원조조약'을 체결하였으며, 동시에 중국장춘철도·여순·대련에서의 소련의 권익을 보장하는 협정과 소련의 차관지원에 대한 협정에도 서명하였다.[40] 당시 마오의 모스크바 방문 목적이 동맹조약 체결과 소련이 주장하고 있던 동북지역에서의 권익과 관련된 문제해결 이었다는 것은 알려져 있지만 이 기간 동안 김일성의 남침제의에 대한 협의가 있었는지 여부에 대해서는 학자들의 주장이 엇갈리고 있다.[41] 하지만 저자는 상황적인 측면을 고려할 때, 이 시기에 스탈린은 김일성의 남침제의에 대한 마오의 의사를 타진하였고 이에 마오는 남침계획과 지원에 동의한 것으로 보인다. 마오의 2개월여의 모스크바 방문기간 동안 스탈린과 김일성의 남침제의에 대한 논의가 없었다는 것은 선뜻 납득하기 어렵다. 더구나 마오가 모스크바에 체류하고 있었던 1950년 1월 30일 스탈린은 처음으로 앞에서 이미 언급한 바 있는 남침제의에 호의적인 내용의 전문을 주북한 대사 슈티코프를 통하여 김일성에게 보냈다.

스탈린이 마오가 모스크바에 체류하고 있는 동안 김일성에게 이러한 전문을 보냈다는 사실은 김일성의 남침에 대한 마오의 동의와 지원약속, 약속이 아니더라도 최소한의 긍정적인 반응 혹은 의사표현을 이끌어내었다는 점을 암시하고 있는 것이다. 실제로 전문을 보낼 당시 마오가 모스크바에 체류하고 있었다는 사실, 혹은 마오가 모스크바에 체류하고 있을 때 스탈린이 전문을 보냈다는 사실 그 자체만으로도 중요한 의미를 가지고 있다고 볼 수 있다. 따라서 마오가 북한의 남침에 긍정적인 반응을 보이기 시작한 것은 모스크바 방문기간이라 충분히 짐작할 수 있다.

40 中華人民共和國外交部 外交史研究室 編,『周恩來外交活動大事記 1949~1975』(北京: 世界知識出版社 1993), p.16

41 Chen Jian, *China's Road To The Korean War*, New York: Columbia University Press, 1994,沈志華(1999), Goncharov(1993) 등 참조.

따라서 마오의 모스크바 방문기간 동안 스탈린과 마오는 김일성의 남침계획에 대해 논의하였을 뿐 아니라 김일성의 남침에 필수적인 중국의 지원문제가 논의되었음을 짐작할 수 있다. 김일성의 남침계획에 대한 스탈린의 긍정적인 반응과 호의적인 제안을 제시한 전문을 보낸 시점이 1월 30일로서 이 날짜가 마오와의 1월 22일 회담 이후라는 사실에 주목할 필요가 있다는 것이다. 따라서 스탈린이 김일성에게 보낸 전문에서 남침을 위해서는 엄청난 준비가 필요함을 강조하면서 자신이 이에 대해 논의할 준비와 도울 준비가 되어있다고 언급한 의미는 마오의 지원의사를 이미 확인 한 상태라고 해석해야 할 것이다. 모스크바를 방문하고 있었던 마오는 미국이 한반도에 일본군만을 파병할 것이라는 예상 하에 김일성의 남침 시 한국을 돕는 외부세력이 개입하면 중국은 지상군을 파병하고 소련이 공군의 엄호와 무기를 제공한다는 스탈린의 구상에 동의하였다. 당시 중국은 전 중국대륙에 대한 중국공산당의 통제력 확보에 성공하였고, 중·소 동맹조약의 체결도 순조롭게 진행되었기 때문에 마오가 스탈린의 제의를 수용하는데 별다른 장애는 없었다.

다른 한편으로 김일성에게는 이보다 훨씬 이른 1949년 5월에 제한적이나마 지원의사를 밝힌 것으로 나타나고 있다. 그러나 이러한 지원이 북한의 남침준비를 위한 차원이라고 보기는 무리가 있다(이 문제에 대해서는 다음 장에서 자세히 논할 것이다). 1949년 5월 김일성이 자신의 무력통일 구상을 전하기 위해 베이징에 파견한 김일(당시 민족보위성 부상 겸 인민군 총정치부 주임)과의 회담에서 마오는 북한에 대해 중국인민해방군 조선인부대의 북한 인도 가능성을 언급한 바 있다. 마오와 김일의 회담내용은 당시 베이징 주재 소련대표였던 코바료프가 5월 18일자 스탈린에게 보낸 전문에 잘 언급되어 있다. 동 전문의 주요 내용은 "어제(5월 17일) 마오저뚱 동지는 아래와 같은 내용을 전해 달라고 부탁했다. 조선군 정치부 주임 김일 동지는 전권을 위임받아 중국공산당 중앙과 다음과 같은 문제를 토론하였다. 그것은 첫째, 동방(한반도)의 정세, 둘째, 정보국의 설립문제, 셋째, 북한에 대한 군 간부와 무기 지원문제 등이다. (중략) 조선에 군 간부와 무기를 지원하는 것은 가능하다는 마오저뚱 동지의 언급이 있었다. (중략) 중국 동북에는 조선인들로 구성된 2개 사단이 편성되어 있으며, 이 2개 사단은 요구가 있으면 언제라도 북조선에 인도가 가능하다. (중략) 남북한 사이에 전쟁이 일어난다면 우리는 최대한 도울 것이다. 특히 앞서 말한 사단을 위한 식량과 무기를 원조할 용의가 있다"는 것이었다.[42] 그러나 여기에 '김일성의 한반도 무력통일'이라는 말 대신 '남북한 사이의 전쟁'이라는 표현을 사용한 것은 마오가 김일성의 남침계획에는 동의하지 않고 있었다는 의미로 해석해야 한다. 다시 말해 북한은 중국인민해방군 조선인부대의 북한 인도를 자신의 남침계획의 일환이라고 받아 들였을 수도 있지만 중국은 이를 남침을 지원하기 위한 것이 아니라 당시 한반도 정세, 즉 미국이 지원하고 있는 한국에 대응하기 위한 방어적인 군사력 증강이라는 차원에서 받아들이고 있었다고 보아야 할 것이다.

2) 중국의 지원약속 배경

가. 소련과의 관계

1950년 5월 14일 스탈린의 남침동의 확인전문을 마오에게 전달한 주중 소련대사 로신은 마오와의 회견 내용을 다음과 같이 보고하였다.

필리포프 동지

본직은 5월 14일 14시 40분 마오저뚱 동지를 예방하고 귀하의 전문을 전달하였음. 마오저뚱 동지는 귀하의 회답에 감사의 뜻을 표했음. 그리고 5월 13일 저녁 조선동지와 그와

42 沈志華(2003), p.189.

의 회담에서 (조선동지는 마오에게) 국내정황과 귀하와의 회담내용을 자세하게 통보하였음. 그는(마오저뚱) 조선동지의 북조선과 남조선 정세에 대한 평가에 동의하였으며, 그들의 남북역량 대비의 생각에도 동의하였음. 이어 마오저뚱 동지는 조선동지에게 중국과 조선(통일 후)은 '중소조약'의 모델에 따라 '중조우호동맹호조(상호원조)조약'을 체결할 수 있을 것이며, 중국은 스탈린동지와 의논 후 동 조약의 체결여부를 최종 결정할 것이라 밝혔음.

로신
1950. 5. 14.[43]

위의 전문에서 볼 수 있듯이 스탈린의 계산대로 마오는 "스탈린의 회답에 감사의 뜻을 표시함"으로써 "조선통일 행동개시에 관하여 중국과 조선이 공동으로 이 문제를 최종적으로 해결해야 한다"는 요구를 거절하지 못하였고 조건 없이 이를 수락하였다. 북한의 남침에 대한 중국의 동의는 곧 남침에 대한 지원을 보장한다는 의미이다. 또한 이는 김일성에 대한 동의의 표시라기보다는 중국의 지원에 대한 스탈린의 요구에 동의한 것이라 볼 수 있다. 또한 위 전문에서 우리는 마오가 한반도 통일 후 북한과의 동맹조약까지를 언급하고 있는 것으로 보아 빠른 시일 내에 북한의 한반도 무력통일이 달성되리라 확신하고 있었던 것으로 판단할 수 있다. 마오가 이러한 인식을 가지고 있었다면 스탈린의 요구를 거절하면서 양국관계를 악화시킬 필요성은 느끼지 못하였을 것이다.

이러한 인식과 더불어 소련과의 관계에서 볼 때, 마오가 북한의 남침에 동의한 이유, 즉 북한의 남침에 대한 지원 요청을 받아들인 이유로 다음 몇 가지를 지적해 볼 수 있을 것이다. 먼저, 사회주의

43 АПРФ, ф.558, оп.11, д.334, л.56(1950. 5. 14).

국가라는 이념적인 요인이 작용한 양자 간의 강한 연대감이었다고 볼 수 있다. 이는 미 제국주의에 대항하는 사회주의 진영의 결속을 의미하는 것이었다. 또한 당시 신생 사회주의국가지도자들이 그랬듯이 마오 역시 스탈린에 정치적으로 예속되어 있었다.

둘째, 마오는 과거 30여 년 동안 스탈린에게 두 개의 큰 역사적인 빚이 있었다. 그것은 중국공산당 창당 시부터 소련공당과 코민테른으로부터 받았던 각종 지원과 특히 국공내전과정에서의 소련의 재정적·군사적 지원, 그리고 2차 대전 당시 소련이 1941년과 1942년 일본군이 소련의 극동지역을 위협하지 못하도록 중국공산당이 일본군을 공격해 줄 것을 요청하였으나 마오가 이를 거절한 중국공산당의 비협조에 대한 스탈린의 분노와 비난의 기억이었다.[44]

셋째, 신생 중국을 위한 스탈린의 경제적, 군사적, 정치적인 지원을 확실히 이끌어 내기 위한 것이었으며, 향후 계속되어야 할 소련의 각종 지원 때문에 마오는 다른 선택의 여지가 없었을 것이라는 점이다.[45] 특히 8년에 걸친 항일전쟁과 4년에 걸친 국공내전으로 피폐해진 경제 상황을 고려할 때 신중국 수립 이후 소련과의 협력은 바로 '국가건설'을 위한 기본 정책이었다. 중국은 이를 위해 1950년 초 1개월여에 걸친 협상을 거쳐 중소동맹조약을 체결하였던 것이다.

중국에 있어서 중소동맹조약의 체결의 목적은 소련으로부터 경제적인 지원과 군의 현대화 지원, 국제사회에서의 정치외교적인 지원, 그리고 당시까지 남아있던 동북지역의 소련군의 철수를 포함한 관할권 문제의 해결 등 상당히 다차원적인 것이었다. 특히 여기서 마오가 북한의 남침에 동의하고 지원을 약속한 배경에는 중소동맹을 둘러싼 두

44 David Tsui(2006), pp.171~179.

45 David Tsui(2007), pp.116~197.

가지 상반된 측면이 있다는 사실을 지적하고 넘어가야 할 필요가 있다. 그 하나는 한국전쟁에 외국군대가 직접 개입하여 중국과 군사적 충돌이 발생하는 최악의 상황을 가정하더라도 중소동맹으로 인하여 전장은 한반도내에 국한될 것이며 중국본토로 확대될 수 있는 가능성을 차단하는 안전망이 마련되었다는 점이다. 그러나 또 다른 하나는 북한의 무력통일에 낙관적인 태도를 가지고 있었던 중국지도부로서는 오히려 소련이 중소동맹과 한국전쟁을 이용하여 중국 동북지역에서 영향력을 확보하고자 하는 의도에 대해 의심을 품고 있었다. 다시 말해 만일 중국이 북한의 남침에 대한 지원을 약속하지 않을 경우 소련이 이를 구실로 자신의 영토내에서의 소련군대의 주둔이나 이동에 대한 보장 등을 요구할 것이고 중국은 이를 상당히 경계하고 있었다. 중소동맹조약체결의 협상과정에서 장춘철도사용에 관한 문제 즉 소련군의 중국 영토 내에서의 부대 이동권한 보유에 대한 소련의 주장에 중국은 끝까지 동의하지 않았다는 사실이 이를 입증하고 있다.[46] 이는 중국지도자들이 소련군이 중국의 영토에서 부대를 이동시킬 수 있는 권한을 보유하는 것에 대해 장기적인 관점에서 명백하게 우려하고 있었다는 것을 보여주는 것이다. 이러한 우려는 전쟁발발 후인 1950년 7월 5일 스탈린이 조우은라이에게 보낸 전문에서도 발견되고 있다. 즉 스탈린은 동 전문에서 "소련비행기들이 중국 동북영공을 비행하였다는 정보는 아직 확인되지 않았음. 이미 이러한 비행을 금지할 것을 명령하였음"이라 밝히고 있다.[47] 이러한 언급으로 미루어 동 전문은 당시 소련비행기들이 중국의 동북지역 영공을 침범한 사실이 있었고 중국은 이에 대한 확인 요구와 함께 항의의 뜻을 전달한 데 대한 회신으로 보인다. 이는 한국진쟁을 구실로 소련의 중국동북지역에 대한 권

46 沈志華(2010), p.192.

47 АПРФ, ф.45, оп.1, д.331, л.79(1950. 7. 25).

할권 확보를 우려한 중국의 입장을 잘 보여주고 있다.

당시 스탈린의 김일성에 대한 지원요청은 마오에게는 피할 수 없는 시험대였을 것이다. 과거의 경험과 함께 제2의 티토화를 우려하고 있었던 스탈린의 요청을 받아들임으로써 신생중국에 필요한 경제적, 군사적, 정치적 지원을 확보할 수 있다는 계산과 그렇지 않을 경우 감수해야 하는 위험요소들을 고려할 때 마오의 선택은 불가항력이었을 것이다. 또한 마오의 지원결정에는 중소동맹 역시 중요한 요인으로 작용하였다고 볼 수 있다. 즉 중·소 동맹으로 인하여 한국전쟁에 외국의 군대가 직접 개입하여 중국과 군사적 충돌이 발생하더라도 전장은 한반도 내에 국한 될 것이며 중국본토로 확대될 수 있는 가능성을 차단하는 안전망이 마련되었다는 점이다. 그리고 무엇보다도 스탈린과는 달리 미군의 직접개입 가능성을 낮게 평가하고 있었다.

모스크바에서 돌아온 마오는 1950년 5월 베이징에서 김일성과의 회담에서 한국전쟁은 내전이 될 것이고, 또한 당시 남북한의 군사력을 평가할 때 상당히 빠른 시일내에 북한이 승리할 것이라는 예상과 미군의 직접개입을 심각하게 고려하지 않은 채 미군이 개입하면 직접 파병할 것이라는 조건부 지원약속을 김일성에게도 하게 된다. 당시 마오는 인민해방군 소속 조선인부대를 인도하는 정도의 병력지원과 소련의 무기·군사장비 지원만 있으면 한반도에서의 전쟁은 중국에 별 영향을 미치지 않고 북한의 신속한 승리로 끝날 것이라는 낙관적인 예상을 하고 있었다.

나. 한반도 정세 및 북한과의 관계

한반도에서는 1946년부터 이미 전쟁설이 돌기 시작하였고, 1948년 남북 단독정부 수립 후 이러한 소문은 더욱 광범위하게 유포되었다. 더욱이 38선을 중심으로 크고 작은 무력 충돌이 끊이지 않고 발생하고 있었고, 1948년 이후 남한에서의 '유격전(4·3 제주사건과 여순반란사건 등)'은 공산주의자들의 시각에서 볼 때 전형적인 민족해방운동이었으며 한반도

는 이미 전쟁 상황과 다름이 없었다.[48]

특히 소련과 북한의 관점에서는 미국의 지원을 받고 있는 남한의 이승만 정부가 북진통일을 외치면서 38선 근처에서 북한에 대해 군사적 도발을 자행하고 있다고 인식하고 있었다.[49] 더구나 소련은 1949년 6월 남한으로부터의 미군 및 유엔한국임시위원단의 철수는 남한군대에 행동의 자유를 주는 것이라고 판단하였다.[50] 이에 따라 소련은 북한에 대한 군사원조를 확대하였으나, 이는 북한의 방어력 강화를 고려한 조치였지 남한에 대한 선제공격을 위한 조치는 아니었다. 이러한 견해에는 마오 역시 동의하고 있었으며, 1949년 10월 26일 스탈린에게 보낸 전문에서 마오는 "북한이 아직 진격의 준비가 되지 않았으며, 현 시점에서는 유격활동에 역량을 집중시키고 조선인민군을 정비해야 할 것"이라고 언급한 바 있다.[51]

그러나 1949년 말까지 마오가 비록 김일성의 남침에는 부정적인 입장을 보이고 있었지만 당시 한반도 정세를 고려할 때 한반도에서의 충돌은 피할 수 없는 것으로 보았으며, 충돌을 피할 수 없다면 북한이 무력으로 통일을 해야 할 것이라는 인식을 가지고 있었다. 따라서 마오는 남한의 해방을 위한 김일성의 남침계획에는 시기의 문제일 뿐 원칙적으로 지지하고 있었으며 정부수립 이전부터 '조선인민의

48 김경일 지음, 홍면기 옮김, 『중국의 한국전쟁 참전 기원』(서울: 논형, 2005), p.241.

49 1949년 2월 3일 슈티코프대사는 한반도 정세에 대해 38선 부근의 정세는 매우 불안정하며, 남조선의 경찰과 군대는 매일 38선을 넘어와 북조선측의 경찰초소를 공격하고 있다고 보고하면서 북조선 군대에 대한 신속한 무기지원을 건의하고 있다. 또한 1949년 4월 20일 북한 주재 소련 군사고문 바실레프스키와 슈테멘코는 38선의 상황에 대해 "남쪽사람들의 38선 규정에 대한 위반은 이미 상시적이고 도발적인 성격을 띠고 있다. 최근 한달 동안 이러한 도발사건이 더욱 빈번하게 발생하고 있다"고 밝히고 "남쪽사람들이 보다 더 많은 병력을 투입하여 조선에 대해 새로운 도발을 시도할 가능성을 배제할 수 없다"고 보고하였다. 沈志華편, 『朝鮮戰爭: 俄國檔案館的解密文件』(台北: 中央研究院近代史研究所, 2003), p.171.

50 沈志華편(2003), p.170.

51 АПРФ, ф.45, оп.1, д.332, лл.47~48(1949. 10. 26).

혁명과 해방전쟁'에 대하여 중국이 지원할 의사가 있다는 것은 분명히 하고 있었다.[52]

일찍이 1949년 5월 마오는 베이징을 방문한 김일과의 회견에서 "조선에 군 간부와 무기를 지원하는 것은 가능하며, 중국 동북에 주둔하고 있는 2개의 조선인사단은 요구가 있으면 언제라도 조선에 이양이 가능하다. 남북조선 사이에 전쟁이 일어난다면 우리는 최대한 지원할 것이다"라고 언급하면서 중국인민해방군 조선인부대의 북한 이양을 약속하였고, "조선에서 언제든지 군사행동이 발생할 가능성이 있으므로 김일성은 이러한 상황을 고려하여 세심한 준비를 할 필요가 있다. 전쟁은 신속하게 끝날 수도 있고 장기전에 될 수도 있다. 장기전이 되면 일본이 개입하여 남조선정부에게 원조를 제공할 수 있기 때문에 당신들(북한)에게 불리하다. 그러나 소련이 옆에 있고 우리가 동북에 있으므로 걱정할 필요는 없다. 필요하다면 우리는 중국의 군대를 투입할 수 있으며, 모두 검은 머리이므로 아무도 분별할 수 없을 것이다"라고 언급하면서 지상군 파병지원을 약속하였다.[53] 그러나 앞에서 언급한 바와 같이 이는 '남북조선 사이의 전쟁'을 전제로 한 것이지 북한의 '남침'을 전제로 한 것은 아니었다. 이후 1950년 3월 마오는 이연주 주중 북한대사와의 회견에서 "평화적인 방법으로 조선을 통일하는 것은 불가능하며, 조선통일에는 무력을 사용해야 할 것이다"라고 언급함으로써 북한의 남침계획을 공식적으로 지지 하였다.[54]

이러한 한반도의 정세 하에서 마오가 북한의 남침에 동의하고 지원을 약속한 배경을 중국과 북한과의 관계라는 측면에서 분석

52 王樹增, 『朝鮮戰爭』(北京; 解放軍文藝出版社, 2000), p.38.

53 АПРФ, ф.45, оп.1, д.331, лл.59~61(1949. 5. 17)

54 АПРФ, ф.0102, оп.6, п.22, д.49, лл.49~67(1950. 5. 12).

해 볼 때 우리는 다음 몇 가지의 요인을 도출해 볼 수 있을 것이다. 첫째, 북한이 먼저 침공하더라도 그것은 국제법이나 국제관행이 적용되지 않은 내전의 범주에 드는 것이기 때문에 내전의 성격으로서 김일성의 '조선인민의 혁명과 해방전쟁'을 막을 수는 없다는 인식이다. 즉 김일성의 '조선혁명의 완수'는 마르크스·레닌주의에 입각한 전쟁관과 프롤레타리아 국제주의에 근거한 사회주의자들의 신성한 사명이라는 이념적인 요인이다.[55]

둘째, 중국의 항일전쟁 시기 중국공산당과 조선공산주의자들 간에 맺어진 깊은 감정과 우의를 바탕으로 많은 수의 조선인들이 중국의 '혁명전쟁'을 위해 희생하였다는 사실을 고려할 때 북한의 남침에 대한 지원은 마오에게 있어서는 일종의 도의적 의무라는 인식에 근거한 것이었다. 김일성 역시 자신의 '혁명전쟁'에 중국이 도와주어야 한다는 것을 당연시 하고 있었다. 주중 소련 대사대리 툰킨은 "그는(김일성)조선인들이 국민당 군대를 상대로 한 투쟁에 참가하였으므로 이번에는(북한의 남침) 중국이 조선인들을 도와주어야 한다고 생각하고 있는 듯하였다"고 보고하고 있다.[56]

셋째, 중국과 북한은 지정학적으로 '순망치한'의 관계를 형성하고 있다는 점이다. 중국의 동북지방과 북한은 서로에게 중요한 지정학적 의의를 가지고 있었다. 중국의 동북 '해방전쟁'을 조선혁명의 입장에서 볼 때 동북지역이 장제스(蔣介石)의 국민당 통치하에 들어가는 것을 허용할 수 없었듯이[57] 중국의 입장에서 김일성의 '조선해방전쟁'은 장제스가 강렬한 반공주의자인 이승만과의 긴밀한 유대관계를 바탕으로 남

55 David Tsui, "중공군의 한국전쟁 참전(III)", 『전략연구』(서울: 전략문제연구소, 2006), pp.171~173.

56 1949년 9월 13일 툰킨의 보고전문, 예프게니(1998), p.38.

57 『김일성동지 회고록: 세기와 더불어(계승본)』(8), p.262, 김경일(2005), p.205 재인용.

한의 공군기지를 이용하여 국민당군이 중국본토를 공격할 가능성을 차단할 수 있다는 것이었다.[58]

그러나 당시 남침을 준비하는 북한의 입장에서는 중국의 별다른 지원이 필요 하지 않았다. 스탈린이 남침에 동의한 1950년 1월 말부터 소련의 대대적인 군사원조가 진행되고 있었기 때문이었다. 1950년 4월 말 모스크바에서 돌아온 김일성은 스탈린의 요청에 의해 1950년 5월 13일 베이징을 비밀리 방문하였으나 그 목적은 단지 마오에게 자신들의 남침문제에 대한 모스크바회담의 결과를 통보하기 위한 것일 뿐 지원을 요청하기 위한 것은 아니었다. 베이징 방문 전 주북한 소련대사 슈티코프와 회견하는 자리에서 김일성은 그가 요구한 모든 것이 모스크바로부터 충족되었기 때문에 마오에게는 지원을 요청하지 않을 것이라고 언급하였던 사실이 이를 입증한다.[59] 또한 마오가 미국이 개입하여 38선을 넘을 경우 지상군을 파병하겠다는 의사를 밝히자 김일성은 감사의 뜻을 표하면서 그럴 필요는 없다고 완곡하게 거절하였다는 주장도 있다.[60] 이러한 사실에서 볼 때 마오는 김일성의 입장에서는 남침계획과 준비단계에서 거의 배제되고 있었다고 보아도 무방할 것이다.

58 David Tsui(2006), pp.178~179.

59 АПРФ, ф.0102, оп.6, п.22, д.49, лл.49~67(1950. 5. 12).

60 靑石, "金日成沮止了毛澤東進攻臺灣計劃"(香港: 月刊明報, 1994. 7), p.81, 淸源, "韓戰秘密檔案的公開" (香港: 月刊明報, 1994. 9), p.68.

다. 미국의 직접개입 가능성 과소평가

중국이 북한의 남침에 동의하면서 가장 중요하게 작용한 변수는 미국의 직접개입 여부였다. 중국은 북한남침에 의해 한반도에서 전쟁이 발발하고 미국이 개입한다면 최악의 경우 미국과의 군사적 대결 가능성에 대비하여야 하였다. 그러나 중국은 북한에 대해 대대적인 군사적 지원을 할 수 없었을 뿐 아니라 세계 최강의 미군을 상대로 전투를 수행할 상황은 더더욱 아니었다. 대내적으로는 신생 사회주의국가의 정치·경제·사회적 모든 영역에서 해결해야 될 문제들이 산적해 있었으며, 대외적으로는 베트남 호치민의 혁명전쟁을 지원하고 있었고 무엇보다도 대만해방 문제가 가장 시급하였다. 이러한 대내외적 상황 하에서 북한의 남침에 동의하고 지원을 약속한 것은 중소동맹으로 인하여 미국이 개입하더라도 한반도에서의 국지전이 될 수밖에 없다는 판단이 작용하였겠지만 가장 중요하게 작용한 것은 미국의 개입가능성을 낮게 보았다는 것이다. 또한 설사 미국이 개입하더라도 북한의 신속한 승리가 예상되기 때문에 미국에게 전세를 역전 시킬 시간적 여유를 주지 않을 것이라고 믿었다.[61]

마오와 김일성은 한반도에서 그들의 '해방전쟁'을 상당히 낙관적으로 보고 있었다는 점과 미국의 개입을 과소평가하고 있었다는 점에서는 공통점을 가지고 있었다. 또한 만일 남침 시 외부세력이 개입한다면 그것은 미국의 사주를 받은 일본군이 될 것이라는 점에 대해서도 인식을 같이 하고 있었다. 1949년 5월 김일이 마오에게 김일성의 무력통일 구상을 전달하였을 때 마오는 스탈린과는 달리 미국의 직접파병에 대해서는 심각하게 고민하지 않았으며, 단지 미국이 일본 지상군을 한국에 파병할 수도 있을 것이라 예상하였다.[62] 그것은 김일성이 중국이

61 Schecter(1970), pp.400~401.

62 Weathersby(1995), p.9.

직접 파병하더라도 미국과 정면으로 충돌할 가능성은 거의 없다는 인식을 마오에게 심어주려는 의도도 작용하였지만 다음과 같은 이유에서 마오는 미국이 일본 지상군만을 파병할 가능성이 높다고 생각하였다.[63] 첫째, 마오는 미국이 그 자신의 인적 자원의 부족 때문에 극동지역의 전쟁에서 자신의 병력보다는 지역적 병력에 의존할 것이라는 견해를 가지고 있었다. 둘째, 미·일 평화조약이 체결되지 않았기 때문에 중·일 사이의 전쟁상태가 지속되고 있고 이에 따라 일본군대는 합법적으로 중국에 대하여 군대를 동원할 수 있다고 인식하였다. 셋째, 마오는 미국이 일본을 재무장시키기 시작했다고 인식했고, 그것은 아마 중국을 공격하기 위한 기지로 대만 대신 일본을 사용할 것이라 믿었다. 넷째, 일본의 전쟁 역사와 이미 증명된 파괴적인 군국주의 때문에 마오는 일본이 군국주의 국가로 다시 되돌아올지도 모른다는 관념에 사로잡혀 있었다는 것이다. 따라서 마오는 일본 지상군을 한국으로 파병하는 미국의 간접적 개입 가능성은 심각하게 과대평가하면서 미국 자신이 지상군을 투입하는 직접개입의 가능성을 과소평가하였다. 하지만 스탈린은 후자를 항상 심각하게 고려하고 있었다.

그러나 위에서 언급하였듯이 스탈린은 김일성이 남침할 경우 미국의 직접개입에 대해 확신에 가까운 예상을 하고 있었음에도 불구하고 마오에게 미국의 직접 개입을 심각하게 고려할 것을 주문하였다는 기록, 혹은 이러한 인식을 공유하였다는 기록은 찾을 수 없다. 1950년 초 모스크바에 체류하고 있을 때조차도 마오는 "미국은 한국에 직접 개입하지 않을 것이며, 전쟁은 한국인들 스스로가 결정하는 내전이 될 것이다"라고 언급하면서 미국의 직접개입에 대해 과소평가하고 있었다.[64]

63 David Tsui(2006), pp.196~97.

64 寶石少譯., 『赫魯曉夫回憶錄』(北京: 中國廣播電視出版社, 1998), pp.359.

1950년 4월 스탈린과 김일성의 회담을 기록한 보고서에서도 미국의 직접개입에 대해 "김일성은 미국은 개입하지 않을 것이라는 의견을 개진하였음. 소련과 중국이 조선의 배후에 있으며, 조선을 원조할 능력이 있다는 것을 알고 있으므로 미국은 대규모 전쟁의 위험을 무릅쓰지 않을 것"이라는 언급과 함께 "공격이 신속히 전개될 것이며, 남조선내의 유격대 활동이 강력해질 것이며, 대규모 봉기가 기대되므로 전쟁은 3일 이내에 승리를 거두게 될 것이라는 것임. 그러므로 미국은 준비할 시간을 갖지 못하게 될 것이며, 그들이 정신을 차리게 될 쯤이면 전 조선의 주민들이 새로운 정부를 열광적으로 지지하게 될 것"이라 언급하였음을 지적하고 있다.[65] 또한 동년 5월 김일성은 마오와의 회담에서 2주, 늦어도 2개월 이내에 남조선을 점령할 수 있다고 자신했다.[66]

마오 역시 1950년 초 모스크바에 체류하고 있을 때 "미국은 한국에 직접 개입하지 않을 것이며, 전쟁은 조선인들 스스로가 결정하는 내전이 될 것"이라 언급하였으며,[67] 또한 1950년 3월 말 주중 북한대사 이연주와의 회견에서 "조선통일은 평화적인 방법으로는 불가능하며, 반드시 무력을 사용해야 할 것이다. 미국을 두려워 할 필요는 없으며, 미국이 이러한 작은 땅덩어리를 위해 3차 대전을 일으키지는 않을 것이다"[68]라고 언급한 것으로 미루어 볼 때 마오는 미국의 개입을 거의 염두에 두고 있지 않았음을 알 수 있다.

1950년 5월, 마오는 베이징에서 김일성과 만난 자리에서도 미국이 일본군을 파병할 가능성에 대해 주로 논의하였으며, 미국이

65 소련공산당 중앙위원회 국제부, "김일성의 소련 방문(1950. 3. 30~4. 25)에 관한 보고", 예프게니(1998), p.54.

66 Weathersby(1995), p.6.

67 寶石少(1998), p.359.

68 АВПРФ, ф.0102, оп.6, п.22, д.49, лл.49~67(1950. 5. 12).

직접 파병할 가능성은 가볍게 받아들여졌다. 마오는 김일성과의 회담에서 미국이 '한국과 같은 작은 땅덩어리를 위해' 전쟁에 개입하지 않을 것이라 강조하였고 또한 중국정부는 일본이 한반도에서 군사적 행동을 강행할 경우 군사적 지원을 해주기 위해 선양(沈陽)지역에 1개 군을 이동 배치할 것을 약속하였다. 그리고 만일 미국이 파병한다면 중국은 한국전쟁에 개입할 것이라 약속하였으며, 이러한 약속은 1950년 1월 이미 스탈린에게도 하였음이 분명하다.[69] 이렇게 볼 때, 중국의 이러한 지원 약속은 미군이 전쟁에 개입하지 않을 것이고 따라서 대규모의 군대를 파견해서 북한을 돕게 되는 상황이 없을 것이라는 마오를 비롯한 중국 지도자들의 계산에 기초하고 있었다.[70]

이러한 인식에서 마오는 스탈린과는 달리 미국의 직접 개입을 심각하게 고려하지 않은 채 결국 스탈린의 한국전쟁 전략구상 속으로 끌려 들어갔다. 다시 말해 북한의 남침을 단지 한반도, 대만이라는 국지적인 전략차원에서만 고려하고 있었던 마오는 이를 미국과의 대결을 포함한 세계전략 및 동북아전략의 차원에서 고려한 스탈린의 전략에 말려들어가게 된 것이다.

02 중국의 남침지원약속의 의미

1) 조건부 파병

북한의 남침에 대한 마오의 동의와 지원약속은 어떠한 의미를 가지고 있는 것인가. 그 당시 정황과 자료들을 종합적으로 분석해

69 David Tsui(2006), p.203.

70 Weathersby(1995), p.16.

볼 때 그것은 앞에서 언급한 바와 같이 미국의 개입가능성은 심각하게 고려하지 않고 한반도에서의 전쟁은 중국에 별 영향을 미치지 않으면서 북한의 신속한 승리로 끝날 것이라는 낙관적인 예상 하에 이루어진 조건부 파병지원이었다고 볼 수 있다.

비록 마오가 미국의 직접개입에 대해서는 낮게 평가하고 있었지만 만일의 경우를 대비하여 파병지원을 약속한 부분들을 발견할 수 있으나 그것은 상당히 제한적·조건적 지원이었다. 직접파병에 대한 약속은 크게 미국의 사주를 받은 일본군의 개입과 미국의 직접개입의 상황 발생이라는 두 가지 경우를 전제로 하고 있다. 먼저, 마오는 한반도에서 군사충돌이 발발하면 일본군개입의 가능성을 상당히 높게 보고 있었다. 1949년 5월 베이징을 방문한 김일과의 회견에서 김일이 미군이 철수한 후 일본군으로 대체될 것을 우려하면서 일본의 도움을 받아 남한이 대북 공격을 감행할 가능성이 있다고 언급하자 마오는 이들에게 반격하되 항상 남한의 군대 내에 일본군의 존재 여부를 면밀히 관찰하여야 할 것이며, 대남공격의 개시는 적절한 상황이 올 때까지 기다리도록 조언한 후, 당시는 중국의 모든 주력부대들이 양자강이남 지역에 주둔하고 있으므로 실질적인 지원을 제공해 줄 수 없지만 1950년 초 쯤이면 일본군이 남한을 침략하는 경우 우리도 신속히 정예부대를 파견하여 일본군을 섬멸할 수 있을 것이라고 약속하였다.[71]

다음으로, 실제로 미국의 직접개입 가능성을 낮게 평가하고 있었지만 이러한 상황의 발생에 대비한 신중함을 주문하면서 이에 대한 중국의 지원 약속을 제시한 부분이다. 1950년 5월 14일 스탈린의 전문을 받아 본 후, 마오는 김일성과의 회담에서 "우리에게는 대만해방이 우선이었으나 조선의 통일문제가 모스크바의 승인을 받은 이상 조선의 통

71 АВПРФ, ф.45, оп.1, д.331, лл.59~61(1949. 5. 18).

일을 먼저 실행한다는데 동의한다. 다만 일본의 군대와 미군의 개입 가능성에 대해서도 고려해야 한다. 물론 미군이 참전하게 된다면 중국은 조선을 지원하기 위하여 군대를 파견할 것이다"라고 언급한 후 "제국주의의 행동방식에 대해서 단정적으로 말해서는 안 되며 어느 정도 준비하는 것 역시 필요하다. 우리는 압록강을 따라서 3개 군단을 배치할 예정이며, 제국주의가 간섭하더라도 38선을 넘지 않으면 우리는 간여하지 않으나 38선을 넘으면 우리는 반드시 군대를 보낼 것"이라고 말하였다.[72]

마오의 이러한 언급은 제국주의의 행동방식, 즉 일본과 미국의 개입에 어느 정도 대비해야 된다는 신중함을 보여주는 것 같지만 이러한 언급에 함축된 의미는 일본군과 미군의 개입이 있더라도 38선을 넘지 않으면 지상군을 파병하지 않으며, 지상군 파병에는 '제국주의가 38선을 넘을 경우'라는 명확한 전제조건을 제시한 것임에 유의할 필요가 있다. 그러나 이러한 '전제조건'은 당시 마오의 한국전쟁 구상 속에서는 충족되기 힘든 가상에 가까운 것이었다. 이는 또한 1949년 5월 김일과의 회견에서 밝힌 일본군의 개입 시 신속히 정예부대를 파견할 것이라는 약속에서 한 걸음 물러 난 것이었다.

특히 지상군의 파병을 미군이 38선을 넘을 경우에 한정하였다는 사실은 낮게 평가되었던 미국의 개입 가능성 위에 38선을 넘을 경우라는 조건을 다시 부가함으로써 당시 마오의 생각으로는 충족 될 가능성이 거의 없는 전제조건을 제시한 것이었다. 한반도에서의 38선의 의미는 미국과 소련의 한반도분할 점령선으로서 그들 스스로가 합의하고 약속한 정치적 분계선이었다. 따라서 마오의 계산속에는 이러한 38선을 미군이 넘는다는 것은 곧 소련과의 직접충돌을 야기할 수 있으므로 미국이 이러한 위험을 감수하고 38선을 넘을 가능성은 거의 없다는 점

72 靑石(1994), p.81.

이 작용하였을 것이다. 따라서 북한이 남침하여 최악의 상황에서 미국이 개입하더라도 38선을 넘을 가능성은 희박하므로 중국이 직접 군대를 파견할 상황은 발생하지 않을 것이라는 계산에 기초하고 있었다고 보아야 한다. 또한 마오의 이러한 계산은 김일성의 신속한 남한 점령의 자신감을 믿고 있었던 한반도 전쟁에 대한 낙관적인 인식, 즉 미국이 개입하고자 하더라도 개입 이전에 모든 상황이 끝날 것이라는 예상 역시 한몫을 하였다고 볼 수 있다.

2) 중국인민해방군 조선인부대의 인도

중국인민해방군 조선인부대는 동북지역에 근거를 두고 있던 조선인으로 구성된 부대로서 항일전쟁과 국공내전을 거치면서 우수한 전투력을 보유하고 있었던 백전노장의 부대들이었으며, 이들은 164사단, 165사단, 166사단 등으로 각 야전군에 분산되어 있었다. 이들 조선인 장병들은 6만 여 명에 달했고 1949년 7월부터 1950년 6월 남침개시 직전까지에 걸쳐 북한에 인도되었다.

중국인민해방군 조선인부대 북한 인도의 과정을 살펴보면 먼저, 앞에서 언급한 바와 같이 김일성은 1949년 4월 말부터 5월 초 김일을 북경에 파견하여 자신의 남침구상을 밝히는 한편 조선인으로 구성된 중국인민해방군 부대들을 북한으로 귀환시켜 줄 것을 요청하였다. 당시 김일의 베이징 방문목적은 다름 아닌 중국인민해방군 조선인부대의 북한 인도를 요청하는 것이었다. 슈티코프가 마오와 김일과의 회담 내용을 스탈린에게 보고한 바에 따르면 "김일성이 김일을 파견한 주요 목적은 중국인민해방군 소속의 조선인부대를 이양해 달라는 것"이었으며, 이러한 요청에 마오는 "인민해방군 소속의 3개 조선인사단 중 1개 사단은 대륙 서남부의 전투에 참가하고 있으며, 2개 사단은 선양(沈陽)과 창춘(長春)에 주둔하고 있다"고 밝히고 "동북에 주둔하고 있는 2개 사단은 언제든지 이양할 준비가 되어있다"고 언급한 것으로 되어있다.[73] 김일은 우선 동북지역에 주둔하고 있던 2개 사단의 인도를 요청하였고 마오는 이를 바로 승인하였으며, 이후 마오의 결정에 따라 조선인으로 구성된 동북군구 소속 164사단과 166사단 등 2개 사단이 1949년 7, 8월에 걸쳐 북한으로 인도되었다. 먼저 7월말에 들어온 166사단은 조선인민군 제6사단으로 편성되었고, 8월에 들어온 164사단은 제5사단으로 편성되어 조선인민군 정규병력은 일거에 3개 사단에서 5개 사단으로 증강되었다.[74]

이후 인민해방군의 조선인부대의 인도는 신속하게 조직적으로 이어지게 된다. 앞에서도 언급했듯이 1949년 12월 29일과 1950년 1월 22일, 모스크바에 체류하고 있던 마오에게 린뱌오(林彪)의 화중군구 소속 조선인 부대의 북한 인도를 문의한 전문이 녜룽전(聶榮臻)을 경유하여, 그리고 류사오치(劉少奇)의 동 부대의 인도와 함께 무기와 군사장비 이양 승인 여부를 문의하는 전문이 전해 졌고, 50년 1월 25일 마오는 조선인 부대를 무기와 장비와 함께 북한으로 인도하는데 동의하였다. 동 전문들의 내용은 다음과 같다.

마오주석 귀하

화중군구에서 보내온 조선인 장병의 귀국 승인문제에 대한 아래 전문을 전달하니 지시바람.

녜룽전
1949. 12. 29.

최근 통계에 의하면 인민해방군 각 부대에 소속되어있는

73 АВПРФ. ф.45. оп.1. д.331. лл.59~61(1949. 5. 18).
74 沈志華(1998), pp.213~214.

조선인 장병은 16,000명 정도임. (중략) 우리 부대의 남하 후, 이들 중 일부가 동요하여 귀국을 요구하는 일이 있었음. 그러나 대부분의 장병들은 명령에 복종하여 남방으로 진격하였음. 현재 전쟁의 종결을 눈앞에 두고 있음. 조선인민의 이익을 위해 우리는 이러한 훈련받은 간부들을 조선으로 돌려보내고자 함.(남고 싶은 사람은 남게 할 것임) 중앙에서 검토해서 그들을 귀국시킬 것인가에 대한 회답을 해주기 바람. 그리고 조선노동당측이 현 시점에 그들의 귀국을 희망하는지에 대한 회답을 바람. 만약 회답이 긍정적이라면 우리는 그들을 집결시켜 1개 정규사단 혹은 4, 5개의 정규 연대로 편성하여 단기 훈련 후 그들을 귀국시킬 것임 지시를 바람.

린뱌오
1949.12. 25.[75]

마오주석 귀하

제40야전군에 소속되어 있는 조선인 장병은 약 14,000명 임. 김일성이 총참모부작전처 처장을 위시한 3명의 대표를 파견하여 이들 조선인 장병들을 인수해 가려함. 그들은 이 조선인 장병들을 1개 사단과 동 사단의 직할부대로 편성해 줄 것을 요구하였음. 또한 그들의 장비를 모두 가지고 가기를 원함. 그들의 장비로는 소총 12,000정, 경기관총 440정, 중기관총 180정, 권총 120정, 박격포 132문, 전차포 72문, 105미리로켓포 36문, 탄약 등임. 린뱌오동지는 이들의 요구를 만족시키고자 함. 지시를 바람.

류샤오치
1950. 1. 22.

75 АВПРФ, ф.45, оп.1, д.334, л.8~9(1949. 12. 25).

그들의 요구를 만족시켜주는데 동의함.

마오저뚱
1950. 1. 25.[76]

위의 두 전문에서 언급되고 있는 조선인 부대는 각각 16,000명과 14,000명으로 달리 표기되고 있지만 제4야전군 소속의 동일한 조선인 부대로서 165사단을 주축으로 편성되어 있었다.[77] 위의 두 전문 중 12월 29일자 녜의 전문은 조선인 장병의 인도 승인을 요청하는 내용이고 1월 22일자 류의 전문은 이들 조선인 부대가 보유하고 있던 무기와 장비들의 이양 승인을 요청하는 요지로 되어 있다. 여기서 우리는 1월 22일자 전문의 내용으로 미루어 12월 29일자 전문의 조선인 부대의 인도문제에 대해서는 마오가 이미 승인을 하였음을 알 수 있으며, 이를 전제로 동 부대의 무기와 장비 이양문제를 문의한 것으로 보아야 할 것이다. 또한 이들 조선인부대의 인수를 위해 3명의 북한의 군 대표들이 1월 중순 파견되어 왔다는 사실은 12월 29일 전문에 대한 마오의 조선인 부대 인도 결정이 즉시 북한에 통보되었음을 의미하는 것이다. 동 전문에서 언급된 북한 총참모부 작전처장은 당시 북한인민군 작전부장이었던 김광협이었으며, 이들의 임무는 조선인부대의 인도요청이 아니라 조선인부대를 무장시킨 채 인도 받는 것이었다. 위 전문에서 보는 바와 같이 이 역시 마오에 의해 승인되었고, 약 14,000명에 이르는 이 부대들은 제15독립사단으로 재편되어 1950년 4월에 무장한 채 북한으로 이동하였으며, 녜롱쩐은 "북한의 동지들이 이에 대해 지극히 만족의 뜻을 표했다"고

76 АВПРФ, ф.45, оп.1, д.334, л.22(1950. 1. 25).

77 녜롱전의 회고록에는 14,000명으로 기록되어 있다. 聶榮臻,『聶榮臻回憶』(北京: 解放軍出版社, 1986), p.748.

회고하고 있다.[78] 이 부대는 이후 북한인민군 제7사단으로 편성되었다.

이렇게 하여 중국은 1949년 여름부터 1950년 초까지 최소한 약 35,000명의 조선인 부대들을 북한으로 인도하였으며,[79] 이는 전쟁 전까지 계속되어 북한으로 인도된 조선인 부대는 63,000명에 이르렀다.[80] 이로써 북한 인민군의 전투력은 대거 증강되었음은 의심할 바 없을 것이다.

조선인부대의 북한인도가 김일성의 입장에서는 남침준비의 일환으로 이루어졌을 것이라는 점에 대해서는 이견이 있을 수 없을 것이나 중국의 입장에서 조선인부대의 북한인도는 어떻게 해석 되어야 하는가. 마오는 왜 김일성의 요청이 있자마자 바로 조선인부대의 인도를 약속을 하였는가 등의 의문을 풀어야 할 필요가 있다. 즉 신중국 성립 이전인 1949년 7월부터 이루어진 조선인부대의 북한인도가 중국이 북한의 남침을 지원하기 위하여 취한 조치인가 아니면 결과적으로는 북한의 남침군사역량을 증가시켰지만 그 동기가 북한의 남침계획과는 무관하게 중국의 내부적인 요인에 의해 취해진 조치인가의 문제이다. 이러한 조선인부대의 북한인도를 중국이 북한의 남침준비 단계부터 적극적으로 관여하였으며, 일찍부터 북한과 남침을 공모하였다는 유력한 증거라는 주

78 위의 책.

79 陳宏(2003), pp.153~154, 聶榮瑧(1986), p.748.

80 제47군 소속의 조선인 장병 2,500여 명은 별도로 독립부대를 구성하여 전쟁 전 북한으로 들어왔다. 이 외에도 일부 소규모 조선인 부대들이 별도로 북한에 들어왔다. 그러나 63,000이라는숫자는 전쟁 발발 후 참전한 제13병단에 소속된 조선인 장병이 숫자를 모구 합친 것으로 추정된다. 김경일(2005), pp.218~248, Chen Jian(1994), p.106, 이종석, "한국전쟁과 북한~중국관계(I)", 『전략연구』통권 15호, 서울: 한국전략문제연구소, 1999), p.263.

장이 있다.[81] 또한 중국은 이미 정부수립 전부터 북한의 무력통일 계획을 알고 있었고 그 준비에 동참해 왔다는 주장도 제기되고 있다.[82] 만일 이 조선인부대의 북한인도를 남침공모라고 해석한다면 중국의 한국전 참전 결정시기는 훨씬 앞당겨지게 된다.

그러나 이러한 주장들에는 상당한 무리가 있으며 다음과 같은 몇 가지 측면에서 저자는 조선인부대의 북한인도가 중국의 입장에서는 북한의 의도와는 달리 남침과는 직접적인 관계없이 이루어진 것이라 본다. 먼저, 1949년 5월 김일이 마오를 만나서 조선인부대의 인도를 요청하였을 당시 마오는 분명히 북한의 남침에 동의하지 않고 있었다는 사실을 지적할 수 있다. 마오는 김일과의 회견에서 대남 공격은 유리한 상황이 형성될 때까지 기다려야 할 것이라 언급한 바 있다.[83] 그리고 '북한의 무력통일'이나 '남조선 해방'이라는 표현이 아니라 '남북조선간의 전쟁'이라는 표현을 썼다. 더구나 앞에서 밝힌 바와 같이 1950년 5월 14일까지 마오는 스탈린이 북한의 남침에 동의한 사실을 거의 5개월 동안 모르고 있었다. 따라서 북한의 남침에 동의하지 않고 있었던 중국의 조선인부대 인도를 남침에 적극 관여한 결과로 볼 수는 없으며, 더구나 이를 김일성과 같이 남침을 공모한 증거라고 볼 수는 더욱 없을 것이다.

둘째, 중국의 조선인부대의 북한인도는 한반도에서 38선 부근에서의 남한 측의 군사적 도발이 계속되고 있고 북한의 군사력

81 이러한 주장들은 백학순, "중국내전시 북한의 중국공산당을 위한 군사원조" 『한국과 국제정치』제10권 1호, 1994, p.274, 이종석, "국공내전시기 북한·중국관계(3)", 『전략연구』1998년 제1호, p. 250~252, Mineo Nakajima, "The Sino-Soviet Confrontation: Its Roots in the International Background of the Korean War", *The Australian Journal of Chinese Affairs*, No.1, 1979, pp.19~47 등 참조.

82 David Tsui는 중국 동북지역 지도자였던 가오깡(高崗: 중공정치국, 동북지역 중공중앙 위원회비서, 동북 군구 정치위원)의 경호부장이었던 웨이(Wei Baoyu)와의 인터뷰에서 그가 "중국공산당 중앙위원회 동북지역국은 전쟁 시작 훨씬 이전부터 김일성이 남침할 것이라는 점을 알고 있었다"고 말했음을 밝히고 있다. David Tsui(2006), p.167.

83 АВПРФ, ф.45, оп.1, д.331, лл.59~61(1949. 5. 18).

이 미국의 지원을 받고 있는 남한에 비해 약세에 놓여 있다는 인식하에 북한의 군사력 강화라는 측면에서 북한 측의 요청에 응한 것이라 볼 수 있다. 중국은 신생 사회주의 국가인 북한을 지원해야 한다는 이념적, 도의적 의무를 느끼고 있었다. 뿐만 아니라 김일과의 회견에서 나타난 바와 같이 한반도에서 남북한의 무력충돌은 피할 수 없는 것이라 인식하고 있었던 마오에게 남과 북의 대결에서 누가 승리하는가는 중국의 동북지역의 안위와 직접 관련되는 문제였다. 한반도의 지정학적 중요성이 부각되면서 중국이 북한의 역량을 강화하고자 한 것은 당연한 것이었고, 조선인부대의 귀국이 북한의 군사력을 증강시킨 것 또한 사실이다.[84]

셋째, 당시의 불안한 한반도의 정세를 감안하여 중국의 혁명을 위해 희생했던 조선인 부대를 이제 해방된 조선의 혁명을 위해 주인에게 되돌려주어야 한다는 인식이 저변에 깔려 있었다고 볼 수 있다. 더구나 남하했던 조선인 부대에서 귀국을 요구하는 소요사태가 발생하고 있으므로 이들에 대한 귀국조치를 검토해 달라는 요구가 화중군구로부터 있었다.[85] 북한은 중국 내전이 끝나면 중국 인민해방군 조선인부대를 귀환시킬 의사를 가지고 있었으며, 또 그렇게 할 권리도 있다고 인식하였고, 중국 역시 조선인 군인들을 북한으로 보내는 것에 대해 별다른 이의를 달지 않았다.[86]

넷째, 조선인부대의 인도는 북한의 남침계획과는 무관하게 중국의 군 감축계획의 일환으로 이루어졌다는 측면이다. 즉 조선인부대의 북한인도가 국공내전이 막바지에 이르고 있었던 당시 방대한 군

84 김경일(2005), p. 243.

85 АВПРФ, ф.45, оп.1, д.334, лл.8~9(1949. 12. 25).

86 이종석, 『북한-중국관계, 1945~2000』(서울: 중심, 2001), p.113.

대를 감축시켜 군사비의 재정적 부담을 덜고자 중국지도부가 추진하고 있었던 대규모 군 복원계획, 즉 장병들의 귀향조치의 일환이라는 주장이다. 더구나 정부수립 후 쓸모없게 된 조선인부대를 북한으로 보내는 것이 중국으로서는 전후처리를 쉽게 할 수 있으며, 군사비 감축이라는 중국의 이익과도 일치된다는 것이다.[87] 그러나 중국의 항일전쟁과 국공내전에 대거 참전한 이들 조선인 장병들의 근거지는 대부분 북한이 아닌 중국의 동북지역이었으므로[88] 만일 조선인부대의 북한인도가 장병들의 귀향조치의 일환이라면 이들을 마땅히 북한이 아닌 그들의 가족들이 있는 중국 동북지역으로 돌려보내야 했을 것이다.[89] 하지만 그들이 간 곳은 북한이었다. 따라서 조선인부대의 북한인도를 군 감축을 위한 귀향조치의 일환이라는 것은 설득력이 없다는 주장이 있다. 그러나 당시 동북지역에서 근거지를 두고 있던 조선인들 역시 해방된 조국으로 돌아가고 싶은 사람들이 대부분이었고 이들은 귀국을 희망하고 있었다.

이러한 관점에서 볼 때, 조선인 부대의 북한 인도를 북한의 남침계획단계에서부터 소련과는 별도로 중국이 깊숙이 개입되어 있었다거나 남침을 공모했다는 것을 입증하는 것이라는 주장은 설득력이 떨어진다. 또한 중국의 조선인부대의 북한인도는 북한의 남침에 대한 동의여부를 떠나 당시 한반도 상황에서 북한에 대한 군사적 지원을 해야

87 沈志華(1998), pp.215～216,史成之, "間論解放軍的過去和中共的未來(I)",『月刊明報』(香港, 1970. 4), pp.6～7, 이재훈, "1949～50년 중국인민해방군 내 조선인부대의 입북에 대한 북·중·소 3국의 입장"『국제정치논총』제45집 3권 (국제정치학회, 2005), pp.180～187, 최규연, 『중공의 군대』(중국연구소, 1974), p.157, 장준익, 『북한인민군대사』(서울: 서문당, 1991), p.117 등 참조.

88 그 수는 62,942여 명에 이르고 있었으며, 당시 동북지역의 조선족들은 중국주민의 두 배에 가깝게 인민해방군에 가담하였다. 특히 연변지역에서만 34,855명이 참전하였다.潘龍海, "并肩征戰五万里: 在中國人民解放軍種的朝鮮族"『延邊大學 社會科學報』(吉林: 延邊大學 社會科學部, 1993), p.13, 박명림, 1996,『한국전쟁의 발발과 기원(제1권)』(서울: 나남출판사, 1996), p.243.

89 潘龍海(1993), pp.20～21.

한다는 필요성을 인식하고 있었으나 그 지원의 범위는 단지 인민해방군의 조선인부대를 북한에 인도해 주는 정도면 충분하다고 보고 있었음을 알 수 있다. 그러나 결과적으로 마오의 조선인부대의 북한인도는 남침동의 후 북한과의 지원약속도 지키면서 스탈린과의 지원약속도 지킬 수 있는 일거양득의 효과를 가져왔다.

3) 군의 재편성과 재배치

1950년 5월 14일 스탈린이 마오에게 김일성의 남침에 동의한다는 전문을 보낸 당일 주중 소련대사 로신은 마오와의 회견내용을 스탈린에게 다음과 같이 보고하였다.

필리포프 동지 귀하

본직은 5월 14일 14시 40분 마오저뚱 동지를 예방하고 귀하의 전문을 전달하였음. 마오저뚱 동지는 귀하의 회답에 감사의 뜻을 표했음. 그리고 5월 13일 저녁 조선동지는 마오와의 회담에서 국내정황과 귀하와의 회담내용을 자세하게 보고하였음. 그(마오저뚱)는 조선동지의 북조선과 남조선 정세에 대한 평가에 동의하였으며, 그들의 남북역량 대비의 생각에도 동의하였음. 이어 마오저뚱 동지는 조선동지에게 중국과 조선은 조선 통일 후 '중소조약'의 모델에 따리 '중조우호동맹상호원조조약'을 체결할 수 있을 것이나 중국정부는 필리포프 동지와 논의 후 동 조약의 체결여부를 최종 결정할 것이라 언급하였음.

로신
1950. 5. 14.[90]

90 РГАСПИ, ф.558, оп.11, д.334, л.56(1950. 5. 14).

위 전문에서 우리는 무엇보다도 마오가 김일성의 무력통일을 낙관하고 있다는 사실을 알 수 있다. 즉 마오는 로신과의 회견에서 한반도 통일 후 북한과의 동맹조약까지를 미리 언급한 것으로 미루어 김일성의 남침계획에 따라 빠른 시일 내에 한반도의 적화 통일이 달성되리라 확신하고 있었던 것으로 보인다. 그 근거로는 북한의 '남북 역량대비' 평가에 동의하였다는 사실을 들 수 있다. 이는 1950년 5월 당시 소련의 대규모 군사지원과 함께 중국 인민해방군 소속이었던 약 60,000여 명 규모의 조선인부대가 북한으로 귀환하여 조선인민군으로 편성된 상황에서 남북한 군사력의 균형은 이미 북한 쪽으로 현격하게 기울었다는 북한의 평가에 마오 역시 동의하였다는 의미이며, 이러한 상황이라면 상당히 빠른 시일 내에 한반도를 통일할 수 있을 것이라는 낙관적인 예측을 하고 있었다고 보아도 무방할 것이다. 따라서 북한의 남침 이전까지 한국전쟁에 대비하는 중국의 군사적인 움직임은 별로 눈에 띠지 않았으며, 신정부 수립 후 군의 재배치와 재편성이 이루어지고 있었으나 이는 1949년부터 시작하였던 병력감축과 군대의 생산 활동 투입이라는 연장선에서 주로 이루어지고 있었다.

그러나 북한의 남침 이전 중국의 군 재배치를 김일성의 남침지원을 위한 준비로 보는 주장들이 있다. 즉 마오가 한국전쟁에 개입하려고 결정한 것은 1950년 초 모스크바에서 스탈린과의 남침논의에서였고, 이때부터 참전준비에 착수하였으며 군의 재편성과 재배치는 그 일환이었다는 주장이 있다.[91] 다른 주장은 한국전쟁에 출병을 준비한 것은 1950년 7월 초부터였으며, 이때부터 9월까지의 군의 이동배치를 그 증거로 제시하고 있다.[92] 이러한 문제는 마오가 김일성의 남침에 대한 미

91 徐澤榮, "中國介入朝鮮戰爭之始末與目標", 『傳記文學』第77卷 第4期 (2000. 10), p.47, David Tsui(2007), pp.171~179 등 참조.

92 이종석(2000), p.129.

군의 개입을 심각하게 고려하였는지의 여부를 판단할 수 있는 근거될 수 있는 사안일 뿐만 아니라 경우에 따라서는 중국의 한국전쟁 참전결정의 시기가 달라지게 되기 때문에 상당히 중요한 의미를 지닌다. 이 쟁점에 대해서 저자는 북한의 남침 전 이루어진 중국인민해방군 재편성 및 재배치가 김일성의 남침계획을 지원하기 위한 조치 혹은 한국전쟁 개입을 위한 준비라는 주장은 상당한 무리가 따른다고 본다. 북한의 남침 이전까지 중국인민해방군의 움직임으로 볼 때 조선인부대의 북한으로의 이동 이외에는 별다른 의미를 부여할 만한 특이동향을 발견할 수 없었다. 북한의 남침 이전과 이후, 특히 전세가 역전되기 시작하면서 부터의 중국의 군 재배치는 상당한 차이점이 발견되고 있다. 따라서 여기서는 위의 주장들을 규명하기 위해서 북한의 남침 이전까지의 중국의 군 재편성 및 재배치가 가지는 의미들을 분석해 보고자 한다.

북한의 남침과 관련하여 재편성 및 재배치가 쟁점이 되고 있는 부대는 중국인민해방군 제42군단과 제4야전군 13병단, 그리고 제1야전군 19병단이다. 그 중 제42군단은 1950년 초 동북지역으로 이동하였으며, 13병단과 19병단은 돌발적인 사태에 대응하기 위한 국방전략 예비대로 편성됨으로써 이러한 군의 움직임이 북한의 남침을 지원하기 위한 것이라는 주장이 대두되게 된 것이다.

신중국 수립 후 북한의 남침직전까지 중국의 군 배치를 볼 때, 주요 야전군은 잔여 국민당군을 섬멸하고 티벳을 점령하기 위하여 여전히 남부와 서남부에 집중되어 있었다. 따라서 수도방어에 직결되어 있었지만 화북지역과 동북지역은 주로 지방부대와 수비부대가 있었을 뿐 야전군의 주력부대는 적었다. 화북지역은 인민해방군 총사령부 직할 제20병단예하의 제66, 67, 68군단 등 3개 군단과 기타 6개 사단이 베이징(北京), 텐진(天津), 산하이관(山海關)을 잇는 선상에 배치되어 있었으며, 수도방위에 직결되는 동북지역도 병력이 많지 않았다. 당시 동북지역 주둔 병력은 지방부대인 5개 경비사단과 1개 공안사단 등 6개 사단 약 10만 명이 배치되어 있었으며, 각 야전군의 주력부대의 주둔과 이동은 없었다. 동북지역에 야전부대가 주둔하게 된 것은 제42군단이 이동한 1950년 초였으며, 제42군단장 우레이린(吳瑞林)에 의하면 한국전쟁 발발 시까지도 동북지역에 주둔하고 있었던 야전군은 제42군단 밖에 없었다고 한다. 더구나 제42군단도 1950년 초 인민해방군의 개편에 따라 부대전체가 생산활동에 참여하는 농업개간부대로 전환되었으며, 5개 경비사단과 1개 공안사단은 2개 사단으로 축소 재편된 상태였다.[93] 한국전쟁 발발 직전까지 동북지역에 있던 전체병력은 약 22만 8천명에 불과하였으며, 이는 당시 6대 군구 중 가장 적은 규모였다.[94] 군 배치에 있어서 동북지역의 비중을 상대적으로 가볍게 생각한 것은 당시 중국의 안보환경에서 볼 때 이 지역은 전략적인 후방에 속했기 때문이다. 즉, 당시 6대 행정구 가운데 사회주의적 개혁이 가장 순조롭게 진행되고 있었고, 중·소 동맹과 우호적인 중·북한 관계를 고려할 때 이 지역에 많은 병력을 주둔시킬 필요가 없었다. 이는 중국이 북한의 남침에 대하여 군사적인 지원을 거의 고려하지 않고 있었다는 것을 반증하고 있는 것이다.

제42군단의 한국전 참전을 기록한 자료에 의하면 당시 동북지역에서의 제42군단의 역할과 임무, 그리고 한국전쟁과의 관련성을 가지게 되는 시점 등을 잘 보여주고 있다. 동 자료는 "제42군단은 1950년 2월 서남지역과 하남지역의 국민당 잔당 토벌임무를 완수하고 동북으로 이동하여 황무지 개간사업에 종사하고 있었다. 1950년 7월 25일 이들 군복 입은 농민들은 농업생산 활동을 중단하고 8월 1일 압록강 근처

93 徐澤榮(2000), p.57.

94 당시 중국의 총병력 수는 540만 정도였고, 베이징 방어를 임무로 하는 중앙군사위원회 직할부대 30만, 화북군구 40만, 서북군구 60만, 서남군구 100만, 화동군구 130만, 중남군구는 150만의 병력을 보유하고 있었다.軍事科學院軍事歷史研究部,『抗美援朝戰爭史(第1卷)』(北京: 軍事科學出版社, 2000), pp.63~64.

의 통화(通化)에 집결하였다"고 기록하고 있다.[95] 이러한 기록에서 판단 해 볼 때, 제42군단은 전쟁 발발 후 미군의 개입이 확실시 된 시점에 비로소 유사시에 대비한 군사적 준비를 하기 시작했다고 보아야 하며, 따라서 1950년 초의 동북지역 이동배치 자체를 북한의 남침을 지원하기 위한 것이었다고 보기는 힘들다. 이러한 분석에 근거한다면 제42군단의 동북지역 이동배치가 김일성의 남침계획과 상관없이 별개로 이루어졌을리가 없다는 일부 주장[96]은 설득력이 없다고 할 수밖에 없다.

다음으로 제13병단과 제19병단의 경우를 살펴보면, 중국은 수도방어와 직결되는 화북지역의 방어역량을 강화하기 위하여 전투력이 가장 뛰어난 정예군인 제4야전군의 제13병단과 제1야전군의 제19병단을 돌발적인 사태에 대응하기 위한 국방전략예비대로 편성하여 허난(河南), 후난(湖南), 후베이(湖北), 쟝시(江西)성 등지에 배치하였다. 이러한 제13병단과 제19병단의 국방전략예비대 운용 역시 김일성의 남침계획을 지원하기 위한 편성이라는 주장[97]이 있으나 이 역시 동의하기 어렵다. 한국전쟁 발발 후 제13병단이 동북지역으로 이동한 것은 사실이지만[98] 제13병단의 동북지역 이동은 1950년 7월 7일 중공 중앙군사위원회 국방군사회의에서 동북변방군 편성이 결정되고, 7월 10일 2차 국방군사회의에서 제13병단을 제12, 14, 15병단과 함께 동북변방군에 소속시키기로 한 이후의 일이다.[99] 또한 실제로 제13병단의 주력부대인 제38, 39, 40군단이 안동(安東: 지금의 丹東), 지안(輯安)등 압록강 국경지역으로 이동 완료한 것은 1950년 8

95 郭寶恒, 胡支援, 『馳騁漢江南北−42軍在朝鮮』, (沈陽: 遼寧人民出版社, 1996), pp.3~4. 북한 남침 후 제42군단은 제13병단에 편입되었다.

96 David Tsui(2007), pp.171~75.

97 David Tsui(2007), pp.183~86.

98 제19병단은 그대로 국방전략예비대에 남아있었다.

99 서상문(2005), pp.76~77.

월 초이다.[100] 이 재편성 조치에 의해 위에서 언급한 제42군단 역시 제13병단과 마찬가지로 7월 초 동북변방군으로 편성되어 8월 초 압록강변으로 이동하였던 것이다. 그리고 제42군단과 제13병단은 모두 동북변방군의 일원으로 한국전에 참전하였다. 이렇게 볼 때, 제13병단의 국방전략예비대로의 편성과 동북지역 이동 배치, 그리고 한국전 참전은 김일성의 남침을 지원하기 위하여 사전에 계획되어 있던 것이 아니라 전쟁 발발 후 미군의 개입이 확실시 되자 미군이 동북지역을 위협하는 만일의 사태에 대비하기 위하여 편성된 동북변방군의 일원으로서 8월 초에 이동하였고 미군이 압록강변으로 진격해 오자 중국 지도부의 결정에 의해 압록강변에 주둔하고 있던 동북변방군은 압록강을 건너 한국전에 참전한 것으로 보는 것이 타당하다.

한국전쟁 발발 이전까지의 중국의 군 배치와 이동으로 판단할 때, 마오는 김일성의 남침과 한반도에서의 전쟁이 중국에는 큰 영향을 미치지 않을 것이라고 인식하고 있었고, 더구나 미군의 개입 가능성을 심각하게 고려하지 않고 있었다는 것을 짐작해 볼 수 있다.

100 中共中央文獻硏究室編, 『周恩來傳 1949~1976(上册)』(北京: 中央文獻出版社, 1998), p.52.

02장

남침이후 전황의 전개와 중국의 참전에 대한 전략적 고려

02장 남침이후 전황의 전개와 중국의 참전에 대한 전략적 고려

1절 북한의 남침개시와 중국의 역할

앞에서 언급한 바와 같이 1950년 초 스탈린이 남침에 동의한 후 소련의 긴밀한 협력과 지원 하에 남침을 준비하고 있었던 북한은 중국과는 남침과 관련하여 별다른 협의와 논의가 없었다. 스탈린이 남침에 동의한 사실도 1950년 5월 13일 베이징을 방문한 김일성과의 회담에서 비로소 통보받았고 마오는 그제서야 급하게 이러한 사실에 대한 확인을 스탈린에게 요청하였으며, 다음날 스탈린으로부터 이 사실을 확인받았다. 이러한 사실들은 북한의 남침준비과정에서 유사시 북한을 지원한다는 마오의 약속 이외에는 북한과 소련이 중국으로부터 기대한 것은 거의 없었으며, 따라서 중국의 역할 또한 제한적이었다는 것을 말해주고 있는 것이다. 이러한 측면에서도 중국이 북한의 남침준비 단계부터 깊숙이 개입하여 참전을 준비하고 있었다는 주장은 설득력이 없다.

이러한 주장에 동의할 수 없게 하는 또 하나의 사실은 앞에서 언급한 바와 같이 북한의 남침 개시 일에 대해서 중국이 사전에 인지하지 못하고 있었다는 것이다. 중국이 북한의 남침시기를 사전에 정확히 알고 있었는가의 문제, 즉 남침개시일의 사전 인지여부는 남침준비단계에서 중국이 얼마나 깊숙이 관여하고 있었는가를 입증할 수 있는 것으로서 북한의 남침 시기에 맞춰 중국이 참전을 구체적으로 준비하고 있었는가의 문제와 밀접한 연관이 있다. 그러나 중국은 북한의 남침개시의 구체적인 시기에 대해서 사전에 전혀 인지하지 못하고 있었다.[1] 1950년 6월 25일 일요일은 중국지도자들에게 있어서 고요한 날이었고, 그들에게 중요한 계획은 없었다.[2]

남침개시일인 '6월 25일'과 '38선 전역에 걸친 공격'은 북한이 스탈린과 사전에 충분한 협의를 거쳐 결정한 것이었다. 북한의 남침과 관련하여 작전을 기획하고 진행한 주체는 소련군사고문단이었으며 그 배후에는 스탈린이 있었다. 스탈린은 남침준비 단계부터 전쟁의 전 기간에 걸쳐 구체적인 작전지시까지 하달하였다. 남침 개시일과 38선 전면공격에 관한 김일성과 스탈린의 사전협의 상황은 남침 전 빈번히 오고간 다음의 전문들이 이를 잘 뒷받침해 주고 있다. 먼저 당시 주북한 소련대사였던 슈티코프는 1950년 5월 29일 남침 개시 일에 대한 김일성과의 회담 결과를 다음과 같이 보고하였다.

> **비신스키(상부에 보고 바람)**
>
> (전략) 김일성은 인민군의 전투준비 상황을 고려해 볼 때 6월 말 남쪽에 대한 군사행동을 개시하기를 희망한다고 언급함. 군사행동개시를 계속 미룬다면 북측에도 이로울 것이 없음.

1 Sergei N. Goncharov, John W. Lewis, *Uncertain Partners: Stalin, Mao and Korean War,* (Stanford Univ. Press, 1993), p.153.

2 Chen Jien, *China's Road to Korean War: The Making of the Sino-American Confrontation,* (New York: Columbia Univ. Press, 1994), p.125.

그 이유로 두 가지를 제시하였음. 그것은 첫째, 남측에서 그들의 계획을 눈치채게 될 것이고 자신의 군대를 강화할 것임. 둘째, 7월이 되면 우기가 시작되므로 공격개시를 9월로 연기할 수밖에 없으며, 이는 상당히 이상적이지 못함. (중략) 본직이 소련군사고문 바실리예프 장군과 포스트니코프 장군 등과 김일성의 6월말 공격개시에 대하여 논의한 결과 바실리예프 장군은 김일성의 생각에 동의함. 김일성의 6월 말 군사행동개시에 대한 본직의 견해로는 6월 말 이전에 부대의 준비 작업이 완료될 것이므로 우리는 이 시기(6월 말)에 동의할 수 있다고 사료됨. (후략)

슈티코프
1950. 5. 30.[3]

이에 스탈린은 다음날인 6월 1일 그로미코를 통해 "귀관의 제의에 찬성한다"고 회신하였다.[4] 이에 따라 북한 인민군은 38선으로의 이동을 시작하였으며, 이러한 상황에 대해 슈티코프는 "1950년 6월 12일 북조선 군대가 38선에서 10~15㎞ 떨어진 지점으로 이동하기 시작하였음. 일선 지휘관들의 특별회의에서 구체적임 임무가 각 단위부대에 부여되었으며, 철저한 보안이 강조되었음"이라고 보고하였다.[5] 또한 6월 16일 슈티코프는 김일성의 남침 세부계획을 다음과 같이 보고하였다.

3 沈志華,『朝鮮戰爭: 俄國檔案館的解密文件(上冊)』(台北: 中央研究院近代史研究所, 2003), pp.401~402.

4 위의 책, p.404.

5 예프게니 바자노프, 나딸리아 바자노바 저, 김광린 역『소련자료로 본 한국전쟁의 전말』, (서울: 열림, 1998), p.74.

비신스키

(전략) 세부계획에 의하면, 6월 25일 이른 새벽에 공격이 개시될 것임. 공격의 첫 단계에서 조선인민군 부대들은 옹진반도에서 국지작전처럼 행동을 개시한 다음 주 공격을 서해안을 따라 남쪽으로 옮겨 갈 것임. 두 번째 단계에서 서울을 점령하고 한강을 장악하면서 동시에 동부전선에서 춘천과 강릉을 해방할 것임. 세 번째 단계(최종 단계)는 주요도시와 항구를 점령함으로써 조선의 나머지 지역을 해방하는데 역점이 두어질 것임.

슈티코프
1950. 6. 16.[6]

위의 전문은 처음으로 '6월 25일'이라는 구체적인 남침 개시일과 '옹진반도에서의 국지전'을 시작으로 공격을 개시할 것이라는 김일성의 세부작전계획을 보고한 것으로서 북한의 남침과 관련하여 상당히 중요한 의미를 지니는 자료로 평가될 수 있다. 그러나 옹진반도에서의 국지전을 시작으로 전면남침을 개시하려던 김일성의 계획은 급히 수정되어 38선 전면에 걸친 공격으로 바뀌게 된다. 그러한 김일성의 제의를 슈티코프는 다음과 같이 보고하였다.

비신스키

김일성은 '남조선의 라디오방송 및 정보에 의하면 남조선측이 곧 있을 인민군의 공격에 관한 세부 사실들을 알고 있다'고 본직에게 말하였음. 남조선은 군대의 전투능력을 강화하

6 위의 책, p.74.

기 위한 조치들을 취하고 있다고 함. 방어선이 강화되고 있으며, 부대들이 옹진 방면에 추가적으로 배치되고 있음. 이러한 상황 발생으로 김일성은 당초 공격계획이 수정되어야 한다고 믿고 있으며, 총공세의 서막으로 옹진반도에 대한 국지작전 대신에 6월 25일 전 전선에 걸쳐 공격을 가하자고 제안하였음.

슈티코프
1950. 6. 21.[7]

이러한 제의에 스탈린은 당일 바로 "전 전선에 걸쳐 직접적인 공격을 가하자는 김일성의 의견에 동의한다"는 회신을 보내어 지지하였다.[8] 이와 같이 김일성은 스탈린과 소련 군사고문단에게는 남침과 관련한 모든 사안에 대해 문의하고 자문을 구한 반면 마오저뚱(毛澤東)에게는 전쟁의 개전시기도 알려주지 않았다. 중국은 북한의 개전소식을 전쟁발발 후 3일째 되는 날 북한의 영관급장교로부터 공식 통보받았을 뿐이었다.[9] 즉 김일성은 6월 28일 조선인민군 진격상황을 알리는 전문을 주베이징 북한대사관을 통해 마오에게 보냈다. 이에 대해 후일 마오는 "그들은(북한) 우리의 인접국인데 전쟁을 하면서 우리와 상의도 없었고, 이제서야 통보했다"고 불만을 토로했다.[10] 그러나 David Tsui는 이러한 전문이 첫 번째 전문처럼 보이지 않으며 아마도 남침개시를 알리는 전문이 선행되었을 것이라는 주장을 하고 있으나 이 또한 입증되지 않고 있으며,

7 위의 책, p.76.

8 위의 책, p.76. 정병준,『38선 충돌과 전쟁의 형성』(서울: 돌베게, 2006), p.459.

9 이 영관급 장교는 당시 주중 북한대사관 무관이었음을 짐작할 수 있다. Zhang Shuguang and Chen Jien eds., *Chinese Communist Foreign Policy and the Cold War in Asia- New Documentary Evidence, 1944~1950*, (Chicago: Imprint Publication, 1996), p.153.

10 李海文, "中共中央究竟何時決定支援軍出國作戰?",『黨的文獻』1993년 5호, p.85.

마오의 불만을 볼 때 김일성이 마오에게 남침개시 시기와 관련하여 사전에 어떠한 상의와 통보도 없었다는 사실이 설득력을 얻고 있다. 또한 David Tsui는 당시 동북군구 장교들의 증언을 바탕으로 베이징이 남침개시일을 몰랐을 리가 없다고 주장하고 있으나 "아마 무력침공이 6월 25일에 일어날 것을 정확히 알지는 못했을 지라도 그 공격이 6월 말 언젠가는 일어날 것이라고 분명히 알았을 것이다"라고 결론 맺음으로써 결국 베이징은 북한의 남침 시기에 대해서 정확한 사전 정보를 가지고 있지 않았다는 점을 인정하고 있다.[11]

이렇게 볼 때, 북한의 남침준비 단계에서 거의 소외된 채로 남침 개시 일에 대한 구체적인 정보도 가지고 있지 못하였던 중국이 남침준비 단계에서부터 소련, 북한과 공모하여 한국전쟁에 참전할 준비를 하고 있었다는 주장은 받아들이기 힘들 것이다.

2절 전황의 전개에 따른 중국의 참전에 대한 전략적 고려

01 남침개시와 낙관적인 관망

북한은 남침개시 후 3일 만에 서울을 점령하였으나 전투작전 수행의 미숙함으로 어려움을 겪고 있었다. 서울점령 후에도 북한은 독자적으로 작전을 수행하지 못하였으며, 모든 것을 소련 군사고문단

11 David Tsui, "중공군의 한국전쟁 참전(VI)" 『전략연구』 통권 제40호 (2007), pp.176~179.

에 의존하고 있었다. 서울 점령 후 3일 동안 움직임이 없었던 이유 중의 하나가 여기에 있었다고 볼 수 있다.[12] 당시 슈티코프는 이러한 상황에 대하여 "전투작전이 개시되고 각 부대가 전방으로 진격하면서 상부에서 하부까지 각 참모부 간에 통신이 두절되어 인민군 총참모부는 어떤 사단과도 안정적인 교신을 할 수 없었기 때문에 전투를 통제할 수 없었다"라고 보고하고 있다.[13] 또한 6월 27일 미 공군이 참전하면서 인민군들은 이미 공격을 받고 있었으며, 스탈린도 이러한 상황에 대해 상당히 우려하고 있었다.

슈티코프는 미 공군의 참전사실에 대해 "조선인민군 총사령부의 6월 30일 보고에 따르면 미 공군이 이미 참전하였으며, 6월 26일 11시 미 공군전폭기가 개성 인민군부대에 대해 공습을 감행하였으며, 서울 부근에서 B-29 2대가 격추되었다. 또한 6월 28일 17시 30분 미 전투기 6대가 38선 이북에 출현하였고, 같은 날 미 전투기들이 인민군이 이미 점령한 서울에 폭격을 가했으며, 6월 29일 17시 30분에는 27대의 미 전투기가 평양을 폭격하였다"고 보고하였다.[14] 이러한 북한 인민군의 움직임과 미 공군의 공습에 대해 스탈린은 다음과 같은 지시를 하였다.

평양, 소련대사

1. 귀관은 조선 군사령부의 계획에 관하여 전혀 보고하지 않고 있음. 조선 군사령부는 진격할 생각을 가지고 있는가 아니면 잠시 진격을 멈추기로 결정하였는가. 우리는 진격은 마땅히 계속되어야 한다고 생각하고 있으며, 남조선의 해방이 빠르면 빠

12 북한 인민군이 한강을 도하하는데 필요한 장비를 제대로 갖추고 있지 못하여 한강철교를 수리하는 동안 3일을 허비하였다는 주장도 있다. 주영복, 『내가 겪은 조선전쟁』 1권 (서울: 고려원, 1990), p.304.

13 국사편찬위원회, 『한국전쟁, 문서와 자료, 1950~53년』, 2006, pp.62~64.

14 АПРФ, ф.45, оп.1, д.346, лл.104(1950. 7. 1).

를수록 외국이 간섭할 수 있는 기회는 적어짐.

2. 조선 지도자들은 미 공군의 북조선지역에 대한 공습을 어떻게 보고 있는가. 그들은 두려워하고 있는가 아니면 계속 의연함을 유지하고 있는가. 이에 대한 보고바람.
3. 조선정부는 (미군의) 공습과 무력개입에 대하여 공개적으로 항의할 생각을 하고 있는가. 우리의 견해로는 반드시 그렇게 해야 함.
4. 조선의 탄약과 기타 군수품 공급요청에 대해서는 이를 7월 10일 이전에 모두 충족시켜 줄 것임. 김일성에게 이 사실을 전할 것.

필리포프
1950. 7. 1.[15]

이러한 스탈린의 우려에 슈티코프는 "김일성과 박헌영이 미국의 개입으로 초래된 여러 어려움들을 분명히 인지하고 있으며, 조선인민정부의 전반적인 상황은 여전히 양호하며 완전한 승리에 대한 자신감을 가지고 있고, 인민군의 적극적인 진격을 계속 보장할 수 있을 것"이라 보고하였다. 또한 김일성의 개인비서로부터 입수한 정보임을 전제로 "김두봉과 홍명희 등의 일부 지도자들은 북조선의 군사력만으로는 미군을 상대하여 전쟁을 수행하기는 어렵다고 인식하고 있으며, 이들은 신중하게 김일성으로부터 소련의 입장을 탐지해보려고 시도하였음"을 덧붙이고 있다.[16] 이러한 점으로 미루어 볼 때, 미군의 신속한 개입으로 북한 역시 내부적으로 상당히 동요하고 있었음을 알 수 있다.

전쟁 초기 북한 인민군이 남진을 계속하고 있었으나 김

15 АВПРФ, ф.059а, оп.5а, п.11, д.3, лл.107(1950. 7. 1).

16 АВПРФ, ф.059а, оп.5а, п.11, д.3, лл.107~110(1950. 7. 2).

일성은 인민군의 작전통제력과 지휘력 등에 관하여 항상 불만을 가지고 있었으며, 이의 해결을 위해 스탈린의 조언과 협력을 요청하였다. 슈티코프는 7월 3일 김일성과 박헌영과의 회견내용을 보고하면서 "김일성은 군대의 진격, 특히 중부방면에서의 진격이 매우 느리게 이루어지고 있다고 불평하였음. 민족보위상이 현장에 가 있음에도 불구하고 작전이 제대로 이루어지지 않고 있다고 하면서 자신의 일에 만족하지 못하고 있음. 미군의 후방침투의 위험에 대처하기 위하여 대량의 무기 공급을 추가로 요청하였음. 김일성은 매우 복잡한 상황 속에서 작전을 보다 잘 통제하기 위한 방법에 관하여 조언을 요구하였음. 북조선 군이 미군을 상대로 싸워야 하는 사실을 언급하면서 김일성은 북조선의 군사적 지휘체계를 강화해야 할 필요성을 강조하였음. 이를 위해 작전통제의 조직구조에 관한 소련의 조언을 요청하였음"이라고 언급하였다.[17]

또한 김일성은 7월 8일 스탈린에게 "인민군 전선 사령부와 두 개의 방향으로 진격하고 있는 집단군 사령부에 23~25명의 소련 군사고문단을 파견해 줄 것을 요청합니다. 우리군 간부들이 아직 현대적인 군대를 지휘하는 기법을 충분히 숙지하지 못하고 있기 때문"이라는 요지의 서신을 보냈으며, 이에 스탈린은 "요구한 인원수에 근거하여 우리의 군사고문단을 파견할 것이며, 그들은 민간인복장으로 '프라우다' 신문사의 기자로 신분을 위장하여 전선참모부와 집단군부대로 파견될 것임. 우리의 군사고문단이 적의 수중에 들어가지 않도록(생포되지 않도록) 보장해야 할 것"이라 회신하였다.[18] 이러한 전문에서 볼 때, 전쟁 초기 북한 인민군은 거의 모든 부문에 걸쳐 소련의 지원과 협력을 받지 않으면 안 될 상황

17 АПРФ, ф.45, оп.1, д.346, лл.136~139, АВПРФ, ф.059а, оп.5а, п.11, д.3, лл.111~114(1950. 7. 4).

18 АПРФ, ф.45, оп.1, д.346, лл.143~144, АВПРФ, ф.059а, оп.5а, п.11, д.3, л.4, л.151(1950. 7. 8).

에 놓여 있었다 할 것이다.

초기의 전황에 대한 중국의 반응에 대해 7월 1일 주중 소련대사 로신이 모스크바에 보고한 바에 따르면 조우은라이는 “미국의 원조에도 불구하고 남조선 괴뢰정권은 완전하고 패배를 당하고 있음. 미국의 군사적 개입은 절망의 몸짓이며, 소련에 의해 지도되는 민주주의 진영과 군사적으로 대결할 준비가 되어 있지 못하다는 것을 보여주는 것”이라 언급하였다고 적고 있다.[19] 또한 7월 2일 로신의 전문은 “마오는 서울을 방어하기 위하여 미군이 상륙할 수 있는 인천지역에 강력한 방어망을 구축할 필요가 있다”고 지적하였으며, 조우는 “미군이 38선을 넘는다면 중국은 조선인으로 위장한 의용군을 투입할 것”이라 강조하였다고 보고하고 있다.[20] 하지만 그것은 미군이 38선을 넘을 경우라는 당시로서는 거의 충족될 가능성이 없는 조건을 전제로 하고 있었다.

뿐만 아니라 언론을 통한 공개적인 입장 표명에서도 8월 초까지는 아직도 베이징의 성명에는 북한을 원조할 필요성에 대한 언급도 없었으며, 더구나 한국전쟁 개입에 관한 어떠한 직접적인 암시도 찾아볼 수 없었다. 미군의 개입이 현실화되고 있던 7월 초에도 ‘인민일보(人民日報)’와 ‘세계지식(世界知識)’은 “완전한 남한의 해방은 멀지 않았다”고 주장하면서 북한의 승리에 대해 확신하고 있었으며, 7월 6일 ‘인민일보’는 “미국은 여전히 그들의 패배를 인정하지 않는 것 같다”고 언급하면서 전쟁을 낙관적으로 관망하는 태도를 보이고 있었다.[21] 또한 7월 14일 ‘세계지식’은 “중국과 소련이 한국전쟁에 참가해야 하는가?”라는 질문에 답하기를 “전 세계의 평화를 사랑하는 모든 사람들은 조선인민들의 해방운동에

19 예프게니(1997), p. 104.

20 위의 책, p. 105 마오와 조우의 이러한 언급을 근거로 중국이 7월 초부터 참전을 직극 고려하였다는 주장이 있다.

21 Allen S. Whiting, *China Crosses the Yalu,* (Stanford Univ. Press, 1960), p.54 재인용.

대하여 동정하고 있다. 그러나 이것은 무기를 들고 전쟁에 참가한다는 것을 의미하지는 않는다"[22] 라고 언급하고 있으며, 또한 8월 1일 광뚱(廣東)의 남방일보는 "한국전쟁에는 우리들의 군사적인 지원은 필요가 없으며, 또한 우리의 군사력으로 그들을 도울 수도 없다"고 분명히 밝히고 있다.[23] 물론 공개된 언론을 통한 입장표명은 다분히 정치적인 의도가 숨어있을 것이라는 사실을 감안하더라도 당시까지 중국의 입장은 분명히 한국전쟁에 대한 참전은 전혀 고려하고 있지 않았던 것으로 판단할 수밖에 없다. 마오는 예상외의 신속하고 강력한 미군의 개입, 그리고 북한 인민군의 전투 능력의 부족 등으로 인하여 전쟁이 당초 예상보다는 상당히 곤혹스러운 상황에 빠지고 있다고 인식하였으나 그러한 상황을 심각하게 생각하고 있지는 않았으며, 여전히 낙관적인 관망의 자세를 가지고 당면한 자신의 역할은 없다고 생각하고 있었음을 짐작할 수 있다.

02 전쟁의 장기화 우려와 소극적 대비단계

1) 트루먼 성명과 중국의 반응

6월 25일 소집된 유엔 안보리는 북한의 남침을 주시하면서 즉각 침략을 중지하고 38선 이북으로 철수할 것을 요구하였으며, 6월 27일에는 한국에 대한 원조제공 결의안을 채택하였다. 6월 27일 트루먼은 미 공군과 해군에 대해 한반도 군사작전을 명령하는 한편 대만해협의 중립화를 선포하고 제7함대의 타이완해협 진주를 명하였으며, 6월 30일 트루먼은 미 육군에게 한국을 지원하기 위하여 해·공군과 합세할 것

22 『世界知識』, 1950. 7. 14.

23 『南方日報』, 1950. 8. 1.

을 명령하였다. 또한 7월 7일 유엔 안보리는 미국의 주도하에 유엔군사령부 설치에 관한 결의안을 통과시켰다. 이렇게 미국이 북한의 남침에 대해 즉각적인 반응과 함께 지원에 나선 것은 북한의 남침을 소련의 세계패권 전략의 일환으로 간주하였을 뿐만 아니라 미·일 안보체제에 대한 직접적인 대항조치로 인식하였기 때문이었다.[24]

북한의 남침 후 이틀 동안 침묵을 지키던 중국은 6월 27일 트루먼의 성명에 대해서는 즉각 반응하였다. 6월 28일 조우은라이(周恩來)는 "미국이 조선민주주의 인민공화국을 침략하도록 조선의 이승만 괴뢰군에 지시한 것은 미국의 예정된 계획에 따른 것으로, 이는 미국이 대만, 한국, 베트남과 필리핀을 침략하기 위한 구실을 만들려 하는 것이며, 미 제국주의가 아시아문제에 간섭하기 위해 취한 또 하나의 책동이다"라고 비난하였다. 또한 같은 날 개최된 회의에서 "타이완이 중국의 일부분이라는 사실은 영원히 변하지 않을 것이다. 미국의 중국영토에 대한 무력공격과 유엔헌장의 명백한 위반은 아시아를 장악하기 위한 미 제국주의의 은밀한 계획이 진전되고 있다는 것을 의미하는 것이다. 중국인민은 확실하게 미국의 침략을 몰아내어 승리할 것이며, 타이완을 회복할 것이다"라고 강조하였다.[25] 이와 같은 트루먼의 성명에 대한 조우의 비난을 볼 때, 중국은 북한의 남침에 대한 미국의 개입이라는 측면보다는 미 제7함대의 타이완해협 진주로 인한 그들의 '타이완해방'계획이 저지되었음에 더욱 반발하고 있음을 알 수 있다. 북한의 남침에 대한 언급은 27일 인민일보에 "조선인민들이 독립과 통일을 위한 그들의 투쟁에서 확실한 승리를 거둘 것"이라는 논평을 유보한 사설이 남한의 북침사실과 함

24 Lloyd C. Gardner, eds., *The Korean War*, (New York; Quadrangle Books, 1972), p.4.

25 『人民日報』, 1950. 6. 28.

께 보도되었을 뿐이다.[26]

북한의 남침 직후 미국의 대만해협 중립화 조치는 중국의 안보에 치명적인 타격을 가하는 것이었다. 더구나 트루먼은 대만해협에 제7함대를 파견하면서 필리핀과 인도차이나에 대한 군사적 지원을 강화하였으며, 이는 중국의 관점에서 볼 때 자신에 대한 전략적 포위를 노골화하는 것으로 인식될 수밖에 없었다.[27] 이러한 인식으로 말미암아 미국의 개입으로 대만통일의 기회가 무산되었다는 것은 이미 부차적인 문제가 되어버렸으며, 제한적인 가능성만 제시되었지만 오히려 중국의 동북지역과 대만해협에서 미국과 양면전쟁의 위협에 처하게 되는 상황을 우려하게 되었다.[28] 중국 지도부의 이러한 인식은 한국전쟁 기간 동안 제3야전군의 주력이 여전히 푸젠(福建)성에 주둔하고 있었고 산뚱(山東)반도 해안지역에 제3야전군의 3만 병력과 제4야전군의 3만 병력을 배치한 조치에서 확인할 수 있다. 이러한 군의 재배치는 제3야전군의 주력으로 하여금 타이완해협을 견제하도록 하는 한편 유사시 상하이로 이동이 가능하도록 하는 것이며, 산둥반도 해안지역의 6만 병력은 유사시 동북지역으로 이동이 가능하도록 한 것이라 해석할 수 있다.[29]

중국의 인식으로는 최악의 경우 미국이 한반도 전체를

26 『人民日報』, 1950. 6. 27.

27 Melvin Gurtov and Byung-moo Hwang, *China under Treat: The Politics of Strategy and Diplomacy* (Baltimore: John Hopkins University Press, 1980), p.58.

28 1950년 10월 4일 한국전쟁 파병문제를 논의하였던 회의가 끝난 후 펑더화이(彭德懷: 중국인민지원군 사령관)는 숙소에 돌아와 "미국이 조선을 점령하고 우리와 강 하나를 사이에 두고 대치하면서 우리 동북지역을 위협하면서 우리 대만을 제압하고 상하이(上海)와 화동(華東)일대를 위협할 것을 생각하니 잠이 오지 않았다"고 술회하였다. 『彭德懷自述』(北京: 人民出版社, 1981), p.257. 이러한 인식은 또한 洪學智지음, 홍인표 옮김, 『중국이 본 한국전쟁』(서울: 고려원, 1992), pp.34~35 참조.

29 Allen S. Whiting, *Chinese Policy and Korean War,* (Lexington: Health and Company, 1972), p.138.
이후 양면전쟁의 가능성이 사라지자 산둥반도에 배치되었던 병력은 북한으로 이동하였다.

석권하고 프랑스군이 북베트남 전체를 장악한다면 미국은 타이완해협을 포함해 중국을 3면에서 전략적으로 포위함으로써 장차 양면전쟁 또는 삼면전쟁까지도 강요할 수 있을 것으로 생각한 것이다.[30] 전쟁 초기 마오는 미 지상군의 한반도 투입과 해·공군의 타이완해협 출동을 제국주의 세력이 중국을 3면에서 포위 공격해 올 것이라는 이른바 '3면 포위'공격 중의 한 축선으로 간주하였다. 남침 초기 마오와 조우 같은 중국의 핵심 수뇌부의 언행이 공통적으로 자국의 국가안전과 결부해 사태를 파악하려는 영토 수호적 의지와 시각에 치중되어 있었던 까닭도 이 배경에서 비롯된 것이다. 다시 말해 중국은 미국의 '조선침략' 그 자체에 대해서 규탄하기보다는 '미 제국주의의 전쟁도발'이 결국 중국을 겨냥한 것이며, 따라서 영토를 수호하기 위해 결연히 대항하겠다는 의지의 표현이 우선적이었고 더 강렬했다.[31]

2) 전쟁의 장기화 우려와 동북변방군 편성

전쟁 초기, 마오는 중국의 당면한 역할이나 시급한 군사적 조치가 필요한 상황은 발생하지 않았다고 인식하고 있었으나 그 역시 전쟁이 발발하고 미군이 신속히 개입하자 비로소 자신의 예상과는 다른 상황이 벌어지고 있음을 알게 되었다. 따라서 북한의 남침에 일찍이 동의하였으나 남침준비 기간과 남침개시 후에도 북한으로부터 전쟁과 관련된 정보를 거의 얻지 못하고 있었던 중국은 먼저 그때까지 개설하고 있지 않았던 주북한 대사관을 개설하여 직접 정보 수집에 나서게 된다. 6월 30일 차이청원(柴成文) 정치참사를 대사대리로 평양에 파견하면서 조우는 "현재 미국 육군이 이미 조선전쟁에 참전하고 있고 미국은 더 많은 국가들

30 박창희, 『현대 중국전략의 기원』(서울: 플래닛미디어, 2011), p.212.

31 서상문, 『모택동과 6·25전쟁』(국방부 군사편찬연구소, 2006), p.62.

을 규합해서 참전시키려 하고 있기 때문에 조선전쟁의 장기화가 우려되며, 이는 전체 정세에 영향을 주는 복잡한 문제를 야기 시킬 것이다. 양당과 양국 군대 간에 긴밀한 연락을 취하고 전황의 변화를 적시에 파악하는 것이 대사관의 당면한 임무다"라고 지시하였으며,[32] 이들은 7월 10일 평양에 도착하여 그 임무를 수행하기 시작하였다.

미군과 유엔군의 개입으로 실제로 7월부터 중순부터 북한의 진격속도가 예상보다 늦어지자 7월 13일 '인민일보'는 "40개국이 넘는 유엔회원국이 미국에 동조하고 있다. 그러나 제국주의자들은 한편으로는 강하게 보이지만 다른 한편으로는 약하다. 그들은 단지 종이호랑이일 뿐이다"라고 비난하였으나,[33] 7월 17일 북경 라디오방송은 "미 제국주의자들은 항복하지 않을 것이며, 또한 패배를 인정하지 않을 것이다. 그들은 침략군을 더욱 증강할 것이다. 조선인민들의 승리는 다소 지연될 것이나 그들은 제국주의자들의 침략을 패배시킬 수 있는 충분한 힘을 가졌으며, 결국은 민족해방을 획득할 수 있을 것이다"[34]라고 언급하면서 전쟁이 장기화 될 수 있음을 우려하였다.

7월 20일 미군과 북한 인민군의 첫 전투(대전 전투)가 인민군의 승리로 끝났으나 중국은 이 승리에 대한 어떠한 논평도 하지 않았으며, 반면 1주일 후인 7월 27일 전쟁 1개월 동안을 평가하면서 "미국의 개입 후 미군 2개 사단이 보충되었으며, 미군은 유엔회원국들에게 병력과 물질적인 원조를 얻기 위한 압력을 증가시켰다. 이러한 미군의 군비증가는 조선인민을 곤경에 처하게 만들었으며, 미군의 네이팜탄이 조선을

32 中共中央文獻硏究室編, 『周恩來年譜: 1949~1976 (上卷)』(中央文獻出版社, 1997), p.51 주북한 중국대사로 임명된 니즈량(倪志亮)은 신병문제로 8월 12일에야 평양에 부임하게 된다.

33 『人民日報』1950. 7. 13.

34 Whiting(1960), p.54 재인용

황폐화시키고 있다"고 비난하였으며,[35] '세계지식'은 "전쟁의 연장은 당연히 조선인민들의 곤경을 증가시킬 것이나, 미 제국주의자들의 곤경 또한 더욱 증가시킬 것이다"라고 경고하였다.[36] 이러한 중국의 관영매체들의 언급은 한편으로는 북한의 승리를 낙관하면서 참전에 대한 고려는 하지 않고 있었지만 다른 한편으로는 전쟁의 장기화에 대비하는 방어적인 전략수립의 필요성이 대두되고 있었다는 것을 말해주고 있다고 보아야 할 것이다. 다시 말해 미군의 신속한 개입으로 미 공군의 공습이 북한과의 접경지역에까지 이어지는 등 중국 동북지역의 안보환경이 크게 변화하자 이러한 국제정세의 변화에 대응하기 위하여 마오는 동북지역의 군사역량을 증강시켜 안보태세를 공고히 함으로써 돌발 사태를 미연에 예방할 필요성을 느끼지 않을 수 없었다는 것이다.

당시 동북지역은 전국에서 주둔 병력이 가장 적은 지역으로 당시 병력 수는 22만 8천여 명으로서 총병력의 1/27밖에 되지 않았다.[37] 그 중에서도 야전군은 1950년 초 이동 배치된 42군단 밖에 없었으며, 이 부대 역시 황무지 개간 부대로 전환된 상태였다. 이에 중국은 7월 7일 국방보위문제에 관한 제1차 회의를 개최하여 동북변방군 편성을 결의하게 되었다. 동북변방군은 13병단 제38, 39, 40군단이 주축이 되고 동북군구 42군단, 포병 제1, 2, 8사단, 기병 1개 연대, 공병 1개 연대, 수송 3개 연대 등 약 25만 5천의 병력으로 편성하는 것이었으나 실제 편성된 동북변방군의 병력은 이보다 4천여 명이 적은 25만을 약간 웃도는 수준이었다.[38] 7월 13일 '동북변방보위에 관한 결정'과 함께 동북변방군

35 『人民日報』1950. 7. 27.

36 J. H Kalicki, *The Pattern of Sino-American Crisis: Politicak-Military intervention in the 1950s* (New York: Cambridge Univ. Press, 1975), p.45.

37 徐焰, 『第一次較量-抗美援朝戰爭的歷史回顧與反思』, (中國廣播電視出版社, 1990), p.16.

38 서상문(2006), pp.77~78.

이동 명령이 하달되어 이들을 8월 5일 전까지 동북지역에 집결토록 하였다. 하지만 이들 대부분의 동북변방군 부대들은 농업에 종사하고 있는데다 대부분의 장비들은 농업장비로 전환되거나 개조되고, 군사훈련은 상당부분 감소되거나 취소되고 있었다. 또한 주력 군단인 38군단, 39군단 등에서 장교와 지휘관이 부족한 상태였다. 따라서 이들 부대들이 9월 말이 되어서야 비로소 전투태세를 완료하게 된다.

이러한 동북변방군의 편성과 배치가 한국전쟁 참전을 위한 조치라는 주장들이 있으나 이에 동의하기는 어렵다. 이들 주장은 제13병단이 주축이 된 동북변방군이 결과적으로 제일 먼저 한국전쟁에 투입되었다는 사실이 또한 그것을 입증하고 있다고 주장한다. 그러나 그것은 후일 한국전쟁 전황의 악화에 따라 북한 인근 지역인 동북지역의 부대를 재정비하여 파병하였다는 사실을 말해줄 뿐 7월 초 동북변방군의 편성과 배치의 목적이라는 관점에서 볼 때 분명히 서로 다른 차원에서 해석되어야 할 것이다. 동북변방군 편성의 목적은 한국전쟁의 발발과 미군의 참전으로 동북지역의 안보가 위협 당할 수도 있다는 우려에 대한 예방조치로 보아야 한다. 국경을 접하고 있는 국가에서 전쟁이 발발하였다면, 더 나아가 중국의 최대 적인 미 제국주의자들이 이웃국가에서 전쟁을 벌이고 있다면 그 접경지역에 대한 방어력 강화는 당연한 조치라고 볼 수 있다. 즉 한반도로부터 오는 미군의 잠재적 위협에 대처할 필요에 의한 조치라고 보는 것이 타당할 것이다. 더구나 이러한 규모의 병력과 이러한 수준의 부대를 한국전쟁에 파병하기 위하여 편성했다는 것은 이해하기 어렵다. 이들 부대들을 한국전쟁에 투입시키려 했다면 아마도 훨씬 더 나은 형태로 부대를 유지 시켰을 것이다. 따라서 앞에서 언급한 바와 같이 이 시기에 편성되었던 동북변방군이 한국전쟁에 개입하기 위한 부대라는 주장은 설득력이 없다. 이에 대해서는 앞의 1장에서도 이미 자세히 언급한 바 있다.

또한 7월 초 동북변방군의 편성과 때를 같이하여 중국

이 조선에 파병하는 문제에 대해 조우와 주중 소련대사 로신 간에 논의가 있었던 것은 사실이지만 그것은 '미군이 38선을 넘을 때'라는 전제조건이 있었으며, 당시의 전황은 인민군이 여전히 한반도의 남쪽을 향해 승승장구하면서 신속하게 진격해가고 있던 시기였기 때문에 미군이 38선을 넘을 것이라는 문제가 근본적으로 존재하지 않았으며, 따라서 중국의 파병문제 역시 거론할 필요가 없었다.[39] 즉 미국이 한국전쟁에 지상군을 파병한 후 중국은 예측할 수 없는 사태에 대비하기 위하여 불가피하게 군사전략적인 조정을 모색하게 되었고 그것이 동북변방군의 편성이었던 것이다.

그리고 전쟁 초기 중국이 한국전쟁 참전을 전혀 고려하지 않고 있었다는 사실을 입증하는 또 다른 증거로는 한국전쟁이 발발하였음에도 불구하고 그들의 군 장병들에 대한 전역사업은 계획대로 시행하였다는 것이다. 1949년 말부터 마오는 인민해방군의 생산활동 투입을 강조하였으며, 1950년 6월 전역사업을 재차 강조하면서 "인민해방군의 주력군이 대만과 티베트를 해방하여 국방을 견고히 하고 반혁명 분자를 진압할 수 있다면 나머지 장병은 1950년에 전역되어야 한다. 전역된 장병이 귀향하여 생산 활동에 착수할 수 있도록 전역정책은 신중하게 수행되어야 할 것"이라고 지시하였다.[40] 이 지시에 의해 트루먼이 미 육군에게 해·공군과 합세하여 한국을 지원하라고 명령하였던 날이었던 6월 30일 중국 중앙전역위원회는 예정대로 '군사위원회, 정무원의 1950년 전역사업에 관한결정'을 하달하고 군 감축을 위한 대대적인 전역사업을 시작하였다. 일부에서는 한국전쟁이 발발했기 때문에 전역사업을 전쟁준비사업으로 전환해야 할 것이라고 건의했지만 조우는 한국전쟁의 상황에

39 沈志華서, 최만원 역, 『마오저뚱 스탈린과 조선전쟁』(서울: 선인, 2010), p.253.

40 *Selected Works of Mao Tes-Tung* (Beijing: Foreign Language Press, 1977), 최영(1983), p.337 재인용.

대해서는 총참모부와 외교부가 주의 깊게 관찰하고 있기 때문에 전역사업은 원래 계획대로 진행할 것을 지시하였다.[41] 이러한 조치를 세계 최강의 미군을 상대로 하는 전쟁에 참전하려는 국가의 행위로 보기는 어려울 것이다.

결론적으로 전쟁 초기 북한 인민군이 한반도 남쪽 끝까지 진격하여 최종승리에 가까워진 것처럼 보였을 때까지만 하더라도 이 전쟁은 중국의 관심을 끌기는 했으나 우선순위로 주목받지는 않았다.[42] 따라서 마오가 개전 초기 미군이 참전하였을 때부터 이미 한국전쟁 참전을 결정하였으며 그것을 입증하는 것이 동북변방군의 편성과 배치라는 주장, 혹은 북한의 남침 후 즉각적으로 편성하였던 동북변방군은 한국전쟁에 참전해야 할지도 모른다는 마오와 중국지도부의 의사가 관철된 조직이라는 주장 등은 모두 받아들이기 힘들다.[43]

03 적극적 대비와 참전가능성 검토단계

1) 국군과 미군의 반격과 참전의 가능성 검토

1950년 8월에 들어 한국전쟁은 낙동강 전선에서 교착상태를 이루게 되었으나 8월 7일부터 11일 미군과 국군이 마산 근처에서 북한 인민군 정예사단인 제6사단을 격파함으로써 전쟁은 새로운 국면에 접어들게 되었다. 스탈린은 미군이 예상외로 신속하게 대규모의 병력을 동원하여 참전하면서 드디어 북한의 진격이 저지되고 낙동강 전선이 형성되자 상당히 초조해하면서 중국이 가능한 한 빠른 시일 내에 행동을 취해

41 雷英夫, "抗美援朝戰爭幾個重大決策的回億", 『黨的文獻』, 1993년 6호, p.76.

42 이러한 주장은 柴成文·趙勇田(1989), p.33, p.67 참조.

43 박영실, 『중국인민지원군과 북·중관계』, (서울:선인, 2012), p.74.

주기를 바랐다. 북한의 남침에 대한 스탈린의 전략에서 본다면 미군이 참전하면서부터 중국을 되도록 빨리 전쟁에 끌어들이려 하였다는 것이 더 적절한 표현이 될 것이다. 이를 위해 스탈린은 전쟁 초기부터 북한이 전쟁관련 정보를 제대로 제공해 주지 않고, 그들의 조언을 무시하였다는 중국의 불만을 인식하고 이를 무마하려 하였다.[44] 또한 미 육군이 가세한 직후인 7월 8일 스탈린은 로신을 통하여 마오에게 전달한 전문에서 "조선이 조선에 중국대표가 없는 것에 불만을 표시하고 있음. 마오저뚱이 조선과의 연락이 필요하다고 인식하고 있다면 마땅히 빠른 시일 내에 대표를 파견하여 연락을 편리하게 하고 문제를 신속하게 해결해야 할 것임"이라 언급하면서 중국의 대표파견을 촉구하였다.[45] 그러나 김일성은 전쟁에 필요한 모든 지원은 소련으로부터 충분히 받고 있기 때문에 중국의 도움을 받고 싶지 않았으며, 여전히 중국의 개입을 꺼려하고 있었다.[46] 동북변방군이 편성된 후 군단장이었던 덩화(鄧華)는 전쟁 상황에 대한 정보를 수집하기 위해 북한지역으로의 진입을 시도하였지만 북한 측이 중국 측 인사들에 대한 전투지역 접근을 막아 아무런 정보를 얻을 수 없었다는 사실이 이를 입증하고 있다.[47] 이러한 측면에서 실제로 김일성을 비롯한 북한 지도부가 중국의 대표가 북한에 주재하고 있지 않다는 것에 대해 불만을 토로하였다고 믿기는 힘들다. 따라서 이는 스탈린이 한국전쟁에 대한 중국의 관심과 참여를 촉구하는 의미로 해석해야 할 것이다.

---

44 스탈린은 전황에 대한 적절한 정보의 제공이 이루어지지 않은 이유에 대해 김일성이 중국에 알려주고 싶지 않아서가 아니라 전선과 적절한 통신이 이루어지지 않고 있기 때문이지 조선인민군의 고의적인 것이 아님을 이해해야 한다고 중국을 무마하였다. 沈志華(2003), p.542 참조.

45 АПРФ, ф.45, оп.1, д.331, лл.82, АВПРФ, ф.059а, оп.5а, п.11, д.3, лл.11/(1950. 7. 8) 중국은 6월 30일 이미 차이청원 대사대리의 파견을 결정하였으며, 이들은 7월 10일 평양에 도착하였다.

46 박영실(2012), pp.66~67.

47 데이비드 핼버스템, 정윤미·이은진 옮김, 『콜디스트 윈터』, (서울: 살림, 2009), p.512.

한편 8월부터 마오는 한국전쟁이 장기전의 양상을 띠게 될 것이라고 전망하였다. 1950년 8월 초 인민군의 진격이 저지되고 낙동강 전선이 형성되었을 때 마오는 북한의 무력투쟁은 길어질 것이고 이에 대한 적극적인 대비책을 세울 필요성을 느꼈을 것이다. 한국전쟁의 전황이 변하면서 중국 지도부의 우려도 점점 깊어졌으며, 이때부터 파병에 대한 의견들이 제기되면서 참전에 대한 전략적인 고려가 시작되었다고 볼 수 있다. 중국은 전황이 반전되기 시작한 8월부터 한국전쟁에 개입할 준비를 하고 있었으며 중국의 한국전쟁 개입목표가 단순한 자신의 안보차원을 넘어 사회주의 혁명이라는 이념적 목표를 가지고 있었다는 주장이 있다.[48] 그러나 이는 대외적인 정치적 발언을 확대해석한 것이라 볼 수 있으며 당시의 상황과 자료들을 분석해 보았을 때 여전히 적극적인 파병논의 단계로 볼 수는 없다. 단지 참전에 대한 전략적인 고려가 시작되고 있었으며, 군의 이동과 배치 역시 전쟁의 장기화와 역전의 가능성에 대한 대비차원의 동북지역 안보강화전략에 머물러 있었다고 보아야 한다. 또한 주젠룽(朱建榮)은 8월 13~14일 개최된 선양(沈陽)군사회의에서 이미 의용군이라는 이름으로 참전한다는 결정을 하였다는 주장과 함께 동 회의에서 참전의 시기 문제, 유엔군과 교전할 경우의 유리한 조건과 불리한 조건 및 교전결과에 대한 분석, 미국이 원폭을 사용할 가능성과 효과 등 세 가지 문제에 대해 논의되었다고 덧붙이고 있다.[49] 그렇다면 이 회의 역시 참전의 결정이라기보다는 참전에 대한 전략적인 고려가 다각적으로 이루어진 회의라고 보는 것이 타당할 것이다.

한국전쟁의 장기화와 미군의 참전으로 인한 전세의 역전 조짐에 대해 중국이 상당히 우려하고 있었다는 사실은 곳곳에서 발견

48 Chen Jien(1994), p.41.

49 주젠룽 지음, 서각수 옮김, 『모택동은 왜 한국전쟁에 개입했을까』(서울: 도서풀판 역사넷, 2005), pp.153~159.

된다. 8월 초 '세계지식'은 "한국전쟁이 곧 종결될 가능성은 크지 않다"고 언급하였으며, 8월 4일 소집한 중공 중앙정치국 회의에서 마오는 "만약 미제가 승리하면 의기양양하여 우리를 위협할 것이다. 따라서 조선을 도와주지 않을 수 없으며, 이 경우 지원군 형태로 하되 시기는 물론 상황에 따라 적절하게 선택해야 할 것이지만 우리는 미리 준비하지 않으면 안 될 것이다"라고 언급한 바 있다.[50] 그리고 8월 26일 중앙군사위원회 확대회의에서 조우는 북한 인민군이 단기간 내에 한반도를 해방할 가능성은 거의 없으며 장기간의 어려운 투쟁을 전개해야 될 것이라 전제한 후, 중국은 전세가 역전될 상황에 대처할 준비를 해야 하며, 중국이 맞서야 할 상대는 한국군이 아니라 미군이라고 강조하였다.[51] 이러한 조우의 발언에 한 몫을 한 것이 유엔 미국대사 오스틴의 8월 17일 북진을 시사하는 유엔에서의 연설이었다.

이러한 상황인식에서 8월 5일 마오는 동북군구 사령관이자 정치위원인 가오깡(高崗)에게 "동북변방군 각 부대가 이미 집결했으며, 8월에 작전에 투입될 가능성은 없지만 9월 상순에는 작전을 수행할 수 있도록 준비할 것"을 지시하였으며,[52] 8월 18일 마오는 다시 가오깡에게 "변방군의 훈련을 비롯한 준비작업의 완료를 9월 말까지로 연장할 수 있지만 9월 30일 이전까지는 모든 준비가 완료될 수 있도록 독려할 것"을 다시 한 번 지시하였다.[53] 그리고 전황이 점점 악화되고 있는 것을 고려하여 마오는 동북변방군의 전력을 강화할 필요성을 느끼고 8월 말부터 9월 초 동북지역에서 병력을 전술적으로 재배치하였으며, 4개 군을 배치

50 逢先知·李捷, 『毛澤東與抗美援朝』(北京: 中央文獻出版社, 2000), p.5.

51 『周恩來年譜: 1949~1976』(1997), p.70.

52 中共中央文獻研究室編, 『建國以來毛澤東文稿』第1冊, (北京: 人民出版社), p.454.

53 이는 가오깡이 9월 상순까지 작전수행 태세를 갖추는 것은 불가능하다는 보고에 대해 마오가 내린 지시이다. 위의 책, p.469.

한 상황에서 다시 8개 군을 추가로 배치할 것을 결정하였다. 또한 산뚱(山東)의 제9병단과 서북지역의 제19병단으로 하여금 동북으로 연결된 철도 부근으로 이동하게 하여 유사시 신속하게 동북지역으로 이동할 수 있게 하였다.[54] 이러한 중국의 조치들은 조우가 강조하였듯이 '전세가 역전될 상황에 대처할 준비'차원이었으며, 미군의 위협이 가시화될 수 있다는 예상 하에 동북지역의 안전을 확보하기 위한 방어력 강화조치라고 보아야 한다. 즉 전쟁 초기의 소극적 대비에서 적극적 대비로 전환되었다는 표현이 타당할 것이다.

이 시기 중국이 한국전쟁 참전에 대한 전략적인 고려를 시작하였을 것이라는 주장을 뒷받침할 수 있는 또 하나의 사실은 그들의 '대만해방' 보류 내지는 연기이다. 중국 중앙군사위원회는 1950년 8월 11일, '대만해방'전쟁을 1951년 이후로 미루기로 결정하였다.[55] 또한 앞에서 언급한 8월 26일 중앙군사위원회 확대회의에서 조우는 "조선전쟁의 발발은 우리에게 조선인민을 지원하고 대만해방을 연기해야 하는 새로운 과제를 던져주었다"고 언급하였다.[56] 이러한 언급들은 그 전까지 중국지도자들의 관심이 여전히 '대만해방'에 머물러 있었으며, 한국전쟁으로 옮겨오지 않고 있었다는 것을 의미한다.

중국에 있어서 이 시기의 '대만해방'계획 보류 결정은 한국전쟁에 대한 그들의 입장에 상당히 중요한 의미를 지니고 있다. 이는 중국 지도부가 한국전쟁의 전개 상황에 따라 대만공격이 가능할 수도 있을 것이라는 예상을 하고 있었다는 점을 시사하고 있는 동시에 8월 초가 되면서 한국전쟁 전황의 전개가 이미 그들이 '대만해방'을 보류할 만큼의

54 위의 책, p.485.

55 Zhang Shuguang and Chen Jien eds.,(1996), p.157.

56 中共中央文獻硏究室編, 『周恩來年譜: 1949~1976』(北京: 中央文獻出版社, 1997), p.70.

우려할 수준에 이른 것으로 중국 지도부가 인식하게 되었다는 사실을 말해 주는 것이다. 즉 당시까지 중국의 대외전략의 최우선순위에 놓여 있었던 '대만해방'이 한국전쟁으로 바뀌는 시점이라 할 수 있는 것이다. 이러한 인식은 미군의 참전으로 전쟁이 장기화될 것을 우려하고 있는 한편, 전쟁의 장기화는 곧 전황의 악화로 이어질 것이고, 그렇다면 중국의 참전은 불가피해질 것이라는 입장을 시사하고 있는 것이다. 따라서 이 시기에 마오가 한국전쟁 참전을 결정했다고 보기는 어려우나 분명 그 이전의 입장과는 다른 사태인식을 가지게 된 계기가 된 점은 부정할 수 없다.

또한 마오는 8월 19일과 28일 유딘과의 회견에서 한국전쟁 참전에 대한 가능성을 열어놓는 발언을 하게 된다. 8월 19일 회견에서 마오는 한국전쟁에 대한 두 가지 시나리오를 제시하였다.[57] 첫 번째는 만약 미국이 대략 현재의 병력으로 전쟁을 계속한다면 미국은 가까운 장래에 조선반도에서 밀려나 조선반도 문제에 다시 개입할 수 없게 될 것이고, 이것이 최상의 시나리오이며, 두 번째는 만약 미국이 어떠한 대가를 치르더라도 조선반도에서의 승리를 결심한다면 30~40개의 사단을 투입시킬 것이고, 이에 조선은 중국의 원조를 필요로 하게 될 것이며, 만약 중국의 원조가 제공된다면 미군 30~40개 사단을 괴멸시킬 수 있을 것이라는 시나리오였다. 이와 함께 동 회견에서 마오는 미국의 조선전쟁 참전을 비난하는 국제적 선전을 대폭 강화하는 것이 필요하다고 강조하였다.[58] 며칠 후 28일 마오는 유딘과의 만찬에서 19일 언급했던 두 가지 시나리오 중 두 번째의 상황으로 발전할 가능성이 크다고 밝히고 이는 미국이 한반도에 더욱 많은 병력을 파견할 것이라는 의미이며, 미국은 현재 조선반도에 인접한 중국의 국경지역에 대해서도 폭격을 가함으로써 중국

57 유딘은 소련 학술원 학자로서 마오의 자서전을 집필하고 있었다.

58 예프게니(1997), p.108.

을 자극하고 있다고 언급하였다.[59] 두 번에 걸친 유딘과의 대화에서 마오는 미국을 비난하는 국제적 선전 강화와 함께 미국이 중국의 국경지역에 대해 폭격을 가하고 있다는 점을 들어 전쟁의 장기화와 함께 중국의 참전을 정당화하는 명분을 다지면서 참전 가능성을 열어놓았다.

2) 중국 인민해방군 공군력 강화

이 시기 중국의 한국전쟁 참전 결정과 관련하여 밝혀야 될 부분 중의 하나가 소련의 지원에 의한 중국 인민해방군 공군력 강화를 둘러싼 논쟁이다. 즉 인민해방군 공군력 강화를 위한 중국의 지원 요청은 한국전쟁에 참전하고자 하는 중국의 의도와 준비를 말해주는 것이며, 이에 대한 소련의 지원 역시 중국공군의 한반도 투입을 목적으로 하는 것이었다는 주장에 관한 것이다. 이러한 주장의 논지는 7월 초부터 1950년 말까지 동북지역 31개에 달하는 과거 일본군 비행장의 재건과 정비가 동북지역 방위와 함께 인민해방군 공군의 한반도 투입을 목적으로 하는 것이며, 그렇지 않고서는 31개나 되는 비행장의 용도를 설명할 수 없다는 것이다.[60] 이러한 주장에 대해 저자는 중국 인민해방군의 공군력 강화에 대해 중국과 소련은 서로 다른 생각을 가지고 있었다고 본다. 다시 말해 소련은 특히 미 공군이 제공권을 장악하고 한국전쟁 전황이 악화되면서 중국의 공군을 한국전쟁에 투입시키고자 한 반면, 중국은 당시까지 인민해방군의 가장 취약한 부분이었던 전체 공군력을 강화하기 위한 조치였을 뿐 그것이 한국전쟁 참전을 위한 준비는 아니었다는 것이다. 특히 '대만해방'을 위하여 중국이 가장 필요한 부분이 공군력이었다는 점을 감안할 때, 1950년 7월부터 시작된 공군력의 강화가 북한의 남침 후

59 위의 책, p.109.

60 David Tsui, p.117.

진행되었다고 해서 한국전쟁 참전을 위한 것이라 보기는 어렵다. 더구나 중국은 자신의 공군력 강화에 대한 소련의 지원은 중·소 동맹조약 체결 시 합의된 사항에 대한 이행으로 받아들이고 있었다.

신중국 수립 후 중국의 전략은 단기적으로 본토에 대한 미국으로부터의 직접공격에 대비하고, 중장기적으로는 동아시아 주변지역에서 미국과의 충돌 가능성에 대비하는 것이었다.[61] 이는 중국 내전을 통해 형성된 대미 적대감과 안보불안감이 기초가 된 것으로서 이러한 미국의 위협에 대비하기 위한 마오의 선택은 소련과의 군사동맹관계의 구축이었으며, 이를 위해 1949년 말부터 1950년 초까지 모스크바에 약 2개월 체류하면서 중소동맹조약 체결에 집착을 보였다. 중소동맹의 핵심은 중국의 안보를 공고히 하는 데 있었다. 마오는 중소동맹조약 체결을 위한 회담이 이루어지기 전에 조우에게 "동맹조약의 기본정신은 일본과 그 동맹의 중국침략 가능성을 방지하는 것이 되어야 한다"고 언급한 바 있다.[62] 중소동맹의 체결로 중국이 얻은 가장 큰 소득은 군사력, 특히 공군의 현대화였다. 중국은 소련으로부터 받은 항공기를 이용하여 1950년 10월에 2개 항공사단, 11월에 1개 항공사단 등 3개의 현대화된 항공사단을 창설할 수 있었으며, 또한 소련은 인민해방군의 정규화를 지원하기 위하여 대규모 군사고문단과 해·공군 전문가를 파견하기로 하였다. 이로써 1949년 중반 류사오치(劉少奇)의 모스크바 방문을 통해 이루어진 소련의 중국 인민해방군 건설지원 약속이 본격적으로 이행될 수 있었다.[63]

북한의 남침 후 중국의 관심사 중의 하나는 전쟁을 이용한 신속한 공군력의 현대화와 강화를 바탕으로 동북지역의 안전을 도

61 Chen Jian(1994), p. 94.

62 "Telegram: Mao to CCP Cetral Committee, Jan. 2 1950," *CCFP*, p.132, 박창희, 『현대 중국 전략의 기원』(서울: 플래닛미디어, 2011), p.189 재인용.

63 인민해방군 공군력 강화에 대한 구체적인 소련의 지원은 박창희(2011), p.191 참조.

모하는 것이었다. 전쟁 발발 직후 7월 2일 조우는 스탈린에게 미군이 38선을 넘는다면 중국은 이에 대항하여 조선인으로 위장한 의용군을 투입할 것이라 강조한 후, 이를 위하여 중국지도부는 이미 목단지역에 3개 군 12만 명의 병력을 집결시켜 놓았다고 언급하고 소련공군이 이들 중국 부대에 공중엄호를 제공해줄 수 있는지를 문의하였다.[64] 이 문제에 관하여 스탈린과 조우 및 마오 사이에 오고간 전문을 보면 서로의 관심이 다른 곳에 있음을 알 수 있다. 먼저 스탈린이 조우의 문의에 대한 답신으로 보낸 아래와 같은 2개의 전문이 있다.

평양, 소련대사

조우은라이에게 전달바람

(전략) 우리는 적들이 38선을 넘을 경우 지원군으로서 북조선으로 진군하여 전투를 하고자 중국이 9개 사단을 즉각 중·조 국경지역에 집중시키는 조치는 정확한 판단이라고 봄. 우리는 최선을 다하여 이 부대들에게 공중엄호를 제공할 것임. (후략)

필리포프
1950. 7. 5.[65]

평양, 소련대사

조우은라이 혹은 마오저뚱에게 아래사항을 전해주기 바람

(전략) 우리는 중국이 중·조 국경지역에 9개 사단을 배치하기로 결정하였는지에 대해서 아직 알지 못하고 있음. 만일 그러러

64 예프게니(1997), p.105.

65 АПРФ, ф.45, оп.1, д.331, лл.79, АВПРФ, ф.059а, оп.5а, п.11, д.3, лл.115(1950. 7. 5).

한 결정을 이미 내렸다면 우리는 제트전투기 1개 사단 124대의 전투기를 파견하여 그 부대들을 엄호할 준비가 되어 있음. 우리는 2~3개월의 기간 동안 우리 전투기 조종사들로 하여금 중국 조종사들을 훈련케 한 후, 그 모든 장비들을 중국 조종사들에게 이양할 것임. 상해의 항공사단에 대해서도 같은 계획을 가지고 있음.

필리포프
1950. 7. 13.[66]

위의 전문에서 보는 바와 같이 스탈린의 주요관심은 중국이 북한을 지원하기 위한 9개 사단을 동북지역에 배치하였는가에 있으며, 이들 부대에 대한 엄호를 위해 파견되는 1개의 항공사단 역시 2~3개월 후 중국에 이양할 것임을 밝히고 있다. 따라서 스탈린에 있어서 이들 9개 사단과 항공사단은 북한을 지원하기 위한 부대들로 간주하고 있음을 짐작할 수 있다. 이는 중국 지원군이 한반도로 진입하여 전투를 전개할 경우 소련의 공군은 직접 이들을 지원할 수 없음을 감안한 스탈린의 계산이기도 하다. 따라서 소련은 처음부터 중국의 공군력을 배양하여 참전시키고자 했던 의도를 가지고 있었다고 보아도 무방할 것이다. 또한 9개 사단 배치 결정에 대해 아직 알고 있지 못하다는 말은 이를 촉구하는 의미로 해석할 수 있을 것이며, 이는 중국의 파병을 기대하고 있다는 뜻으로 받아들일 수 있다. 그러나 위 전문에 대한 마오의 아래와 같은 답신은 스탈린의 생각과는 전혀 다른 차원의 내용이었다.

66 АПРФ, ф.45, оп.1, д.331, л.85, АВПРФ, ф.059а, оп.5а, п.11, д.3, л.118(1950. 7. 13).

필리포프

본직은 7월 22일 14시 30분 조우은라이로 부터 아래와 같은 마오저뚱의 서신을 접수하였음.

필리포프 귀하

우리는 중·조 국경의 우리군부대에 공중엄호 제공, 우리공군의 제트기 장비 도입, 소련의 2개 항공사단의 무기 장비들을 이양 받는 사안에 대해 연구한 결과, 귀하의 제의에 환영을 표합니다. 그리고 귀하와 소련정부가 보내준 원조와 지지에 사의를 표하는 바입니다. 우리는 귀하가 우리 군을 엄호하기 위해 준비하고 있는 1개 제트전투기 항공사단을 선양(沈陽)지역에 배치하고, 그 중의 2개 비행단은 안산(鞍山), 그리고 1개 비행단은 랴오양(遼陽)에 배치하려 합니다. 이렇게 해야만이 안뚱(安東)지역에 주둔하고 있는 혼성항공여단의 각 전투비행단과의 협력 하에 우리 군과 봉천, 안뚱, 우순(撫順)의 공업지역에 대한 엄호 임무를 완수할 수 있을 것입니다. (후략)

로신
1950. 7. 22.[67]

위 전문에서 보는 바와 같이 중국이 요청한 소련공군의 엄호임무는 동북지역의 공업지역에 대한 엄호를 목적으로 하고 있음을 알 수 있으며, 북한을 지원하기 위한 엄호라는 언급은 어디에서도 찾아볼 수 없다. 이와 함께 마오는 위의 전문에 덧붙여 "160명의 제트전투기 조종사의 훈련, 정비기술 배양 계획이 진행 중이며, 1951년 3~4월 최신

67 АПРФ. ф.45. оп.1. д.334. лл.88~89(1950. 7. 22).

제트전투기 장비를 이양받을 수 있는 준비가 끝날 것임. 중국의 1개 항공 혼성여단이 상해, 남경, 소주지역에서 개조훈련을 실시할 것임. 부족한 조종사는 하얼빈과 진조우 연합항공학교에서 충원할 것이며, 정비소와 정비인원들의 양성은 1950년 11월에 완성될 것임"이라는 중국 공군력 강화와 현대화를 위한 계획과 함께 소련의 지원을 요청하였다.[68] 7월 25일 스탈린은 마오의 7월 22일 전문에 대해 중국조종사에 대한 제트기 적응훈련 계획과 기한에 동의한다는 답신을 보냈으며,[69] 8월 27일에는 중국이 요청한 방공전문가와 공군전문가로 구성된 38명의 소련 군사고문단 파견에 관한 문제에 동의하는 등 지속적으로 중국의 공군력 강화에 대하여 지원하였다.[70]

따라서 마오에게 있어서 소련의 지원은 미 공군의 잠재적 위협에 대비하는 동북지역방어를 위한 공군력 강화라는 측면이 강조되고 있었을 뿐만 아니라 중국 인민해방군 공군력 강화를 위한 전면적인 성격을 띠고 있었으며, 북한을 지원하고자 하는 의도는 찾아볼 수 없었다. 이러한 측면에서 볼 때 한국전쟁 초기에 중국의 소련에 대한 인민해방군 공군력 강화와 공군력 지원 관련 요청이 한국전쟁에 개입하고자 하는 중국의 의도이자 준비단계라는 주장은 무리가 있다. 그러나 중국이 한국전쟁 참전을 결정할 당시에도 중국의 공군력은 여전히 그들 지상군 부대의 작전을 지원할 수 있는 역량을 구비하지 못하고 있었다. 중국의 참전결정 당시 소련 공군의 지원문제가 중국의 파병을 둘러싼 중·소 간의 갈등의 원인이 되었던 사실이 이를 뒷받침하고 있다.

이와 같은 점들을 종합해 볼 때, 소련의 지원에 의한 중

68 위의 전문.

69 АПРФ, ф.45, оп.1, д.334, л.90(1950. 7. 25).

70 АПРФ, ф.45, оп.1, д.334, л.94(1950. 8. 27).

국인민해방군 공군력 강화는 당시 동북지역에 인접한 한반도에서의 전쟁에 미군이 참전하고 있었으며, 이로 인하여 중국의 안보가 위협받을 수도 있는 상황에서의 방어적·수세적인 조치이자 중소동맹조약 체결 당시의 소련의 약속 이행이라는 관점에서 보아야 한다. 또한 모든 전문에는 "미군이 38선을 넘을 경우"라는 단서가 붙어있다. 즉 중국의 입장에서 볼 때, 이러한 소련에 대한 공군력 강화 지원요청이 한국전쟁에 직접파병을 전제로 한 요구라고 보기는 힘든 것이었다.

04 전세의 역전과 적극적 참전고려단계

1) 전세의 역전

앞에서 언급한 바와 같이 8월 중순이후 전세는 역전되기 시작하였으며, 김일성의 불안은 가중되고 있었다. 이에 스탈린은 8월 28일 김일성에게 "전쟁은 항상 승리만 할 수 없으며, 전황이 불리해진다고 당황하거나 불안하게 생각하지 말 것"을 주문하고 "현재 북한은 고립되어 있는 것이 아니라 계속해서 지원해 주는 우방국가가 있으며, 필요하다면 우리는 다시 조선공군에 공격기와 전투기를 제공할 수 있다"고 언급하면서 "항공 전력을 분산시키지 말고 집중해야 할 것"을 조언하였다.[71] 그러나 유엔군의 반격이 거세지고 전세가 역전되기 시작하자 김일성은 8월 29일 슈티코프에게 인민군 부대 및 보급선에 대한 미 공군의 폭격이 강화되고 산업시설들이 파괴되면서 더욱 더 북한의 능력만으로는 승리할 수 있다는 자신감을 상실하고 있다며, 중국에 도움을 요청할 것

71 АВПРФ, ф.059а, оп.5а, п.11, д.4, лл.155~156(1950. 8. 28).

인지의 여부를 고민하고 있다는 언급을 하였다.[72]

당시 스탈린도 한반도에서의 전황에 대해 상당한 우려를 하고 있었다. 9월 7일, 스탈린은 전황이 불리하게 전개되고 있는데 대한 소련 군사고문단과 북한인민군을 질책하면서 자세한 작전명령을 하달하였으며, 소련 군사고문단이 생포되는 것을 방지하기 위한 조치가 취해져야 한다고 강조하였다.[73] 이는 당연히 소련이 이 전쟁에 개입되었다는 사실을 은폐하기 위한 조치일 것이다. 마오 역시 스탈린에게 보낸 전문에서 전황에 대한 상당한 우려와 함께 전황에 대한 정보를 가지고 있지 못한데 대한 불만을 표시하면서 사태가 장기화될 것에 대비하여 장차 필요시 신속한 철군문제도 심사숙고해야 할 것이며, 새로운 전선에서 군사력을 재편성할 태세도 갖추어야 할 것임을 언급하면서 인민군의 작전에 관한 자신의 의견을 피력하였다.[74]

9월 15일 새벽, 드디어 마오가 우려하고 있었던 인천상륙작전이 시작되어 한미연합군은 인천항 우측 전방의 월미도를 점령한 후 당일 오후 만조 시부터 인천 남부고지를 따라 상륙하였다. 또한 9월 16일부터는 미 제8군의 주도하에 낙동강 전선으로부터 총반격이 시작되었다. 인천지역으로 상륙한 13,000명의 미군 선발대는 인천지역의 북한 인민군을 격파하였으며, 이어서 미군의 주력부대가 인민군의 인천방어선을 돌파하여 상륙지점을 확대하여 저녁 무렵 인천 전 지역을 장악하였다. 그리고 다음날부터 서울, 수원 쪽으로 진격하여 18일 김포비행장을 점령하였고 20일에는 한강을 넘었다. 계속해서 26일에는 미 제10군단과 낙동강 전선에서 반격을 개시해 북상해 온 미 제8군의 예하부대가 최초

72 국사편찬위원회(2006), p.95.

73 예프게니(1997), pp.85~88.

74 위의 책, pp.110~112 참조.

로 오산부근에서 합류하여 28일 마침내 서울 탈환에 성공하였다.[75] 한미연합군의 인천상륙작전 성공에 이은 서울 탈환으로 한국전쟁의 전세는 완전히 역전되었으며, 전쟁의 주도권은 미군이 장악하게 되었다.

전황이 극도로 불리해 지면서 김일성과 슈티코프의 긴급요청에 응하여 스탈린은 북한에 소련공군의 Yak-9 전투기 연대를 주둔시키는데 동의하였다. 그러나 바실리예프 군사고문단장은 북한이 항공관제 및 경보체제를 보유하고 있지 않다는 사실을 보고하면서 공중전시 관제가 무선으로 소련어로 이루어 이루어질 것이기 때문에 첫 공중전이 있은 직후 평양 근교에서의 소련공군조종사들의 활동은 불가피하게 미군에게 발각될 것이라 지적하였다.[76] 이러한 보고에 스탈린은 소련 공군의 북한주둔 계획을 철회하였다. 또한 9월 27일 스탈린이 슈티코프에게 보낸 전문에는 전세의 반전을 위한 자세한 작전지시와 함께 단 한명의 소련 군사고문도 포로가 되지 않도록 조치할 것을 지시하였다.[77] 스탈린은 전황이 급박해지자 계속해서 직접 작전지시를 하달하여 전황의 반전을 꾀했으며, 이와 동시에 북한의 남침에 소련이 개입되었다는 사실을 은폐하는데 극도의 주의를 기울이고 있었다. 이는 미국과의 직접충돌을 회피하고자 하는 스탈린의 한국전쟁 전략에 근거한 것이었다.

한미연합군의 인천상륙 후 위협의식을 느끼기 시작한 중국은 미군이 38선을 넘을 가능성에 대해서 촉각을 곤두세우고 있었다. 하지만 미군의 38선 돌파를 시사하는 메시지는 인천상륙 후 오래지 않아 중국에게 전달되었다. 1950년 9월 20일 미 국무장관 에치슨은 유엔총회에서 "유엔군의 군사행동은 38선 이북으로 계속 이어져야 하며,

75 서상문(2006), pp.129~130.

76 АВПРФ, ф.3, оп.65, д.827, лл.81~82(1950. 9. 23).

77 АВПРФ, ф.3, оп.65, д.827, лл.90~93(1950. 9. 27).

그래야만 비로소 한반도에 통일 행정부가 수립될 수 있다"고 언급한 것이다.[78] 이러한 성명과 동시에 미국은 중국과의 전면전을 회피하기 위해 중국을 안심시키려는 이중적인 전술을 구사하였다. 즉 미국은 인도 네루수상을 통해 38선을 넘지 않을 것이라는 메시지를 두 차례나 전했으며, 미군이 38선을 넘을 경우에도 중국의 안전을 보장하겠다는 의사도 전했다. 그러나 중국 지도부는 미국의 메시지를 믿지 않았으며, 오히려 적극적인 대응의지를 밝혔다. 같은 날 마오는 김일성에게 지구전으로 나가야 승산이 있음을 충고하고, "자력갱생, 장기전을 펼칠 것을 각오하고 반드시 38선 이북을 확보해야 할 것"이라고 당부하였다.[79] 슈티코프도 "적군이 38선을 돌파할 것인지에 대해서는 아직 불분명하지만 38선의 방어선은 신속하게 구축되어야 할 것"이라 주문하였다. 이렇게 서울이 탈환된 뒤 소련과 중국의 최대관심사는 38선 방어선의 구축에 있었지만 김일성은 이미 "적군이 38선을 넘어 진격할지 여부는 분명하지 않지만 만일 적군이 38선을 넘을 경우 조선인민군이 새로운 부대를 편성하는 것은 불가능하며, 이는 곧 적에 대한 효과적인 저항을 할 수 없게 된다는 것"이라고 언급함으로써 다급하고 불안함을 감추지 못하고 있었다.

그러나 중국은 만일의 사태에 대비하는 적절한 조치를 강구하지 않을 수 없었지만 실제로 북한의 남침개시 이후 국군과 미군이 38선을 넘기까지 한반도 전황에 대하여 직접 간여하지 않고 있었다. 그 이유로서 첫째, 북한이 남침계획에서부터 준비, 그리고 실행까지 전적으로 소련의 지원에 의존하고 있었다. 따라서 김일성은 남침 후부터 유엔군의 인천상륙과 서울탈환 시까지도 중국에 대한 지원요청을 거의 고려하고 있지 않았던 것으로 판단된다. 둘째, 개전 초기 북한 인민군은 승승

78 *Department of State Bulletin*, Vol.1 23 (October 2, 1950), p.529.

79 中共中央文獻硏究室編, 『周恩來傳: 1949~1976(上册)』, (北京: 中央文獻出版社, 1998), p.56.

장구하면서 남진을 계속하고 있었다. 셋째, 이 기간 동안 스탈린이 직접 소련 군사고문단을 통해 작전지시를 하였고 전쟁을 조종해 나갔기 때문에 마오가 간여할 여지는 거의 없었다. 넷째, 중국은 북한으로부터 전황에 대한 정보를 거의 얻을 수 없었다. 이는 역으로 말하면 북한은 중국에게 전황에 관한 충분한 정보를 주지 않았을 뿐 아니라 중국 측 단독의 정보수집활동에도 비협조적이었다.

김일성 역시 유엔군의 인천상륙 후에도 여전히 중국에 대한 파병지원요청을 주저하고 있었으며, 중국의 파병지원요청의 가부에 대해서도 스탈린에게 의견을 물어보는 것으로 결론을 내렸다. 이와 같이 김일성이 전쟁 수행과정에서 중국에 대한 지원요청을 기피한 이유로는 소련으로부터 충분한 지원을 받고 있었고 스탈린의 작전지시에 따르고 있었다는 것 이외에도 중국과는 동맹조약과 같은 구속력 있는 조약을 체결한 적이 없으므로 중국에 지원을 요청할 명분이 없었다는 점과 중국이 참전할 경우 미국의 개입은 더욱 확대될 수밖에 없을 것이고 그렇게 된다면 전쟁이 3차 대전으로 확대될 것을 우려하고 있었다는 점을 지적할 수 있을 것이다.[80]

2) 위협의 인식과 적극적인 참전고려

중국은 한국전쟁의 전황이 북한에게 불리하게 전개되자 전황의 전개에 대한 우려와 함께 비상한 관심을 기울이고 있었다. 9월 7일 조우는 차이청원을 베이징으로 불러 만약 상황이 악화되어 중국이 한국전쟁에 참전한다면 가장 어려운 점이 무엇인가를 물었고, 이에 차이청원은 운송과 병참이 될 것이라 대답하였다.[81] 이러한 조우의 고려는 8

80 박영실(2012), p.81

81 Chen Jien(1994), p.153.

월 말 중국의 전쟁에 대한 인식 변화의 연장선에서 이해될 수 있을 것이다. 참전의 가능성을 열어둔 채 한반도의 전황을 주시하고 있던 중국은 유엔군의 인천상륙 후 급격히 악화되기 시작한 전황과 함께 참전에 대한 그들의 의도와 태도는 훨씬 분명해졌다.

9월 16일 한미연합군이 인천상륙작전에 성공하자 스탈린은 즉시 마오에게 중국의 남동부에 배치되어 있는 군대의 상황과 중국이 북한을 지원하기 위해 군대를 파견할 수 있는 위치에 있는지를 문의하였으며, 이와 함께 이 전문에는 김일성이 중국의 동북지역에 망명정부를 세운다면 이를 허락할 것인지에 대한 언급도 포함되어 있었다.[82]

그러나 한국전쟁 전황의 악화가 중국에 미치는 압력은 소련에 대한 압력에 비해 결코 뒤지지 않았다. 한미연합군이 인천상륙작전에 성공 직후 마오는 이미 군대를 파견해 북한을 직접 지원하는 방안에 대해 고민하고 있었으며, 한국전쟁에 참전하는 문제가 긴급안건으로 중국지도부의 앞에 놓이게 되었다. 이제 한국전쟁 참전의 문제는 북한에 대한 지원의 차원을 넘어 중국의 동북지역에 대한 치명적인 위협을 제거하는 문제와 연관되어 고려되어야 하였다. 즉 장차 미국이 한반도를 석권함으로써 야기하는 위협을 제거하기 위한 차원에서 북한에 대한 지원이 고려되고 있었다는 것이다. 이러한 고려 하에 중앙군사위원회는 9월 17일 5명을 새로 주북한 대사관 무관으로 임명하고 이들을 차이청원과 함께 즉시 한국에 파견하여 전황과 지형을 분석하고 전쟁에 대비하도록 하였다. 그리고 평양으로 귀임하는 차이청원을 통해 가오깡에게 전달된 서신에는 "파병을 하지 않을 수 없는 상황인 것 같으니 반드시 신중하게 준비하라"고 언급되어 있었다.[83]

82 위의 책, p.161.

83 柴成文·趙勇田(1989), p.79.

그러나 중국은 한국전쟁의 전황에 대한 정보를 거의 가지고 있지 못하였으며, 이에 대해 북한에게 상당한 불만을 가지고 있었다. 조우는 "신문보도와 평양 라디오방송이외에는 미군의 제물포 상륙에 관한 어떠한 정보도 가지고 있지 못하다"고 불평하였으며, "불행하게도 군사문제에 관하여 조선동지들과의 접촉이 거의 이루어지지 못하고 있다"고 강조하였다. 또한 "평양주재 중국대사조차도 군사정세에 관한 정부를 제공받지 못하고 있으며, 전투상황의 파악을 위하여 국경 군구소속 중국 군사요원들을 조선에 파견하려고 시도하였으나 현재까지 평양 당국의 응답이 없다"고 불만을 토로하였다. 이와 함께 전황에 대한 정보를 소련이 중국과 공유해 줄 것을 요청하였다.[84] 중국의 이러한 움직임은 한반도의 전황이 이미 중국의 안전을 위협하는 수준으로 올라와 있었고, 참전을 적극적으로 고려하지 않으면 안 될 상황에 몰려있었다는 것을 말해주는 것이다.

더구나 앞에서 언급한 9월 20일 미 국무장관 에치슨의 북진발언은 중국이 가장 우려하던 상황의 현실화를 의미하는 것이었다. 이러한 미국의 움직임에 대해 류샤오치는 9월 21일 "중국 지도자들은 미국이 조선을 패배시키려 한다면 중국이 조선동지들을 도와줘야 할 것이라 생각하고 있다"고 밝혔으며, 조우는 9월 23일 주중 인도대사 파니카를 통해 미군이 38선을 넘으면 중국이 개입할 것이라는 점을 분명히 하면서 미국의 38선 돌파에 대해 경고하였다.[85] 마오 역시 전쟁이 끝난 후 "미 제국주의가 개입하여도 38선을 넘지 않으면 우리는 관여하지 않겠지만 38선을 넘으면 우리는 반드시 국경을 넘어 싸울 생각이었다"고 회고

84 예프게니(1997), pp.110~112.

85 위의 책, p.116.

하였다.[86] 이는 북한의 남침계획 단계에서 북한에게 약속한 조건부 파병의 약속 사실을 한번더 확인시켜 주는 것이었다.

9월 27일 중국 지도부는 평양발 중국대사의 적정보고에 근거해 곧 38선이 뚫릴 것으로 판단하였고, 평양이 미군의 공격권 안에 들어가 있음을 내다보고 있었다. 주북한 대사 니즈량의 전문에 의하면 38선에 북한의 수비부대가 없기 때문에 적이 평양으로 바로 밀고 들어올 가능성이 있다고 상황의 위중함을 경고하고 있었기 때문이었다.[87] 따라서 조우는 9월 30일 "미 공군은 이미 수차례에 걸쳐 중국의 랴오닝(遼寧)성 상공에 침입하여 사격과 폭격을 감행하였으며, 해군은 중국의 상선에 포격을 가하였다. 미국정부의 이러한 난폭한 제국주의적 침략행위는 자신을 중국의 가장 위험한 적이라는 사실을 스스로 증명하였다. 미국의 무력은 이미 중국의 영토를 침략하였으며, 언제든지 이러한 침략을 확대할 가능성이 있다"[88]고 비난하면서 대결구도를 조성해 갔다. 또한 "중국은 침략에 항거하는 전쟁을 두려워하지 않을 것이며, 중국인들은 결코 외국의 침략을 용인하지 않을 것이다. 또한 제국주의자들이 자신의 이웃에 대해 닥치는 대로 침략하도록 가만 내버려 두지도 않을 것"이라 강조하면서 참전의 가능성을 극대화 하고 있었다.

한편 서울이 탈환되자 당황한 김일성은 9월 29일 박헌영과 연명으로 스탈린에게 지원요청서를 작성하였으며, 30일 슈티코프를 경유해 다음과 같은 전문이 10월 1일 새벽 3시경 스탈린에게 전해 졌다.

86 逢先知 · 李捷(2000), p.8.

87 中國人民解放軍軍事科學院編, 『周恩來軍事文獻(第四卷)』, (北京: 人民出版社, 1997), p.56.

88 『人民日報』, 1950. 9. 30.

그로미코

박헌영 동지가 직접 본직에게 전달한 김일성과 박헌영이 스탈린동지에게 보내는 서한임.

존경하는 스탈린동지

(전략) 적들은 서울을 완전히 점령한 후 바로 북조선을 향해 진격할 것입니다. 이러한 불리한 상황이 지속된다면 미국의 침략은 승리를 거두게 될 것입니다. (중략) 친애하는 스탈린동지, 우리는 동지에게 특별원조를 요청하지 않을 수 없습니다. 다시 말해, 적군이 38선을 돌파하는 순간 우리는 소련의 직접적인 군사원조가 실질적으로 필요하게 될 것입니다. 만일 어떠한 이유들로 인하여 그것이 불가능하다면 중국과 다른 인민민주주의국가들에서 국제의용군부대를 만들어 우리의 투쟁에 군사원조를 제공해주기 바랍니다.

조선노동당 중앙위원회 김일성, 박헌영
슈티코프
1950. 9. 30.[89]

김일성으로부터 다급한 지원요청을 받았지만 스탈린은 소련군을 직접 파병할 생각은 전혀 없었으며, 오히려 북한에 주재하고 있던 소련기관 및 그 요원들을 철수시키자는 슈티코프의 건의를 승인하였다. 10월 1일 북한에 주재하고 있던 군사고문 마트비예프와 슈티코프에게 소련군의 직접개입은 불가능하고 국제의용군의 결성과 파견이 가장 적절한 방식인데 이러한 부대는 장차 중국군대가 조직할 것이므로 중국 지도부와 논의하라는 의사를 김일성에게 전달하도록 함으로써 북한을 원조

89 АВПРФ, ф.45, оп.1, д.347, лл.41~45(1950. 9. 30).

할 책임을 마오에게 전가하였다.[90] 이와 함께 마오에게는 다음과 같은 전문을 보내어 중국의 직접파병을 촉구하였다.

베이징, 소련대사

즉각 마오저뚱이나 조우은라이에게 전달바람.

(전략) 본인은 만일 귀하가 당면한 상황인식에 근거하여 조선을 위해 지원군을 파견할 수 있다면 5~6개 사단 정도를 즉각 38선으로 보내 소선동지들로 하여금 귀하의 부대이 엄호아래 38선 이북에서 방어선을 구축하게 하여야 한다고 생각합니다. 중국부대는 지원군의 신분으로 출동할 수 있을 것이며, 당연히 중국지휘관이 통솔하는 것입니다. (후략)

필리포프

1950. 10. 1.[91]

마오가 이 전문을 받아본 10월 1일, 국군이 38선을 넘어 북진을 개시함으로써 전쟁은 새로운 국면으로 접어들게 되었으며, 중국의 한국전쟁 참전문제 역시 중국공산당의 공론화 과정으로 접어드는 또 다른 국면 속으로 들어가게 된다.

90 국사편찬위원회(2006), p.559

91 АВПРФ, ф.45, оп.1, д.334, лл.97~98(1950. 10. 1)

03 장

북한의 지원요청과 중국의 참전결정

03장 북한의 지원요청과 중국의 참전결정

1절 전황의 악화와 북한의 지원요청

01 북한의 지원요청 이전까지의 중국의 한국전쟁 참전에 대한 입장

제1장, 2장에서 언급한 바 있는 북한의 지원요청 이전까지의 중국의 한국전쟁 참전에 대한 입장과 이를 둘러싼 논쟁들은 다음과 같이 정리 요약해 볼 수 있을 것이다.

북한의 남침계획에 대하여 마오는 김일성의 남침이 내전의 성격을 지니는 것이고, 소련의 군사적 지원을 받은 월등한 군사력을 가진 북한이 빠른 시일 내에 한반도에 대한 무력통일을 달성할 수 있을 것이라 믿었으며, 중국에게는 별다른 영향을 주지 않을 것이라 예상하고 있었다. 따라서 마오가 김일성의 남침계획에 동의하고 지원을 약속하였으나 그 지원의 범위는 단지 인민해방군의 조선인부대를 북한에 이양해 주는 정도만으로 충족될 것이라 생각하고 있었고, 충분한 의무를 다하는 것이라 인식하고 있었다. 또한 스탈린과는 달리 미국의 직접개입에 대해서는 심각하게 고려하지 않았으며, 단지 미국이 일본의 지상군을 한국에 파병할 가능성에 대해서만 약간의 우려를 가지고 있었을 뿐이었다. 따라서 가능성이 희박한 '미군이 직접 개입하여 38선을 넘을 경우'에 한하여 파병한다는 조건부 지원약속을 하였을 뿐이다. 따라서 이러한 마오의 인식을 바탕으로 볼 때 인민해방군의 재편성과 재배치, 인민해방군 조선인 부대의 북한 이양 등을 한국전쟁 참전을 전제로 한 준비단계라고 보기는 힘들다. 더구나 한국전쟁에 대한 직접개입을 기정사실로 북한과 남침을 공모하였다는 주장은 더욱 동의하기 힘들다.

위와 같은 견지에서 볼 때, 1950년 1월 30일 스탈린이 북한의 남침에 동의한 후 남침 개시까지의 남침준비 단계에서 소련과 북한과의 긴밀한 협력관계에 비하면 중국은 이 준비 단계에서 소외되어 있었다고 해도 과언이 아니다. 따라서 북한의 남침개시 이전까지 중국이 한국전쟁에 직접개입하려는 의도가 있었다는 것을 입증할 수 있는 자료들은 찾기 힘들다. 북한의 남침계획단계부터 스탈린과 마오저뚱, 김일성이 전쟁을 공모하였다는 주장과 이의 연장선에서 중국은 한국전쟁에 직접개입 결정이 일찍이 이루어졌을 것이라는 일부 주장들은 거의가 스탈린의 남침동의, 마오저뚱의 스탈린 남침동의 인지, 남침개시 전과 남침개시 후, 그리고 미군의 참전, 미군과 국군의 반격 등 중국의 참전과 관련된 이러한 중요한 사안들의 의미와 이를 중심으로 그 시기구분을 명확히 하지 않음으로써 혼돈을 낳고 있다고 생각한다. 저자는 중국의 한국전쟁 참전에 대한 인식변화와 전략을 파악하기 위해서는 이와 같은 사안들과 전황의 변화가 중요한 의미를 지니고 있다고 보기 때문이다.

한국전쟁이 전황의 역전 조짐이 보이기 시작하던 8월 중순 중국은 그 때까지 지속해온 국민당 잔여부대의 소탕을 포함한 대만에 대한 공격준비를 일단 보류하고 즉각 중국 인민해방군을 전시 비상 예비동원체제로 전환시키기는 하였으나 마오는 9월 중순 이전까지만 해도 군대를 직접파병하는 형식의 한반도 전쟁 개입의도를 가지고 있지 않았다. 그러나 인천상륙작전 성공 이후 전세가 급격히 역전되기 시작하고 서울이 탈환되면서 중국 역시 미군의 38선 돌파의 우려와 함께 위협을 인식하게 되었고 그 동안 참전에 소극적인 자세에서 벗어나 적극적인 참전을 고려하기 시작하였다고 볼 수 있다. 따라서 중국이 북한의 남침 준비단계에서부터 소련, 북한과 공모하여 한국전쟁에 참전할 준비를 하고 있었다는 주장, 동북변방군의 편성과 배치가 참전결정의 결과라는 주장, 소련의 지원에 의한 중국 공군력 강화의 의미에 관한 논쟁, 참전결정 시기를 전쟁이 교착상태에 이르면서 장기화 가능성을 보이기 시작한 8월 중순에서 말 사이로 보는 견해 등은 설득력이 없다고 본다.

02 전황의 악화와 북한의 지원요청

한국전쟁은 전쟁 초기 북한의 일방적인 공세에 밀려 낙동강 전선을 형성한 이후 1950년 8월에 이르러서는 전쟁은 교착상태에 빠졌으나 국군과 미군이 북한군 정예사단인 제6사단을 마산 근처에서 격파함으로써 이러한 교착상태도 무너지기 시작하여 전쟁은 새로운 국면으로 접어들게 되었다. 9월 15일 새벽, 드디어 마오가 우려하고 있었던 인천상륙작전이 성공하였고, 9월 16일부터는 미 제8군의 주도하에 낙동강 전선으로부터 총반격이 시작되었다. 인천지역을 확보한 국군과 미군은 서울, 수원 쪽으로 진격하여 18일 김포비행장을 점령하였고 20일에는 한강을 넘었으며, 28일 마침내 서울 탈환에 성공하였다.[1] 한미연합군의

1 국방군사연구소 편, 『한국전쟁(상)』(서울: 국방군사연구소, 1995), pp. 325~332 참조.

인천상륙작전 성공에 뒤이은 서울 탈환으로 한국전쟁의 전세는 완전히 역전되었으며, 전쟁의 주도권은 미군이 장악하게 되었다.

이후 국군과 미군을 위시한 유엔군의 대대적인 반격과 함께 9월 15일, 인천상륙작전의 성공과 뒤이은 서울 탈환으로 주력부대의 퇴로를 차단당한 북한인민군은 38선을 방어할 수 있는 병력조차 제대로 배치할 수 없는 곤경에 처하게 되었다. 9월 27일, 김일성은 니즈량(倪志亮)중국대사를 회견하는 자리에서 "38선 및 그 이북지역에서 수비할 능력이 없다"고 인정하였으며, 29일 조우은라이(周恩來)의 보고서에 의하면 "미군과 한국군은 북상중이고, 남부에 있는 조선인민군은 고립되어 있으며, 38선 이북에는 방어부대가 없고 이러한 심각한 상황에서 적은 곧장 평양까지 진격할 가능성이 있다"고 판단하고 있었다.[2]

당황한 김일성은 9월 29일 박헌영과 연명으로 스탈린에게 지원을 요청하는 전문을 보냈으며, 이는 30일 슈티코프를 경유하여 10월 1일 새벽 3시경 스탈린에게 전해 졌으며, 이는 이미 제2장 말미에서 언급한 바 있다.

김일성으로부터 다급한 지원요청을 받은 스탈린은 10월 1일 북한에 주재하고 있던 군사고문 마트비예프와 슈티코프에게 전문을 보내고 "즉시 모든 역량을 동원하여 적이 38선을 넘지 못하도록 하고, 동시에 38선 이북에서 적과 투쟁할 수 있는 준비를 하라"고 지시하였으며, 직접적인 파병을 통한 군사지원은 중국과 논의하라는 지시와 함께 10월 1일 마오에게 전문을 보내어 파병을 촉구하였다. 이 역시 제2장 말미에 밝힌 바 있다. 스탈린은 동 전문에서 "중국부대는 지원군의 신분으로 출동할 수 있을 것이며, 당연히 중국지휘관이 통솔하는 것"이라 언급함으로서 파병의 방식까지 구체적으로 제시하면서 한국전쟁에서 소련을 철저

2 『周恩來軍事文選』第4卷 (北京: 人民出版社, 1997), p.58.

하게 배제시키고 중국에게 북한 원조의 책임을 전가하였다.

김일성은 스탈린에게 긴급 지원요청을 하였으나 소련으로부터 직접 파병은 불가능하다는 점을 잘 알고 있었다. 따라서 김일성은 이와는 별도로 10월 1일 밤 니즈량(倪志亮)중국대사와 무관겸 정무참사인 차이청원(柴成文)을 급히 초치하여 중국이 가능한 빠른 시일 내에 군대를 파견하여 북한 인민군의 작전을 지원해 줄 것을 요청하면서 압록강변에 주둔하고 있는 제13병단을 파병해 줄 것을 희망하였다.[3] 또한 같은 날 김일성은 중국의 지원을 요청하기 위해 박일우를 베이징(北京)에 급파하여 "적들이 38선 이북으로 진격해 오는 상황에서 우리 자신의 힘만으로는 이 위기를 극복하기 어려우니 중국 인민해방군이 직접 출동하여 우리군의 작전을 도와주기를 바라마지 않는다"는 내용의 서신을 마오저뚱과 조우은라이에게 직접 전달케 하였다.[4] 그러나 박일우는 10월 3일에야 베이징에 도착하여 마오를 만나 이 서신을 전달할 수 있었다. 이는 당시 미군이 제공권을 장악하고 있던 상황에서 육로를 이용해야 하였기 때문에 지체되었을 것으로 짐작된다.[5]

3 柴成文·趙勇田, 『板門店談判』(北京: 解放軍出版社, 1991), p.71, 또한 일부 주장에 의하면 9월 30일 김일성이 평양의 중국대사관 국경일 리셉션에 참석하여 니(倪)대사와 차이(柴)참사를 만나 중국의 출병을 요청하였다는 견해도 있지만(楊風安·王天成, 『駕馭朝鮮戰爭的人』 (北京: 中共中央黨校出版社, 1993, p.63) 그날 밤 리셉션에 참석한 인물은 당시 최고인민회의 상임의장인 김두봉이었고, 김일성의 모습은 보이지 않았으며, 김일성은 10월 1일 따로 이들을 만났다는 주장이 더 설득력을 가진다 (주지안롱 지음, 서각수 옮김, 『모택동은 왜 한국전쟁에 개입했을까』(서울: 도서출판 역사넷, 2005, p. 213 참조).

4 주젠롱(2005), p.163, 그러나 박헌영이 베이징에 파견되었다고 주장하는 연구자들도 있다. 楊風安·王天成(1993), pp.66~67. David Tsui, "중공군의 한국전쟁 참전(X)" ,『전략연구』통권 44호 (2008), p.223 참조. 그러나 10월 1일 밤 니즈량 대사를 만난 자리에 박헌영이 외상의 자격으로서 분명히 배석하였을 것으로 보아야 하기 때문에 당일 베이징으로 간 사람은 박일우라고 보는 것이 타당할 것이다.

5 주젠롱(2005), pp.225~227, 이 서신이 마오에게 전달된 시간은 10월 2일 밤이라는 주장이 있다. 서상문, 『모택동과 6·25전쟁』 (서울: 국방부 군사편찬연구소, 2006), p.163.

2절 중국지도부의 참전논의

01 10월 1일 서기처 회의

10월 1일 새벽 북한의 위기를 구원하라는 스탈린의 파병요청 전문을 받아본 마오는 저녁 9시 30분 경 중국공산당 중앙정치국 서기처회의를 소집하여 이에 대해 논의하였으며, 이 회의는 나음날 새벽까지 계속되었다. 이 회의에는 마오와 조우은라이, 주더(朱德), 류샤오치(劉少奇), 런비스(任弼時) 등 당시 서기처 서기(지금의 정치국 상무위원)들이 참석하였다.[6] 하지만 10월 2일 새벽에 전달되었다고 전해지는 니즈량 대사로부터 온 김일성의 지원요청 전문이 이 회의가 끝나기 전에 전달되었는지 여부는 불투명하다.

이 회의에 대한 자료는 찾기 힘들지만 마오는 이 회의에서 이미 한국전쟁 참전에 마음을 굳혔으며, 참석자들도 참전한다는 방향으로 의견조정이 이루어졌다고 보는 것에 무리는 없다. 이러한 견해를 뒷받침하는 것으로 마오가 회의가 끝난 직후 동북변방군 가오깡(高崗)과 덩화(鄧華)에게 보낸 전문을 들 수 있다. 마오는 첫 회의가 끝난 10월 2일 새벽 2시 당일 오후 중공 중앙정치국 확대회의 개최를 지시하면서 가오깡에게 전문을 보내 즉시 북경으로 와서 회의에 참석하라고 지시하였으며, 동시에 덩화에게 동북변방군은 원래의 계획에 따라 새로운 적들과 전투하기 위하여 명령만 내리면 언제라도 출동할 수 있는 준비를 할 것과 준비상황과 함께 즉시 출동가능여부를 보고하라고 지시하였던 것이다.[7]

6 이 회의는 중난하이 이녠탕(中南海 頤年堂)에서 열렸으며, 런비스는 병으로 불참했다는 주장도 있다.

7 『毛澤東軍事文選』第,6卷, (北京: 軍事科學出版社, 1993), p.106.

이 회의에서 참석자들로 하여금 참전 쪽으로 기울게 한 또 하나의 요인은 왜곡된 보고였지만 미군이 38선을 넘었다는 보고였다. 녜룽전(聶榮臻)은 "당시 10월 2일 새벽, 즉 회의가 끝나기 전 미군이 대규모의 병력으로 38선을 넘었다는 왜곡된 보고를 받았다"고 회고하고 있다.[8] 또한 조우은라이도 "10월 1일과 2일의 소식에 의하면 미군이 이미 38선을 넘었으며, 남조선의 군대는 38선 이북으로 깊숙이 들어왔다는 것 이었다"라고 출병 후인 10월 24일 전국정협 18차 상무위원회 보고에서 언급한 바 있다.[9] 이는 국군의 38선 돌파를 미군으로 잘못 오인한 것으로서 실제로 미군은 10월 8일 38선을 넘었다. 그러나 비록 왜곡된 정보였지만 당시로서는 미군이 38선을 넘을 경우 참전하겠다는 중국의 참전에 가장 중요한 조건이 충족되는 순간이었다. 또한 전황이 악화되면서 미군이 38선을 넘을 것이라는 우려와 예측은 중국 지도부에게는 이미 상당히 보편적인 사실이 되고 있었다.

그러나 비록 이 회의에서 참석자들이 북한정권을 지원해야 한다는 원론적인 입장은 가지고 있었고, 마오의 주장과 주도로 참전한다는 방향으로 의견이 조정되었다 할지라도 모든 문제가 긍정적으로만 평가되지는 않았을 것이다. 그때까지 마오가 주도해 온 모든 군사준비는 한반도 전황의 변화에 따라 소극적에서 적극적인 방어 전략, 그리고 인천상륙작전 성공과 서울 탈환 이후 참전에 대한 적극적인 고려의 단계까지 와 있었을 뿐, 의문시 되는 세계 최강의 미 제국주의 군대와의 전쟁에서 승전의 가능성, 그리고 참전 후 예상되는 상황에 대한 대비책 등 참전에 필요한 최소한의 조건이 구비되어 있지 않다는 참전에 불리한 조건들이 제기 되었음이 분명하다. 참석자들의 반응에 대해서는 마오만이 참

8 聶榮臻, 『聶榮臻回憶錄』(解放軍出版社, 1986), p.736.

9 『周恩來文選』下卷, (北京: 人民出版社, 1984), p.52.

전을 원했다는 주장이 있는가 하면 마오와 조우 두 사람만이 참전을 원했고, 나머지는 참전에 부정적이었다는 주장이 있다.[10] 따라서 10월 1일 밤부터 다음날 새벽 2시까지 계속된 이 회의는 참전을 원하는 마오의 입장과 즉각 참전에 대한 신중론을 확인하였다는데 그 의의를 둘 수 있을 것이다. 당내 온건파의 신중론에 부딪힌 마오는 이후 참전문제 자체를 상당히 고심하였다고 보는 견해가 있으나 이는 마오가 참전을 주저했다기보다는 참전여부를 결정하는 과정에서 상당히 심사숙고했을 것이라는 표현이 더 적절할 것이다.

02 10월 2일 중공중앙정치국 확대회의

1) 마오의 참전 결심

당시 마오가 국가 주요정책에 대한 결정적인 권한을 가지고 있었다고는 하나 10월 1일 서기처 회의에서 참전에 대한 신중론이 제기 된 이상 자신의 의사를 순조롭게 관철시키기 위해서는 참전에 적극적인 인사들로 하여금 즉각 참전의 필요성을 주장하게 하여 신중론자들을 설득할 필요가 있었을 것이다. 이러한 관점에서 볼 때, 10월 1일 회의 이후 계속 지도부의 회의를 개최한 것은 그만큼 한국전쟁 참전에 대한 소극적인 입장과 신중한 입장을 가지고 있는 간부들이 상당수 있었다는 것을 반증하는 것이기도 할 것이다. 그러나 10월 2일 회의에서 마오는 자신이 이미 참전 결심을 굳힌 것을 감추려하지 않고 강력하게 밀고 나갔다. 이는 전날 소수의 서기들만 참석한 서기처 회의에서 신중론이 제기

10 Chen Jien, *China's Road to the Korean War: The Making of the Sino–American Confrontation* (New York: Columbia Univ. Press, 1994), p.281.

되었지만 거의 참전 쪽으로 의견들이 모아졌다고 판단하였기 때문일 것이다. 그러나 정치국 확대회의를 거치면서 마오는 참전 신중론자들이 자신의 예상외로 상당수에 이른다는 사실을 알게 된다.

10월 2일 오후 3시에 소집된 중앙정치국 확대회의에서 마오는 전체 참석자들에게 자신의 구상을 밝혔다. 중국 외교부 외교사 연구실에 의하면 마오는 이때 이미 참석자들에게 중국 인민해방군을 '항미원조 인민지원군'의 이름으로 북한으로 파병한다는 결정을 담은 '내부지시'를 돌렸다고 한다.[11] 마오는 이 회의의 서두에서 "조선에서의 상황은 심각하다. 따라서 금일 토의할 사항은 조선전쟁에서의 개입 여부를 결정하는 것이 아니라 시급하게 파병하는 것에 관한 사항이다. 가능한 빠른 시일 내에 파병하는 것이 전쟁의 모든 상황을 호전시키는 핵심적인 관건일 것이다. 오늘 우리는 두 가지 시급한 사안을 논의해야 한다. 첫 번째는 파병 일시이고, 두 번째는 누구를 지휘관에 임명할 것인가이다."[12]라고 언급함으로써 이 회의가 한국전쟁 참전여부를 논의하기 위한 회의가 아니라, 한국전쟁 참전을 실행하는 방법을 논의하기 위한 회의임을 밝혔다. 이러한 마오의 언급은 참전의 결심을 이미 굳힌 상태임을 말해준다.

이 회의에서 '미군과 미국의 괴뢰 이승만 군대와 싸우기 위해 조선에 지원군이라는 이름으로 군대를 보내는 결의'를 통과시켰고, 10월 15일을 출병일로 정했다.[13] 누구를 지원군 사령관에 임명할 것인가에 대해서 마오는 당초 린뱌오(林彪)를 가장 적임자로 생각하고 있었다. 린뱌오는 인민해방군 내에서도 최정예부대인 제4야전군을 지휘해 왔고, 지

11 外交部外交史研究室, 『當代中國使節外交生涯』第1輯 (北京: 世界知識出版社, 1995), p.94, 서상문(2006), p.191 재인용.

12 『彭德懷自述』(北京: 人民出版社, 1981), p.257.

13 張希, "彭德懷受命率帥抗美援朝的前前後後", 『中共黨史資料』第31號(1989. 10), p.127, 세르게이 곤차로프, 성균관대학교 한국현대사 연구반 옮김, 『흔들리는 동맹: 스탈린과 마오저뚱 그리고 한국전쟁』(서울: 일조각, 2011), p.327 재인용.

원군의 주력부대인 제13병단도 그의 휘하에 있었다. 그러나 린뱌오는 파병문제에 대해 신중한 태도를 취하고 있었기 때문에 병을 빙자하여 그 직위를 고사하였다. 이에 마오는 차선책으로 시안(西安)에 있던 펑더화이(彭德懷)를 사령관으로 임명하고 즉시 상경을 지시하였다.[14]

이 회의에서 참전 일시와 참전 지휘관이 결정된 것 등을 볼 때, 마오의 참전 의지가 어느 때 보다도 확실하게 표명되었던 회의였으며, 이는 중국이 처음 공식적으로 한국전쟁 개입을 결정한 것이었다. 이와 관련하여 당시 회의의 서두에서 동 회의의 목적을 '파병일시와 파병 사령관을 결정하는 것'으로 선언함으로써 마오 자신의 결심을 공포한 상황에서 한국전쟁 파병에 대해 찬성과 반대의 격론이 벌어졌다고 보기에는 무리가 있을 뿐만 아니라 이 회의에서 마오가 강력한 반대에 봉착하여 스탈린에게 다음절에서 언급되는 잠시 출병을 보류한다는 전문을 보냈다는 주장 역시 설득력이 떨어진다.[15] 스탈린에게 보낸 출병보류 전문의 진정한 의미는 다음 절에서 보는바와 같이 다른데 있었기 때문이다.

2) 모순되는 두 개의 전문

10월 2일의 회의를 마치고 마오는 스탈린에게 보내는 두 개의 상반된 전문을 작성하게 된다. 그 하나는 파병하기로 하였다는 전문(이하 A전문)이고 다른 하나는 파병을 보류한다는 전문(이하 B전문)이었다. 그런데 A전문은 중국 측 자료에서만 발견 될 뿐 소련 측에서는 발견되지 않으며, B전문은 중국 측에서는 발견할 수 없고 소련 측에서만 발견된다. B전문은 당시 로신 소련대사가 마오와의 회견 결과를 정리하여 주중 소련대사관에서 보낸 것이어서 중국 측 자료에서 발견될 수 없다는 것은

14 『彭德懷傳』(北京: 當代出版社, 1993), p.400.

15 이러한 주장은 주지안룽(2005), pp.225~228 참조.

당연하지만, A전문이 소련 측에서 발견되지 못한다는 것은 이 전문이 발송되지 않았다고 볼 수밖에 없다.[16]

이 두 전문을 놓고 마오의 의도가 무엇인가에 대해 연구자들의 의견이 분분하다. 이를 밝혀보기 위하여 두 전문의 내용을 살펴볼 필요가 있을 것이다. 먼저 여섯 부분으로 나뉘어져 있는 A전문의 주요내용은 다음과 같다.[17]

① 중국은 지원군의 이름으로 미국과 그 앞잡이 이승만의 군대와 싸우기로 결정하였음. 한반도 전역이 미국에게 점령되면 조선의 혁명세력이 철저히 패배하게 될 뿐만 아니라, 미국의 침략자가 기세등등하여 동양 전체가 불리하게 될 것임. ② 미군 등을 섬멸하고 몰아낼 준비를 갖추는 문제를 해결해야 하고, 중국 군대가 조선에서 미군과 충돌하면 미국의 해·공군이 중국의 연안도시를 폭격하는 것에 대비해야 할 것임. ③ 중국 군대가 조선에서 미군을 섬멸하고 조선 문제를 효과적으로 해결할 수 있는가의 문제이며, 미군을 섬멸할 수 있으면 정세는 혁명진영과 중국에 유리하게 바뀔 것임. 미국이 선전포고를 하더라도 전쟁은 대규모로 확전되거나 장기전이 되지 않을 것 임. 가장 우려하는 것은 전쟁이 교착상태에 빠지면서 중국의 경제 재건계획이 방해를 받아 인민들의 불만을 야기하는 것임. ④ 남만주에 배치되어 있는 12개 사단에 대해 10월 15일에 출동명령을 내리기로 결정하였음. 초기 단계에는 방어 전투만 수행하면서 소련의 무기가 도착하는 것을 기다릴 것임. ⑤ 미군에 비해 우리의 무기와 장비는 극도로 열악함. 적은 제공권을 장악하고 있으나 우리는 겨우 조종사훈련을 시작하였으며, 1951년 2월까지 300대의 항공기만을 투입할 수 있는 수준임. 미군을 섬멸하기 위해서는 4배 이상

16 이러한 견해에는 David Tsui, 주지안롱 등이 동의하고 있으며, 션즈화는 A전문만을 주장하고 있다.

17 세르게이(2011), pp.327~329 주요내용만을 요약한 것임.

많은 병력과 2배 이상 우세한 화력을 필요로 함. ⑥ 24개 사단을 이동중임. 이들 부대들을 내년 봄과 여름에 조선으로 투입할 예정임 등이었다.

다음으로 마오가 로신을 통해 10월 3일 새벽 스탈린에게 보낸 B전문의 주요내용은 다음과 같다.[18] 즉 "당초 우리는 적군이 38선 이북으로 진격해 올 때 수개 사단의 지원군을 북조선으로 이동시켜 조선동지들을 지원하는데 동의하였음. 그러나 다시 신중하세 고려 해본 결과, 지금 우리는 그렇게 한다면 극도로 엄중한 결과를 초래할 것이라 생각한다"고 전제하면서 그 엄중한 결과로서 첫째, 수개 사단으로는 조선 문제를 해결하기 어려우며(우리 군의 장비는 낙후되어 있으며, 미군과의 전투에서 승리를 장담할 수 없음), 적군은 우리군의 퇴각을 압박할 것임. 둘째, 미국과 중국과의 공개적인 충돌을 야기할 가능성이 대단히 크며, 소련 역시 이로 인해 전쟁에 휘말려 들 것이고, 그렇게 된다면 문제는 더욱 커지게 됨. 셋째, 이로 인해 미국과 중국의 공개적인 충돌이 야기 되면, 우리의 평화건설을 위한 전체적인 계획은 전부 차질을 빚을 수밖에 없으며, 국내의 많은 사람들이 우리에게 불만을 표시 할 것이라 언급하고 지금으로서는 자제하고 출병을 잠시 보류하고 역량을 키우는 것이 좋으며, 낭분산 수세에 처하게 될 조선은 투쟁의 방식을 전환하여 유격전을 전개해야 할 것이라 주장하였다. 이와 함께 "이 문제에 대해서는 아직 최종결정을 내리지 않았음. 우리는 귀하와 이 문제를 논의하기를 희망함. 만일 귀하가 동의한다면 우리는 즉시 조우은라이와 린뱌오동지를 귀하의 휴양지로 예방하세 하여 귀하와 이 사안에 대한 토론과 중국 및 조선의 상황을 보고하게 할 것임"이라 덧붙였다.

18 АВПРФ, ф.45, оп.1, д.334, лл.105~106.

이러한 B전문을 보내면서 주중 소련대사 로신은 마오의 태도변화에 대해 "중국은 작전능력을 구비한 5,6개 사단 이상도 파견할 수 있음. 중국인들의 입장변화의 원인은 우리도 지금까지 분명하지 않음. 추측할 수 있는 원인으로는 복잡한 국제정세, 조선상황의 악화, 영미동맹이 음모를 꾸며 네루(Nerhu)를 통하여 중국인들에 대해 불속에 뛰어들지 않도록 인내와 자제를 촉구하고 있다는 것 등임"이라는 의견을 달았다.[19]

결과적으로 마오가 스탈린에게 보낸 전문은 참전유보를 통보하는 B전문이었다. 그렇다면 중국 내부적으로는, 특히 마오가 이미 한국전쟁 참전에 결심을 굳혔음에도 불구하고 어떤 의도에서 스탈린에게 참전결정사실을 통보하지 않고 반대로 참전에는 신중을 기해야 한다는 참전 유보의 뜻을 담은 전문을 보낸 것인가. 이러한 이유에 대해 데이비드 쑤이는 A전문의 초안을 작성한 후 미군이 아직 38선을 넘지 않았다는 새로운 정보를 입수했기 때문일 것이라고 주장한다.[20] 이의 근거로 "그는 미군이 38선을 넘을 때까지 한국전쟁에 군사력 개입을 한다는 결정을 실행하지 않고 한 번 더 억지에 의존하기로 마음먹었다"는 중국측의 자료를 제시하고 있다. 이러한 의도에서 조우은라이는 10월 3일 새벽 인도대사 파니카를 만나 미군의 38선 돌파에 대해 다시 한 번 경고했다는 것이다.[21] 그러나 데이비드 쑤이의 이 주장은 자신의 이전의 주장과 모순된다. 즉 쑤이는 "미군이 38선에서 멈출 것이라는 확신을 주었다면 중국은 전쟁에 개입하지 않았을 것이나 중국지도부는 미군이 그곳에 머물 가능성이 없을 것이라 명백히 예상하고 있었다"고 역시 주장하였으므로 이 주장에 의하면 미군의 38선 돌파 여부는 마오에게 있어서 이미 참

19 위의 전문.

20 David Tsui(2008), p.229.

21 李越然, "我在周總理身邊工作的偏斷回憶", 外交部外交史編輯會編, 『新中國外交風雲』(北京, 1990), p.97.

전결정의 주요변수로서의 기능을 상실한 것이 되어 버렸기 때문이다.

또한 주젠룽은 그 이유를 2일 중공 중앙정치국 확대회의에서 마오가 동 회의에서 강력한 참전반대의견에 봉착하였으며, 이에 따라 참전에 대한 격론이 있었기 때문이라고 주장한다.[22] 그러나 앞에서 본 바와 같이 2일 회의는 신중론이 제기 되었다 할지라도 마오의 확고한 참전결심을 기반으로 참전일시와 참전지휘관을 결정한 회의였다. 따라서 2일 회의에서 강력한 반대의견이 개진되었다고 보기에는 무리가 따른다. 찬반의 의견이 비교적 자유롭게 개진된 회의는 4일 회의에서였나. 따라서 이러한 주장 역시 받아들이기 힘들다.

10월 1일과 2일 회의에서 우리는 당시 참전신중론자들의 의견이 일부 개진되었음은 짐작할 수 있다. 이들은 무기·장비가 비교가 되지 않는 미국과의 대적은 불가항력이라는 이유를 주로 제기하였을 것이고, 이에 대해 마오는 스탈린의 지원으로 이 문제를 해결할 수밖에 없다고 판단했을 것이다. 또한 참전과 소련의 지원을 면밀히 연계시켜 소련으로부터 최대한의 참전이익들을 챙겨야 한다는 주장들이 제기되었다고도 짐작 할 수 있을 것이다. 이러한 관점에서 이 두 전문을 자세히 비교해 보면 두 전문 모두에서 공통된 마오의 의도를 발견할 수 있다. 그것은 참전의 조건으로 소련의 무기와 장비를 충분히 지원받고, 특히 소련 공군의 지원을 확보하는 것이다. 그렇다면 이 두 전문은 참전에 대한 상반된 입장을 표명하였을 뿐 목적은 같은 것이다. 다시 말해 A전문은 참전 할 테니 무기와 장비, 공군지원을 제공해 달라는 것이고, B전문은 중국 군대가 무기와 장비가 낙후되어 있어 참전할 여건이 안 되니 중국이 참전하기를 원한다면 이를 지원해 달라는 것이다. 위의 두 전문 모두에서 스탈린의 역할을 요구하고 스탈린의 역할에 대한 여지를 남겨두고 있다

22 주젠룽(2005), pp.217~227 참조.

는 점을 주목해야 할 것이다.

결국 이미 참전을 결심하고 있었던 마오는 이러한 목적을 달성하기 위해 참전에 긍정적인 A전문과 부정적인 B전문 중 전략적으로 B전문을 선택했다고 볼 수 있다. 즉 어떠한 입장 표명이 소련의 지원을 확보하는데 더 유리한가를 저울질 한 협상을 위한 전략적 선택의 결과라는 것이다. 따라서 마오가 B전문을 선택하였다고 해서 한국전쟁에 파병하고자 하는 결심을 바꿨다는 것을 보여주는 것은 아니며, 그가 이 문제에 대해서 우유부단해서 결정을 내리지 못하고 있었다는 것을 보여주는 것 또한 아니다. 또한 당시 중국의 권력구조와 정책결정과정을 고려해 볼 때, 참전반대자와 신중론자를 설득하는 것이 참전결정에 필요조건은 될 수 있어도 충분조건은 될 수 없었다.

3절 참전결정의 당론 확정과 통보

01 10월 4일 회의: 찬반의 논쟁

10월 4일 오후 3시 또 다시 중앙정치국 확대회의가 소집되었으며, 이 회의는 5일 새벽까지 계속되었고, 5일 오후 또 다시 속개되었다. 이 회의에는 주더, 류샤오치, 조우은라이, 런비스, 천윈(陳雲), 캉성(康生), 가오깡, 펑전(彭眞), 동비우(董必武), 린버취(林伯渠), 덩샤오핑(鄧小平), 펑더화이, 린뱌오 등이 참석하였다. 회의가 시작되자 마오는 먼저 한국전쟁 개입 일자가 10월 15일로 결정되었음을 선언하고 참석자들에 대해 한국전쟁 참전의 불리한 조건과 파병 후 예상되는 문제점들을 자유롭게 제기해 줄

것을 요청하였다.[23]

이 회의에서 참전 반대의견으로 주로 제시된 것들은 국공내전으로 인한 상처가 회복되지 않았고, 토지개혁이 완성되지 않았으며, 국민당 잔당을 여전히 척결하지 못하고 있고, 오랜 전쟁으로 인해 일부 인민해방군과 민중이 전쟁에 지쳐있다는 것이었다. 또한 군사적으로도 미군에 비해 무기와 장비가 질적·양적으로 현저히 뒤져있고, 제공권과 제해권도 없다는 것 등이었다.[24] 특히 린뱌오는 미군과 대적하여, 그것도 타국에 출병하여 전쟁을 한다는 것은 당시 중국의 능력으로는 어려운 일이라고 지적하고 참전에 신중해야 함을 주장하였다.[25] 마오와 조우가 참전에 적극적이었다면 녜룽전과 린뱌오가 대표적인 참전반대자였으며, 대부분의 참석자들은 참전 신중론과 참전에 소극적인 태도를 보였다. 이 회의에서 많은 참석자들이 파병에 반대하면서 각종 어려움을 열거하였으며, 회의의 대체적인 분위기는 '부득이한 경우가 아니면 이 전쟁은 피하는 것이 좋다'는 것이었다.[26]

이에 대해 참전 적극파들이 주장하였던 이유들은 미국이 3개의 방향(한반도, 타이완, 인도차이나반도)에서 중국을 침공하는 전략을 타파하지 않으면 중국본토까지 위협받을 것이며, 전쟁이 불가피하다면 참전이 빠를수록 좋고, 적이 압록강까지 올라오면 방어선이 길어지며, 전쟁이 끝나기 전에 참전해야 대의명분이 있고, 미국과 유엔군 역시 준비가 부족하다는 것이었다.[27] 그러나 이러한 의견들을 청취한 후 마오는 "여러분들이 언급한 것 모두가 이유가 있으나 이웃이 국가위기에 처

23 David Tsui(2008), p.232.

24 『彭德懷軍事文選』(北京: 中央文獻出版社, 1988), pp.320～321.

25 楊風安·王天成, 『駕馭朝鮮戰爭的人』(北京: 中共中央黨校出版社, 1993), p.81.

26 師哲, 『在歷史巨人身邊』(北京: 中央文獻出版社, 1995), p.494.

27 주젠롱(2005), pp.239～240.

해있는 상황에서 우리가 옆에서 그냥 지켜보기만 하는 것은 어쨌든 마음이 편치 않다"고 언급함으로써 자신의 파병결심이 확고함을 내비쳤다. 이러한 상황에서 펑더화이가 참전지지에 결정적인 발언을 하게 된다. 2일 회의에서 참전 지원군 사령관으로 지명된 펑더화이는 4일 오후 5시경 회의장 도착했으나 아무런 발언을 하지 않고 듣고만 있었다. 그러나 5일 오후 속개된 회의에서 마오가 펑더화이에게 발언을 요청하자, 펑더화이는 "조선을 지원하기 위한 출병은 필요하다. 큰 손해를 입더라도 해방전쟁을 몇 년 늦게 승리한 것으로 생각하면 된다. 만약 압록강변과 대만에 미군이 버티고 있다면 그들이 침략전쟁을 도발하려고 하면 언제든지 구실을 찾아 침략할 것이다"라고 적극 참전의 의사를 분명히 밝혔다.[28] 발언이 끝나자 마오는 "어떠한 위험과 곤란이 있더라도 미군이 평양을 점령하기 전에 즉시 출병해야 한다. 펑더화이 동지를 지원군 총사령관에 추천하며, 출병에 관한 구체적인 계획은 회의 후 펑더화이 동지와 함께 논의할 것이다"[29]라고 언급하였다. 마오의 이 한마디에 사실상 모든 것은 결정되었다.

5일 저녁 마오는 조우은라이, 가오깡, 펑더화이와 만찬을 가지고 한국전 파병문제에 대해 깊은 대화를 나누었으며, 여기서 마오는 가오깡과 펑더화이에게 선양에 도착하는 즉시 사단급 이상의 지휘관에게 중앙의 결정을 전달하고, 10월 15일 북한에 진입할 수 있도록 준비하라고 지시하였다.[30]

28 彭德懷, 『彭德懷自述』(北京: 人民出版社, 1981), p.258.

29 위의 책.

30 Chen Jian, p.185.

02 10월 6일 회의: 당론 확정

10월 5일, 참전유보입장을 밝힌 마오의 10월 3일 전문에 대한 스탈린의 회답 전문이 접수되었다. 이 전문에는 스탈린이 마오를 최대한 설득하여 한국전쟁에 참전시키려 하였다는 것이 명확히 나타나 있다.[31] 먼저, 스탈린은 동 전문에서 4가지의 이유를 들어 중국이 '최대한'이 아니라 '최소한' 5~6개 사단을 한반도에 파병해야 할 것이라고 역설하고 있다. 첫째, 조선 사태에서 이미 증명된 것처럼 미국은 현재 대규모 전쟁을 벌일 준비가 되어 있지 않다. 둘째, 일본은 군국주의세력이 회복되지 못하였기 때문에 미국을 군사적으로 지원할 수 없다. 셋째, 미국은 소련의 동맹국인 중국에게 한반도문제에서 양보할 수밖에 없을 것이다. 조선 문제에 대한 협상을 받아들이지 않을 수 없는 상황이 된다면 이러한 협상은 조선에 유리할 것이며, 적은 조선을 군사기지로 삼을 수 없을 것이다. 넷째, 위와 같은 이유로 결국 미국은 대만을 포기하지 않을 수 없게 될 뿐만 아니라 일본과의 단독 강화조약체결을 거절당할 것이며, 일본제국주의의 부흥과 일본을 극동지역에서의 도약의 발판으로 삼으려는 기도를 포기하게 될 것이다. 이에 덧붙여 스탈린은 "이러한 관점에서 중국이 소극적으로 기다리기만 한다면 중국은 이러한 이득을 취할 수 없을 뿐만 아니라 대만 역시 얻을 수 없을 것이며, 미국은 대만을 자신의 군사기지정도로 생각할 것이다. 미국이 이렇게 하는 것은 승산 없는 장개석을 위해서가 아니라 미국 자신이나 미래의 일본제국주의를 위한 것이다"라고 언급하였다. 또한 "전쟁을 피할 수 없다면 몇 년 후가 아니라 지금 해야 한다. 그때가 되면 일본군국주의가 부활하여 미국의 동

31 예프게니 바자노프, 나딸리아 바자노바, 김광린 역, 『한국전쟁의 전말』(서울: 열림, 1998), pp.121~123.

맹국이 되어 있고 이승만이 한반도 전체를 손아귀에 넣고 있는 가운데 미국과 일본은 대륙에 교두보를 가지게 될 것이다"라고 강조하였다.

위의 전문에서 보듯이 스탈린은 한국전쟁에 대만문제까지 개입시키고 있을 뿐만 아니라마오와 중국인을 자극하는 표현까지 구사하면서 마오의 참전을 이끌어 내려 하고 있다. 그러나 마오는 이 전문에 대해서는 별다른 반응을 보이지 않았다. 이 무렵 마오에 있어서 스탈린의 반응은 이미 예상된 것이었고 더 시급한 문제는 당내 참전반대파와 신중론자들을 설득하여 한국전쟁 참전을 명실상부한 당론으로 결정하는 일이었기 때문이었다. 10월 6일에는 두 회의가 열렸다. 그 하나는 조우은라이가 중앙군사위 부주석의 신분으로 소집한 중앙군사위원회 확대회의였고, 다른 하나는 오후 늦게 개최된 중앙정치국회의였다. 10월 6일 아침 조우는 파병에 관한 구체적인 논의를 위하여 중앙군사위원회 확대회의를 소집하였으며, 이 회의에서는 참전을 전제로 한반도 파병을 위한 동북변방군의 이동, 노후된 무기와 장비의 교체, 병참문제 그리고 펑더화이 지휘부 구성 등에 관하여 논의되었다.[32] 이 회의에는 주더, 펑더화이, 녜룽전, 린뱌오 및 참전과 관련된 부문의 관계자들이 거의 참석하였다. 이 회의에서 린뱌오가 여전히 참전 반대의견을 피력하자 조우은라이는 "정치국회의의 결정은 따라야 하며, 지금의 문제는 우리가 참전할 것인가 말 것인가가 아니라 적에 맞서 싸우지 않을 수 없다는 것이다. 조선정부는 여러 차례 우리에게 출병해서 지원해 달라고 요청하고 있다. 그것을 못 본 척하고 있을 수는 없다. 당 중앙, 마오주석이 결정을 내린 이상 집중하여 생각할 것은 출병 후 어떻게 승리를 거둘 것인가이다"라고 말했다.[33] 전날 마오, 주더, 펑더화이, 가오깡이 협의한 안이 완성되어 있었

32 『彭德懷傳』(北京: 當代出版社, 1993), p.23.

33 주젠롱(2005), p.255.

기 때문에 이 회의는 순조롭게 결론을 내려 녜룽전 총참모장 대리를 실행책임자로 결정하고 폐회되었다.

이어서 오후 늦게 속개된 중앙정치국회의의 의의는 4일 회의에서 나타난 반대의견과 신중론에 대한 설득이 이루어져 한국전 참전이 당론으로 확정된 회의라 볼 수 있다. 마오는 미국과의 전쟁은 불가피하며 지금 개입하는 것이 가장 적기임을 강조하였고, 펑더화이는 마오의 입장을 적극 옹호하였다. 이 회의에서 참전에 신중론을 펴고 있던 주더, 류샤오치, 덩샤오핑 등이 주전파의 전략과 승선 가능성 제시에 공감함으로써 '즉각 출병'에 무게가 실리게 되었다.[34] 이에 따라 그 때까지 소극적인 입장과 신중론을 펴고 있던 여타 정치국원들이 참전 쪽으로 기울어지게 된 것으로 판단된다. 따라서 한국전쟁 참전이 당 차원에서 결정된 것, 다시 말해 중국 지도부가 참전에 대해 합의에 도달한 회의였다고 볼 수 있다.

회의가 끝난 후 밤 10시 30분경에 마오는 로신 대사에게 회의 결과를 설명하였으며, 로신은 다음날인 7일 마오의 결정을 스탈린에게 보고하였다. 또한 마오는 8일 니즈량 대사를 통해 김일성에게 중국이 군대를 보내 지원하기로 한 사실을 통보하였다.

03 김일성과 스탈린에게 참전결정 통보

10월 6일 밤 마오에게 중국의 참전결정 사실을 정식으로 통보 받은 로신 소련대사는 다음날인 7일 다음과 같은 두 개의 전문을 스탈린에게 보냈다.

34 서상문(2006), pp.210~211.

필리포프

본직은 북경시간 10월 6일 22시 30분 마오저뚱을 예방하고 귀하의 답전을 전하였으며 이에 마오저뚱은 다음과 같이 언급하였음.

1. 마오저뚱은 만일 전쟁을 하려면 의심할 바 없이 지금이 바로 그 시기라고 강조함.
2. 중국군의 조선파병에 대해 그는 최소한 9개 사단의 파병이 적당하다고 생각하고 있음. 그러나 무기와 장비가 대단히 낙후되어 있으므로 이에 관해서는 전적으로 소련의 지원에 의지해야 한다고 강조함. 또한 현재 그들은 훈련받은 포병, 전차병 및 기타 기술병이 없는 상태라고 덧붙임.
3. 마오저뚱은 공군문제에 대해 특히 관심을 표명하였음. 그는 미군은 조선전장에서 약 1000대의 항공기를 투입하고 있다면서 중국은 아직 자신의 공군을 보유하고 있지 못하다는 점을 지적하였음.
4. 마오저뚱은 중국은 공군에 필수적인 무기와 탄약을 구입할 충분한 자금이 없음을 표명하였음.
5. 마오저뚱은 빠른 시일 내에 조우은라이와 린뱌오를 파견하여 귀하에게 중국의 정황과 이러한 생각을 보고해야 하며, 조우은라이와 린뱌오는 10월 8일 출발할 것임.

회담 참가: 주은래, 우슈췐(伍修權), 페도렌코, 회담시간 1시간 45분

로신

1950. 10. 7.[35]

35 요약문임. РГАСПИ, ф.558, оп.11, д.334, лл.126~128(1950. 10. 7).

필리포프

이 전문은 모택동이 귀하에게 보내는 내용으로 2318호 전문의 보충임.

필리포프 동지

본인과 당 중앙 모두는 귀하의 의견에 동의함. 본인은 이미 펑더화이 동지를 중국인민지원군사령관 및 정치위원으로 임명하였음. 가오깡 동지가 지원군의 보급을 책임질 것임. 그들은 이미 오늘(10월 8일) 새벽 비행기로 봉천으로 떠났음. 부대는 10월 15일 전에 조선으로 들어갈 수 있을 것임. 본인은 이미 중국지원군의 조선파병을 김일성동지에게 통보하였음.

조우은라이 동지와 린뱌오 동지는 이미 오늘 아침 8시 비행기로 귀하의 소재지로 출발하였음.

마오저뚱
1950. 10. 8.[36]

이러한 전문에서 우리가 발견할 수 있는 의미 있는 부분은 위의 첫 전문과 2절에서 언급한 A전문이 특히 소련의 지원을 요구하는 내용에서 거의 흡사하다는 사실이다. 이러한 사실은 마오가 참전을 위해서는 소련의 지원이 절실하게 필요하다고 인식하고 있으며, 조우은라이와 린뱌오를 파견하는 목적이 바로 그것에 있음을 말해주는 것이다.

스탈린에게 참전결정사실을 통보한 당일(8일) 오후 마오는 주 북한대사 니즈량을 통하여 김일성에게 참전결정사실을 통보하는 전

36 РГАСПИ, ф.558, оп.11, д.334, л.132(1950. 10. 8) 이 전문에 로신은 조우은라이 일행이 17시 43분 이르쿠츠크에 도착하였다고 첨언하고 있다.

문을 보냈다. 김일성은 10월 1일 니즈량 대사에게 중국의 지원을 요청한 후 그때까지 중국의 참전결정사실에 대해 전혀 모르고 있었다. 동 전문의 주요내용은 1) 당면의 정세아래 귀국의 침략자에 대한 투쟁을 원조하기 위해 우리는 지원군을 조선 영내에 파견하기로 결정하였음. 2) 펑더화이 동지가 중국인민지원군 총사령관 겸 정치위원으로 임명되었음. 3) 동북군구 사령관 겸 정치위원 가오깡이 중국인민지원군의 후방 지원업무 및 만주 영내의 조선 원조관련 업무의 모든 책임을 질 것임. 4) 동지께서 곧 바로 박일우 동지를 선양(沈陽)에 파견하여 펑더화이와 가오깡 두 사람을 만나 중국인민지원군의 조선에서의 작전에 관한 문제들을 협의하기 바란다는 것 등이었다.[37] 그러나 이 전문에는 구체적인 출병일시에 관한 언급은 없었다.

니즈량과 차이청원이 마오의 전문을 김일성에게 전하자 김일성은 크게 기뻐하면서 감사의 뜻을 마오저뚱 동지와 중국공산당 중앙에 전해줄 것을 주문하였다.[38] 이는 그 전까지 김일성이 중국의 참전결정사실에 대해 전혀 모르고 있었음을 입증하는 것이다. 또한 10월 8일 스탈린 역시 중국의 참전 사실에 관하여 김일성에게 통보하였는데 위의 정황으로 보아 스탈린의 전문보다 마오의 전문이 김일성에게 먼저 전달되었음이 확실하다. 그러나 동 전문에도 역시 구체적인 출병일시는 언급하고 있지 않다. 이는 마오가 조우·스탈린과의 회담 결과에 대한, 특히 공군지원문제에 대한 확신을 가지고 있지 못하였다는 점을 말해주고 있는 것이며, 스탈린 역시 이에 대한 보장을 유보하고 있었음을 짐작하게 하는 대목이다.

그렇다면 중국은 김일성이 구원요청을 하였던 10월 1일

37 『毛澤東軍事文獻』 第6卷, (北京: 軍事科學出版社, 1993), p.111.

38 柴成文·趙勇田, 『板門店談判』, (北京: 解放軍出版社, 1992), p.84.

이후 이미 참전을 결정하였던 상황에서 어떤 이유로 이 사실을 전혀 김일성에게 귀띔 조차 하지 않았을까? 이 문제에 대한 기존 일부의 주장에는 동의하기 어려운 점이 많다. 즉 주젠룽은 중국이 10월 8일에야 비로소 북한에 참전결정사실을 알려준 진짜이유는 1) 김일성의 남침에 대해 사전에 동의하였지만 마오는 내심 미국의 함정에 빠져버린 김일성의 무모함에 대해 불만을 가지고 있었다. 또한 중국 지도부의 참전반대파와 소극파의 불만이 컸기 때문이다. 2) 북한지도부는 전쟁 수행과정에서 중국의 충고를 무시하였다. 3) 미군이 38선을 넘는 것을 참전시기로 설정하고 있었지만 이를 평양에 설명할 수는 없었다. 4) 중국 지도부내부에 다양한 의견이 있어 정식으로 결정될 때까지는 알려줄 수 없었다. 5) 이른 시기에 참전의향을 알게 되면 미국에 대한 즉효력이 없어지게 되고 북한이 이를 선전하고 나온다면 비밀참전의 돌연성이 훼손되어 승리의 가능성을 불확실하게 할 것, 또한 중국이 파병하기 전까지 북한인민군이 사력을 다해 저항하게 만들기 위해서라는 것 등을 들고 있다.[39]

그러나 주젠룽이 제시한 이유들은 상당부분 비이성적, 감성적인 차원에서 도출 된 것이며, 과연 국가의 중대결정을 앞둔 마오가 그러한 판단을 하였다는 것에 의문이 들지 않을 수 없다. 따라서 중국이 북한에게 참전결정 사실을 8일에야 통보해 준 이유는 무엇보다도 다음 절에서 언급하는 소련과의 관계에서 파악되어야 한다고 본다. 소련의 지원을 최대한 이끌어 내려는 마오의 전략에서 볼 때 여전히 소련과의 협상을 앞 둔 상황에서 자신의 참전 결정 사실을 북한에 먼저 통보 해 준다면 북한은 바로 이 사실을 소련에 알릴 것이고 그렇다면 협상테이블에서의 자신의 참전결정 보류라는 협상카드와 소련을 대신하여 직접 참전한다는 대 소련 우위적인 입장이 훼손될 것은 틀림없는 사실일 것이다.

39 주젠룽(2005), pp.264~265.

따라서 결국 마오는 중국의 참전결정 사실을 8일 거의 같은 시간에 소련과 북한에 각각 통보하였다고 보는 것이 타당할 것이다.

4절 참전보류와 최종 참전결정

01 조우·스탈린 회담과 참전보류

1) 조우·스탈린 회담

조우은라이와 린뱌오는 10월 8일 베이징을 출발하여 11일 흑해 크림반도에 있는 스탈린의 별장에 도착하였다. 조우와 스탈린의 회담에서 쟁점이 되고 있는 회담목적이 어디에 있었는가에 대해서는 두 가지 주장이 있다. 그 하나는 조우은라이가 베이징을 떠나기 전 중공중앙정치국은 여전히 참전에 대하여 통일된 입장을 도출하지 못하였으며, 따라서 조우은라이는 파병하지 않는다는 중국의 입장을 가지고 출발하였다는 것이고,[40] 다른 하나는 소련에게 중국의 파병결정을 통보하면서 인민지원군의 무기와 장비를 소련으로부터 지원받고, 특히 소련의 공군 지원에 대해 협상하는 것이었다는 주장이다.[41]

일부 연구자들이 이러한 두 견해를 '참전'과 '불참전'이라

40 이 견해는 당시 조우은라이의 통역을 담당했던 師哲의 기억을 근거로 하고 있다.

41 이 견해는 당시 중공 중앙위원회 행정국 기밀담당비서였던 康一民의 기억을 근거로 하고 있다.

는 '상반되는 견해'라고 주장하고 있으나[42] 저자가 보기에는 이는 결코 상반된 증언과 주장은 아니다. 이는 오히려 조우은라이의 협상전략을 잘 드러내고 있는 증거라 볼 수 있다. 즉 회담 통역을 담당하였던 스저(師哲)는 스탈린과의 회담에서 조우가 파병에 수반되는 부정적인 문제들을 중심으로 스탈린을 설득하는 협상과정을 지켜보며 이를 통역하였을 것이고, 이는 스저에게 '파병하지 않는다'는 입장을 가지고 있다는 인상을 주었을 것이다.[43] 반면, 중국공산당 중앙위원회 행정국 기밀담당비서였던 캉이민(康一民)은 동 회담의 주요목적이 스탈린으로부터 파병에 필요한 무기·장비의 지원과 특히 공군지원을 확보하는 것이라는 사실을 사전에 이미 숙지하고 있었을 것이다. 따라서 스저의 증언과 캉이민의 증언은 모두 자신의 업무영역에서 나온 부분적인 기억이며, 이를 종합해 본다면 모두 협상전략이라는 맥락에서 서로 연결되어 있는 것이라 할 수 있다. 다시 말해 이 두 사람의 증언을 종합해 보면 회담 당시 조우은라이는 중국지도부의 참전반대의견을 최대한 활용하여 참전이 어려운 이유들을 설명함으로써 최대한의 군사적 지원, 특히 공군지원을 확보하기 위한 협상전략을 채택하고 있었다는 것을 말해 주고 있는 것이다. 또한 이는 마오가 2일 스탈린에게 보낸 참전유보입장 전문과 8일 보낸 참전결정 전문의 전략과 그 맥을 같이 한다고 볼 수 있다. 이 문제에 대해 후일 조우은라이는 자신은 파병할 것이냐, 하지 않을 것이냐의 두 가지 입장을 가지고 출발했었다고 언급하면서, 그러나 주요목적은 소련의 공군지원확보의 문제였다고 밝힌 바 있다.[44]

42 주젠룽(2005), pp. 217~222. 션즈화 저, 최만원 역, 『마오저뚱, 스탈린과 조선전쟁』(서울: 선인, 2010), p.293 등 참조.

43 師哲, 『在歷史巨人身邊』(北京: 中央文獻出版社, 1995), p.496.

44 力平, 『開國總理周恩來』(北京: 中央黨校出版社, 1994), p.252.

조우은라이는 중국이 이미 파병을 결정하였음에도 불구하고 자신은 파병할 것이냐, 하지 않을 것이냐의 두 가지 입장을 가지고 회담에 임했다는 의미는 소련의 공군지원이 중국의 파병에 가장 중요한 관건이자 변수라고 인식하고 있었다는 것이며, 소련의 공군지원을 확보하지 못할 경우 중국의 한국전 참전은 어렵다는 협상전략을 가지고 있었다는 것을 말해주는 것이다. 이렇게 본다면 10월 2일 참전을 보류하겠다는 전문을 스탈린에게 보낸 것을 시작으로 마오는 이미 스탈린과의 협상을 준비하였고 조우의 소련방문 역시 계산된 협상전략이라고 볼 수 있다. 따라서 2일 전문을 포함한 참전불가의 이유를 제시한 모든 중국의 행동은 하나의 협상전략이었을 뿐이며, 그 목적은 참전의 조건으로 소련으로부터 더 많은 무기와 장비를 지원받고, 특히 소련의 공군지원을 확보하고자 하는데 있었다. 이는 스탈린과의 회담에서 조우은라이가 관철시켜야 할 사안이자 마오의 훈령이었다고 보아야 할 것이다.

한편 스탈린은 조우와의 회담에서 주로 두 가지에 관하여 얘기하였다. 그중 하나는 소련이 전쟁에 참전할 수 없는 이유였고, 다른 하나는 중국이 전쟁에 참전해야 하는 이유였다. 스탈린은 "우리는 2차 대전이 끝난 지 얼마 되지 않아서 3차 대전을 치를 준비가 되어 있지 않기 때문에 조선을 원조할 수 없다"고 언급하고, "미국은 조선과 중국 두 전선에서 전쟁을 동시에 수행할 수 없다. 이는 미국이 중국과 전쟁을 하지는 않을 것이라는 의미이다. 그러므로 중국동지들은 지금 당장 조선에 대한 원조가 가능한 것이다"라고 그 이유들을 설명하였다.[45] 또한 스탈린은 중국이 전쟁에 참전하지 않을 경우 미국은 중국동북지역의 안전을 위협할 것이며, 중국을 향해 공중, 지상, 해상에서 도발해 올 것이라고 경고하였다.[46] 이렇듯 스탈

45 위의 책.

46 위의 책, pp.496~497.

린은 "한반도에서 싸워야 한다. 그렇지 않으면, 중국의 영토인 동북지역이 전쟁터가 될 것이다"라는 메시지를 중국에게 명확히 주고 있었다.

하지만 조우·스탈린 흑해회담의 결과는 중국이 잠시 북한에 파병하지 않으며, 김일성에게 북한으로부터 철수를 건의한다는 것이었다. 인천상륙작전 이후 중국의 직접파병을 촉구하고 있었고 더구나 5일 전문에서 중국의 파병을 강력하게 요구하였던 스탈린이 조우와의 회담에서 주도적으로 중국의 파병불가를 제의하였을 리는 없으며, 또한 이미 파병을 결정하였고 이를 스탈린과 김일성에게까지 통보한 중국이 갑자기 입장을 바꾸었을 리도 없다. 그렇다면 이러한 양 측 모두의 기존입장에 반하는 회담의 결과는 파병조건에 대하여 양 측의 합의가 이루어지지 않았음을 의미하는 것이라 볼 수밖에 없다. 양 측 모두가 양보할 수 없었던 쟁점은 무엇이었나? 그것은 중국이 한반도에 파병할 경우 소련의 공군지원문제였다.

조우은라이의 공군지원요청에 대해 스탈린은 "중국의 참전에 필요한 군사장비 제공에는 아무런 문제가 없다. 다만 소련공군의 지원은 2개월 또는 2개월 반 정도를 기다려야 한다"고 언급하고 "중국이 곤란하다면 출병하지 않아도 좋다. 북조선을 잃어도 우리는 사회주의를 이어나갈 것이며 중국도 남아있다"고 강조하였다.[47] 스탈린이 이렇게 북한을 포기하더라도 공군지원은 불가하다는 입장을 고수한 이유는 무엇인가? 스탈린이 내세운 표면적인 이유는 공군기의 타 기지로의 전개곤란 등 소련공군의 출격준비 미비 때문이었다. 그러나 당시 소련 극동공군은 전투기 2,800대, 전폭기 1,700대, 수송기 500대, 정찰기 300대 등 총 5,300대의 항공기를 보유하고 있었다. 또한 랴오뚱(遼東)반도의 뤼순(旅

47 『周恩來傳(3)』, p.1019, 軍事科學院軍事歷史研究部編著, 『中國人民志願軍抗美援朝戰史』(北京, 軍事科學出版社, 1992), pp.165~166 등 참조.

順)과 블라디보스톡에 공군기지가 있었고, 동북지역에도 일본군들이 사용하던 비행장이 갖춰져 있었기 때문에 타기지의 전개문제를 해결하는데 2개월 이상이라는 긴 시간이 필요 없었다.[48] 스탈린이 진정 우려한 것은 소련 공군기가 한반도 전선에서 미군기와 교전하여 격추됨으로써 소련조종사가 포로가 되어 소련의 참전이 노출되는 것이었으며, 이러한 미군과 직접충돌 할 가능성이 있는 지원은 극력 회피하고자 하였던 것이다.[49] 스탈린은 남침준비 단계부터 자신의 전략적 목표를 추구하였으며, 그러한 전략적 목표를 위하여 중국을 이용하려고 하였지 중국을 지원하기 위해 비싼 대가를 치를 생각은 없었다. 더구나 북한정권을 위해서 미국과 직접충돌의 모험을 할 생각은 추호도 없었다. 따라서 스탈린이 공군지원을 회피한 진정한 이유는 미군과의 직접충돌을 피하기 위한 것이었다고 볼 수밖에 없다.

반면에 중국은 당시까지 진정한의미의 공군을 보유하고 있지 못하였으므로 참전을 하게 되면 공군력은 소련에 의지할 수밖에 없었으며, 이는 인민지원군 일선지휘관들에게 있어서매우 절박한 문제였다. 또한 중국 지도부는 당시까지의 중소조약에 근거한 소련공군의 동북지역 진주를 포함한 공군의 지원은 한반도 출병을 포함한 군사행동에 대한 전면적 지원를 의미한다고 이해하고 있었던 것으로 보인다.[50] 이러한 인식에서 동북군구의 간부들은 중국 지상군 출동에 '소련공군의 보장'이 있다고 믿어 의심치 않았던 것이다.

48 沈志華, 『毛澤東·斯大林與朝鮮戰爭』(廣州: 廣州人民出版社, 2003), p.257.

49 9월 말 전황이 극도로 불리해지자 스탈린은 북한에 소련공군의 Yak-9 전투기 연대를 주둔시키는데 동의하였다. 그러나 공중전시 관제가 소련어 무선으로 이루질 것이기 때문에 첫 공중전이 있은 직후 북한에서의 소련 공군의 활동은 불가피하게 미군에게 발각될 것이라는 지적에 이를 철회한바 있다. АВПРФ, ф.3, оп.65, д.827, лл.81~82(1950. 9. 23) 참조.

50 중소조약에 근거하여 중국 영공방위와 중국 공군의 현대화에 협력하는 것과 중국의 한국전 참전에 공군력을 지원한다는 것은 사실상 엄밀히 구분되어야 하는 것이다.

결국 회담이 끝난 후 11일 늦은 밤[51] 조우은라이와 스탈린은 연명으로 다음과 같은 출병보류를 의미하는 전문을 마오에게 보내게 된다.

> 주북경 소련대사관은 즉시 마오저뚱 동지에게 전달 바람
> 파병하고자 하는 중국지원군이 무기·장비의 낙후로 준비가 제대로 되어 있지 않고 엄호임무를 수행할 공군은 최소한 2개월 이후에나 배치될 것임. (중략)
> 위와 같은 이유와 참전으로 인하여 초래되는 중국내의 부정적인 영향을 고려하여 우리는 다음과 같이 결정함.
>
> 1. 국제정세가 유리하더라도 중국군대가 아직 준비가 안 되어 있으므로 불리한 상황에 빠지는 것을 막기 위해 조선의 국경을 넘지 않음. 만일 부대가 이미 국경을 넘었다면 깊숙이 들어가지 않아야 함.
> 2. 일부 조선군대는 평양과 원산 이북의 산악지대에 방어선을 구축하고, 나머지 군대는 적의 후방에서 유격전을 전개해야 함. 전시에 징병된 조선인중 우수한 자와 지휘관은 비밀리에 만주로 이동시켜 만주에서 조선사단을 편성함. 평양과 기타 중요거점에 대한 신속한 소개작전 진행
>
> 중국동지들이 중국군을 새로 무장시키기 위하여 필요한 전차, 대포, 항공기 등은 소련 측이 충분히 만족시켜 줄 것임. 귀하의 결정을 기다림.
>
> 필리포프, 조우은라이
> 1950. 10. 11.[52]

51 이 전문의 발송시간이 11일 새벽이라는 주장(주젠룽(2005), p.277)과 마오가 받은 시간이 12일 밤이라는 주장(David Tsui(2008), p.139)이 있으나 로신이 스탈린에게 전문을 전달한 시간이 12일 15시 30분으로 되어 있다. 따라서 전문을 발송한 시간은 11일 밤이라고 보아야 한다. 베이징시간으로는 12일 새벽(모스크바와 베이징은 4시간의 시차).

52 РГАСПИ, ф.558, оп.11, д.334, лл.134~135(1950. 10. 11).

위의 전문에서 짐작할 수 있는 것은 이 전문이 비록 참전보류의 의미를 지니고 있다고 하나 스탈린은 마오가 이미 참전의 결의를 굳힌 상태라는 것을 간파하고 있었다는 사실일 것이다. 따라서 스탈린은 전문의 말미에 중국군이 필요한 무기와 장비는 소련 측이 충분히 만족시켜 줄 것이라고 언급하고, 마오의 결정을 기다릴 것이라 덧붙이면서 참전을 촉구하고 있다. 이러한 언급은 마오의 의중을 알고 있던 스탈린이 사실상 마오를 전쟁으로 내몰고자하는 의도로 해석 될 수밖에 없다. 즉 소련 공군은 미군과의 직접 충돌을 야기 할 수 있으므로 지원할 수 없지만 기타 무기와 장비들은 충분히 지원해 줄 것이니 참전하라는 압박 혹은 강요와 같은 것이었다.

2) 참전보류 결정

10월 9일 펑더화이와 가오깡은 인민지원군 군단 이상 간부회의를 소집하였다. 이 회의가 중요한 의미를 가지는 이유 중의 하나는 소련의 공군지원여부가 참전의 중요변수로 떠올랐다는데 있다. 동 회의에서 각 군단의 간부들은 참전하였을 때 공군의 지원여부에 관해 질문하였으며, 이에 펑더화이와 가오깡은 연명으로 마오저뚱에게 "참전할 경우 어느 정도의 공중지원을 확보할 수 있는가, 언제 공군을 출동시킬 것인가, 누가 그 지휘 책임을 맡게 될 것인가"에 대해 문의하면서 "2~3개월 사이에 새로운 장비가 확보될 수 있다면(특히 공군의 출동이 가능하면) 계획대로 추진해도 좋겠지만 그렇지 않다면 출병시기를 연기해야 한다는 의견은 상당히 고려해 볼 가치가 있다"[53]라고 보고하였다.

인민지원군 일선 지휘관들의 이러한 요구는 조우·스탈린 회담의 결과를 장담할 수 없었던 마오에게는 심각한 고민으로 다가

53 주젠롱(2005). pp.269~270.

왔음이 틀림없다. 미군이 제공권을 장악하고 있는 한반도 전쟁에서 공군의 엄호가 무엇보다도 필요하다는 것을 마오가 모를 리 없었다. 이에 마오는 10일 늦은 밤 마오는 원래 김일성과의 회담을 위해 북한으로 가고 있던 펑더화이를 김일성과의 회담을 취소하고 베이징으로 와서 중앙 정치국회의에 참석할 것을 지시하였다.[54] 이는 일선 지휘관들이 제기한 공군 지원문제에 대한 심각성을 느끼고 이를 논의하기 위한 조치로 보인다.[55]

이러한 상황에서 마오는 위에서 언급한 조우은라이와 스탈린 연명의 전문을 받아보게 된다. 동 전문은 12일 15시 30분 로신에 의해 마오에게 전달되었으며, 마오는 그 자리에서 로신에게 "당신들의 결정에 동의한다"고 스탈린에게 전해달라고 하였다.[56] 인민지원군 일선 지휘관들의 공군지원에 대한 우려가 제기되고 있는 가운데 받아 본 '소련 공군 지원 불가'의 전문에 마오는 상당한 충격을 받은 것으로 보인다. 공군의 지원 없이 미군과 전투를 벌인다는 것은 무모하기까지 한 것이었다. 이에 마오는 12일 21시 펑더화이, 가오깡, 덩화, 홍쉐즈, 한센추, 세팡 등에게 "10월 9일의 명령(10월 15일 출병)은 잠시 실행하지 말 것을 명령하니, 제13병단 각 부대는 이전과 같이 현 위치에서 훈련을 계속하고 출동할 필요는 없다. 가오깡과 펑더화이는 내일이나 모레 북경으로 오라"[57]는 출병정지 명령을 하달하였다. 또한 마오는 22시 소련대사관을 통해 "본인은 10월 11일 전문의 의견에 동의함. 우리 군대는 아직 출발하지 않았음. 본인은 이미 중국 군대에게 조선에 진입하는 계획집행을 중지할 것을

54 杜平,『在志願軍摠部』(北京: 解放軍出版社, 1989), p.34, 주지안롱(2005), p.273 재인용.

55 주젠롱은 이러한 조치가 조우은라이로부터 소련 공군지원이 없다는 것을 통보받았기 때문이라 주장하는데 동 전문을 받은 시간은 12일 15시 30분이기 때문에 설득력이 없다.(주젠롱(2005), p.273 참조).

56 РГАСПИ, ф.558, оп.11, д.334, л.140(1950. 10. 12).

57 『建國以來毛澤東文稿』第1册 (北京: 中央文獻出版社, 1987), p.552.

명령하였음"을 스탈린에게 통보하였다.[58]

여기서 마오가 출병중지명령을 내리게 한 가장 중요한 이유는 '소련의 공군지원 불가'였음은 두말할 필요가 없을 것이다. 조우은라이와 스탈린이 보낸 11일의 전문에서 스탈린의 메시지는 마오로 하여금 참전을 보류하든가, 그렇지 않고 즉각 참전하겠다면 소련 공군의 엄호 없이 참전을 결행하라는 것으로서 중국 군대가 한반도에서 세계 최강의 미군과 공중의 엄호 없이 적어도 2개월 이상 작전을 수행해야 함을 의미했다. 참전의 결심을 이미 굳히고 있었던 마오였지만 예상되는 일선 지휘관들의 격렬한 반응을 고려할 때 아무런 조치 없이 출병을 강행한다는 것은 무리였다. 마오로서는 일단 출병중지 명령을 내리고 소련공군의 지원 없이는 출병을 재고려 한다는 입장을 표명하고 이 문제를 다시 중앙정치국 회의를 열어 논의하게 함으로써 일선 지휘관들을 무마하고 설득하고자 하였다. 그러나 이러한 사실이 마오가 참전에 대해서 심각하게 재고려하고 있었다는 것을 의미한다고 보지는 않는다. 마오는 처음부터 한국전쟁 참전을 군사적인 관점에서만 보고 있었던 것이 아니라 상당히 다각적·다차원적인 국가전략적 관점에서 보고 있었다.[59]

11일 조우은라이와 연명으로 마오에게 '참전 보류'의 전문을 보낸 스탈린은 12일 김일성에게도 전문을 보내 중국이 파병할 수 없음을 통보하고 평양 등 주요거점에서 소개 작전을 진행하고, 방어와 퇴각을 동시에 진행하라고 지시하였다. 또한 산악지역에서 게릴라전을 전개하고 만주로 들어가서 새로운 조선인사단을 창설하고 훈련시킬 것을

58 РГАСПИ, ф.558, оп.11, д.334, л.141(1950. 10. 12).

59 주젠롱(2005), pp.282~283 그러나 주젠롱은 같은 책 274쪽에서는 '이 전문은 마오로 하여금 출병 날짜뿐만 아니라 출병 그 자체를 다시 고려하게 하였을 것이다'고 주장하고 있어 논지가 모순되고 있다.

요구하였다.[60] 또한 12일 마오의 출병정지를 통보 받은 스탈린은 13일 김일성에게 다시 전문을 보내 "저항을 지속해 보았자 아무런 소용이 없다고 생각함. 중국동지들이 참전을 거부하고 있음. 이와 같은 상황에서 동지(김일성)는 중국과 소련으로 완전히 소개할 준비를 하여야 함. 모든 병력과 군사 장비를 가지고 가는 것이 극도로 중요함. 적에 대하여 계속해서 투쟁할 수 있는 잠재역량이 보존되어야 할 것임"이라고 지시하였다.[61] 이 전문은 당일 전달되었으며, 김일성과 박헌영으로서는 뜻밖의 내용이었다. 김일성은 "자신들로서는 받아들이기 힘든 일이지만 이와 같은 의견이 제시되었으니 이를 따를 것"이라 말하였다.[62] 이러한 스탈린의 지시는 다급한 한반도 전황을 고려할 때 중국의 출병중지 결정에 스탈린 역시 상당히 다급함을 감추지 못하고 있음을 말해 주고 있다. 그러나 동 전문에서 스탈린은 "중국동지들이 참전을 '거부'하고 있다"고 언급함으로써 그 책임을 중국에 돌리고 있다.

02 10월 13일 회의: 최종 참전결정

10월 12일 밤 마오는 조선에 대한 출동을 보류하라는 명령을 내리고 펑더화이와 가오깡에게 상경하라는 지시와 함께 당 중앙정치국 확대회의를 소집하였다.[63] 당일 15시 30분 인민지원군에 대한 소

60 РГАСПИ, ф.558, оп.11, д.334, лл.142~144(1950. 10. 12).

61 예프게니(1998), p.99.

62 김일성의 반응은 슈티코프에 의해 모스크바 시간 14일 7시에 보고되었다 АВПРФ, ф.45, оп.1, д.335, л.3(1950. 10.14).

63 13일 오후에 열렸다는 주장도 있으나 12일 늦은 밤 혹은 13일 새벽이라는 주장이 보편적이다.

련공군의 지원은 없으며, 중국도 참전을 보류한다는 조우은라이와 스탈린 연명의 전문이 도착하였고, 베이징에 있던 정치국 간부들은 거의가 이 사실을 알고 있었다. 따라서 이 회의 초점은 중국의 참전문제를 재검토하고 최종결정하는 일이었다. 결국 이 회의에서 비록 소련이 공군지원을 지연시키더라도 중국은 한국전쟁에 참전할 것이라고 최종결정하였으며, 그 과정에서 격론이 벌어졌다는 자료는 찾기 힘들다. 펑더화이가 소련공군의 지원이 없다는 데 대해 불만을 터트렸으나 결국 마오의 참전결정을 지지 하였다.[64]

이 회의에서는 주로 군사전략적 측면과 국가전략적 측면이라는 두 가지 차원에서 참전이 고려되었을 것으로 보인다. 먼저 군사전략적 측면에서 논의의 초점은 소련공군의 지원이 없어도 단독으로 파병하여 작전이 가능한가의 문제였다. 중국의 지도자들은 일선 지휘관들의 생각과는 달리 중국의 지상군 파병을 위한 소련의 공군지원이 실제로 불확실한 것이라 이미 예상하고 있었다. 사실 한국전 참전이 적극적으로 논의되기 시작한 9월 중순이전까지의 중국공군력 강화를 위한 소련의 지원은 중국의 한국전 참전과는 무관한 것이었다. 소련공군이 중국 영공의 방위에 참여한다는 것은 중소조약에 규정되어 있었던 것이고, 한국전쟁 참전과는 직접관계가 없으며, 인민지원군의 한반도 출병에 대한 소련공군의 지원문제는 10월 초 참전결정이 내려지자 비로소 제기된 것이었다. 이러한 내막을 마오를 비롯한 중국지도부는 잘 알고 있었다.

펑더화이는 소련공군의 중요성을 통감하고 있었지만 소련이 공군지원 대신 무기·장비 등 많은 지원을 약속했다는 점, 참전의 초기 단계에서는 방어작전 위주로 한국군만을 대상으로 전투를 수행한

64 조우은라이가 격렬하게 반대하였다는 주장이 있으나 조우은라이는 그 당시 모스크바에 있었으므로 성립되지 않는다. 레도프스키 목단강 주재 소련 총영사의 보고, 예프게니(1998), pp.126~127.

다는 작전계획, 2개월 혹은 2개월 반 이후에는 소련공군의 지원을 기대할 수 있다는 점 등의 설명을 듣고 출병이 가능하다는 것을 판단하였을 것으로 보인다. 이에 펑더화이는 즉각적인 전투에 주저하고 있던 인민지원군 일선 지휘관들에게 원래의 작전계획에 따라 단호하게 전투에 돌입하라고 명령하였다.[65]

10월 7일 유엔총회가 한반도 통일 결의안을 채택하였고, 8일에는 미군이 38선을 넘어 북상하는 등 한반도의 전황이 극히 불리하게 전개되고 있었다. 또한 미국은 김일성에게 다시 항복을 촉구하였을 뿐만 아니라 미 정계와 군부에서 중국을 멸시하는 발언이 속출하고 있었다. 10월 13일 금천을 점령한 미군과 국군이 평양공격을 준비하고 있었고, 미 해병 사단이 평양 협공을 위해서 진남포 상륙을 준비하고 있었으며, 원산에 집결할 예정이었던 국군 제6, 제8사단도 진로를 바꾸어 평양으로 진격하고 있었다.[66] 미군의 북상기세와 미국의 중국경시발언은 중국지도부와 중국국민들에게 미국의 다음 침략대상이 중국이고 동북공업지대의 방위를 위해서라도 군사개입을 해야 한다는 확신을 심어주었을 것으로 보인다다.[67] 따라서 마오는 참전을 한다면 더 이상 지체해서는 군사전략적으로 전략지대와 거점 확보가 어려울 것이라 판단하였다. 즉 소련의 공군지원과 파병적기를 군사전략적으로 비교해 볼 때 적기를 놓친 파병이 훨씬 더 손실이 클 것이라 예상하였다고 보아야 할 것이다. 이에 대해 마오는 인민지원군에 대한 소련의 공군지원이 2개월 혹은 2개월 반 지연되는 것에 대해서 "참을 만하다"고 말한 것으로 전해지고 있다.

또한 마오의 참전결정에는 이러한 군사전략적인 측면뿐

65 David Tsui(XI, 2008), p.143.

66 서상문(2006), p.220.

67 주젠룽(2005), p.321.

만 아니라 참전하는 편이 중국에 유리하다는 국가전략적인 고려가 작용하였으며, 이러한 논리에 회의 참석자 전원이 설득 되었고 결국 만장일치로 이 문제는 결정되었다.[68] 마오의 이러한 국가전략적인 고려는 회의가 끝난 후 22시 당시 모스크바에 머무르고 있던 조우은라이에게 보낸 다음 전문에서 잘 읽을 수 있다. "정치국 동지들과 상의한 결과 우리 군의 조선출병이 유리하다고 만장일치로 합의하였다. 초기 단계에는 오로지 한국군만을 상대할 것이며, 초기단계에 몇 개의 한국군 사단만을 섬멸하면 조선의 형세는 곧 우리에게 유리하게 변할 것이다. 우리가 적극적인 정책을 취하면 중국, 조선, 동아시아, 세계 모두에게 아주 유리할 것이다. 그러나 우리가 출병하지 않는다면 적군으로 하여금 압록강변까지 접근하게 하여 국내외에 반동의 분위기가 더욱 높아져 각 방면에서 모두 불리할 것이다. 우선 동북지역이 더욱 불리해져 전체 동북변방군은 장차 적군에게 흡수될 것이고, 남만주의 전력도 적군에게 통제당할 것이다.[69] 결론적으로 우리들은 당연히 그리고 반드시 참전해야 하며, 참전하면 이익이 많고 참전하지 않으면 손해가 극심할 것이라 생각한다" 이와 함께 마오는 조우은라이를 모스크바에 계속 머물도록 지시하였다.[70] 이 전문을 전달받은 조우는 또 다시 몇 시간 전까지의 주장을 바꾸어 소련 측과 지원군의 출병을 위한 무기·장비의 지원에 관한 새로운 교섭을 해야 했다.

또한 마오는 13일 밤 이 사실을 소련대사 로신에게 통보하였으며, 로신은 스탈린에게 다음과 같은 두 전문을 보냈다.

68 중국의 한국전 참전에 대한 국가전략적 고려에 대해서는 졸저, "중국의 한국전 참전과 국내정치", 한국정치외교사학회편,『한반도분쟁과 중국의 개입』(서울: 선인, 2012), pp.109~150 참조.

69 당시 아시아 최대이 수력발전소인 수풍발전소는 동북공업지역 전력의 2/3를 공급하고 있었다.

70 당시 소련에 체류하고 있던 조우은라이에게 보낸 전문의 일부이다.『毛澤東軍事文選』第6卷, (北京: 軍事科學出版社, 1993), pp.117~118.

필리포프

10월 13일 21시 마오저뚱이 본직을 초치하여 아래사항을 언급하였음.

"중공중앙이 필리포프 동지의 최신 전문과 본인의 결정에 대해 재차 논의하였음. 우리의 지도자들은 우리가 마땅히 조선을 도와야 한다고 생각하고 있음"

로신
1950. 10. 13.[71]

필리포프

(위 전문의) 보충전문임. 마오저뚱은 다음과 같이 말하였음.

우리의 지도자들은 만일 미국이 중국의 변경까지 진격해 온다면 조선은 우리의 고통스러운 지역이 될 뿐만 아니라 동북지역은 항상 위협에 노출될 것임. (중략)
지금 중국 군대를 조선에 파견하는 것은 유리한 것이며, 중국인은 군대를 파견할 의무가 있음. 우선 9개 사단을 제1진으로 파견할 것이며, 비록 그들의 장비가 열악하지만 이승만 군대와는 충분히 싸울 능력이 있음. 그 동안 중국은 신속하게 제2진을 준비할 것임. 중요한 것은 우리를 엄호할 수 있는 공군이 필요하다는 것임. 우리는 공군이 가능한 빠른 시일 내에 도착하기를 희망하며, 어떠한 일이 있어도 2개월 내에는 도착해야 할 것임. (하략)

로신
1950. 10. 13.[72]

71 РГАСПИ, ф.558, оп.11, д.334, л.145(1950. 10. 13).

72 АВПРФ, ф.45, оп.1, д.335, лл.1~2(1950. 10.13) 이 전문은 10월 14일 새벽 1시 38분 모스크바에 접수되었다.

조우은라이에 의하면 스탈린은 '출병한다'는 마오의 전문을 받고 대단히 기뻐하면서 무기·장비원조에 관하여 상당히 적극적으로 중국의 요청에 응했다고 한다. 그러나 스탈린은 공군지원에 관해서는 소련공군을 중국 영내에 진주시켜 중국 영공의 방위를 담당하도록 하지만 2개월 혹은 2개월 반 이후에도 조선영내에 들어가 전투에 참가하기는 어렵다고 당초 입장에서 또 한걸음 후퇴하였다.[73] 이러한 스탈린의 태도에서 미국과의 충돌을 회피하면서 중국을 끌어들이는 스탈린의 한국전쟁 전략이 여실히 드러나고 있는 것을 볼 수 있다.

마오의 참전결정을 통보 받은 스탈린은 이를 곧 김일성에게 "중공중앙이 중국군대가 무기장비가 부족한 상황이라 할지라도 조선동지들에게 군사원조를 제공하기로 결정하였다"고 알려주었으며, 이어서 "중국군대의 참전과 관련된 문제들은 귀하와 중국의 동지들이 협력하여 결정하기 바란다"고 언급하면서 다시 한 번 이 전쟁에서 한 걸음 물러섰다.[74]

10월 13일 참전 최종결정 이후 18일 개최된 참전결정과 관련된 마지막 서기처 확대회의가 개최되었으며, 동 회의에는 조우은라이도 소련 방문을 마치고 귀국하여 참석하였다. 조우은라이는 한반도에 출동하는 인민지원군에 대한 공군지원은 바랄 수 없지만 소련이 중국 본토의 방공을 맡겠다는 것, 무기 탄약의 신속한 제공이 약속되었다는 것 등에 관한 자세한 교섭결과를 보고하였다. 그리고 동 회의에서 마오는 "이제 적군은 평양을 포위 공격중이다. 머지않아 압록강까지 진공해 올 것이다. 우리는 산적해 있는 문제에도 불구하고 지원군의 출병을 변경해서는 안 된다. 더 이상 늦춰서도 안 된다. 원래 계획대로 압록강을 건너

73 『周恩來年譜(上)』, pp.86~87.

74 АВПРФ, ф.45, оп.1, д.347, л.75(1950. 10.13), АВПРФ, ф.45, оп.1, д.347, л.77(1950. 10.14).

야 한다"고 강조하면서 출병을 최종적으로 결단하였다.[75] 또한 당시 회의에서 참석자 거의 모두가 즉시 출병의 필요성에 동의하고 있었다.

03 참전결정과정에서의 마오저뚱의 역할

마오는 훗날 '항미원조전쟁'의 결정은 1.5명이 결정한 것이라 언급한 바 있다. 이에 대한 해석은 참전에 적극적인 마오와 미온적인 조우은라이, 즉 조우는 미온적이고 유보적인 태도를 보였다는 것이다. 찬성은 하지만 적극적이지 않은 조우은라이에 대해 마오는 '반 표'로 평가했다는 의미이다.[76]

스탈린과 김일성의 지원요청이 있은 후 10월 1일 회의부터 13일 회의에서 최종결정에 이르기까지 사실상 처음부터 끝가지 참전을 고집하며 밀고 나간 사람은 마오 혼자였다. 당시 당 정 군 전체에 걸쳐 막강한 권력을 행사하고 있었던 마오 중심의 권력구조에서 볼 때 그것은 가능한 것이었다. 더구나 마오는 1943년 3월 중공 중앙정치국 결의로 국가의 중대 문제에 관한 최후의 결정권을 부여받은 바 있다. 건국 후 마오 스스로도 그 어떤 사안이건 자신이 직접서명하지 않은 명령이나 지시는 모두 무효라고 선언해 놓고 있었다.[77]

차이청원은 중앙 지도자들이 "파병에 어떠한 어려움이 있는가"라고 주위 참모들에게 의견을 구하는 것은 지혜를 모으고자 하는 것이고 그들의 결정의 근거를 충분히 마련하고자 하는 것이며, 이는

75 주젠롱, p.347.

76 서상문(2006), p.187~188 참조.

77 위의 책, p.181.

중국공산당이 가지고 있는 훌륭한 전통이라고 설명하고 있다.[78] 이렇게 볼 때, 당시 개진된 불리한 조건과 문제점, 즉 반대의견들은 이미 파병을 결정한 마오에게는 참고용이었지 이들의 의견을 수렴하여 파병을 결정하고자 하는 것은 아니었다. 다시 말해 이는 마오의 권력이나 결정에 결정적인 영향을 주는 것이 아니라 중앙 지도자들이 주요 결정을 할 때 의례적으로 거치는 '훌륭한 전통'에 지나지 않는 것이었다. 10월 4일 회의에 시안에서 늦게 도착한 펑더화이가 회의를 지켜보면서 가오깡과 나눈 대화 속에서 당시 중국지도부의 정책결정과정의 특성을 읽을 수 있다. 가오깡이 뒤늦게 도착한 펑더화이에게 "중앙이 이미 조선출병을 결정하였다"고 말하자 펑더화이는 "그런데 왜 아직 토론하고 있는가?"라고 반문하였다.[79] 당시 중국의 정책결정과정에서의 마오의 지위와 역할을 잘 읽을 수 있는 대목이다.

그러나 마오 자신이 국가의 중대 문제 결정에 최후의 결정권을 가지고 있었지만 마오는 이 권한을 행사하지 않았고, 문제가 있을 때 마다 당내 지도부로 하여금 의견을 개진하게 하고 이를 청취해오면서 권력의 운용형태가 집단지도체제처럼 작동되고 있었다. 더구나 한국전쟁 참전은 국내의 혁명전쟁과 다르다는 것을 마오 자신이 너무도 잘 알고 있었다. 정부 수립후 얼마 되지 않은 시점에서 타국에서 그것도 세계 최강의 미군과 싸운다는 것은 마오로서도 불안하고 초조하였을 것이다. 설상가상으로 당내에서는 반대의 목소리와 신중론이 지배적이었다. 마오 자신은 일찍이 참전을 결심하였지만 당내에서 참전에 대한 이의와 신중론이 존재하고 있었고, 더구나 이러한 이의와 신중론이 근거가 없는 것은 아니었기 때문에 마오는 계속해서 고위간부회의를 소집해서 이 문제

78 柴成文·趙勇田(1992), p.72.

79 楊鳳安·王天成(1993), p.81.

에 대해 토론을 진행하였으며, 다른 지도자들을 설득하기 위해 적지 않은 노력을 기울였던 것이 사실이다.[80]

위의 회의들에서 린뱌오, 주더, 류샤오치, 녜룽전 등이 반대의 의견을 개진하였고 펑더화이 역시 소련의 공군지원이 없으면 참전이 불가하다는 입장을 내비치기도 하였다. 그러나 당시 마오에게 집중되어 있던 권력구조에 근거한 중국 정책결정과정의 속성에서 볼 때 이들이 참전자체를 반대 하였다기보다는 어떤 조건에서 참전하느냐에 초점이 맞춰져 논의가 진행된 것으로 보는 게 이치에 맞을 것이다. 마오는 부하들의 개별적인 반대와 저항을 의외로 관대하게 대했으며, 또 이들 의견으로부터 좋은 점들을 흡수하여 타협이라는 형태로 문제를 해결하는 경우도 있었으며, 특히 최종참전을 결정하는 13일 회의에서 소련공군 지원문제를 제기하며 파병 불가를 주장하는 일선 지휘관들을 인내심 있게 설득해 나갔다.[81] 그러나 그 배경에는 어떠한 사람도 마오의 권위와 역할에 도전할 수 있는 사람은 없었다는 사실을 염두에 두어야 한다.

중국이 한국전 참전을 최종결정한 것은 앞에서 보듯이 10월 13일 회의에서였다. 하지만 마오가 언제 참전을 결심하였는지에 대해서는 많은 논쟁이 있으며, 또한 이를 정확히 가늠하기는 어렵다. 그러나 국경을 접하고 있는 한반도에서 전쟁이 발발하였다면 마오로서는 그에 상응하는 적절한 대비와 조치를 강구하는 것은 당연한 일이다. 또한 마오는 한반도 전황이 역전될 경우 적극적인 대비방안으로 미국의 군사적 승리를 막기 위해 개입할 필요성까지도 인식하고 있었을 것이다. 그러나 여기서 지적하고 넘어가야 될 것은 비록 중국이 북한을 지상군을 파병하여 군사적으로 직접 지원한다 하더라도 그것은 북한의 한반도 혁명

80 션즈화 저, 최만원 역, 『마오저뚱 스탈린과 조선전쟁』(서울: 선인, 2010), p.278.

81 주젠롱(2005), p.338.

을 지원하는 것이 아니라 전황이 역전되어 중국이 불리한 입장에 처하지 않도록 하기 위한 안보적인 측면에 우선적으로 고려되었다는 점이다. 다시 말해 비록 중국이 인천 상륙작전 이전에 이미 한국전쟁에 개입할 가능성을 고려하고 있었다 하더라도 그 본질은 한반도 공산혁명에 대한 적극적 지원과 개입이 아니라 최악의 경우에 대비한 안보적 고려에서 비롯되었다는 사실이다. 이러한 맥락에서 볼 때 소련의 공군지원이 없는 상황에서도 결국 참전을 밀어붙인 마오의 결정에는 앞에서 언급한 바와 같이 '파병 적기'와 '군사전략적 고려'에 대한 저울질과 함께 국가전략적인 고려가 강하게 작용하였다는 것이다.

5절 참전을 위한 군사적 조치와 출병명령

01 참전을 위한 군사적 조치

1950년 10월 1일 스탈린의 파병요청 전문을 접수한 마오는 지도부의 참전논의를 10월 4일 제19병단에게 12월 5일 전까지 중국 동북지역에 인접한 산동성으로 부대를 이동·집결하여 다음 명령을 기다리라고 지시하였다.[82] 이어서 10월 8일 오전 마오는 동북변방군의 명칭을 중국인민지원군으로 바꾸고 한반도로 진입하기 위한 추가명령을 기다리라고 지시하는 한편, 펑더화이를 중국인민지원군 사령관 겸 정치위원으로 공식 임

82 楊得志, 『爲了和平』 (北京: 長征出版社, 1987), p.12.

명하였으며, 가오깡에게 지원군의 병참문제를 책임질 것을 지시하였다.[83]

10월 8일 마오저뚱은 다음과 같은 '중국인민지원군 창설에 관한 명령'을 하달하였다.[84]

> 1) 조선인민의 해방전쟁 원조와 미 제국주의 및 그 주구들의 진격을 막기 위해, 조선인민과 중국인민 및 동방 각국 인민들의 이익을 보호하기 위해 동북변방군을 중국인민지원군으로 변성하여 신속하게 조선으로 출동하여 조선동지들과 함께 침략자들과 싸워 영광의 승리를 쟁취하라.
> 2) 중국인민지원군은 제13병단과 그 휘하의 38군, 40군, 42군 및 변방포병사령부와 그 휘하의 포 병 1사단, 2사단, 8사단을 관할한다. 이상의 각 부대는 즉시 준비를 마치고 출동명령을 기다리도록 하라.
> 3) 펑더화이 동지를 중국인민군 사령관 및 정치위원으로 임명한다.
> 4) 중국인민지원군은 동북행정구를 총 후방기지로 삼는다. 모든 후방 지원업무와 조선원조 관련 사무는 동북군구 사령관 겸 정치위원인 가오깡 동지가 책임진다.
>
> (5항과 6항은 북한과의 우의, 군 기율 준수, 열정과 인내심을 당부하는 말로 되어 있다)

중공 중앙은 10월 15일을 출병일시로 내정하고 있었지만 동 명령에서는 출병일시에 대한 언급은 없다.[85] 주젠룽은 그 이유를 중공 중앙내부에서 아직 이견이 있었고 마오가 최종적으로 조정을 하려

83 『建國以來毛澤東文稿』第1册 (北京: 中央文獻出版社, 1987) p.543.

84 軍事科學院軍事歷史研究部編著, 『中國人民志願軍 抗美援朝戰史』 (北京, 軍事科學出版社, 1992), p.10.

85 10월 8일 스탈린에게 참전결정을 통보한 전문에는 '부대는 10월 15일 전에 조선으로 들어갈 수 있을 것'이라 언급하고 있다.

고 했기 때문이라 주장하고 있다.[86] 그러나 저자는 중국지도부내에서의 이견 때문에 출병일자를 확정하지 않았다는 주장은 설득력이 없다고 본다. 앞에서 언급한 바와 같이 10월 6일 이미 당론이 결정되었고 10월 8일 참전결정을 스탈린에게 통보하였기 때문에 파병결정은 이미 움직일 수 없는 기정사실이 되어버린 상황에서 마오가 여전히 중국지도부내의 눈치를 살필 필요가 있었다고는 보기 힘든다. 그 이유가 있다면 조우은라이와 린뱌오가 스탈린을 만나기 위하여 8일 소련으로 가게 되어 있었고 스탈린과의 회담결과, 즉 인민지원군에 대한 소련의 지원정도, 특히 공군력의 지원여부를 기다려봐야 할 필요가 있었기 때문이라고 보아야 한다.

10월 6일 한국전 참전이 결정되자 중국은 파병을 위한 구체적인 준비와 조치에 들어가게 되었다. 10월 10일 베이징에서 참전을 위한 중요한 군 회의가 소집되었다. 동 회의에서 마오는 지원군의 한반도 진입은 동북지역에 집결된 부대의 일부분이 아닌 전부를 동시에 투입한다는 펑더화이의 구상을 승인하였다. 이에 따른 조치로서 그 후속 병력의 재배치 및 그것과 관련된 전국적인 군사작전의 조정이 논의되었다. 동 회의에서의 주요 결정사항은 이미 인민지원군으로 편성된 제13병단과 그 후속부대인 제9병단, 제19병단 등의 병력 외에 서남군구로부터 3개 군단의 9개 사단을 차출하여 1개 병단으로 편성하고, 중남군구의 2개 군단 6개 사단을 차출하여 51년 2월 참전을 준비하고, 즉시 17개 보병사단을 포병부대로 개편할 것 등을 결의하였다.[87] 10월 11일 마오는 펑더화이, 가오깡, 덩화 등에게 "펑더화이 동지가 예정한 위치에 4개 군단과 3개 포병사단이 전부 출동하여 기회를 노려 적을 섬멸하는 작전에 동의한다. 화동에서 이동하는 1개 고사포사단이 10월 14일 상하이를

86 주젠롱(2005), p.258.

87 주젠롱, p.267.

출발하여 선양을 거쳐 전선으로 출동하니 가오깡 동지는 주의하여 인수인계하라"는 지시를 내렸고, 10월 12일에는 당시 화동군구 사령관이었던 천이(陳毅)에게 원래 일정보다 빨리 제9병단을 중국 동북지역으로 이동하라고 명령하였다.[88]

그러나 앞에서 언급한 바와 같이 소련의 공군지원확보가 난관에 부딪히자 참전보류 결정을 하였으나, 10월 13일 최종 참전 결정이 내려짐에 따라 마오는 10월 14일 천이에게 "숭 병단(제9병단을 지칭)은 계속 원래계획대로 산뚱(山東) 타이안(泰安)과 취푸(曲阜)지역에 집결하여 훈련을 계속하면서 동북으로의 출동명령을 기다리도록 하라"고 지시하였다.[89] 같은 날 중국인민지원군 사단장급 이상 간부회의가 개최되었으며, 동 회의의 보고서에서 참전병력의 규모의 윤곽이 드러났다. 한국전에 파병될 중국인민지원군은 즉시 투입될 병력 25만 여 명, 제2선 부대 15만 명, 제3선 부대 20만 명으로 모두 60만 명 규모였다.[90]

10월 18일 중공중앙 서기국 확대회의가 끝난 후 마오는 제13병단 각 부대에 대한 지휘계통을 확립하기 위하여 펑더화이의 제안에 따라 중앙군사위원회 명의로 "펑더화이의 임시 지휘소는 제13병단 사령부와 합쳐 중화인민지원군 총사령부를 구성한다. 펑더화이를 사령관 겸 정치위원으로, 덩화, 홍쉐즈(洪學志), 한센추(韓先楚)를 부사령관으로 셰팡(解方)을 참모장으로 임명한다"는 '인민지원군의 지휘기관을 통일하는 것에 관한 명령'을 발포하였다.[91]

88 『建國以來毛澤東文稿』(1987), p.551.

89 위의 책, p.553.

90 주젠롱2005), p.333.

91 張希, "彭德懷受命率帥抗美援朝的前前後後", 『中共黨史資料』第31號(1989. 10), p.158, 주젠롱(2005), p.350 재인용.

02 출병명령과 인민지원군의 압록강 도하

마오와 중국지도부는 참전이 결정된 이후에도 언제 압록강을 넘을 것인가, 즉 언제 출병명령을 내릴 것인가의 문제를 놓고 상당한 고려가 있었던 것으로 보인다. 더구나 10월 6일 참전 결정과 12일 참전보류, 그리고 13일 최종 참전결정 등의 과정을 거치면서 출병일시가 재고려 되었다.

중국은 10월 6일 참전 결정 10월 15일을 출병일시로 결정하였는 것은 앞에서 이미 언급하였다. 10월 9일 펑더화이와 가오깡은 인민지원군 군단 이상 간부회의를 소집하여 현 상황과 중공중앙의 의도를 설명하였으며, 동 회의에서 다음과 같이 의결하였음을 보고하였다. 즉 "각종 준비업무가 매우 불충분하지만, 시간을 재촉하여 우선 2개 군은 10월 15일에 출동을 시작하여 북조선의 회천, 덕천에 집결하여 동서로의 이동에 용이하도록 한다"는 것이었다. 이에 덧붙여, 식량문제, 군수문제, 대 탱크무기, 고사포, 의무대 등의 문제에 대해 거론하였다.[92] 이 문건의 의의는 당초 중공 중앙의 결정에 따라 인민지원군이 10월 15일 출병하겠다는 것이었다.[93]

그러나 10월 13일 회의의 참전 최종결정 이후 14일 마오를 비롯한 펑더화이, 가오깡 등 지원군 지휘부는 출병에 관한 구체적인 사안들을 다시 논의하였으며, 소련의 공군지원이 없다는 사실과 출병중지명령으로 인한 시간적 손실 등을 고려하여 출병시기를 15일에서 19일로 연기할 것을 결정하였을 것으로 보인다. 14일 밤 21시에 마오가 조우

92 『黨的文獻』第5期, (北京: 中央文獻出版社, 2000), p.4.

93 David Tsui는 중국 동북지역으로부터 북한으로의 초기 병참물자의 이동은 첫 중국인민지원군이 북한에 투입되었던 19일 보다 8일 전인 10월 11일에 이미 시작되었다고 주장한다. David Tsui(2008), p.236.

은라이에게 보낸 전문에는 작전 방침과 함께 출동일시와 작전개시 예정일을 명시하고 있다. 즉 "아군은 10월 19일 출동을 결정하였다. 인민지원군 26만 병력은 19일부터 10일내에 압록강도하를 완료하고, 28일에 덕천 이남에 거점을 구축한다. 11월 중에 예상되는 적군의 덕천 공격의 시점에 최초의 전투를 개시한다"고 언급하였다.[94] 이어서 가오깡, 덩화에게 마오는 "우리 인민지원군은 10월 18일, 늦어도 19일까지는 (압록강)도하작전을 시작하기로 결정하였다. 식량 등을 즉각 전방에 보내라"고 지시하였다.[95]

하지만 마오는 가오깡, 덩화에게 위의 지시들 내린지 얼마 되지 않은 15일 이른 아침 가오깡, 펑더화이, 덩화에게 다시 전문을 보내 조기 출병을 지시하였다. 즉 "아군의 선두부대는 17일 출동하여 23일 덕천 지역에 도착하는 것이 가장 좋을 것이다. 하루 휴식을 취한 다음 25일부터 진지 구축을 시작하여 적의 기선을 제압하라. 두 번째 부대는 18일 출동하고 나머지 부대도 그 뒤를 따라 지속적으로 출동하여 열흘 내외에 도강을 완료하라"고 지시하였다.[96] 그러나 17일 인민지원군의 각 부대가 압록강변에서 대기하고 있을 때, 마오는 또 한 번 출병을 정지시켰다. 소위 '2차 정지'명령이었다. 이 '2차 정지'명령의 진위를 두고 논쟁이 있으나 녜룽전의 증언에 의하면 "마오는 다시 약간의 생각할 시간이 필요하다고 말하면서, 나에게 부대의 출동을 일시 정지하라고 명령하는 전문을 덩화를 통해 보냈다"는 것이다. 또한 주젠롱은 '2차 정지'의 내막을 알 수 있는 문건을 발견할 수는 없지만 "마오가 15일 이른 아침 지원군의 17일 출동을 명령한 것에 따라 펑더화이는 16일 안뚱(安東: 지금의 丹東)에서 참전부대의 사단이상 간부회의를 소집하여 구체적인 출동계획을 하

94 주젠롱(2005), p.328. 『毛澤東軍事文選』第6卷, (北京: 軍事科學出版社, 1993), pp.122~123.

95 『黨的文獻』(2000), p.9.

96 『毛澤東軍事文選』(1993), pp.124~125.

달하였다. 그런데 17일 아침, 마오는 다시 지원군의 압록강 도하를 보류하라고 명령하였다. 마오가 녜롱전에게 보낸 전문 속에서 조우은라이가 소련에서 귀국하기를 기다려 최종적인 결정을 할 것이라고 설명했다. 이것이 '2차 정지'의 전말이다"라는 중국 국방대학 연구자의 말을 인용하면서 이것이 사실임을 주장하고 있다.[97]

그러나 17일 17시 마오는 다시 펑더화이, 가오깡, 덩화, 홍쉐즈 등에게 "먼저 2개 군을 19일에 출동하도록 준비하라. 내일(18일) 다시 정식명령을 내리겠다"고 지시하였으며,[98] 18일 서기국 확대회의가 끝난 후 펑더화이는 마오의 지시를 받아 압록강 강변에 대기 중이던 덩화, 홍쉐즈 등에게 "지원군 각 부대는 비밀을 엄수하고 위장을 완전히 하여 식량과 탄약을 충분히 휴대하고 출동에 대비하라"고 명령하였다.[99] 이어 당일 21시 덩화, 홍쉐즈, 한센추, 세팡 등 동북군구 지휘관들에게 "4개 군과 3개 포병사단은 신속히 예정된 계획에 따라 조선의 북부로 들어가 작전을 전개하라. 내일 19일 저녁 안뚱과 지안(集安)일대에서 압록강을 도하하되 비밀리에 행동하라. 부대가 도하하는 것은 매일 황혼이 시작될 무렵부터 다음날 새벽 4시까지이고 5시 이전에 은폐를 완료하라. 첫날밤(19일 밤) 2~3개 사단이 도하하고 이 경험을 바탕으로 다음날부터는 상황을 참작하여 도하병력의 증감을 결정하라"는 전문을 보냈다.[100]

이 출병명령에 따라 1950년 10월 19일 황혼이 시작될 무렵인 오후 5시 30분 경 25만 5천명의 중국인민지원군이 세 갈래로 나누어 압록강을 건너기 시작하여 북한 내의 계획된 작전지역으로 진입하

97 주젠롱(2005), p.342~343 참조.

98 『黨的文獻』(2000), p.11.

99 張希(1989), p.158, 주지안롱(2005), p.349 재인용.

100 『黨的文獻』(2000), p.11.

였다.[101] 마오는 같은 날 정식으로 중국공산당의 각 지방분국에 중국인민지원군이 북한으로 파병될 것이라 통보하였다.

6절 중국의 한국전쟁 참전결정 요인[102]

중국의 한국전 참전결정과정에서 보여 지는 그들의 목적과 의도는 두 가지 차원에서 분석이 가능하다. 하나는 그들의 공식적인 대외적 입장과 태도에 근거한 참전목적이며, 다른 하나는 선언된 목적으로부터 논리적인 유추가 가능하나 명확히 언급되지 않은 암시적인 목적이다. 참전의 대내적인 고려요인들이 주로 후자에 속한다고 볼 수 있다. 본 절에서는 분석적인 목적을 위해 중국의 한국전 참전 요인을 대내외적인 요인으로 구분하고 세부적으로는 참전에 긍정적인 요인과 부정적인 요인, 즉 참전을 함으로써 얻을 수 있는 것과 잃을 수 있는 것으로 분리해서 살펴보기로 한다. 결과적으로 중국의 한국전 참전은 마오를 비롯한 중국지도부가 한국전에 참전함으로써 얻는 것이 잃는 것보다 많을 것이라고 판단하였기 때문일 것이다.

101 사실 42군단의 선두 정찰부대는 10월 16일 오후 6시경 지안철교를 건너 북한으로 진입을 개시하였으며, 124사단 370연대도 16일 밤에서 17일 새벽사이에 지안에서 북한의 만포로 들어가 있는 등 이미 19일 이전에 선발부대를 북한에 투입시킨 상태였다. (서상문(2006), p.223).

102 이 부분은 졸저, "중국의 한국전 참전과 국내정치", 한국정치외교사학회 이재석·조성훈 편, 『한반도 분쟁과 중국의 개입』(서울: 선인, 2012), pp.109~149에서 발췌·수정하였음.

01 대외적 요인

1) 참전에 긍정적인 요인

중국의 한국전 참전에 긍정적으로 작용한 대외적 요인은 크게 '안보'와 '국제적인 지위향상'이라는 두 가지 관점으로 압축해 볼 수 있다.

먼저, '안보'의 관점에서는 무엇보다도 중국의 안전에 대한 외적인 위협, 즉 당시 최대의 적으로 간주되고 있었던 미 제국주의의 위협에 대항하여 자국의 안전을 지켜야 한다는 인식이 크게 작용했다는 점이다. 중국의 주된 관심사는 동북지역의 관문에서 미군의 침입을 정지시키고 중국영토 내로 전쟁이 확산되는 것을 막자는 것이었다. 전쟁의 확산에 대한 두려움은 서구제국주의가 아시아에 해를 가하고 있다는 중국의 경험과 마오저뚱의 역사적인 인식에 기초하는 것으로서 강력한 제국주의 세력으로서의 미국의 이미지에 의하여 형성된 것이었다.[103]

이와 함께 미국과 일본의 군사동맹적인 접근은 중국지도자들로 하여금 더욱 더 강한 위협의식을 가지게 하였다. 당시 중국 지도자들의 이념적 시각으로는 과거 군국주의적·팽창주의적 국가로서의 일본과 공산주의 세력의 팽창에 대한 봉쇄정책을 수행하고 있는 현상유지세력으로서의 미국과의 구별이란 불가능한 것이었다.[104] 더구나 한국전쟁 발발과 함께 나타난 미·일관계의 급속한 진전은 그들을 점점 더 불안하게 만들었다. 이러한 관점에서 볼 때 중국의 시각으로는 한반도에서의 미군과 유엔군의 완전한 승리는 미·일·한 으로 이어지는 반공세력의 결속에 의한 동북아의 지배를 의미했고 중국은 이를 우려하였음에 틀림

103 K. M. Panikkar, *In Two Chinas* (London: Aiien &Uwin, 1955), p.81.

104 Tang Tsou, *China in Crisis, Vol. II: China's Policies in Asia & America's Alternatives* (Chicago Press, 1968), p.577.

없다.[105] 이러한 측면은 한국전쟁 중인 1951년 체결된 미일방위조약에 대하여 중국은 동 조약이 새로운 전쟁을 위한 준비이며, 카이로선언의 기본원칙과 얄타협정, 포츠담선언에 위배되는 것이라고 강렬하게 비난하였다는 점이 이를 잘 입증하고 있다.

뿐만 아니라 전쟁의 확산을 방지하고자 하는 방어적인 목적과 함께 자국의 안보를 확보하기 위한 장기적인 관점에서 자본주의 세력과 자국 사이에 북한이라는 완충지역이 절대적으로 필요하다는 적극적인 목적이 고려되었다고 볼 수 있다. 즉 중국의 안보를 위해서 북한은 순망치한(脣亡齒寒)의 관계로서 중요한 지정학적·전략적인 지위를 가지고 있다는 점이다. 그것은 곧 미국과 일본의 위협에 대해 만주를 보호하기 위한 완충지역으로서, 또한 미·일 제국주의에 대항하기 위한 전초기지로서의 북한자체의 존립이 필요하다는 것이다.

또한 여기서 '안보'라는 목적의 또 다른 관점에서 '중소우호동맹조약'의 양면성을 지적하고 넘어가야 할 필요가 있다. 한국전쟁 당시 중국이 미국에 정면으로 대항할 수 있었고, 미국이 쉽게 만주를 침범하지 못했던 중요한 이유 중의 하나는 '중소우호동맹조약'의 존재였다는 사실에 대해서는 별다른 이의가 없다. 그러나 또 다른 한 측면은 만일 전쟁이 만주까지 확대될 경우 '중소우호동맹조약'에 따라 소련이 만주에 개입하게 될 사태를 사전에 예방하기 위한 조치라는 '중소우호동맹조약'의 역설적인 측면에서의 고려가 작용하였다는 점이다. 즉 만주와 신장(新疆)지방에 야심을 품고 있었던 스탈린은 만일 중국이 한국전에 참전하지 않고 만주의 안전이 위협당할 경우 '중소우호동맹조약'에 근거하여 소련군을 만주에 파병할 구실이 생겨 만주와 한반도 지배의 가능성이 커진

105 Allen S. Whiting, *China Crosses the Yalu* (California: Stanford Univ. Press, 1960), p.156

다고 계산하고 있었고, 마오는 이러한 스탈린의 야심을 상당히 불안하게 생각하고 있었다는 것이다.[106] 1949년 말에서 1950년초 마오가 모스크바를 방문하여 '중소우호동맹조약'의 체결협상을 하였을 때, 스탈린은 만주 지역에서의 소련의 이권을 주장하였으며, 이를 둘러싸고 상당한 논쟁이 있었다는 사실이 이를 입증하고 있다.

다음으로, '국제적인 지위 향상'이라는 관점에서 참전에 긍정적 요인을 본다면 신생 사회주의중국의 국제적인 지위를 향상시키고 국제사회에서 영향력을 증대시킬 수 있는 기회를 한국전쟁이 제공하였다는 것이다. 이러한 측면은 전쟁 후 마오가 한국전쟁 참전결정 당시를 회고하면서 "만일 한국전쟁에서 승리한다면 단번에 중국의 국제적인 지위를 새로운 수준으로 제고시킬 수 있을 것이며, 승리도 패배도 아니라면 후진 중국이 일류 강대국과 겨루어 무승부로 끝났다는 사실이 바로 중국의 승리를 의미하며, 패배한다 해도 이것은 단지 일본에 대항한 중국의 저항전쟁의 반복을 의미할 뿐이다"라고 언급한 데서 찾아볼 수 있다.[107]

그 밖에 중국의 한국전 참전결정에 긍정적으로 작용한 대외적인 요인으로는 북한의 패배가 동남아혁명운동에 있어서의 중국의 위신에 직접적인 손상을 가져올 것이라는 우려,[108] 한국전 참전으로 한반도문제의 해결에 중국의 이익을 함께 고려하도록 침략자들에게 강요할 수 있을 것이라는 기대,[109] 그리고 한국전쟁에서의 승리와 관계없이 아시아에서의 반제국주의, 반서구적인 성향을 부각시키고 그 정당성을 입증하는 것으로 이용될 수 있다는 고려 등을 지적할 수 있을 것이다.[110]

106 최영, 『중공정치군사론』(서울: 일지사, 1983), p.346.

107 『毛澤東軍事文選』(1993), p.108.

108 Whiting(1960), p.157.

109 Gurtov & Hwang(1980), pp.56~57.

110 *'Memorandom by the CIA': FRUS, Korea*, pp.933~936.

2) 참전에 부정적인 요인

중국의 한국전 참전에 부정적으로 작용한 대외적 요인으로는 첫째, 미국과의 핵무기를 포함한 군사력과 국력의 차이를 들 수 있다. 한국전 참전을 논의한 회의에서 참전에 신중론을 폈던 린뱌오와 가오깡 등은 "우리군의 무기와 장비는 대부분 일본군에게 노획한 38식 소총 등으로 낙후되어 있으며, 미군 1개 군단이 각종 야포 1,500문을 가지고 있는 반면 우리군은 200문도 안되며, 탱크는 더욱 비교가 안 된다. 그리고 미국은 세계에서 공업이 제일 발달한 국가로서 전쟁수행 잠재력 역시 대단히 크다. 미국의 연간 철강 생산량은 8,000여만 톤으로 우리의 140배에 이르고 있을 뿐만 아니라 핵무기를 보유하고 있다"고 지적하면서 중국은 동북지역 방어에 주력해야 할 것이라고 주장하였고, 이는 많은 논쟁을 불러일으켰다.

둘째, 중국이 한국전에 참전하여 미군을 비롯한 유엔군과 전투를 벌인다면 중국의 유엔에서의 의석, 즉 미국이 지지하고 있던 당시 중화민국(타이완)을 밀어내고 안보리 상임이사국의 자리를 얻을 수 있는 기회가 거의 사라질 것이라는 점이다. 실제로 중국은 한국전쟁 이후 20년 동안이나 유엔에서 배제되었다.

셋째, 만약 중국의 참전에도 불구하고 미군과 유엔군이 한반도에서 완전한 승리를 거둔다면 일반적인 공산주의의 대의명분, 개별적으로는 중·소 양국의 명분이 비공산권 세계에서의 혁명투쟁에서 크게 후퇴할 위기에 직면할 것이다.

넷째, 중국의 노출된 직접적인 참전과는 대조적으로 고려될 수 있는 은밀한 개입 또는 지원의 이점이다. 은밀한 지원은 위험에 노출되는 가능성을 줄이며 불리한 점을 배제하면서 한편으로는 직접적인

참전이 얻을 수 이득을 충분히 얻을 수 있을 것이라는 기대 등이다.[111]

위와 같은 요인들이 중국의 한국전 참전결정과정에서 직접적인 참전을 주저하게 만드는 부정적인 요인으로 작용하였다고 볼 수 있다.

02 대내적 요인

1) 참전에 긍정적인 요인

중국의 한국전 참전 결정에 유리하게 작용한 대내적 요인은 주로 사회·경제적인 측면, 정치·군사적인 측면, 중국 인민해방군의 재정비 및 현대화와 관련된 측면 등에서 찾아볼 수 있다. 이 부분은 제5장에서 더욱 상세하게 다루게 될 것이다.

먼저 사회·경제적인 측면에서 볼 때, 중국의 한국전 참전은 '항미원조(抗美援朝)' 운동이라는 전국적인 규모의 대중운동과 밀접한 연관을 가진다. 중국은 한국군과 미군의 대반격이 시작된 8월 말부터 한국전의 전황에 맞추어 서서히 대중운동의 불을 붙이기 시작하여 10월 말 인민지원군의 한국전 참전과 함께 전국적이고 대대적인 '항미원조'운동을 전개하였다. 전국적인 대중동원운동인 '항미원조'운동이 중국의 한국전 참전과 함께 대대적으로 전개 되었다는 것은 이러한 대중동원운동이 이미 그들이 한국전 참전을 고려할 때부터 신중히 계산된 것이라 볼 수밖에 없다. 건국 1년이 채 안 된 사회주의 신생국인 중국은 당시 사회주의 통치기반의 확립을 위해 사회주의적인 개혁과 개조 및 경제의 재건

111 위의 책, p.934.

이 시급한 과제였으며, 이러한 과제를 효과적으로 수행할 수 있는 방법으로 우선적으로 고려될 수 있었던 것은 대대적이고 전국적인 대중운동이었을 것이다. 이렇게 볼 때 한국전의 참전과 같은 대외전쟁의 수행은 전국적인 대중운동의 전개를 위한 가장 효과적인 동인(動因)을 제공할 수 있고 이러한 운동을 전개시키는데 있어서 결정적인 작용을 할 수 있을 것이라는 인식이 중국 지도부의 한국전 참전결정에 상당히 긍정적으로 작용했을 것이다.[112]

두 번째, 참전에 유리하게 작용한 요인으로 들 수 있는 것이 정치·군사적인 측면에서의 고려이다.[113] 앞에서도 언급했듯이 '혁명전쟁'의 과정에서 탄생한 정규군의 최고단위인 6개 전구(戰區)의 대규모 지역적 야전군은 공산당의 대륙제패와 통치권 확립과정에서 중요한 역할을 하였으나, 정부수립 후 당면한 과제로 대두된 중앙집권화에 심각한 장애가 되고 있었다. 이러한 장애를 제거하기 위해, 특히 강력한 지방분권적인 성격을 가지고 있던 만주지역의 군부세력을 제거하기 위한 좋은 기회를 제공해 줄 수 있는 것이 한국전의 참전이었다.대외전쟁의 참전이라는 실질적인 필요에 의한 대규모 병력의 이동은 야전군들 간에 정치적 군사적 세력의 재분배를 가능케 하여 줄 것이며, 특히 한국의 지리적 위치가 만주지역이 참전의 후방기지로 사용될 수밖에 없어 자연스럽게 인민해방군 정예군을 만주에 진입주둔시킬 수 있을 것이고 이를 이용하여 만주의 군부세력을 분쇄하여 중앙권력을 강화할 수 있을 것이라는 계산이 작용했다는 것이다.

셋째, 마오저뚱은 군사전략적인 관점에서 한국전에서의 승리를 확신하고 있었던 것 같다. 이는 1) 그들의 '항일전쟁'과 '혁명전쟁'

112 Gurtov & Hwang(1980), p.59.

113 위의 책, p.60.

을 통하여 입증된 '게릴라전'에 대한 믿음, 2) '게릴라전'의 중심사상인 정신적 요소, 즉 전략형성의 기본요소인 마오의 인간우위사상과 중국군의 수적우세, 3) 많은 전투경험을 가진 지휘관들의 높은 수준의 군대통솔력, 4) '항일전쟁'과 '혁명전쟁'시 경험했던 전략전술에 대한 신뢰성, 5) 북한의 험준한 지형 역시 유엔군의 기동력과 공군세력을 약화시키는 반면 중국군에게는 큰 이점이 되리라는 기대 등이 마오로 하여금 한국전에서의 군사적인 승리를 자신할 수 있게 해 주었을 것이라 생각해 볼 수 있을 것이다.[114]

마지막으로 중국 인민해방군의 재정비와 현대화의 필요성이 중국 지도부로 하여금 한국전 참전을 긍정적으로 고려하게 해주었다고 볼 수 있다. 이러한 측면에서 우선 지적될 수 있는 것은 당시 중국 인민해방군의 절반가량을 차지하고 있던 사상적으로 믿을 수 없는 국부군 출신의 장교와 사병들의 정리라는 차원에서의 고려이다. 다시 말해 한국전 참전의 기회를 이용하여 이들을 대거 전쟁에 투입시킨다면 이들에 대한 충성심과 복종심을 시험할 수 있을 뿐만 아니라 사상적으로 동화될 수 없는 불평분자를 제거할 수 있어 명실상부한 사회주의 군대로서 재정비가 가능케 될 것이라는 기대를 하고 있었다는 점이다.[115] 또한 참전은 국가재정상 중대한 부담이 되고 있는 600여만 명에 이르는 방대한 군대의 감축에도 도움을 줄 수 있을 것이라는 기대 역시 부인할 수 없을 것이다. 정부수립 후 중국은 이들 잉여병력을 생산 활동을 위해 전역시키면서 대량의 군축을 단행하고자 하였으나, 전역된 군인들의 불만이 팽배하여 이들에 의한 반란이 우려될 정도였다.[116] 따라서 한국전에의 참전

114 임광택, 『한국전쟁시 중공군의 전략전술』(국방대학원 석사논문, 1982), pp.41~44.

115 史成之, "間論解放軍的過去和中共的未來", 『明報月刊』(香港: 明報, 1970), pp.6~7.

116 위의 글, p.6.

은 대규모의 작전을 가능케 하여 기존의 군대를 수시로 투입하여 소모시킴으로써 강제적인 전역에 따르는 만란의 우려를 없애고 군대를 감축시킬 수 있는 기회로 이용할 수 있다는 계산이 작용하였을 것이다.

뿐만 아니라 중국군의 현대화의 필요성에 부응하는 측면이 참전에 긍정적인 요인으로 작용하였다 볼 수 있다. 이는 소련을 대신한 대리전쟁을 수행함으로써 소련으로부터 군사력증강과 군의 현대화에 소요되는 원조를 획득할 수 있을 것이라는 계산이었다. 한국전의 참전은 그 승패와 관계없이 중국으로 하여금 소련에 대한 군사적 원조요구를 정당화시킬 수 있는 구실로 작용할 수 있다는 고려이다. 확실히 한국전에 참전하지 않았더라면 상당한 시간이 흐를 때까지도 제한될 수밖에 없었던 중국 인민해방군의 현대화 과업은 한국전에 참전함으로써 이를 조기에 달성할 수 있게 해 주었다.[117]

2) 참전에 부정적인 요인

대내적인 측면에서의 한국전 참전결정에 부정적으로 작용한 요인들, 다시 말해 중국 내부적인 요인을 들어 일부 지도자들이 참전에 반대한 이유들을 살펴보면 가장 먼저 강렬하게 대두된 참전 저해요인으로, 신생국으로서 해결이 시급한 사회, 경제적인 문제였다. 이는 오랜 전쟁을 거쳐 탄생한 신생국 중국으로서 마땅히 평화적인 환경을 정착시키면서 사회를 안정시키고 경제건설에 매진해야 할 때 또다시 대외전쟁을 수행한다는 것은 용납될 수 없다는 것이다. 더구나 중국국민들은 오랜 전쟁에 지쳐 있었고, 모든 것이 소진되어 더 이상 전쟁을 수행할 능력이 없으며, 특히 세계최강의 미국과의 전쟁을 치르기 위해서 강요되는 경

117 John Gittings, *The Role of the Chinese Army* (London: Oxford Univ. Press, 1967), p.47.

제적인 부담은 중국의 경제와 재정을 위기에 봉착하게 만들 것이라는 주장들이 강하게 제기되었다.[118] 특히 당시 재정부 부장이었던 천윈(陳雲)은 미국에 대항하여 싸우는 전쟁과 경제건설을 지속하는 것을 절대로 양립할 수 없는 문제라고 주장하면서 참전을 반대하였다.[119]

둘째, 한국전에 참전한다면 '타이완 해방'은 연기되거나 포기할 수밖에 없다는 점을 들 수 있다. 물론 미 제7함대가 타이완해협을 장악하고 있어 '타이완 해방'을 당장 실현에 옮기기는 어려울 것이지만, 한국전의 참전은 '타이완 해방'을 위해 축적해 놓았던 인적·물적 자원들을 한국으로 전환시킬 수밖에 없을 것이며, 대외전쟁의 수행을 위해 대내적인 통일 과업을 포기한다는 것은 받아들일 수 없다는 것이다.[120] 실제로 '타이완 해방'을 위해 타이완해협 연안에 주둔하고 있던 주력부대인 제3야전군과 이를 지원하던 제4야전군의 일부 지휘관들은 '타이완 해방'의 연기결정과 함께 부대를 내륙으로 이동시키려 하자 강력하게 반발하였다. 셋째, 정치·군사적인 측면에서 한국전의 참전으로 소련의 원조를 대량으로 받게 되면 중국은 점점 더 소련의 원조에 의존하지 않을 수 없게 될 것이며, 특히 소련은 이 기회를 이용하여 만주에 대한 그들의 지배력을 더욱 강화하게 되어 만주 지역은 중국이 원하지 않는 상황까지 이르게 되고 말 것이라는 우려와 함께 한국전의 참전이 만주의 실권자로 군림하고 있던 가오깡과 소련을 더욱 밀착시켜 중앙집권화에 커다란 장애가 될 것이라는 우려도 대두되었다. 또한 참전하여 만약 승리한다 하더라도 한국전의 참전은 결국 소련의 발톱 노릇을 한 것에 불과했다는 인식과 함께 새로 출범한 사회주의 정권에 대한 국민들의 원한을 고조시킬

118 解力夫,『朝鮮戰爭實錄(上)』(北京: 世界知識出版社, 1993), p.163.

119 Gurtov & Hwang(1980), p55.

120 위의 책, p.163.

수 있을 것이다.[121] 이러한 정치·군사적인 측면에서의 참전 저해요인은 신생국 중국 내부의 일련의 정치적 위기를 수반할 수 있는 요인으로 인식되고 있었다.

넷째, 군사전략적 측면에서 발견되는 부정적인 요인으로서, 그것은 먼저 일부 중국의 지도자들은 미군의 위협을 참전론자들이 주장하는 것보다 덜 위험한 것으로 인식하고 있었고, 미국의 중국영토에 대한 대규모의 침략이후라 할지라도 군사적인 반격은 늦지 않다고 생각하고 있었다. 또한 참전하여 승리할 수 있었던 가장 좋은 시기였던 낙동강 전선 형성기를 이미 놓쳐 버렸으며, 당시 미군이 중국영토에 대한 대규모 공격을 수행하고 있다고 볼 수도 없고 직접적인 위협이 되지 않고 있는 상황에서, 그리고 미군과 한국군의 전력과 사기가 최고조에 이른 시점에 참전을 한다는 것은 중국을 긴 전쟁의 수렁 속으로 빠트릴 위험이 있다는 것이다.[122] 뿐만 아니라 앞에서 말한 마오의 군사전략적 이점에도 불구하고 한반도에서는 중국대륙과 달리 그의 군사전략이 효력을 발휘하기에는 어려운 조건들이 존재하고 있다는 것이다. 마오의 전략은 수적인 우위와 넓은 지역에서 큰 규모로 이동하는 전투, 그리고 중국의 영토에서 우호적인 인민들 속에서 싸우는 게릴라전에 기초하고 있었으나, 한국전에서의 중국인민지원군은 이민족에 둘러싸여 생소한 곳에서 전투해야 할 것이고, 더구나 38선 이남의 주민들은 실제적으로 대단히 적대적이었으며, 또한 지형이 한반도 북쪽은 넓어서 게릴라전이 가능하였지만 남쪽으로 내려올수록 점점 좁아져 그들 특유의 전략인 넓은 지역에서 대규모로 이동하면서 수행하는 지구전을 불가능하게 하는 등 마오의 전략을 실행가기 위한 여건이 한반도에서는 크게 결여되어 있었다

121 'Memorandom by the CIA': FRUS, Korea, p.935.

122 Gurtov & Hwang(1980), p55.

는 것이다.[123] 그리고, 병참(보급)문제는 더 심각하였다. 한반도내로의 수송로는 이미 미군의 공중공격에 노출되어 있으며, 따라서 참전후의 수송로도 적의 공격에 노출될 취약성을 안고 있으며, 또한 압록강은 11월까지는 무거운 물자를 운반할 수 있을 정도로 두껍게 얼지 않는다는 것이다.[124] 또한, 참전에 반대하는 사람들은 만약 중국군의 참전에 소련의 강력한 공군력과 해군력의 엄호를 받지 못하면 중국군은 엄청난 희생을 수반할 것이나, 소련은 자신의 개입을 초래할 수 있다는 우려 때문에 그러한 엄호는 쉽게 제공되지 않을 것이라 본 것이다.[125]

123 Whiting(1960), p.122.

124 위의 책, p.123.

125 위의 책.

04장

한국전쟁 휴전에 대한 중국의 입장과 전략

04장 한국전쟁 휴전에 대한 중국의 입장과 전략

1절 한국전쟁 휴전의 모색과 중국의 전략

01 1950년 12월 서방측의 휴전제의와 중국의 반응

1) 서방측의 휴전제의

중국인민지원군의 참전으로 한국전쟁은 이제 자유진영 대 공산진영의 전쟁이라는 냉전체제 하에서 최초의 열전(熱戰)의 양상으로 발전하게 되어 명실상부한 국제전이 되어버렸다. 소련은 북한이 위기에 처해 있던 한국전쟁에 중국을 성공적으로 끌어들이면서 미·소간의 직접 충돌을 회피하면서 여전히 배후에서 한국전쟁을 주도할 수 있게 되었다. 중국의 참전으로 한국전쟁은 일거에 전세가 역전되기 시작하였으며, 미국은 중국과의 대결이 전면전으로 확대되는 것을 회피할 필요가 있었다.

다른 한편으로 미국과 중국의 확전 가능성을 가장 우려한 서방 참전국은 영국이었다. 당시 영국을 비롯한 서방참전국들은 미국이 3차 대전을 유발시킬 수 있는 핵무기를 사용할지도 모른다고 우려하고 있었다. 특히 그들은 전략적으로 유럽에 뻗치고 있는 소련의 압력을 우려하고 있었다.[1] 중국과의 대결이 확대되어 미국이 한반도와 동북아에 발이 묶이는 것은 바로 소련이 중국을 한국전쟁에 끌어들인 목적이었으며, 이는 바로 소련의 한국전쟁전략에 미국이 말려드는 것이기 때문이었다. 이러한 우려에서 당시 애틀리 영국총리는 프랑스와의 의견조율을 거친 후 1950년 12월 4일 미국을 방문하여 트루먼에게 2단계 휴전안을 내놓았다. 제1단계는 현재 중국이 우세한 전황으로 미루어 중국은 몇 가지 요구들에 대한 사전 양보를 받지 못하면 휴전에 응하지 않을 것이므로 미국이 우선 중국을 승인하고 중국의 유엔대표권을 인정해야 한다는 것이다. 제2단계는 중국에게 유엔대표권을 인정한 다음 휴전협정을 체결하고, 이후 한반도문제와 대만문제를 비롯한 극동의 여러 문제들을 정치적으로 타결하라는 것이다.[2]

그러나 이에 대해 트루먼은 완전히 다른 생각을 가지고 있었다. 그는 우선 유엔군을 증강시키고 중국에 대한 정치적·경제적 제재를 가해 중국에 대한 유엔의 협상력을 높여야 한다고 주장하면서 그러한 조치들을 통해 중국으로 하여금 심각한 군사적·경제적 고통을 겪게 만든 다음 휴전협상을 개시해야 한다고 주장하였다. 그리고 이 휴전협상이 성공한 다음에 한반도문제와 대만문제를 비롯한 극동문제해결을 위한 정치회담을 개최해야 한다고 주장하였다.[3] 트루먼과 애틀리가 이러한 논쟁을 벌이고 있을 때 중국인민지원군은 12월 5일 평양을 점령하고 남신을 계속하고 있었다. 이에 인도를 중심으로 아시아·아랍 13개국은 12월

1 John W. Spanier, *The Truman McArthur Controversy and the Korean War* (Cambridge: Harvard Univ. Press, 1959), pp. 165~186.

2 Clement Attlee, *As It Happened* (London: Heinemann, 1954), p 200. 김학준, 『한국전쟁』(서울: 박영사, 2010), pp.284~285 재인용.

3 위의 책.

5일 북한인민군과 중국인민지원군이 38선에서 진격을 정지해 줄 것을 요청하였으나 이에 대한 응답이 없었을 뿐 아니라 소련은 이 13개국의 평화호소를 비난하였다.[4]

평양을 점령한 공산군이 승승장구하면서 38선을 향해 남진을 계속하자 결국 미국과 영국은 1950년 12월 9일 미·영 양국은 '협상에 의한 한국전쟁의 해결모색, 한반도 통일은 평화적 수단에 의해 달성, 중국 인민지원군의 진격은 38선상에서 차단' 등에 합의한 공동성명을 발표하였다. 이로써 군사적인 수단으로 한반도를 통일하려 하였던 1950년 10월 7일 유엔총회의 '한국 통일에 관한 결의'는 사실상 이때부터 백지화되었으며, 전전상태로 돌아간 선에서 휴전협상을 통한 평화를 모색하게 되었다.[5]

하지만 트루먼은 명예로운 조건 아래라면 '휴전'과 '전쟁의 평화적 해결'이 바람직하지만 만일 협상에서 중국이 대만과 인도차이나로부터 미군의 철수를 휴전의 조건으로 요구한다면 결코 수락할 수 없으며, 만족할 만한 해결방안이 찾아지지 않는다면 미국은 철수를 강요당할 때까지 한반도에서 싸울 것이라 천명하였다. 이에 따라 트루먼은 12월 15일 국가비상사태를 선포하고 육·해·공군과 민방위력의 강화를 발표하였다. 이와 동시에 북대서양조약기구를 강화하고 중국과의 확전가능성에 대비해 군사력을 증강시키는 조치들을 취해 나갔다.[6]

미·영 공동성명이 발표되면서 고무된 휴전의 분위기 속에 유엔을 통한 한국전쟁의 평화적 해결을 위한 노력은 계속되었다. 12월 5일의 제의를 거절당한 아시아·아랍 13개국은 12월 12일 다시 유엔정

4 김원권·김병곤, 『한국전쟁 휴전사』 (서울: 국방부전사편찬위원회, 1989), p.16

5 김원권·김병곤, 『한국전쟁 휴전사』 (서울: 국방부전사편찬위원회, 1989), p.16.

6 김학준, 『한국전쟁』(서울: 박영사, 2010), p.287.

치위원회에 한국전쟁 휴전안과 휴전3인위원회설치안을 정식으로 제출하였고 이는 12월 14일 채택되어 유엔총회의장(이란대표), 캐나다, 인도대표로서 3인위원회가 구성되었다. 동 위원회는 12월 15일 중국에게 다음과 같은 휴전조건의 제시와 함께 휴전협정의 체결을 요구하였다.

1) 한국 전역에서의 군사행동중지
2) 38선에 약 20마일의 비무장지대 설치
3) 모든 부대는 비무장지대 후방으로 철수
4) 유엔이 휴전조건 이행을 감시
5) 모든 병력 및 부대의 교대 또는 증원 즉시중지
6) 포로는 1대 1의 비율로 교환
7) 군대의 안전보장, 피난민의 이동, 비무장지대의 통제 등 제반문제의 처리규정 작성[7]

그러나 이 제의는 중국에 의해 거절되었으며, 한국전의 전황은 유엔군 측에 불리하게 계속 악화되고 있었다. 북한인민군과 중국인민지원군은 38선을 향하여 계속 남진하여 12월 26일 38선을 넘어 남하하여 1월 4일에는 다시 서울을 재 함락하였으며, 이에 국군과 유엔군은 평택–제천–단양–삼척(37도선)을 연결하는 선으로 철수하였다. 국군과 유엔군이 일방적으로 밀리고 있었고, 서울이 재 함락된 상황에서 1951년 1월 13일 유엔정치위원회에서 가결된 다음과 같은 두 번째 평화적 해결안이 중국에게 제의되었다.

1) 즉시 정전(군사행동 중지)
2) 정전 직후 평화회복을 위한 제반대책 강구

7 김원권·김병곤(1989), p.17.

3) 적절한 단계를 거쳐 외국군 철수

4) 상기 각 조항의 조치가 완료될 때까지 유엔의 적절한 중간조치

5) 휴전협정 후 극동문제(대만문제와 중국의 유엔대표권문제) 해결을 위한 4개국(미국, 영국, 소련, 중국)으로 구성된 기구설립[8]

이 제의에서 주목할만 한 것은 1950년 12월 15일의 제의와는 달리 '대만문제와 중국의 유엔대표권문제 해결'이라는 조항이 포함되어 있다. 이는 소련이 12월 9일 미·영 공동성명에 대한 소련공산당 중앙정치국의 결의에서 대만문제와 중국의 유엔대표권문제에 대한 대 서방 메시지가 전달된 결과라고 볼 수 있을 것이다. 그러나 이 두 번째 제의 역시 중국에 의해 모두 거절 되었으며, 이후 휴전에 대한 논의는 잠시 중단되었다. 1951년 1월 중순이후 휴전논의가 잠시 중단되었다는 의미는 서방측이 휴전을 제의할 수 있었던 가장 적절한 시기가 공산군이 38선에 도달하기 전까지였다는 것을 말해 주는 것이다. 서방측은 중국인민지원군의 참전으로 전세가 역전되기 시작하자 공산군의 남진을 38선, 즉 1950년 6월 25일 이전의 선에서 저지하면서 전쟁을 마무리 하고 싶었고 유엔군이 38선까지 밀리기 전인 12월이 휴전을 제의하기에 가장 적절한 시기라 보았다. 그러나 전력의 우세를 점하고 있던 중국은 이를 받아들이지 않았고, 중국인민지원군이 38선을 넘어 남진하자 수세에 몰린 서방측은 휴전을 제의할 명분이 사라졌으며, 다시 휴전을 제의하기 위해서는 38선을 회복하는 길 밖에 없었다.

8 김원권·김병곤(1989), p.18.

2) 중국의 반응과 함의

중국 인민지원군이 공세를 이어가며 남진을 계속하자 앞에서 언급하였듯이 유엔과 서방 참전국들은 전쟁의 장기화와 미국과 중국의 확전을 우려하여 휴전을 모색하게 되었다. 그러던 상황에서 휴전에 대한 중국의 입장을 타진하기 좋은 기회를 가지게 되는데 그것이 중국대표의 유엔참가였다. 1950년 11월 유엔안보리가 안보리회의에 중국을 초청하는 안을 가결시키자 처음에는 참석을 거부하였던 중국은 당시 한국전쟁에서의 군사적 우세를 활용하기 위하여 11월 말 우슈췐(伍修權) 외교부 소련·동유럽국장을 대표로 파견하였다. 주로 대만문제가 논의대상이었으나 처음으로 유엔에 파견된 중국대표에게 한국전쟁 휴전과 관련된 중국의 입장을 파악해 보려는 시도들이 이어졌을 것이라는 점은 쉽게 짐작할 수 있다. 이러한 정황은 주북한 소련대사 로신이 본국에 보낸 조우은라이와 회견한 내용을 담은 다음 전문에 잘 나타나고 있다.

베이징발 12. 7. 06:55 접수

(전략) 최근 유엔사무총장과 인도, 영국, 스웨덴대표 등이 우슈췐(伍修權)중국대표에게 어떠한 조건하에서 조선에서의 군사행동을 중지할 수 있는가를 물어 왔음. 그들의 의도는 38선을 분계선으로 조선을 남북으로 분단하고자하는 것임. 중국정부는 이 문제에 있어서 불리한 위치에 처하게 되는 것을 원하지 않으며, 주도권을 장악하고 동시에 적극성을 발휘하고자 하며, 다음의 사항들을 우슈췐에게 보내어 그들에게 우리의 입장을 전달하고자 함.

"조선에서의 군사행동은 아래 조건하에서 중지될 것임.

1. 조선에서 모든 외국군의 철수
2. 대만해협과 대만에서 미군 철수
3. 조선문제는 조선인민들 자신이 해결

4. 중화인민공화국 대표의 유엔 참석 및 장제스(蔣介石)의 대표 축출
5. 4대 강대국 외상회의개최를 통한 대일강화조약 준비

위의 군사행동중지 5개항의 조건이 채택된다면 5대 강대국은 즉시 자신의 대표를 파견하여 정전협정 체결을 위한 회의를 개최해야 할 것임."
이에 대한 소련정부의 견해를 간절히 희망하고 있다고 하였음.

로신
1950. 12. 7.[9]

위 전문에서 '38선을 분계선으로 조선을 남북으로 분단'한다는 의미는 곧 38선을 분계선으로 휴전을 하자는 의미이다. 중국이 이에 대해 '불리한 위치에 처하게 되는 것을 원하지 않으며, 주도권을 장악하고 적극성을 발휘하고자 한다'고 언급한 것은 곧 중국이 38선에서의 휴전에 원칙적으로 동의하고 있다는 의미일 뿐만 아니라 휴전조건을 제시하는 등 적극성을 가지고 임하겠다는 의미로 해석될 수 있다.

그러나 중국의 이러한 생각에 대해 스탈린은 다음과 같이 제동을 걸었다.

베이징, 소련대사

즉각 조우은라이를 예방하여 아래사항을 전달할 것.

"우리는 귀하가 제의한 조선에서의 군사행동중지조건에 대하여 동의하며, 이러한 조건들이 만족되지 않는다면 군사행동은 중지할 수 없을 것임. 그러나 이 3개국 대표들에게 지

9 АПРФ, Ф.3, оп.65, д.336, лл.17~19, АВПРФ, ф.059а, оп.5а, п.11, д.3, лл.193~195(1951. 12. 7).

나치게 솔직하면 안 되며, 너무 일찍 자신의 카드를 보여주어서도 안 됨. 그들은 사실 미국의 염탐꾼임. 서울이 해방되기 전에는 중국이 자신의 모든 카드를 보여주어서는 안 됨. 더구나, 중국의 5개항 조건이 미국에 의해 이용될 수 있음. 따라서 우리는 아래와 같이 제의함.

1. 중국정부는 조선에서의 군사행동 조기종결을 환영하며, 군사행동을 종결시키기 위해 최선을 다할 것임.
2. 당신들은 유엔이나 미국의 위임을 받아 휴전조건을 협의할 수 있는 전권대표가 아니므로 우리는 휴전협정의 조건에 대한 유엔과 미국의 견해를 알고 싶음.
3. 따라서 우리는 조선에서의 군사행동 중지조건에 관한 유엔과 미국의 제의를 인내심을 가지고 기다려야 한다고 생각함.

필리포프"
그로미코
1950. 12. 7.[10]

위의 전문에서 볼 때 스탈린은 중국인민지원군이 서울을 점령하지 못하고 있었으나 당시 전황으로 미루어 빠른 시일 내에 서울을 점령할 수 있을 것이라 보고 있었고, 서울을 점령한 후 미국의 제의를 기다린다면 휴전 협상에서 우위를 차지 할 수 있을 것이라는 전략적 계산이 있었을 것으로 짐작할 수 있다. 따라서 중국에게 인내심을 가지고 미국의 제의를 기다릴 것을 주문하고 있다. 또한 휴전이라는 카드는 신중히 사용해야 할 것이라고 조언하면서 특히 중국의 휴전조건이 미국에 의해 이용될 수 있으므로 미국보다 먼저 제시해서는 안 될 것이라고 충고하고 있다. 이는 사실상 중국의 조건부 휴전동의에 제동을 건 것이었

10 АПРФ, Ф.45, оп.1, д.336, лл.20~21, АВПРФ, ф.059а, оп.5а, п.11, д.3, лл.196~197(1951. 12. 7).

다. 이러한 스탈린의 생각은 휴전건의를 해온 유엔대표 비신스키에게 보낸 전문에서도 잘 나타나고 있다. 즉 "현재 상황은 미군은 패배를 거듭하고 있으며, 미국은 승리할 수 있는 시간을 벌고 미군의 참담한 패배를 면하기 위해 점점 더 자주 조선에서의 군사행동 중지를 제의하고 있다. 이러한 상황에서 귀하의 조선에서의 군사행동 중지에 관한 건의는 적절하지 않다고 생각한다."고 강조하였던 것이다.[11]

12월 9일 발표된 미·영 공동성명에서의 휴전제의에 대해서도 소련은 강한 거부의 의사를 표시하였다. 소련은 12월 9일 당일 소련공산당 중앙정치국의 결의를 통해 "동 성명은 미국정부가 그들의 조선에서의 침략전쟁을 끝내기를 희망하고 있다는 사실을 증명하지 못하고 있으며, 반대로 트루먼과 애틀리는 아무런 희망이 없는 모험을 계속할 것임을 합의하였다. 미·영 정부는 공동성명에서 현존문제의 평화적 해결을 모색하고 있다고 수차례 언급하였지만 이는 허황된 말장난일 뿐이다."라고 비난하였다. 이 결의에서 주목을 끄는 부분은 중국이 휴전조건으로 제기하였던 대만문제와 유엔대표권문제를 최대한 부풀려 미국을 자극하고 있다는 점이다. 즉 "중화인민공화국은 미국에 대해 어떠한 해도 끼치지 않았음에도 불구하고 미국은 무력으로 수백만 중국인이 살고 있는 대만을 점령하였고, 미 공군기가 중국의 국경지역을 침범하였으며, 미국은 쟝제스(蔣介石) 도당을 훈련시켜 중국에 대해 새로운 공격을 하려하고 있다. 트루먼은 중국이 유엔에서의 중국대표권을 획득하는 것을 저지하고 있으며, 동시에 중미 양국국민 간의 정상적인 관계의 수립을 저해하고 있다. 미국의 괴뢰인 쟝제스집단이 중국에서 실패한 것에 이어서 트루먼의 조선에서의 모험적인 행동 역시 이미 실패하였기 때문에 그는 중국 인

11 АПРФ, Ф.3, оп.65, д.828, лл.23~24, АВПРФ, ф.059а, оп.5а, п.11, д.5, лл.7~8(1951. 12. 7).

민들을 향해 복수하려는 것이다. 지금 트루먼은 애틀리와 협력하여 아무런 문제가 없는 중국영토인 대만을 중국으로부터 분리하려 하고 있다."고 언급함으로써 미국을 격렬하게 비난하고 있다.[12]

소련공산당 중앙정치국 결의에서 후반부의 대부분을 할애하여 한국전쟁과는 관련이 없는 대만문제와 중국의 유엔대표권문제를 거론한 것은 한편으로는 중국에 대한 우호적인 입장의 표시이지만, 다른 한편으로는 중국을 휴전회담에 끌어들이기 위해서는 대만문제와 유엔대표권문제 해결을 제의해야 할 것이라는 서방측에 대한 메시지라고 볼 수 있다. 휴전에 대한 논의는 시기상조라는 스탈린의 견해를 마오는 전폭적으로 수용한 것으로 보인다. 이러한 고려에서 마오는 휴전3인위원회가 제의한 12월 15일과 익년 1월 13일의 휴전 제의안을 모두 거절하였다.

12월 15일 휴전3인위원회의 휴전 제의안에 대해 중국은 12월 23일 3인위원회 설치규정이 비합법적이라고 비난하면서 다음과 같은 협상거부 통보를 유엔총회의장에게 발송하였다.

> 1) 중국의 참가나 찬성 없이 설치된 3인위원회와는 여하한 교섭도 할 수 없다.
> 2) 조선은 진정한 평화회복과 조선인 자신의 문제를 해결할 수 있는 진정한 자유를 가져야 한다.
> 3) 미국은 북진 시 휴전을 반대하였으며, 패배를 당하고야 휴전을 제의하였다.
> 4) 중국의 유엔대표권을 거부하였다.
> 5) 선 휴전·후 협상 관념은 버려야 한다.
> 6) 대만으로부터 미군이 철수하고 중국이 유엔대표권을 획득해야 한다.

12 АПРФ, Ф.3, оп.65, д.828, лл.44~47(1950. 12. 9).

7) 조선문제의 평화적 해결원칙은 전 외국군이 조선에서 철수하고 조선인 자신들이 해결하게 하는 것이다.[13]

또한 1951년 1월 13일 유엔정치위원회에서 가결된 3인 위원회가의 휴전제의안에 대해 중국은 1월 17일 또다시 이를 거부하면서 다음과 같은 요지의 새로운 안을 제의하였다.

1) 중국의 불참 하에, 조선에서의 선 휴전·후 협상의 결의안은 진정한 평화를 가져올 수 없다.
2) 조선문제를 포함한 아시아의 제 문제의 평화적인 해결을 위하여 다음과 같이 제안한다.
① 조선에서 모든 외국군철수와 조선인에 의한 조선문제 해결원칙 하에 관계국간의 협의개시
② 협의의제에 대만을 포함한 극동지역에서 미군의 철수문제 포함
③ 협의 참가국은 미국, 영국, 프랑스, 소련, 이집트, 인도, 중국 7개국으로 하며, 7개국회의 개시와 동시에 중국의 유엔대표권 인정
④ 회의는 중국 본토에서 개최[14]

이에 앞서 마오는 스탈린의 전략에 따라 휴전회담을 하려면 최소한 38선 이남까지를 점령한 후라야 한다고 펑더화이에게 제 3차 공세를 지시하였으며, 이 3차 공세는 1950년 12월 31일 개시하여 주야 7일간 계속되어 중국인민지원군은 서울을 재탈환하고 37도선에 이르

13 김원권·김병곤(1989), p.18.
14 김원권·김병곤(1989), pp.18~19.

게 되었다.[15] 그러나 휴전회담 및 그 조건과는 별개로 중국이 38선을 넘을 것인가 아닌가에 대해서는 이미 일찍이 마오와 스탈린은 묵계가 있었다고 판단된다. 12월 4일 그로미코와 당시 주소련 중국대사 왕쟈샹(王稼祥)과의 회견에서 왕쟈샹은 개인적인 의견임을 전제한 뒤 "본인의 생각으로는 정치적인 관점에서 볼 때 중국 군대가 성공적으로 진격하고 있는 상황에서 마땅히 38선을 넘어 진격해야 되지 않는가"라고 묻자 그로미코 역시 개인적인 의견임을 전제로 "지금 조선의 상황으로 봐서 쇠는 달궈졌을 때 때려야 한다는 속담이 매우 적절할 것이다"라고 대답하였으며, 이어 왕쟈샹도 이에 동의하였다.[16] 왕쟈샹과 그로미코 모두 이 회견이 비공식적이며 단지 자신들의 개인적인 의견일 뿐이라 전제하였지만 양측 지도자, 즉 마오와 스탈린의 뜻에 의해 서로의 의사를 탐색했다는 것은 분명하다.[17]

1950년 12월의 서방측 휴전제의에 대해 마오가 모두 거절의사를 표명한 것은 스탈린의 휴전전략이 결정적으로 반영된 것이라 볼 수 있지만 이러한 서방측의 휴전 제의들이 트루먼의 국가비상사태 선포와 비슷한 시기에 제기됨으로써 중국으로서는 그 진의를 의심할 수밖에 없는 상황이었다는 것도 한 몫 하였을 것이다.

15 柴成文·趙勇田, 『板門店談判』(北京: 解放軍出版社, 1989), pp.114~116.

16 АПРФ, Ф.3, оп.65, д.515, лл.35~37(1951. 12. 5).

17 션즈화 저, 최만원 역, 『마오저뚱, 스탈린과 조선전쟁』(서울: 선인, 2010), p.334.

02 1951년 6월의 휴전모색

1) 양측의 휴전모색과 배경

37도선까지 밀려났던 국군과 유엔군은 1951년 1월 말 전선을 안정시키고 다시 반격을 개시하였다. 이러한 상황에서 미국과 참전국들은 향후 한반도에서 취할 전략적 선택에 대한 논의가 이루어졌으며, 이 논의에서 대부분의 유엔 참전국들은 38선 이북으로의 진격에 반대하였을 뿐만 아니라 이러한 반대에도 불구하고 미군이 단독으로 북진하는 경우 한국에서 철수하겠다는 뜻을 분명히 하였다. 이에 따라 에치슨은 전쟁 전상태의 회복이라는 선에서 문제가 해결되지 않으면 안 된다는 방침을 굳혔으나 이러한 방침은 맥아더, 육·해·공군장관, 합동참모본부 등의 의견이 갈리면서 합의에 이르지 못하고 있었다.[18] 이러한 논의가 계속되고 있는 사이에 국군과 유엔군은 3월 14일 서울을 재탈환하였고 3월 말에는 38도선 이남지역을 거의 확보하게 되었다.

재차 휴전을 적극적으로 모색하게 된 것은 국군과 유엔군이 중국인민지원군의 4~5월 춘계공세의 충격과 위기를 극복하고 작전 주도의 자신감을 회복한 5월 중순경이었다. 이때 한국전쟁에 대한 미국의 입장도 전세의 호전을 계기로 일정 정도의 체면과 안전을 보장하는 조건에서 휴전을 통하여 가급적 조속한 시일 내에 종전을 하는 쪽으로 기울고 있었다. 미 합참본부(JCS)는 마샬(George Marshall) 국방장관에게 한국문제는 군사적 조치만으로는 그 목적을 달성할 수 없으며, 정치적 해결만이 미국이 원하는 방향으로 나갈 수 있다고 건의하였다.[19] 또한 미 국가안보회의(NSC)는 5월 16일 트루먼에게 제출한 한국전 종결에 관

18 자세한 것은 김학준,『한국선생』(서울: 박영사, 2010), pp.298~299 참조.

19 김양명, 『한국전쟁사』(서울: 일신사, 1976), p.368.

한 최종보고서에서 한국전쟁의 목적을 정치적 목표와 군사적 목표로 분리하여 먼저 군사목표부터 추구하고, 군사적 목표로서 "공산군의 침략을 격퇴하고 휴전협상을 통하여 적대행위를 종식시키는 것이 시급하다"고 언급하였으며, 트루먼은 다음날 이를 재가하였다.[20] 이로써 한국전쟁에 대한 미국의 정책이 최종적 확정되었다고 볼 수 있다.

또한 6월 1일 리이(Trygve Lie)유엔사무총장은 성명을 통해 "38도선 부근에서 휴전하는 일은 한국에 대한 침략을 격퇴한다는 유엔군의 참전목적을 달성하는 것"이라 언급함으로써 휴전협상문제는 유엔회원국의 동의를 얻은 결과를 가져왔다.[21]

중국을 비롯한 공산측은 1951년 초까지 서방측의 휴전제의를 거부하는 대신 작전의 주도권을 장악한 유리한 입장을 이용하여 한반도에서의 모든 외국군의 철수와 대만문제 해결 및 중국의 유엔대표권 획득을 전제조건으로 요구하고 있었다. 그러나 1951년 3월 말의 전선은 대략 38도선에 형성되어 있었고 서울에서 퇴각하였을 뿐 아니라 전세의 주도권을 상실하고 있었다. 이러한 열세를 만회하고자 4~5월 춘계 대공세 감행하였으나 오히려 치명적인 타격을 입고 전투력을 상실하는 상황에 이르렀다. 4월 22일부터 한 달 간 총 30개 사단 30여 만 명의 병력을 동원하여 감행된 5차 공세에서 공산군 측은 막대한 손실을 입은 채 후퇴하지 않을 수 없었으며, 유엔군에게 철원-금천-화천지역을 빼앗기고 수세로 돌아서세 되었넌 것이다.[22] 따라서 공산군 측도 한국전쟁에서 군사적인 승리를 기대할 수 없다는 점을 자인하지 않을 수 없게 되었다.

20 Rutherford M. Poats, *Decision in Korea* (New York: The Mcbride, 1954), pp.200~201, 이병주, "한국전쟁 휴전회담 신석", 『중국연구』통권 58호(1993 여름), p.202 재인용.

21 김원권·김병곤(1989), p.3.

22 이 공세에서 공산군측은 9만 여 명의 사상자를 내었다. Max Hastings, The Korean War (A Touchstones Books, 1987), p.229.

위에서 보듯이 38선 근처에서의 전선의 재형성은 양측 모두에게 휴전의 당위성과 명분을 제공하고 있었다. 이러한 상황에서 양측 간의 실질적인 휴전논의가 시작되고 있었다. 1951년 5월 31일 케난(G. F. Kennan)은 유엔주재 소련대표인 말리크(A. V. Malik)를 만나 미국은 유엔을 통해서 다른 방식으로 중국과 한국전쟁을 종결짓는 방법에 대해서 논의하기를 바란다고 언급하였다. 당시 미국은 중국의 참전으로 전쟁 상황이 지연되면서 참전할 인적 자원이 고갈된 상태였고, 국민들과 의회는 미군 사상자의 증가를 우려하고 있었다.[23] 소련 역시 한국전쟁으로 인하여 자신이 위험 속에 빠지는 것을 원하지 않았다. 승리의 가능성은 모두 사라졌으며, 앞으로 전세가 호전될 수 있는 가능성 역시 희박한 상황에서 한반도에서의 지구전과 소모전은 스스로를 불리한 조건 속으로 빠져들게 하는 것이라 인식하고 있었다.[24] 첫 번째 만남에서 별다른 구체적인 논의가 없었으나 6월 5일 두 번째의 만남에서 케난은 회담 참가국, 의제, 휴전감시위원회와 같은 구체적인 문제점을 제시하였다. 그러나 말리크는 한반도문제의 평화적 해결을 바라지만 소련은 참전국이 아니기 때문에 휴전회담에는 참여하지 않을 것이므로 미국이 북한과 중국을 대상으로 직접회담을 진행할 것을 권유하였다. 하지만 케난은 북한과 중국을 믿기 어렵고 이 전쟁의 실질적인 막후인 소련이 회담에 참여하여 줄 것을 요구하였으나 말리크는 이를 거절하였다.[25] 이러한 말리크의 태도는 소련이 미국과의 충돌을 우려하여 중국과 북한을 앞세운 철저한 대리전을 수행하고 있는 전략 하에서 휴전회담에의 직접참여는 한국전쟁에 개입하고 있다는 사실을 공개적으로 인정하는 결과를 가

23 김형인 외 옮김, 윌리엄 스톡, 『한국전쟁의 국제사』(서울: 푸른역사, 2001), p.378.

24 "Memorandum by G. F. Kennan" (Aug. 8, 1950), in *FRUS: 1950*, vol.1, p.362.

25 신복룡, "한국전쟁 휴전협정의 비밀협상에 관한 연구: 미국역할을 중심으로", 『한국정치학회보』제21집 2호(1987), p.265.

져 올 것이라는 우려를 의미한다. 실제로 스탈린의 한국전쟁전략에 있어서 최우선순위로 고려된 것은 미국과의 직접충돌을 회피하는 것이었다.

케난과 말리크의 만남에서 구체적인 결론은 없었지만 미국이 소련에 대해 정식으로 한국전 휴전을 제의하였으며, 소련은 이를 받아들였다는 사실이 중요하다. 다시 말해 한국전쟁을 실질적으로 지휘하고 있는 양측이 휴전이라는 원칙에 공감하고 동의하였다는 데 그 의의를 찾을 수 있을 것이다. 드디어 소련은 1951년 6월 23일 말리크의 '평화의 가치' 연설을 통해 휴전을 제의하게 된다. 미국의 견해에 의하면 말리크가 휴전을 제의한 것은 소련이 한반도에서 평화를 추구하기 때문이 아니라 만일 한반도에서 전쟁이 지속된다면 소련에게는 엄청난 부담이 될 것이라는 점 때문이었다. 당시 미국의 판단으로는 소련이 한국전쟁이 지나치게 확대되어 미국과 중국의 전면전 양상으로 발전되는 상황 또한 원하지 않고 있다고 보고 있었다. 그렇게 될 경우 소련은 미국의 지상군이 만주나 북·소 국경에 출현하고 미국의 공군이 만주에 있는 자신의 전략거점이나 군사기지를 타격하는 것을 우려하고 있었고 이러한 상황은 소련에게 직접개입 이외에는 선택의 여지가 없게 만들 수 있다는 사실을 두려워하고 있었다는 것이다.[26] 그러나 이는 미국의 판단일 뿐 이후 한국전쟁 휴전회담에서 보여준 스탈린의 태도는 한국전쟁을 최대한 연장시켜 미군을 동북아에 묶어 놓으려는 전략을 노출하였다. 따라서 소련이 당시 시점에서 휴전을 제의한 것은 북한과 중국의 강력한 전쟁 종결의지를 꺾을 대안이 없었음을 토로하는 것이라고 보아야 할 것이다. 이러한 상황을 반영하듯이 중국은 6월 25일 인민일보사설을 통해 말리크의 제의를 지지하는 성명을 발표하였다.

26 "Memorandum of Conversation in Department of State by D. Rusk" in *FRUS: 1951*(Washington D.C.: GPOI, 1983), vol. VII, Part 1, p.155.

1951년 6월은 1950년 12월과는 달리 교전당사국은 물론 이해관계국에게 있어서도 휴전을 모색하기에 최적의 시기였다. 그들의 목표는 각기 달랐을지라도 휴전의 당위성과 필요성이라는 측면에서 이미 공동인식이 형성되고 있었다. 이제 남은 것은 그들이 각기 어떻게 국가적 체면을 지키면서 휴전이라는 문제에 접근하고 이를 제기할 수 있느냐의 문제였다고 볼 수 있을 것이다.

2) 중국의 휴전에 대한 입장과 전략

중국으로서도 1951년 6월의 시점에서 볼 때 전선이 날이 갈수록 후퇴하고 있었으며 진격의 가능성이 없는 상황에서 결국 휴전은 빠를수록 유리하다는 결론에 이르게 되었다. 중국이 휴전에 동의할 수밖에 없었던 이유를 마오는 "38도선에서 군사행동중지를 제의하고 동의한 주요 이유는 현 우리의 군사역량이 적들을 북조선에서 축출할 수 있을 뿐 적들을 남조선에서 축출할 수는 없기 때문이다. 전쟁이 길어지면 적들의 힘을 더욱 더 소모시킬 수 있지만, 우리에게도 재정적으로 상당한 위기를 가져다줌으로써 국방건설을 증대하기 힘들 것이다. 전쟁이 연장되어 예를 들어 반년 혹은 8개월 더 전쟁을 계속하여 적들을 남조선에서 완전히 몰아낼 수 있다면 우리는 이러한 위기의 대가를 지불하기를 원하지만 현 상황에서 이러한 가능성은 보이지 않는다"라고 지적하였다.[27]

특히 중국에 있어서 38선은 국가의 체면과 참전의 명분

27 АПРФ, Ф.45, оп.1, д.340, лл.88~91(1951. 7. 20).

을 지킬 수 있는 선이었다.[28] 38선을 넘어 남진을 결정하였을 때 퇴각할 수 있는 최후의 방어선이 38선이라는 것을 이미 구상하고 있었다.[29] 즉 퇴각을 염두에 둔 남진이었다. 그리고 1951년 5월 말 중국 공산당 중앙위원회에서 한반도에서의 향후 전략에 관하여 논의하였는데 이 회의에서 다수의 위원들은 한반도를 통일하겠다는 전쟁목표의 실현가능성이 사라졌다고 생각하였으며, 38선에서라도 전쟁을 종료하자는 의견이 개진되었다. 또한 6월 3일 김일성 역시 베이징을 방문하여 마오에게 휴전에 대한 문제를 제기하였다.[30] 이에 1951년 6월 10일 마오는 휴전에 대한 문제를 스탈린과 논의하기 위하여 가오깡(高崗)과 김일성을 모스크바로 보냈다. 6월 13일 이 두 사람의 방문을 받고 휴전문제를 논의한 스탈린은 처음에는 휴전에 부정적인 입장이었으나 결국은 휴전에 동의하면서 "우리는 지금 휴전하는 것이 좋다고 생각한다"라고 마오에게 전문을 보냈다.[31]

하지만 스탈린은 휴전회담을 서두를 필요는 없다고 생각하였으며, 오히려 한국전쟁은 이미 지구전으로 접어들었기 때문에 조급해서는 안 되며, 전선의 상황이 어찌되었든지 전쟁은 계속해야 할 것이라 주장하였다. 스탈린은 김일성·가오깡과의 회견에서 가오깡이 38선을 경계로 한 휴전협상문제를 제기하자 "중국이 아주 잘 싸우고 있는데 왜 휴전을 하려고 하는가. 계속 싸울 것을 두려워해야 하는 측은 미국이지

28 펑더화이는 1951년 8월 1일 김일성과 최용건과의 회견에서 "현실적으로 아무리 휴전이 절박하다 할지라도 중국이 불리한 조건에서 휴전을 한다면 중국을 주시하고 있는 우방들로부터 다음전쟁에는 지원을 받지 못할 뿐만 아니라 우리를 지원하고 있는 우방들에게 체면을 살리기가 어렵게 된다"고 언급한바 있다. "Chinese Communist Government"(8 Feb. 1951), *Agent Report* by 308th CIC Det., RG338, Box P605, WNRC.

29 "Proposed Cease-fire in Korea"(8 Feb. 1951), *Agent Report* by 308th CIC Det., RG338, Box P605, WNRC.

30 양규송, "중국군의 정전협상전략", 국방부 군사편찬연구소, 『한국전쟁사의 새로운 연구』(서울: 국방부 군사편찬연구소, 2001), p.536.

31 АПРФ, Ф.45, оп.1, д.339, лл.31~32(1951. 6. 13).

우리가 아니다. 한 명의 미군이라도 더 죽여서 그 관을 미국으로 보내면 미국 내에서는 이 전쟁에 반대하는 압력이 더욱 거세어져 마침내 휴전하려는 측은 반드시 미국이 될 것이다"라고 언급하면서 처음에는 휴전협상에 반대하였다.[32] 그러나 계속해서 북한과 중국이 직면한 어려움을 호소하자 비로소 휴전에 대한 원칙적인 동의를 하였다.

이러한 스탈린의 생각에서 우리는 두 가지의 전략적인 고려를 하고 있었음을 읽을 수 있다. 그 하나는 세계전략 속에서의 고려, 즉 미국을 동북아에 가능하면 장기적으로 묶어 두고자 하는 것, 더구나 전쟁의 수렁 속에 빠진 상태에서 미국을 동북아에 묶어 놓을 수 있다면 유럽에서는 소련에 유리한 국면이 지속될 것이다. 다른 하나는 미국과 서방참전국들과의 관계와 그들의 국내사정을 고려해 볼 때, 미국은 분명히 먼저 휴전을 제의해올 가능성이 높다는 점을 고려했을 것이다. 그렇게 된다면 협상테이블에서의 공산측은 우위를 점하게 될 것이고 더 많은 양보를 받아낼 수 있을 것이기 때문이었을 것이다.

마오 역시 휴전에 동의를 표시한 스탈린의 전문을 받은 후 모스크바에 파견된 가오깡과 김일성에게 자신들이 춘계공세의 실패로 인하여 수세에 처해 있는 전황을 감안하여 휴전을 먼저 제의하는 것은 적합하지 않다고 지적하면서 다음과 같은 휴전회담제의 전략을 제시하였다.

> **가오깡, 김일성동지**
>
> (전략) 휴전회담을 어떻게 제의할 것인가에 관해서 다음과 같은 방안이 가장 좋을 것임.
>
> 1. 적측에서 제의할 때를 기다림

32 양규송(2001), pp.537~538.

2. 소련정부로 하여금 케난(Georg F. Kennan)의 발언[33]에 근거하여 미국정부에 대해 휴전문제를 탐색하도록 하는 것이 가장 바람직함. 또한 위의 두 가지 방안을 동시에 추진할 수 있을 것임. 즉 한편으로는 소련정부로 하여금 탐색을 하도록 하고, 다른 한편으로는 적측이 휴전문제를 제의하였을 때 조선과 중국이 동의하는 것임. 귀하들이 필리포프 동지와 의견을 조율해 주기 바람.
3. 휴전 조건: 38도선을 회복하고 북조선과 남조선 사이에 일정지역을 중립지대로 설정. 중국의 유엔 대표권 획득의 문제는 우리의 생각으로는 이 문제의 조건으로 제시하지 않는 것이 좋음. 대만문제를 조건에 포함시키는 것에 대해서는 그들과의 협상을 위하여 이 문제를 제의하여야 한다고 생각함. 평화를 위하여 우리는 우선 조선문제를 해결해야 함.

귀하들이 필리포프 동지에게(위의 사항들을) 제시하고 그의 지시를 득하기 바람. (후략)

마오저뚱
1951. 6. 13.[34]

위의 전문에서 마오는 적측의 제의를 기다려야 한다고 주장하면서 휴전문제에 대한 미국의 입장을 소련정부가 탐색해 줄 것을 주문하고 있다. 이와 함께 이 전문에서 주목해야 할 부분은 휴전조건에 중국의 유엔대표권문제를 포함시키지 않을 것이며, 대만문제는 제의는 할 것이나 그 목적이 대만문제 자체의 해결에 있는 것이 아니라 미국 측의 더 많은 양보를 얻어내기 위한 협상전략차원에서 고려하고 있을 뿐이

33 케난이 1951. 5. 31 과 6. 5 말리크(Malik)와의 비공개 회담에서 언급한 내용을 의미한다.
34 АПРФ, Ф.45, оп.1, д.339, лл.57~60(1951. 6. 13).

라는 점을 밝혔다. 이는 1950년 12월 밝힌 휴전에 대한 마오의 입장과는 상당한 차이가 있다. 이러한 이유는 전문의 마지막 부분인 "평화를 위하여 우선 조선문제를 해결해야 한다"고 언급한데서 찾아볼 수 있다. 이는 결국 "조선문제를 우선적으로 해결하기 위해서 조선과 관련 없는 중국의 유엔대표권문제, 대만문제를 휴전조건으로 제기하지 않을 것"이라는 의미이다. 이러한 입장변화에서 볼 때 마오는 한국전 휴전회담에서 한국전쟁과 관련이 없는 문제의 제기는 협상의 타결에 장애가 될 것이라는 점을 이미 인식하고 있었다는 것을 알 수 있으며, 따라서 마오의 한국전 휴전에 대한 고려는 이미 상당히 구체화되고 있었다고 보아야 할 것이다. 그러나 전문 말미에 스탈린의 지시를 받으라는 부분에서 미국을 상대해야 하는 회담이 마오에게 상당한 부담이 되고 있었음을 짐작할 수 있다.

1951년 6월 23일 유엔주재 소련대사 말리크(Malik)는 '평화의 가치'라는 주제의 연설에서 우회적으로 한국전쟁휴전을 제의하였다. 미국은 말리크 연설의 진의를 파악하기 위해 당시 소련주재 커크((Alan G. Kirk)대사는 그로미코(Andrei Gromyko)외무차관과 회견하였다. 그로미코는 커크와의 회견내용을 마오에게 보내주는데 여기에 한국전 휴전회담에 관한 소련의 입장이 언급되어 있다. 즉 "소련정부의 공식대표로서의 말리크의 발언은 소련정부의 관점이며, 소련정부는 한국 문제의 평화적인 조정에 적극노력하고 있다. 군사행동중지는 한국전쟁에 참가하고 있는 각 측의 잠정적인 군사적 합의의 결과이자 평화조정의 첫걸음이며 이에 관한 잠정적인 군사적 합의는 그 자체로서는 정치적인 문제와 영토의 문제를 포함하지 않는 것이다. 소련정부는 중국정부의 관점은 파악하지 못하고 있으며, 미국정부가 알고 싶다면 중국정부의 관점을 파악할 수 있는 기회를 가질 수 있을 것이다. 소련정부는 군사행동 재발방지를 위한 정전과 휴전에 관한 논의를 위하여 교전 쌍방사령부 대표들의 회합을 지지할 준비가 되어있다고 보아도 무방하다. 이 회합에는 미국과 유엔군사령부 대표, 한국군 대표, 조선군 대표, 중국인민지원군 대표가 참가해야 할 것이다."[35]라고 언급하고 있다. 이는 곧 소련은 미국과 유엔군사령부 대표, 한국군 대표, 북한인민군 대표, 중국인민지원군 대표가 참가하는 한국전쟁의 휴전회담을 지지하고 있으며, 이는 정치적 문제는 포함하지 않는 것이다. 또한 휴전에 대한 중국정부의 입장은 미국정부가 직접 파악하라는 것으로 한국전쟁에서의 중국과 소련과의 관계에 선을 긋는 행태를 보여주고 있다. 이는 한국전쟁에 있어서 소련은 참전국도 아닐 뿐만 아니라 중국과 어떠한 공식적인 유대관계도 없다는 점을 강조하고자 하는 것으로 보아야 한다.

그로미코와 커크의 회견 내용을 전달 받은 마오는 "만일 협상이 시작된다면 동지께서 친히 그들을 지휘하여 불리한 상황이 출현하지 않도록 하는 것이 좋을 것"이라고 제의하였다.[36] 이는 한편으로는 마오가 미국과의 협상에 상당한 불안감을 가지고 있었음을 말해주고 있다고 볼 수 있으며, 다른 한편으로는 회담이 시작되면 어차피 스탈린은 이 회담을 통제하려 할 것이고 마오 또한 대부분의 사안에서 스탈린의 조언을 구해야 하는 입장에 처할 것인데 그렇다면 처음부터 스탈린이 직접 나서는 것이 더욱 바람직할 것이라는 인식도 있었을 것이다.

6월 30일 리지웨이 유엔군사령관은 말리크의 휴전제의에 대한 동의의 표시로서 성명을 발표하고 휴전회담을 제의하였다. 이에 대한 대응을 스탈린에게 물으면서 마오는 "이번 회담은 시간이 촉박하고 대단히 중요한 만큼 귀하께서 김일성동지와 직접연락을 취하면서 친히 이번 회담을 지휘하고 그 상황을 본인에게 통보해 주기 바란다"고 다시 한 번 스탈린이 전면에서 회담을 지휘해 줄 것을 요청하

35 АПРФ, Ф.3, оп.65, д.828, лл.181~185(1951. 6. 27).

36 АПРФ, Ф.45, оп.1, д.339, лл.90~91(1951. 6. 30).

였다.[37] 이에 대해 스탈린은 "즉각 라디오방송을 통해 리지웨이에게 각 측 대표가 휴전회담을 위하여 회합하는데 동의한다는 것을 표명해야 할 것"이라 지시하면서 회담을 지휘해 달라는 마오의 요청에 대해서는 다음과 같이 확실한 거절의 의사를 표명하였다.

> (전략) 귀하는 모스크바에서 사람을 파견하여 휴전회담을 지휘할 것을 제의하였는데, 이는 당연히 필요 없으며, 또한 아무런 의의가 없는 것임. 마오저뚱 동지가 회담을 지휘해야 함. 우리는 일부 문제에 대해 약간의 제의를 할 수 있을 뿐임. 또한 우리는 김일성과 직접 연락할 수 없음. 귀하가 그와 연락해야 할 것임.
>
> 필리포프
> 1951. 6. 30.[38]

실제로 스탈린이 휴전회담과 관련하여 세세한 부분까지 지시하고 있었음에도 불구하고 휴전회담을 지휘해 줄 것을 요청한 마오의 제의에 대해서는 단호하게 거절하고 이 역할을 마오에게 전가시키고 있다. 이러한 스탈린의 행태는 전쟁준비과정에서부터 보여준 그의 전략과 그 맥을 같이 하고 있다.

즉 북한의 남침에 소련은 직접 개입하지 않으며, 직접개입이 필요해 지면 그 역할은 중국이 담당한다는 것이다. 마오와 스탈린과의 오고간 위의 전문들에서 볼 때, 미국을 상대로 해야 하는 휴전회담에 불안했던 마오는 스탈린을 최대한 휴전회담에 끌어들여 그로 하여금

37 АПРФ, Ф.45, оп.1, д.339, лл.93~94, АВПРФ, ф.059а, оп.5а, п.11, д.4, лл.12~13(1951. 6. 30).

38 АПРФ, Ф.45, оп.1, д.339, лл.95~96(1951. 6. 30).

회담을 지휘하게 하려 하고 있었고, 반면에 스탈린은 휴전회담과 관련된 구체적인 사항들을 직접지시하고 있었음에도 불구하고 한국전쟁에 개입하고 있다는 인상을 절대 주지 않으려는 한국전쟁 초기부터의 입장을 끝까지 고수하면서 전쟁의 개시부터 종료까지의 모든 책임을 실질적으로 마오에게 떠넘기고 있었다.

03 휴전회담 개최합의와 중국의 대비전략

1) 회담장소, 시기 및 대표단 구성

1951년 6월 30일 미국 측으로부터 휴전회담에 관한 성명서가 발표되자 마오는 "적군 사령관 리지웨이가 오늘 성명을 발표하고 교전 쌍방대표들이 원산항에 정박 중인 덴마크 병원선상에서 군사행동 중지협상을 개최할 것을 제의하면서 동시에 즉각 이에 상응하는 정전을 보장할 것을 요구하였다"고 언급하고 스탈린에게 다음과 같은 전문을 보내면서 이에 대한 자신의 의견을 피력하고 조언을 요청하였다.

필리포프 동지

(전략)

리지웨이의 휴전회담제의에 관한 본인의 의견을 보내드리니 검토 후 회신하여주시고 이를 김일성동지에게 직접 통지해 주시기 바람.

1. 김일성동지는 7월 2~3일 경에 리지웨이에게 답을 주어야 할 것임. 이 회답 중에는 쌍방대표들이 휴전회담을 개최하는 것에 대한 동의와 함께 회담의 시간, 장소, 참가인원 수를 제의해야 할 것임.

2. 회담 장소에 대하여 리지웨이는 원산항을 제의하였음. (그러나) 원산항은 북조선의 해군기지임을 감안할 때 적들이 그 지역으로 상륙하고자 할 수 있으므로 본인이 생각하기에는 그 지점에서 회담을 개최하는 것은 적절치 않음. 38선상의 개성에서 회담을 개최하는 것을 제의하는 것이 좋을 듯함.
3. 우리의 대표들이 충분한 회담준비를 할 시간을 확보하기 위하여 7월 15일 회담을 시작하는 것이 적절할 것으로 봄. (후략)

마오저뚱

1951. 6. 30. 16:50(베이징시간)[39]

위 전문에서 보듯이 마오는 회담장소에 대해 원산항의 군사적 지위를 지적하면서 개성을 제의하였고 회담준비시간을 감안하여 7월 15일 경에 회담을 시작하는 것이 적절할 것이라 언급하였다. 이러한 마오의 전문에 대해 스탈린은 즉각 다음과 같은 회신을 보냈다.

마오저뚱 동지

즉각 라디오방송을 통해 동의한다는 것을 표명해야 함. 이 동의서는 조선인민군 총사령관과 중국지원군 사령관, 즉 김일성과 펑더화이가 서명해야 함. 회담장소로 원산항의 덴마크 병원선을 제의한 것에 대해서는 단호하게 거절하고 38도선의 개성을 회담장소로 할 것을 제의해야 할 것임. 귀하가 지적한 바와 같이 현재 귀하가 휴전의 주도권을 장악하고 있으므로 미국은 회담장소에 대해 양보하지 않을 수 없을 것임.
귀하는 오늘 리지웨이에게 대략 다음과 같이 회신하기 바람

39 АПРФ, Ф.45, оп.1, д.339, лл.93~94, АВПРФ, ф.059а, оп.5а, п.11, д.4, лл.12~13(1951. 6. 30).

"유엔군 총사령관 리치웨이 장군: 휴전회담에 관한 귀하의 28일 성명서 접수하였음. 우리는 상부의 명령을 받아 귀하의 대표와 회합하여 군사행동중지와 휴전에 관한 회담을 진행하는데 동의함. 우리는 회담장소로 38선의 개성을 제의함. 만일 귀하가 동의한다면 우리의 대표는 7월 10~15일 귀하의 대표와 회합할 준비를 할 것임.

조선인민군 총사령관 김일성
중국인민지원군 사령관 펑더화이"

(후략)

필리포프
1951. 6. 30.[40]

유엔군 측은 회담장소로 개성을 수용하였다. 중국 측의 판단으로는 리지웨이가 개성을 비교적 중립적 장소로 오판하여 공산군 측의 제안을 받아들였다고 보고 있다.[41] 개성시는 38선으로부터 남쪽으로 3마일 정도에, 그리고 임진강 서쪽의 무인지(無人地)에 있었다. 무인지에 있었다는 사실이 '중립성 있는 도시'라는 인상을 서방측에 줄 수 있었다. 그러나 유엔군 연락장교들이 7월 8일 연락관회담을 위해 개성 내봉장에 도착했을 때 그때서야 비로소 그곳이 평등한 회담분위기를 조성할 '중립지역'이 아님을 발견하였다. 당시 개성은 공산군의 점령하에 있었고 부근에는 많은 북한 인민군과 중국인민지원군이 주둔하고 있었다. 따라서 개성에서의 회담은 공산군 측에 정치적으로나 심리적으로 결정적인 이익을 줄 수 있었다. 따라서 유엔군 측은 회담지역 안전문제를 우려하였고, 본회담이 시작되면서 바로 개성지역의 안전보장 문제를 제기하면서 끈질긴 주장과 노력으로 결국 10월 7일 쌍방 점령

40 АПРФ, Ф.45, оп.1, д.339, лл.95~96(1951. 6. 30).

41 柴成文·趙勇田(1989), p.127.

지역의 중간지점인 판문점으로 회담장소를 옮기게 된다.

공산군 측이 개성을 회담장으로 제의한 이면에는 유엔군을 적지로 불러들임으로써 정치적 · 심리적으로 유리한 여건에서 회담을 이끌어 갈 수 있는 동시에 유엔군이 개성에 대한 공습 등 공격을 하지 못하게 함으로써 평양으로 가는 길목을 쉽게 지킬 수 있다는 군사전략적 고려가 숨어있었다고 볼 수 있다. 뿐만 아니라 대외적으로 유엔군 측이 적지도 마다않고 오는 입장, 즉 유엔군 측이 더욱 휴전을 갈망하고 있다는 저자세적인 인상을 주고자 하는 것에 그 의도가 있었을 것으로 풀이할 수 있을 것이다.

7월 8일 연락관회담(예비회담)을 위해 유엔군 측 연락장교 단장 키니(Andrew J. Kinney)대령이 회담장소에 도착했을 때 그들은 공산군 측이 이미 자신들에게 유리하도록 선전경기를 벌이고 있음을 알았다. 공산군 측 병사들은 기관총을 휘두르며 서방측 기자들에게 공포감을 주기도 하였으며, 그리하여 마치 유엔군 측이 적진에 들어와 휴전을 애걸하는 듯한 인상을 자아내려고 하고 있었다. 키니는 돌아와 리지웨이에게 장소를 바꿔야 한다는 건의를 하였지만 본회담을 하루빨리 개최해야 한다는 것이 그에게 주어진 지시였다. 그리하여 그는 공산군 측의 제의를 모두 받아들였다. 본회담 개최일자에 대해서만은 공산측이 제의한 7월 15일을 받아들여서는 안 되며, 그때까지 기다리면 중공군이 재공세를 펼칠 수 있는 준비가 끝날 것이므로 회담시작 날짜는 그보다 훨씬 앞당겨야 한다고 생각하고 있었다.[42]

대표단의 성격과 구성문제에 대해 소련은 휴전회담의 대표로서 미군과 유엔사령부의 대표, 한국군 대표, 조선군 대표, 중

42 김학준(2010), pp.315~316.

국인민지원군 대표가 참가해야 할 것이라 생각하였으며,[43] 마오는 "각 측의 대표는 두 사람으로 제한하고 이들 대표들은 정부의 대표가 아니라 군의 지휘관이어야 한다. 따라서 중국지원군의 대표가 회담에 참가해야 하며, 이들은 교전국 중국의 대표가 아니다"[44] 라고 중국대표단의 성격을 규정하였다. 또한 공산 측 대표단의 구성에 대해서 당초 김일성의 생각으로는 조선인민군 참모장 남일, 외무성 부상 박동조, 중국인민지원군 대표 등 3인으로 구성할 계획이었다.[45]

2) 중국의 휴전회담 의제에 대한 고려

휴전회담 개최가 결정되자 김일성은 주북한 소련대사 라주바예프(Razuvaev)를 통해 휴전회담 의제와 관련 스탈린의 의견을 묻는 아래와 같은 전문을 급히 보내게 된다.

> (전략)
>
> 모스크바의 동의가 급히 필요함
>
> (중략)
>
> 남일이 설명한 아래(휴전회담의제관련) 관점들을 제의함
>
> 1) 정전과 전투행위중지 시간
> 2) 38도선을 분계선으로 남북 5~10㎞ 철군
> 3) 정전시점부터 38도선을 넘어 비행하거나 침범하는 것을 금시
> 4) 북한 영해에서 해군철수와 봉쇄해제
> 5) 2개월 내에 조선에서 모든 외국군 철수
> 6) 포로교환과 추방주민의 귀환

43 АПРФ, Ф.3, оп.65, д.828, лл.181~185(1951. 6. 27).
44 АПРФ, Ф.45, оп.1, д.339, лл.90~91(1951. 6. 30).
45 АПРФ, Ф.45, оп.1, д.340, лл.3~4(1951. 7. 1).

김일성동지는 필리포프 동지의 관련제의를 기다리고 있음.

라주바예프
1951. 7. 1.[46]

이러한 김일성의 문의전문에 대해 스탈린은 바로 다음날 "조선정부는 전문에서 언급한 문제들을 중국정부와 협의하여야 하며, 공동방안을 제출하여야 할 것이다. 전문 중에서 마오저뚱과 협의를 거친 김일성의 방안을 찾아볼 수 없다"는 힐책성의 전문을 김일성에게 보냈다.[47] 그러나 사실 김일성은 같은 내용의 전문을 스탈린에게 보내기 하루 전 미리 마오에게 보냈으나 마오가 김일성의 전문을 받은 사실을 7월 3일에야 중국 자신의 회담의제안과 함께 스탈린에게 통보하였다.[48] 그러나 의제와 관련되어 김일성과 구체적으로 협의한 흔적은 찾아보기 힘들다. 결국 마오는 김일성의 전문을 참고하여 휴전회담의 의제 안을 구상하여 스탈린에게 검토와 조언을 요청하게 된다. 마오의 전문을 요약하면 다음과 같다.(베이징발, 1951. 7. 3. 13:55 접수)

필리포프 동지

쌍방 군사대표 회담기간 우리는 다음과 같은 5개항을 제시하려 함.

1. 쌍방은 동시에 정전명령을 발함. 정전명령 하달 후 일체의 적대행위를 잠정적으로 중단함.
2. 쌍방 군대는 38도선으로부터 10Km밖으로 철수하고 38도선 남북 각10Km를 비무장지대로 설정함.

46 АПРФ, Ф.45, оп.1, д.340, лл.3~4(1951. 7. 1).
47 АПРФ, Ф.45, оп.1, д.340, лл.5(1951. 7. 2).
48 АПРФ, Ф.45, оп.1, д.339, лл.6~7(1951. 7. 3).

3. 쌍방은 외부로부터 장비, 병력, 보급품(육, 해, 공군의 운송포함)의 조선 및 조선 인접지역으로의 운송을 중지해야 함.
4. 1, 2, 3항의 이행현황을 감시하기 위한 중립국감시위원단의 구성. 동 위원회의 중립국대표는 조선전쟁에 참가하지 않았어야 하며, 그 수는 동등해야 하고 쌍방이 선택함.
5. 쌍방은 전쟁포로 송환 함. 군사행동중지 4개월 이내에 포로교환과 관련된 전체사안을 마무리 지음.

그 외에도

1. 중국인민지원군을 포함한 모든 외국군대는 규정된 시간 내에(예를 들어 3~4개월) 남북 조선에서 완전히 철수해야 함.
2. 남북조선의 피난민들은 규정된 시간 내에 그들의 이전 거주지로 돌아가야 할 것임.

상술한 사항에 대한 귀하의 의견을 기다림.

(하략)

마오저뚱

1951. 7. 3.[49]

마오는 이러한 의제 안을 제의하면서 1항에 대해서는 적측이 무조건 동의할 수 있을 것이라 보았고, 2항에 대해서도 공평한 것이라 적측이 반박하기 힘들 것이라 내다보았다.[50] 3항을 제의하면서 후반부 즉 '조선 인접지역'은 제외하는 것이 좋을지를 스탈린에게 문의하였고, 4항에 대해서는 상대방도 비슷한 제의를 할 것을 예상하면서 이 경우 상대방이 지명한 감시위원단이 중조국경과 조선의 주요교통요충지에서 자신들의 군사물자의 운수를 감시할 것이 우려되지만 이를 전면적으

49 АПРФ, Ф.45, оп.1, д.339, лл.8~10(1951. 7. 3).

50 하지만 본회담에서 유엔군 측은 군사분계선을 38선으로 하는 자체에 대해 반대하였다.

로 거절하는 것은 적절하지 않을 것이라 언급하면서 스탈린의 의견을 물었다. 또한 5항의 포로교환문제에 대해서는 상대방이 1대1 교환을 제기할 것이나 적측이 수용하고 있는 포로의 수가 자신들과 비교하여 월등히 많은 숫자이므로 전체포로의 송환을 요구해야 할 것이라 언급하면서 이에 대해서는 논쟁이 발생할 것이라 예상하고 있다. 그리고 한국에서의 외국군철수 문제에 대해서도 상대측은 정치적인 문제라는 이유로 이를 회피할 것이라 예상과 함께 이를 제기해야 할 것인지 여부에 대한 스탈린의 의견을 물었다. 피난민의 귀향문제는 김일성이 고집하고 있으나 이를 실현하기는 대단히 어려운 문제일 뿐만 아니라 이 문제로 인하여 다른 중요한 문제의 해결에 영향을 미칠 것이 우려된다고 지적하면서 역시 스탈린의 조언을 구하였다.[51] 그러나 이 의제 속에는 마오의 의도대로 중국의 유엔대표권문제와 대만문제가 이미 제외되어 있음을 볼 수 있다. 이는 마오가 휴전회담을 상당히 실질적, 구체적으로 접근하고 있다는 것을 보여준다.

이러한 휴전회담 의제와 관련된 마오의 전문에 대해 스탈린은 즉시 마오에게 다음과 같은 전문을 보내게 된다.

마오저뚱 동지

귀하의 7. 3 전문 접수하였음. 귀하가 건의한 1, 2항은 이의가 없음. 제3항의 두 번째 부분은 삭제하여도 무방함. 그러나 만일 미국이 그러한 제의를 하였을 때는 채택해도 좋음. 제4항은 제기할 필요가 없음. 미국이 유엔 국제감시위원단과 관련된 제의를 하더라도 이를 거부하여야 함. 이유는 유엔이 교전국의 지위에 있기 때문임. 제5항은 마땅히 제기하

51 АПРФ, Ф.45, оп.1, д.339, лл.8~10(1951. 7. 3).

고 또한 관철시켜야 함. 기타 두 사항(외국군대 철수 및 피난민문제)에 대해서도 마땅히 제기하면서 관철시켜야 함.

필리포프
1951. 7. 3.[52]

이 전문에서 스탈린은 제 1, 2항은 동의하면서 3항의 후반부 즉 병력과 장비의 '조선 인접지역'으로의 운송 금지는 적극적으로 제기할 필요는 없다고 언급하였으며, 4항의 중립국감시위원단의 구성과 활동에 대해서는 적극적인 거부의사를 표시 한 것은 표면적으로는 유엔이 교전 당사자의 지위에 있기 때문이라는 이유를 내세웠지만 실상은 마오가 우려하고 있던 점에 동의하였기 때문이라 보아야 한다. 더구나 마오가 상대측이 이를 제기하였을 때 이를 전면적으로 거부하기는 적절하지 않을 것으로 본 반면에 스탈린은 이를 거부해야 한다고 주장하였다. 사실 4항의 중립국감시위원단의 주요임무는 3항을 감시하는 것이다. 이렇게 볼 때 동 위원단이 중조국경이나 조선의 주요 교통요충지에서 자신들의 군수물자 운수를 감시할 것이라는 마오의 우려나 중립국감시위원단의 구성과 활동을 아예 처음부터 거부해야 한다는 스탈린의 입장에서 읽을 수 있는 것은 중국과 소련은 정전기간에도 계속해서 병력과 장비 등의 군수물자를 북한 혹은 북한 인접지역으로 운송하겠다는 의도가 담겨있다는 것이다. 이러한 의도에서 특히 스탈린은 3항의 후반부 '조선 인접지역'은 먼저 거론하지 않는 것이 좋다고 조언한 것이라 보아야 할 것이다. 3면이 바다로 둘러싸인 남한과 중국과 소련과 국경을 접하고 있는 북한과는 '인접지역'의 상황이 판이하게 다르다. 더구나 이러한 맥락은 '외국군철수'주장까지 연결

52 АПРФ, Ф.45, оп.1, д.339, лл.11~12(1951. 7. 3).

되고 있으며, 그렇다면 결국 그들이 추구하고자 하는 바가 무엇이었는지는 명확하게 된다.

스탈린의 의견을 받은 마오는 휴전회담 의제를 다음과 같이 5개항으로 정리한 '조선에서의 군사행동중지협정 초안'을 스탈린에게 보냈다.

필리포프 동지

조선에서의 군사행동중지협정 초안 송부함.

"조선에서의 군사행동중지협정(초안)

조선에서 교전중인 유엔군 총사령관 리지웨이장군, 조선인민군 총사령관 김일성장군과 중국인민지원군 사령관 펑더화이장군은 군사행동중지와 조선에서의 평화구축에 관한 회담에 권한을 위임한 대표를 파견하였다.

쌍방대표는 아래 사항에 합의하였다.

1. 1951년 O월 O일, 쌍방은 동시에 정전명령을 발하고 조선에서의 적대행위를 중지한다.
2. 쌍방은 육, 해, 공군력을 38도선을 분계선으로 하여 10Km 후방으로 각각 철수하여 38도선 남과 북 10Km지역에 비무장지대를 설정한다.
3. 쌍방은 외부로부터 조선으로 장비운송, 병력의 배치와 보충을 중지한다.(육, 해, 공 운수포함)
4. 쌍방은 포로를 송환한다. 군사행동 중지 후 3개월 이내에 각측은 단계적으로 전 포로를 교환한다.
5. 중국인민지원군을 포함한 조선에서 교전하고 있는 외국군대는 2~3개월 내에 조선에서 모두 철수한다.
6. 남북조선의 난민은 4개월 이내에 이전 거주지로 귀환한다."

마오저뚱
1951. 7. 5.[53]

군사행동중지협정 '초안'이라는 형식을 빌어 정리한 위의 회담의제를 보면 스탈린의 의견이 완전히 수용되어 있음을 알 수 있다. 이런 점들로 미루어 당시 한국전 휴전 회담은 그 준비 단계부터 거의 스탈린의 지시대로 움직이고 있었고, 스탈린이 지휘하고 있었다는 사실을 명확히 알 수 있다. 여기서 한 가지 짚고 넘어가야 될 것은 마오가 언급한 회담대표에서 한국군 대표가 빠져 있다는 사실이다. 당초 스탈린의 의견에는 한국군대표가 포함되어 있었다.[54] 더구나 공교롭게도 한국전 휴전협정에 실제서명한 당사자와 일치한다. 우연의 일치인지 회담 준비단계에서부터 계획된 것인지 의문이 들지 않을 수 없다. 또한 한국군대표가 빠진 것을 아무런 의미가 없다고는 할 수 없을 것이다. 하지만 현재로서는 그 의문을 밝힐 수 있는 자료를 찾기는 힘들다.

1951년 7월 8일 드디어 예비회담격인 연락관회담이 개성에서 개최되었다. 이 연락관회담에 관한 보고전문에서 리커농은 "미국인은 회담기간동안 조심하고 신중하였으며, 자신의 의견을 바로 말하지 않았음. 연락관이 상대측 대표명단을 발표한 후 우리가 명단을 즉시 발표하지 않자 그들은 자신들이 먼저 발표한 것을 후회하는 것 같았으며, 불리한 상황에 처해 질 것을 두려워하는 것 같았으나 오후 우리 측이 회담대표이 명단을 발표하면서 상대측의 우려가 해소되었음. 오전 시작 두 시간 정도는 비교적 긴장된 분위기였으나 오후의 분위기는 평온하였음"이라 회담분위기를 전했다.[55] 이로 미루어 유엔군 측은 오전에 먼저 대표단

53 АПРФ, Ф.45, оп.1, д.340, лл.19~20(1951. 7. 5).

54 АПРФ, Ф.3, оп.65, д.828, лл.181~185(1951. 6. 27).

55 АПРФ, Ф.45, оп.1, д.339, лл.22~24(1951. 7. 10).

명단을 제출하였으나 공산측은 이를 본 후 오후에 비로소 자신들의 대표 명단을 제출하였던 것을 알 수 있다. 이는 공산측이 유엔군 측의 대표 명단을 보고 그 격과 수를 맞추려 했던 것으로 판단할 수 있다. 실제로 공산측은 남일, 이상조, 덩화, 셰팡 등 4명을 준비하였으나 유엔군 측의 대표단이 5명으로 구성된 것을 보고 장평산을 추가하였다. 이 연락관 회담에서 휴전 본회담을 1951년 7월 10일 오전 10시 개성 내장봉에서 개최하기로 결정함으로써 휴전회담은 막이 오르게 된다.

2절 휴전회담 의제채택협상에서 본 중국의 입장과 전략

01 중국의 협상전략과 의제제기

1) 이중적인 협상체계 구축

1951년 6월 말 휴전회담의 개최에 대한 유엔군 측과 공산측의 합의가 이루어지자 마오저뚱(毛澤東)은 스탈린에게 휴전회담을 직접 지휘해 줄 것을 요청하였으나 스탈린은 이를 일축하고 마오가 김일성과 직접 연락을 취하면서 회담을 이끌어갈 것을 요구하였다. 스탈린이 사망하기 전까지 휴전회담 전 기간 동안을 실질적으로 자신이 휴전회담을 통제하였음에도 불구하고 마오에게 그 역할을 전가한 것은 북한의 남침동의에서부터 보여준 그의 한국전쟁 전략과 그 맥을 같이 한다고 볼 수 있다. 즉 한국전쟁 전 과정에 소련은 직접개입하지 않으며, 직접개입이 필요해 지면 그 역할은 중국이 담당한다는 것이었으며, 휴전회담 역시 자신은 배후에서 모든 것을 조종하면서 실질적인 협상책임은 마오에게 떠넘

기는 방식이었다.[56]

자신의 의도와는 달리 휴전회담을 주도하게 된 마오는 협상체계를 직접협상을 진행하는 협상단과 중국공산당의 훈령을 접수하고 막후에서 회담전략을 수립하고 조정하는 협상지휘부로 구성되는 이원적 구조로 구축하였다. 협상단은 중국인민지원군과 북한인민군대표로 구성하고 수석대표는 북한인민군 총참모장 남일이 맡았지만 그는 명목상의 수석대표일 뿐이었고 실질적인 수석대표는 중국인민지원군 참모장 셰팡(解方) 이었다.[57] 따라서 협상테이블에서의 남일의 역할은 중국의 협상전략에 따라 발언하는 대변인일 뿐이었다. 그 밖에도 중국인민지원군 부사령관 덩화(鄧華), 그리고 북한인민군 이상조 정보국장, 장평산 1군단 참모장 등이 대표로 임명되었다.[58]

이와 더불어 중국공산당의 훈령을 직접 접수하고 협상전략을 수립하면서 실질적으로 협상을 조종한 것은 리커농(李克農)이 이끄는 막후 협상지휘부였다. 이 막후 협상지휘부는 민간 외교전문가들로 구성되어 있었으며, 특히 리커농은 협상경험이 풍부한 외교전문가로서 당시 외교부 부부장 겸 중국공산당 군사위원회 정보부장직을 수행하고 있었다. 또한 리커농의 보좌역으로 외교부 정책위원회 부위원장 겸 신문국장(공보국장) 챠오관화(喬冠華)를 임명하였으며, 실무담당자로서 하버드대 경

56 김옥준, "한국전쟁 휴전의 모색과 중국의 전략: 서방측 휴전제의에서 휴전회담 개막전까지를 중심으로", 『대한정치학회보』22집 2호, (2014. 5), pp.182~183, 김영호, "6·25 전쟁 개전결정과 휴전협상 과정에서 공산3국 사이의 공조에 관한 비교연구", 『평화학연구』제14권 5호 (2013), p.84 등 참조.

57 유엔군측 수석대표였던 조이제독은 "남일은 공산측의 명목상 수석대표였고, 셰핑이 사실상 수석대표였다"고 회고하고 있다. C. Turner Joy, 김홍열 역,『공산주의자는 어떻게 협상하는가?』(해양전략연구소, 2003), pp.20~21.

58 유엔군측 대표는 수석대표 해군중장 조이(C. Turner Joy, 극동지구 미 해군사령관), 육군소장 후데스(Henry I. Hodes, 미 8군 참모부장), 해군소장 버크(Arleigh A. Burke, 극동지구 미 해군참모부장), 공군소장 크레이기(Lawrence C. Craigie, 극동지구 미 공군부사령관), 육군소장 백선엽(한국군 제1군단장) 등 5명이었다.

제학박사 출신인 푸산(浦山)과 신화사의 띵밍(丁明), 선젠투(沈建圖)를 선발하였으며, 전황의 파악을 위하여 인민지원군의 참모 한명을 지원받기로 하였다.[59] 또한 인민지원군 연락관으로는 당시 주북한 중국대사관 차이쥔우(柴軍武) 정무참사관을 차이청원(柴成文)으로 이름을 바꾸어 대좌계급으로 위장하여 임명하였다.[60] 이와 같이 마오는 전면의 협상대표단에는 군 지휘관을 배치하고 배후 협상지휘부에 민간외교관 및 전문가들을 포진시키는 이중적인 구조를 구축함으로써 협상에 미숙한 군 지휘관들의 단점을 보완하는 체계적인 협상전략을 수립하였다. 뿐만 아니라 마오의 이러한 조치를 볼 때 우리는 마오가 휴전회담에서 군사적인 목적뿐만 아니라 정치적인 목적 달성도 염두에 두고 있었다고 판단할 수 있을 것이다.

이렇게 볼 때 휴전회담에 임하는 공산측의 협상체계는 스탈린이 배후에서 통제하고 있었고, 실질적인 지휘계통은 마오와 막후 협상지휘부의 리커농으로 이어지는 라인이었으며, 김일성의 발언권이나 결정권은 극히 제한적이었다.[61]

위에서 보는 바와 같이 중국이 민간외교관 및 전문가들을 배후에 포진시키는 이중적 협상전략을 구사한 반면, 미국의 정책결정자들은 휴전회담이 군사적인 문제에 국한되어야 하고 정치적인 협상이 아니라는 점을 고집하면서 민간인 전문가들의 회담 참여를 불허하였다.[62]

2) 의제에 대한 고려와 제기

59 柴成文·趙勇田, 『板門店談判』(北京: 解放軍出版社, 1989), pp.128~131.

60 위의 책, p.35.

61 유엔군 측의 협상지휘계통은 미대통령-합참-유엔군 사령관-협상대표단으로 이어지는 중앙통제체제였다. 휴전회담 전 과정을 미국이 주도하였으며, 한국도 북한과 마찬가지로 휴전회담과정에서의 역할은 극히 제한적이었다. 한명의 한국군대표인 백선엽 장군도 유엔군사령관이 임명하는 등 사실상 한국은 배제되어 있었다.

62 Callum A. MacDonald, *Korea: The War Before Vietnam* (N.Y., NJ.: Macmillan, 1986), p.11.

1951년 7월 8일 휴전회담 예비회담격인 연락관회담이 개성에서 개최되어 양측은 회담대표 명단을 교환하였으며, 본회담을 7월 10일 오전 10시 개성 내장봉에서 개최하기로 결정함으로써 휴전회담은 막이 올랐다. 본회담에서 먼저 토의된 것은 휴전회담에서 논의해야 할 의제를 결정하는 것이었다. 본회담이 시작되자 유엔군 측이 먼저 다음과 같은 9개항의 의제를 제의하였다.[63]

1) 회담의제 채택
2) 국제적십자사 대표들의 포로수용소 방문을 위한 위치와 권리
3) 한반도와 관련된 순수한 군사적인 문제에 대해서 논의
4) 한반도에서의 적대행위와 군사적 무력행위 금지를 보장하는 조건으로 적대행위 및 무력행위 재발방지 보장
5) 한반도를 횡단하는 비무장지대 설정에 관한 협의
6) 군사정전위원회의 구성과 그 권한 및 기능
7) 군사정전위원회 산하 군사감시단의 한반도 내에서의 감시원칙에 대한 협의
8) 군사감시단의 구성과 기능
9) 전쟁포로 처리에 관한 협의

유엔군 측이 이러한 의제들을 제의한 배경에는 휴전의 전제로서 한국에서의 적대행위중지와 전투재발방지, 유엔군의 안전보장이 최우선되어야 하며, 장기간에 걸쳐 수락할 수 있는 군사적 협정이 되어야 한다는 협상의 기본원칙이 깔려있었으며, 협상지침에서 특히 강조된 부분은 '협상이 군사적 문제에 국한되어야 한다'는 점이었다.[64]

63 김원권·김병곤, 『한국전쟁 휴전사』(서울: 국방부전사편찬위원회, 1989), p.53.
64 김보영, 『한국전쟁 휴전회담연구』(한양대학교 박사학위논문, 2008), pp.51~52.

이러한 유엔군 측의 의제에 대하여 공산측은 그날 오후 그동안 고려하였던 방안들을 바탕으로 다음과 같은 의제를 채택할 것을 제의하였다.[65]

1) 회담의제 채택
2) 38도선을 군사분계선으로 설정하고 한반도에서의 적대행위를 중지하는 기본 조건으로 비무장지대 설치
3) 한반도로부터 모든 외국군 철수
4) 한반도에서의 정전 및 휴전 실현을 위한 구체적인 협의
5) 휴전에 따른 포로문제의 협의

공산측이 제기한 위의 의제는 사실상 마오가 상당기간 동안 스탈린과의 협의를 거쳐 도출된 결과였다. 휴전회담의제 제기에 대한 고려과정에서 우리가 염두에 두어야 할 것은 마오는 휴전회담에 적극적인 입장을 가지고 있었던 반면, 스탈린은 기본적으로 한국전쟁의 휴전에 대해 여전히 소극적인 의견을 가지고 있었다는 점이다.[66] 따라서 마오는 스탈린을 설득하기 위하여 전쟁의 장기화는 이득이 없으며, 따라서 1951년 7월 당시가 휴전을 논의할 최적기라는 점을 역설하면 스탈린의 동의를 구해냈다.[67] 스탈린의 한국전쟁 휴전에 대한 소극적인 태도가 휴

65 김원권·김병곤(1989), p.53.

66 1951년 봄 제5차 전역 이후 중국은 전쟁을 지속하기가 어렵다는 사실을 깨닫게 된다. 1951년 5월 하순, 마오는 중공중앙 회의를 개최하고 '협상과 전투를 병행하면서 회담의 해결을 위해 노력한다'는 방침을 채택하였다. 聶榮臻, 『聶榮臻回憶錄』(北京: 解放軍出版社, 1982), pp.741~742. 반면 스탈린은 오히려 한국전쟁은 이미 지구전으로 접어들었기 때문에 조급해서는 안 되며, 전선의 상황이 어찌되었든지 전쟁은 계속해야 할 것이라 주장하면서 휴전협상에 반대하였다. 양규송, "중국군의 정전협상전략", 『한국전쟁사의 새로운 연구』(서울: 국방부군사편찬연구소, 2001), pp.537~538.

67 마오는 1951년 6월 10일 가오깡과 김일성을 모스크바로 보내 스탈린을 설득하여 휴전에 대한 동의를 이끌어내었다.

전회담 전 기간에 걸쳐 회담에 상당한 영향을 끼쳤음을 부인할 수 없을 것이다.

공산측이 제기한 주요 의제들의 결정배경을 간단히 살펴보면, 2)항의 38도선 군사분계선 설정문제는 1950년 12월 서방측이 휴전의 조건에 대한 중국의 입장을 타진하였을 때 마오는 이미 "서방측이 38도선을 경계로 남북 조선을 분단하고자 한다"고 판단하였다.[68] 따라서 1951년 6월 말의 전세가 1950년 12월 전세와 비슷하게 전선이 38도선 부근에서 형성되자 마오는 38도선으로서의 군사분계선 설정을 당연시 하였다. 또한 3)항의 한반도에서의 모든 외국군 철수문제에 대해 마오는 당초 이 문제는 정치적인 문제라는 이유로 적측이 이를 회피할 것이라 예상하였으며, 이를 제기해야 할 것인지 여부에 대한 스탈린의 의견을 구했다.[69] 그러나 스탈린은 이 문제를 마땅히 제기하고 관철시켜야 할 것이라 지시하였으며,[70] 그 결과 공산 측의 최종의제 제기에 포함되게 되었다. 또한 여기서 짚고 넘어가야 할 것은 1950년 12월과 1951년 7월의 한국전쟁 휴전회담의제에 관한 마오의 인식에서 상당한 차이점이 발견된다는 점이다. 1951년 12월 중국이 서방측에 제시한 한국전쟁 휴전조건에는 대만해협과 대만에서 미군 철수, 중화인민공화국 대표의 유엔 참석 및 장제스(蔣介石)의 대표 축출, 4대 강대국 외상회의개최를 통한 대일강화조약 준비 등을 포함하고 있었다.[71] 즉 1950년 12월 당시에는 중국이 휴전회담을 통하여 자신의 현안이었던 대만문제와 유엔대표권문제, 그리고 대일강화조약문제 등을 함께 해결하고자하는 의도를 가지고 있었다. 그러나 1951

68 АПРФ, Ф.3, оп.65, д.336, лл.17~19, АВПРФ, ф.059а, оп.5а, п.11, д.3, лл.193~195(1951. 12. 7).

69 АПРФ, Ф.45, оп.1, д.339, лл.8~10(1951. 7. 3).

70 АПРФ, Ф.45, оп.1, д.339, лл.11~12(1951. 7. 3).

71 АПРФ, Ф.3, оп.65, д.336, лл.17~19, АВПРФ, ф.059а, оп.5а, п.11, д.3, лл.193~195(1951. 12. 7).

년 6월 휴전을 본격적으로 논의하기 시작한 시점부터 스탈린과의 의제협의 과정에서 마오는 주동적으로 이 문제들을 의제에서 제외시켰다. 즉 당시 스탈린에게 휴전을 설득하기 위해 모스크바에 파견된 가오깡(高崗)과 김일성에게 보낸 전문에서 "조선문제를 우선적으로 해결하기 위해서 조선과 관련 없는 중국의 유엔대표권문제, 대만문제는 제기하지 않을 것"이라는 방침을 전달하였다.[72] 이후 스탈린과의 의제협의 과정에서도 이 문제들을 거론하지 않았다. 이러한 입장변화에서 볼 때 1951년 6월 당시 마오에게 있어서는 한국전쟁의 휴전이 최우선 과제였으며, 휴전회담에서 한국전쟁과 관련 없는 자신과 관련된 문제의 제기는 협상의 타결에 장애가 될 것이라는 점을 이미 인식하고 있었다는 것을 알 수 있다. 이러한 사실은 마오의 휴전에 대한 적극적인 의지와 함께 휴전회담에 대해서 상당히 구체적으로 접근하고 있었다는 것을 말해주고 있는 것이다. 회담 첫날 양측이 제의한 의제를 놓고 양측은 7월 26일까지 10차례의 회담을 개최하면서 의제채택을 둘러싼 공방을 이어가게 되었으며, 의제채택협상에서 가장 쟁점이 되었던 것은 공산측이 제의한 38도선 군사분계선 설정과 한반도에서의 모든 외국군 철수요구였다.

72 АПРФ, Ф.45, оп.1, д.339, лл.57~60(1951. 6. 13).

02 38도선 군사분계선 설정 문제

1) 중국의 주장과 유엔군 측과의 공방

공산 측 수석대표 남일은 회담 첫날인 7월 10일 모두발언을 통하여 38도선 군사분계선 설정이 한반도에서의 외국군철수와 함께 그들의 기본적인 입장이자 원칙이라 표명하였으며, 특히 38도선을 따라 쌍방이 비무장지대를 설치하여야 할 것이라 주장하였다. 이어 중국 측 대표 덩화도 지지발언을 통하여 38도선으로 군사분계선이 설정되어야 하며, 따라서 이를 의제에 포함시켜야 됨을 강조하였다. 그러나 이 문제는 의제채택협상 벽두에서부터 유엔군 측의 반대에 부딪혔다.

공산 측의 이러한 주장에 대하여 유엔군 측은 "동에서 서를 가로지르는 조건부 분계선은 어떠한 군사적인 의의도 없으며, 아무런 보장이 없을 뿐 아니라 한반도의 군사적 상황과도 아무런 관계가 없다. 현 상황에서 군사적 의의가 없는 어떠한 조건부 분계선에 대해서도 아무런 흥미가 없다. 이러한 분계선은 전술적으로나 현 군사적인 상황으로 볼 때 현지의 지형과 아무런 관계가 없다. 군사행동중지 협의는 정부차원의 정치적, 혹은 영토적 문제에 대한 합의와는 별개의 문제이다"라고 주장하면서 38도선 군사분계선 설정에 반대하였다. 이러한 유엔군 측의 주장은 군사대표단으로서의 협상은 군사적인 것에 국한되며, 정치적인 문제는 의제에 포함시킬 수 없다는 유엔군 측의 협상원칙의 연장선에서 이해되어야 한다. 즉 당시 한반도의 군사적인 상황에서 38도선은 이미 존재하지 않으며, 어떠한 의미도 가지고 있지 않다고 인식하고 있음을 나타내고 있는 것이며, 따라서 공산측이 제시하는 38도선이 문제는 정부차원에서 해결해야 할 정치적 · 영토적 문제라고 간주하는 것이다.

또한 유엔군 측은 "비무장지대의 위치와 변경의 문제는 실질적인 문제를 논의할 때 해결해야 할 것이다. 우리는 먼저 쌍방 모두가 동의하는 분계선과 비무장지대 문제에 대해 합의한 후, 그 구체적인 설정에 대한 논의로 들어가야 한다고 생각한다. 지금의 회의는 문제해결을 목적으로 하는 것이 아니므로 명확한 분계선에 대한 문제에 관해서는 이후의 회담에서 논의되어야 한다"고 주장하였다.[73] 이는 군사분계선과 비무장지대의 설정은 그 원칙에 합의 한 후 구체적으로 어디에 설정할 것인가는 차후의 협상을 통해 결정해야 할 사안이지, 먼저 구체적인 선을 합의할 수는 없다는 것이다. 다시 말해 의제채택협상은 무엇을 논의할 것인가를 결정하는 협상이지 구체적인 문제에 대한 해결을 목적으로 하는 협상이 아님을 명백히 한 것이다. 따라서 유엔군 측은 "우리는 어떠한 선도 제의하지 않으며, 당신들이 제의한 어떠한 명확한 분계선을 의제에 포함시키는데 대해 동의 할 수 없다"고 못 박았다.[74]

사실 38도선 군사분계선 설정문제에 대해서 당초 중국은 유엔군 측이 쉽게 동의할 것으로 보았다. 이는 앞에서 언급한 바와 같이 1950년 12월 서방측이 휴전에 대한 중국의 입장을 타진해 왔을 때 마오는 서방측이 38도선을 분계선으로 조선을 남북으로 분단하고자하는 의도를 가지고 있다고 판단하였기 때문이었다. 따라서 이 의제는 유엔군 측에 의해 별 무리 없이 받아들여 질 것이라 생각하고 있었다고 짐작할 수 있다.

그렇다면 실제로 서방 국가들이 중국에게 한국에서의 군사행동중지조건을 타진하였을 때 38도선이라는 언급은 없었음에도 불구하고 마오는 왜 서방측이 38도선을 경계로 휴전을 원하고 있다고

73 АПРФ, Ф.45, оп.1, д.339, лл.35~42(1951. 7. 12).

74 위 전문.

생각하였는가? 이는 당시의 전세가 공산 측이 우세하였으므로 서방측이 공산 측의 남진을 38도선에서 저지하면서 전쟁 전의 상태로 되돌려 놓고자 하는 의도라고 마오는 판단하였을 것이다. 이때에 이미 마오는 휴전회담에 적극성을 가지고 임하고자 하였으나 스탈린이 이를 저지하였음은 앞에서 밝힌바 있다. 다시 말해 전세가 우세하였음에도 불구하고 38도선을 받아들일 준비가 되어 있었다는 의미로 해석할 수 있다. 따라서 마오의 심중에는 38도선이 이미 한국전쟁의 휴전 분계선으로 자리 잡고 있었다고 하여도 과언이 아닐 것이다. 더구나 1951년 6월이 되면서 38도선에서 전선이 재형성되자 실제로 이는 교전 양측 모두에게 휴전의 당위성과 명분을 제공해주고 있었다. 따라서 마오는 38도선으로서 군사분계선을 설정하는 것은 교전 쌍방의 타협선으로서 역할을 충분히 할 수 있을 것이라 믿고 있었다. 1950년 12월 서방측이 38도선을 분계선으로 희망하고 있었다면 1951년 7월 당시 전세로 미루어 서방측이 38도선을 거부할 이유가 없다고 본 것이다. 더구나 마오는 38도선으로 군사분계선을 설정하는 것은 전쟁전의 상황으로 되돌리는 의미를 가지고 있다는데서 그 당위성을 찾고 있었다.

이러한 마오의 인식은 협상에서의 공산 측 주장에 잘 나타나 있다. 즉 7월 11일 2차 협상에서 공산측은 "38선은 허구의 선이 아니다. 북위 38도선은 일찍이 존재하고 있었다. 군사행동이 이 선에서부터 시작되었다. 따라서 군사행동중지에 관한 협상 역시 38도선을 근거로 해야 한다"고 주장하면서 "우리의 제의에는 이미 공동인식이 깔려있다"고 덧붙였다.[75] 이 발언에서 "공동인식"을 언급한 것은 1950년 12월 서방측이 38도선에서 공산군의 남진을 저지하면서 38도선으로 한반도를 분단하려 한 사실을 상기시키는 것으로 보아야 할 것이다.

75 위 전문.

이러한 언급으로 미루어 중국은 38도선 군사분계선 설정에 대해 상당히 낙관적인 입장을 가지고 있었으며, 유엔군 측의 강력한 반대를 예상하지 못하고 있었다고 볼 수 있다. 2차 회담이 끝난 후 중국은 바로 38도선에 대한 전략을 수정하면서 이를 외국군철수를 위해 양보할 수 있는 카드로 활용하기로 결정을 하게 된다. 이는 2차 회담이 끝난 후 마오가 휴전회담전략문제에 관하여 스탈린에게 보낸 다음 전문에서 읽을 수 있다.

> **필리포프 동지**
>
> (전략)
>
> 회담재개 이후 진일보한 분석과 투쟁을 위하여 우리는 아래 의제를 제의하려 함.
>
> 1. 의제 채택
> 2. 조선의 정전과 휴전 실현을 위해 우선 쌍방 군사분계선과 완충지대 설정의 결정
> 3. 조선에서 적대행위의 재발을 방지하기 위하여 조선으로부터의 외국군철수
> 4. 군사행동중지를 실현하기 위하여 휴전과 감시의 구체적인 조치
> 5. 군사행동중지 후의 포로에 관한 조치
>
> 위의 의제들은 조선에서의 외국군철수를 논의할 때 미국인의 동의를 얻을 것임. 이러한 상황 하에서 우리는 38도선 설정을 의제에 포함시키지 않고, 이를 의제의 실질적인 문제를 논의할 때 다시 구체적으로 논의한다는데 동의할 것임.
>
> (중략)
>
> 김일성동지가 리커농동지에게 만일 쌍방이 자신의 군대를 38도선으로 철수한다면 모든 외국군 철수문제는 다시 논의

해도 될 것이라 말한바 있음. 그러나 전반적인 상황에서 볼 때 우리는 38도선과 외국군 철수문제를 고집할 필요가 있음. (후략)

마오저뚱
1951. 7. 13. 13:07[76]

위 전문에서 보는 바와 같이 2차 회담이 끝난 후 마오의 협상전략에는 이미 '38도선'라는 문구가 빠져 있으며, 이를 '외국군철수를 논의할 때 동의를 얻을 것'이라는 의미는 '38도선'문제를 외국군철수를 관철하기 위한 협상카드로 활용하겠다는 의미이다. 또한 이 전문에서 언급한 김일성의 견해에서 우리는 김일성 역시 전쟁을 속히 종결시키고자 하였다는 사실을 알 수 있다. 그러나 마오는 협상에서 성급한 양보보다는 양보의 대가를 받아낼 때까지 38도선문제와 외국군 철수문제를 시간을 끌면서 지속적으로 주장할 필요가 있음을 언급하고 있다.

마오는 위와 같은 전략을 7월 15일 리커농에게 "몇 차례의 탐색과 논쟁을 거친 후 우리 측의 (38도선 문구를 삽입시키지 않은) 새로운 5개항의 의제 초안을 제출해도 좋다. 그렇지만 반드시 상대방이 외국군의 한반도철수문제를 의제에 포함시킨다고 동의하는 전제조건하에 우리 측이 기타의제 문제를 다시 논의하는데 동의해야 할 것"이라고 지시하였다.[77]

마오의 협상전략에 따라 공산측은 15일 속개된 3차 회담에서도 38도선문제를 계속 고집하였다. 남일은 동 회담에서 "귀측은 완충지역 문제를 제기하고 있으나 이 또한 군사분계선 설정에서부터 완충지역 문제를 검토해야 할 것이다. 즉 우선순위가 바뀐 것이다. 조선전

76 АПРФ, Ф.45, оп.1, д.340, лл.43~45(1951. 7. 13).
77 국방부 군사편찬연구소, 『중국군의 한국전쟁사(3)』(2005), p.91.

쟁이 발발하고 종료되지 않는 원인은 교전 일방이 세계가 인정하고 있는 영구적인 군사분계선 즉 38도선을 위반하고 있기 때문이다. 따라서 군사행동중지의 실현을 위해서는 반드시 38도선이 쌍방의 군사분계선이 되어야 하며, 이 점이 군사행동중지의 조건이 되어야 한다. 이 문제에 대한 결정이 있어야만 비로소 조선에서의 휴전을 보장할 수 있다. 완충지역의 설정은 기술적인 문제이며 쉽게 해결 될 수 있다"고 발언하면서 분계선으로서 38도선의 당위성을 역설하였다.[78]

그러나 조이는 "군인은 어떠한 분계선에도 관심이 없으며, 관심이 있는 것은 지리적인 선이다. 당신들은 전쟁이 38도선에서 시작되었으니 38도선에서 끝나야 한다고 말하고 있다. 당신들의 논리는 틀렸다. 우리는 38도선 문제를 의제에 포함시키는 것에 절대 반대한다"고 못 박았다. 또한 조이는 "우리 측은 새로운 정치환경을 만들거나 정치환경을 변화시킬 권한이 없다. 이는 강화회담에서 해결되어야 할 문제이다. 이 일은 군의 대표가 결정할 문제가 아니라 정부의 고위급 기관이 결정해야 할 사안이다"라 언급하면서 이 문제가 자신들의 권한 밖의 사안이라 강조하였다. 리커농은 조이의 이러한 발언에 대해 자신들에게 이 문제를 양보하라는 강한 압박이었다고 보고하였다.[79]

결국 중국은 7월 16일 4차 회담에서 38도선 문제에 대해 양보하게 된다. 동 회담에서 유엔군 측이 수정 제의한 4개항[80] 중 제2항의 "완충지역 설정을 휴전의 기본조건으로 한다"에 대해 공산 측은 "38도선을 의제에 포함시켜야 하지만 의제에 합의를 보기 위하여 우리

78 АПРФ, Ф.45, оп.1, д.340, лл.56~61(1951. 7. 16).

79 위 전문.

80 유엔군 측이 제의한 의제수정안: 1)의제채택, 2)완충지역설정을 휴전의 기본조건으로 한다, 3)최종적인 평화적 해결 이전의 군사행동재발방지를 위하여 정전과 한국휴전의 구체적인 조치 실현, a)군사정전위원회의 조직, 권한 및 기능 b)군사감시위원회의 조직, 권한 및 기능, 4) 전쟁포로에 대한 조치.

측은 의제에 이러한 명확한 군사분계선은 표기하지 않고 귀측이 제의한 일반적인 군사분계선으로 표기한다. 따라서 귀측이 제의한 의제 제2항을 '완충지역의 설정을 위하여 쌍방 군사분계선의 설정은 조선에서 적대행위중지의 기본조건으로 한다'로 표기할 것을 제의한다. 의제에 대하여 실질적으로 논의할 때 우리 측은 38도선을 쌍방 군사분계선으로 획정하는 문제를 다시 제기할 것이다"라고 언급하였다.[81]

7월 18일 6차 회담에서 공산측은 수정된 4개항의 의제를 제시하였고,[82] 의제에서 원칙적인 군사분계선을 설정하지만 구체적으로 38도선을 언급하지는 않고 군사분계선에 대한 실질적인 논의를 진행하면서 다시 38도선 문제를 논의하는데 동의하였다. 이에 대해 마오는 "비무장지대 설정을 위하여 쌍방의 군사분계선을 확정함으로써 적대행위 감소를 위한 중요한 조건을 만들어야 한다"고 유엔군 측과 합의하였음을 스탈린에게 보고하였다.[83]

2) 협상결과 및 함의

유엔군 측 대표였던 조이제독은 공산 측의 협상전술과 행태중의 하나로 '결론이 담긴 의제를 제시한다'고 지적하면서 그 대표적인 것으로 38도선 군사분계선 설정문제를 제의한 것을 예로 들었다. 유엔군 측이 '한국을 횡단하는 비무장지대의 설정'을 제시한 반면, 공산측은 먼저 38도선을 양 측 사이의 군사분계선으로 설정하는데 합의하자고 주장하였다. 당시 전선의 상황을 볼 때, 유엔군 측이 점령한 38도선 이북

81 АПРФ, Ф.45, оп.1, д.340, лл.64~67(1951. 7. 16).

82 공산 측이 제시한 의제수정안: 1)의제채택, 2)완충지역설정을 위한 군사분계선 혹은 약간의 선을 설정하여 조선에서의 군사행동중지의 기본조건으로 한다, 3) 정전의 실현과 조선휴전실현의 구체적인 조치에는 정전과 휴전감시기구의 구성과 권한 및 기능을 포함한다, 4) 포로대우의 구체적 조치.

83 АПРФ, Ф.45, оп.1, д.340, лл.88~91(1951. 7. 20).

지역이 공산군 측이 점령한 38도선 이남지역보다 훨씬 넓었다. 뿐만 아니라 38도선의 경우 휴전이 되더라도 유엔군 측이 방어하는 데는 용이하지 않은 지형조건이기도 하였다. 공산측은 자신에게 일방적으로 유리한 내용을 협상의제로 제시해 놓고 그 전제 위에서 모든 논의를 시작하자고 주장한 것이다. 조이제독은 이를 두고 속임수가 숨어있는 의제라고 말한 바 있다.[84]

결국 중국은 38도선 명기주장에서 후퇴하여 38도선을 구체적으로 언급하지 않는 군사분계선 설정에 대한 의제채택을 제의하였으며, 유엔군 측은 이에 동의하였다. 그러나 그것은 중국이 군사분계선으로서의 38도선 설정주장을 철회한 것은 아니었다. 다시 말해 38도선 문제를 포기한 것이 아니라 후속 회담에서의 군사분계선 협상과정에서 다시 제기하기로 하면서 일단 접어두자는 의도였다. 이러한 중국의 제의에 대해 유엔군 측도 동의한 것으로 보아 이는 중국의 일방적인 양보라고만은 볼 수 없다. 회담의 결렬을 막고 조속히 회담을 진전시키고자 하는 양측의 의지가 모두 반영된 것이라 볼 수 있을 것이다.

그렇다고 하더라도 이 문제를 2차 회담이 끝난 직후, 즉 협상이 시작된 지 얼마 지나지 않은 시점에서 바로 양보하기로 마오가 결심한 배경은 무엇인가? 앞에서 언급한 협상과정에서 볼 때 그 배경을 다음 몇 가지로 추론해 볼 수 있을 것이다. 먼저, 38도선에 대한 서방측 인식에 대한 자신의 오해를 발견한 것이다. 앞에서도 언급하였듯이 마오는 서방측이 38도선을 분계선으로 한반도를 남북으로 분단하려는 생각을 가지고 있다고 믿었다. 그러나 자신들의 우세한 전력으로 남진을 앞두고 있었던 1950년 12월과는 달리 1951년 7월의 전쟁 상황은 이미 다른 국면이 전개되고 있었으며, 따라서 유엔군 측이 38도선에 전혀 관심이 없다

84 Joy C. Turner(2003), pp.31~43.

는 사실을 발견하였다.

둘째, 38도선을 주장하는 논리의 취약성이 드러났다는 것이다. 38도선 문제 역시 정치적·영토적인 민감한 문제일 뿐만 아니라 당시 전선이 형성되었던 군사적·지리적인 상황에서 볼 때 유엔군 측의 논리를 반박할 근거를 찾지 못하였던 것이다. 유엔군 측은 38도선이 현 군사적 상황을 무시한 가상의 선이므로 휴전의 분계선이 될 수 없다는 입장, 즉 38도선은 북한의 남침 이후 한반도에서는 이미 아무런 의미가 없는 선이 되었다는 주장이었다.

이러한 유엔군 측 주장의 논리와 자신들의 논리의 취약성을 인정한 사실은 마오가 스탈린에게 보낸 전문에서 잘 나타나고 있다. 즉 마오는 "38도선에서 군사행동중지를 제의한 주요 이유는 현 우리의 군사역량이 적들을 북조선에서 축출할 수 있을 뿐 적들을 남조선에서 축출할 수는 없기 때문이다. 만일 38도선 문제가 결렬된다면 우리는 적들을 38선 이남으로 점진적으로 밀어 낼 능력이 있으며, 그 때 우리는 군사행동중지 회담을 다시 시작한다면 주도권은 우리수중에 있을 것이다"[85]라고 언급하고 있다. 뿐만 아니라 의제채택이 합의된 9차 회담을 마치고 리커농은 후속 회담에서도 유엔군 측은 38도선 문제에 대해 양보하지 않을 것이라 전제하면서 "우리는 지금 이 문제를 연구하고 있으며, 자신의 이유를 만들고 있다"고 마오에게 보고하였다. 이는 의제채택회담에서 자신들이 제기한 38도선 군사분계선 설정의 논리가 유엔군 측을 설득하기에는 한계가 있다는 사실을 인정하고 있다는 것이며, 따라서 이 논리를 보강하고 있다는 의미일 것이다.

셋째, 38도선문제를 양보함으로써 외국군 철수문제 관철을 위한 협상카드로서 활용하겠다는 전략이었다. 의제채택협상에서는

85 АПРФ, Ф.45, оп.1, д.340, лл.88~91(1951. 7. 20).

38도선문제와 함께 외국군 철수문제라는 또 다른 큰 산이 버티고 있었다. 유엔군 측이 반대하는 두 문제를 모두 관철시키는 것은 불가능하다고 보았을 것이다. 따라서 38도선 문제는 계속 논의한다는 보장만 받아내고 의제에서 제외시킨다는 양보의 인상을 주면서 그 대가로 외국군 철수문제를 관철시키고자 하는 전략이 필요하였다. 즉 외국군 철수문제를 관철시키기 위한 양보라는 협상 전략적 의미가 포함되어 있었다. 여기에는 유엔군 측 역시 '한반도를 횡단하는 비무장지대의 설정'을 의제로 제기하였으므로38도선 문제는 후속 본회담에서 이를 논의할 때 충분히 다시 제기할 수 있을 것이라는 계산이 깔려 있었다.

이는 유엔군 측이 7월 16일 최초에 제시한 9개항을 줄여 4개항의 의제를 제의하면서 '국제적십자 대표들의 포로수용소 방문'과 '한반도와 관련된 순수한 군사적인 문제 토의'문제를 의제에 포함시키는 것에 대해 먼저 양보함으로써 공산 측으로 하여금 체면을 유지하면서 양보할 수 있는 분위기를 만들었다는 점도 간과할 수는 없겠지만,[86] 이러한 유엔군 측의 양보에 대한 상응하는 양보라기보다는 외국군 철수문제를 관철시키기 위한 협상카드로서의 양보라는 의미가 더 컸다는 사실이 앞에서 확인되었다. 2차 회담이 끝난 후 이미 38도선 문제를 양보하기로 결정하였지만 4차 회담까지 이를 계속 고집한 이유는 협상의 입지를 약화시키지 않으면서 양보에 대한 대가, 즉 외국군 철수문제에 대한 양보를 요구하기 위한 것이었다.

넷째, 마오의 휴전회담 결렬을 막고 회담을 진전시키고자하는 의지가 강하게 작용하였다는 점이다. 다시 말해 전쟁을 조기에 종식시키고자하는 마오의 의지가 반영된 것이라고도 할 수 있다. 1951

86 기존의 일부 연구는 중국이 38도선 군사분계선 설정 문제를 양보한 것은 유엔군 측이 먼저 2항과 3항을 양보하였으므로 이에 대해 취한 상응한 양보라고 주장하고 있다.

년 봄 제5차 전역 이후 마오는 전쟁을 지속하기가 어렵다고 판단하게 된다. 중국의 입장에서 볼 때 1951년 6월 당시의 전황은 전선이 날이 갈수록 후퇴하고 있었고 진격의 가능성은 거의 없는 상황이었다. 따라서 결국 휴전은 빠를수록 유리하다는 결론에 이르게 되었다. 즉 마오는 "전쟁을 더 계속하여 적들을 남조선에서 완전히 몰아낼 수 있다면 우리는 이러한 위기의 대가를 지불하기를 원하지만 현 상황에서 이러한 가능성은 보이지 않는다"라고 지적하였다.[87] 전쟁을 조기에 종결하고자 하는 것은 유엔군 측도 마찬가지였다. 중국이 유엔군 측이 반대하고 있는 38도선을 구체적으로 명기하지 않고 군사분계선에 대한 구체적인 논의를 할 때 다시 제기하기로 제의한 것은 유엔군 측 역시 회담의 결렬을 원하고 있지 않다는 사실을 마오가 간파하고 있었으며, 회담을 진전시키고자 하는 양측의 적절한 타협점이었다.

03 한국에서의 외국군 철수문제

1) 중국의 주장과 유엔군 측과의 공방

외국군 철수문제도 38도선문제와 같이 제기되었으나 38도선에 대한 양보의 조건으로 외국군 철수를 관철시키기로 한 마오의 전략에 따라 공산측은 7월 16일 4차 회담부터 발언의 중점을 외국군의 철수문제에 두었다. 그러나 유엔군 측은 회담 벽두부터 이 문제가 의제에 포함될 수 없는 이유를 설명하면서 강하게 반대하였다. 1차 회담에서부터 유엔군 측은 외국군 철수문제는 강화회담에서 각국정부간 토의되

87 АПРФ, Ф.45, оп.1, д.340, лл.88~91(1951. 7. 20).

어야 할 정치적인 문제로서 군사적 문제를 토의하는 회담에서 논의될 성격이 아니며, 이 문제는 자신들의 권한 밖의 문제임을 분명히 하였다.[88] 다시 말해 외국군대는 각기 다른 국가들이 파견해 온 것이기 때문에 이 문제는 해당 국가의 정부와 유엔간의 협정에 근거해 논의되어야 할 문제라는 것이다. 외국군 철수문제에 대한 유엔군 측 이러한 반대 논리는 이후 회담에서도 일관성 있게 한 치의 양보도 없이 이어졌다.

이에 공산측은 유엔군 측의 논리를 반박하면서 외국군 철수문제를 지속적으로 제기하였다. 공산측은 "조선에서의 군사행동이 중지되지 않고 평화가 실현되지 않는 또 다른 주요원인은 외국군대가 조선에서의 군사행동에 참가하고 있음으로써 조선인민들이 자신의 문제를 자주적으로 해결하지 못하는 것이다. 따라서 조선에서의 군사행동중지와 평화를 확립하기 위하여 반드시 모든 외국군이 조선에서 철수해야 할 것"이라고 강조하고, "귀측은 이 문제가 권한 밖의 문제라고 주장하지만 당신들은 휴전협상 진행을 위한 전권대표단이므로 조선에서의 외국군 철수문제에 대한 논의를 거절할 이유가 없다는 점을 지적하지 않을 수 없다"[89]고 주장하면서 유엔군 측을 압박하였다. 또한 외국군 철수문제는 강화회담에서 파병한 각국 정부와 논의해야 할 문제라는 유엔군 측 주장에 대해 조선에서의 외국군 철수문제는 강화회담보다는 휴전회담과 밀접한 관계가 있는 것이라고 반박하였다.[90]

그러나 앞에서도 언급한 바와 같이 회담개최 전 의제선정에 대한 고려 단계에서부터 마오는 분명히 한국에서의 외국군 철수문제에 대해 상대측은 정치적인 문제라는 이유로 이를 회피할 것이라 예상

88 АПРФ, Ф.45, оп.1, д.339, лл.29~30(1951. 7. 11).
89 АПРФ, Ф.45, оп.1, д.340, лл.56~61(1951. 7. 16).
90 АПРФ, Ф.45, оп.1, д.340, лл.64~67(1951. 7. 17).

하고 있었다. 그러나 이 문제를 제기해야 할 것인지 여부에 대한 스탈린의 의견을 구한 결과 스탈린은 이 문제는 마땅히 관철시켜야 한다고 주장하였다. 스탈린의 주장이 반영되면서 의제채택협상과정에서 쟁점이 되었다. 그러나 마오는 의제채택협상 초기부터 이 문제가 유엔군 측에 의해 받아들여 질 수 있을 것이라는 데는 회의적이었다.

비록 유엔군 측이 최초 제의한 3)항의 군사적인 문제에 대해서만 논의한다는 의제에 대해서는 정치적, 군사적인 문제의 구분이 애매하다는 주장을 관철시켜 이를 삭제하는 양보를 받아내긴 하였지만 여전히 이 문제는 복잡한 정치적인 문제임은 틀림이 없었다. 따라서 이 문제는 스탈린의 의도에 의해 의제채택협상 과정에서 쟁점이 되었으나 마오는 회담의 진전을 위해서 어느 정도의 선에서 양보할 생각이 있었다. 마오의 목적은 휴전회담을 조속히 진전시켜 전쟁을 종결짓는 것이었다.

7월 11일 2차 회담이 끝나고 마오는 스탈린에게 휴전회담 전략에 대한 자신의 견해를 밝히면서 미국이 조선에서의 모든 외국군 철수문제를 의제에 포함시키는 것을 거부하고 있으므로 "38선과 외국군 철수문제를 고집할 필요가 있지만, 외국군 철수문제에 대해서는 다른 차원에서 개별사안으로 논의될 수 있을 것'이라고 언급함으로써 이 문제에 대해 이미 상당한 양보의 뜻을 내비치고 있었다.[91] 그러나 이러한 마오의 견해에 대해 스탈린은 아무런 반응이 없었다. 동의하지 않는다는 뜻으로 받아들일 수밖에 없는 상황이었다.

외국군 철수문제에 대한 스탈린의 동의를 구하지 못하고 있었던 상황에서 마오는 독단적으로 이 문제에 대한 협상전략을 수정하게 된다. 5차 회담이 끝난 7월 17일 오후 마오는 외국군 철수문제에 대한 수정된 협상전략을 리커농에게 지시하였으며, 다음날 사본을 스탈

91 АПРФ. Ф.45. оп.1. д.340. лл.43~45(1951. 7. 13).

린에게 보냈다. 마오는 우선 "적측에게 양보할 것이라는 인상을 주어서는 안 되며, 그들과 이 문제가 어떤 문제인지, 즉 군사문제인지 정치문제인지에 대해서는 논쟁하지 말고 적측이 고의로 만들어 놓은 논리적인 함정에 빠지지 않기 위하여 당신들은 조선에서의 외국군철수는 휴전을 보장하는 필수조건임을 강조해야 한다"고 주문하였다.[92] 이와 함께 마오는 "만일 적측이 휴전 후 즉시 조선에서의 외국군 철수문제를 논의하는 회담을 개최할 것에 동의한다면, 이러한 전제하에서만이 우리 측은 의제에서 이 문제의 문구를 수정할 것을 고려하는데 동의할 수 있을 것이다. 만일 적측이 이러한 양보를 하지 않는다면 우리는 계속 자신의 주장을 견지해야하고, 우리 측은 휴회를 제의하지 말고 회담중단을 고려하고 있다는 표명도 하지 말 것이며, 동시에 적측의 회담중단을 두려워하지 말 것"이라 지시하였다.[93]

이러한 협상전략에서 마오가 이 문제를 정치적인 문제라고 주장하고 있는 유엔군 측의 논리를 반박할 논리를 찾지 못하고 있었음이 드러나고 있다. 따라서 협상대표들에게 이러한 논쟁에 휘말려 들어가지 말 것을 주문한 것이다. 마오는 결국 외국군 철수문제에 대해 한 걸음 후퇴하게 된다. 외국군철수 문제를 휴전 후에 다시 논의한다는 보장, 즉 전제 조건을 제시함으로써 '외국군철수'라는 문구에 얽매이지 않을 것임을 시사한 것이다. 사실상의 협상전략의 수정이자 양보였다. 이 문제를 휴전 후에 논의한다는 것은 회담의제에서 완전히 빼도 좋다는 의미로 해석될 수 있을 것이다. 이 문제에 대한 유엔군 측의 확고한 입장을 간파한 마오는 이 문제로 인해 협상이 교착상태에 빠지는 것을 원하지 않고 있었다는 것을 말해준다. 즉 "휴회제의도 하지 말고, 회담중단도 고

92 АПРФ, Ф.45, оп.1, д.340, лл.68~70(1951. 7. 18).

93 위 전문.

려하지 말 것"을 지시한 것은 협상타결과 휴전회담의 진전에 대한 의지를 보여주는 대목이라 할 것이다. 그러나 스탈린의 동의를 받아내지 못한 상황에서 공산 측은 계속되는 회담에서 여전히 외국군철수에 대한 기존의 주장을 되풀이 할 수밖에 없었다.

7월 18일 6차 회담이 끝난 후 리커농은 "우리 측이 의제에서 '38도선'이라는 단어표기를 포기하였을 뿐 아니라 감시기구 문제에서도 유엔군 측의 일반적인 표현을 받아 들였음을 상기시키면서 쌍방 회담이 빠른 시일 내에 실질적인 문제의 논의로 들어갈 수 있도록 우리 측이 제시한 의제에 동의해 줄 것을 강력히 요구하였다"고 보고하였다.[94] 또한 7월 19일 속개된 7차 회담의 결과 보고에서 "우리 측은 계속해서 외국군 철수문제를 제기하였으나 적측 대표는 이 문제에 대해서 아무 대답도 하지 않고 침묵을 지켰다"고 언급하였다.[95] 이러한 유엔군 측의 태도는 이미 외국군 철수문제에 대한 논의자체를 거부하고 있다는 의미일 것이다. 또한 18일 오후회담에서 공산 측은 앞에서 언급한 바 있는 4개항의 의제수정안 제의하였으며, 그 속에는 이미 외국군 철수문제는 빠져 있었다. 이는 공산측이 실제로 유엔군 측의 의제수정안에 동의하면서 4개항에 합의한 결과라고 보아도 무방하다. 이후 19일 회담에서 유엔군 측이 외국군 철수문제에 대한 논의 자체를 거부한 의도는 이미 합의된 4개항을 최종 의제로 선정하자는 것이었다.

그러나 7월 18일 외국군 철수문제에 대한 전략수정을 시사한 전문과 공산측이 수정제의한 4개항의 의제에 대해서도 스탈린은 여전히 아무런 회신을 하지 않고 있었다. 7차 회담의 결과를 지켜본 마오는 7월 20일 새벽 협상대표들에게 회담에서 지연작전을 구사하도록 지시

94 АПРФ, Ф.45, оп.1, д.340, лл.71~75(1951. 7. 19).

95 АПРФ, Ф.45, оп.1, д.340, лл.85~87(1951. 7. 20).

하면서 이 지시 내용을 스탈린에게도 보냈다. 이 지시에서 마오는 "적측은 외국군 철수문제를 회피하면서 이미 합의한 4개항만으로 회담을 진행시키고자 할 것이며, 우리 측의 양보를 위해 1~2일 휴회를 제의할 것이다. 그러한 조짐이 보이면 우리는 주도권을 장악하기 위하여 먼저 3일의 휴회를 제의하면서 회담의 원활한 진행을 위하여 연구해야 할 것이다. 만일 오늘 회담에서 회담지연의 징후가 보이면 관계치 말고 1~2일의 회담을 더 개최할 것을 주장해야 한다. 그러나 더 이상 길면 안 될 것이다. 지금 우리는 최후의 역제의를 논의하고 있다"고 언급하였다.[96] 당시 자신의 협상전략에 대한 스탈린의 동의를 얻지 못하고 있었던 마오로서는 회담을 지연시킬 수밖에 없었을 것으로 보인다. 여기서 "최후의 역제의를 논의하고 있다"는 표현은 이 문제에 대한 양보를 포함한 제3의 제의를 고려중이라는 의미와 함께 '최후'라는 단어를 사용하면서 스탈린의 동의를 촉구하고 있다고 해석되어야 할 것이다.

그러나 이 전문에 대해서도 여전히 스탈린의 회신은 없었다. 이에 마오는 같은 날 다시 외국군 철수문제에 대한 자신의 협상전략을 자세하게 설명하는 장문의 전문을 스탈린에게 보내면서 외국군 철수문제에 대한 양보의 필요성을 설득하게 된다. 마오의 다급함을 읽을 수 있는 부분이다. 동 전문에서 마오는 먼저 "적측은 기존의 입장을 고수하면서 양보할 기미가 보이지 않는다"고 언급하고, 외국군 철수문제에 대해서 왜 양보하지 않을 수 없는지를 설명하고 있다. 동 전문에서 언급한 마오의 이러한 논지의 주요부분만 발췌해 본다면 다음과 같다.

96 위 전문.

필리포프 동지

(전략)

우리는 조선에서의 외국군 철수문제를 다시 연구해야 할 것임. 38도선에서 군사행동중지를 제의한 주요 이유는 현 우리의 군사역량이 적들을 북조선에서 축출할 수 있을 뿐 적들을 남조선에서 축출할 수는 없기 때문임. 전쟁이 길어지면 적들의 힘을 더욱 더 소모시킬 수 있지만, 우리에게도 재정적으로 상당한 위기를 가져다줌으로써 국방건설을 증대하기 힘들 것임. 전쟁이 연장되어, 예를 들어 반년 혹은 8개월 더 전쟁을 계속하여 적들을 남조선에서 완전히 몰아낼 수 있다면 우리는 이러한 위기의 대가를 지불하기를 원하지만 현 상황에서 이러한 가능성은 보이지 않음.

(중략)

만일 조선에서의 외국군철수에 관한 협상이 결렬된다면 수개월의 전쟁을 치른 후 다시 회담이 재개되더라도 적들은 이 조항을 다시 거절할 것임. 만일 그 때 이 조항을 군사행동중지 회담의제에 제외시킨다는 것을 동의한다면 우리는 더욱 불리한 상황에 빠지게 될 것임. 만일 새로운 협상이 또 결렬된다면 조선에서의 외국군 철수문제를 해결하기 위하여, 즉 적들을 남조선에서 몰아내야 한다는 현실적으로 현 상황에서 달성할 수 없는 임무를 위하여 우리는 장기전의 늪 속에 빠져버릴 것임. 이러한 분석 하에서 본인은 이 복잡한 문제를 해결하기 위한 새로운 방법을 설명할 필요가 있음. 즉 외국군 철수문제를 위하여 결과를 장담할 수 없는 장기전을 수행하는 것보다는 차라리 철군을 휴전회담이 반드시 즉시 해결해야 하는 조건에서 제외시키는 것이 바람직함. 말리크동지 역시 조선에서의 철군문제는 휴전 후에 다시 논의할 수 있다고 말한 바 있음.

> 만일 우리가 이 문제를 휴전회담 의제에 포함시키지 않는 것에 대해 지금 동의하지 않고 나중에 동의할 것이라면 지금 동의하는 것이 가장 좋으며, 이 문제를 이후 해결하게 남겨둠으로써 그것을 대만에서의 외국군철수, 단독대일강화조약, 일본의 재무장문제 등과 마찬가지로 우리 수중의 협상무기로 만들어야 함.
>
> 만일 귀하께서 본인이 제기한 문제와 관점이 정확하다고 생각한다면 귀하의 회답 후 김일성의 동의를 거쳐 우리 회담대표에게 새로운 지시를 내릴 것임. 만일 귀하가 반대한다면 귀하의 관점을 말해 주시고 지시를 내려주기 바람.
>
> 마오저뚱
> 1951. 7. 20.[97]

마오의 예상과 같이 8차 회담이 끝난 후 리커농은 "지난 회담에서의 미국측 대표의 발언과 금년 7. 19. 에치슨의 성명 그리고 '뉴욕 타임즈' 7월 19일자 사설에서 볼 때 미국측이 조선에서의 외국군철수문제에 대해 양보할 수 있는 가능성은 크지 않다"고 보고하였다. 그러나 계속 이 문제를 적극적으로 제시하면서 끝까지 이 문제를 관철시키고자 하는 인상을 적측에 줄 것이나 만일 적측이 기존의 입장을 고수하면서 양보하지 않을 경우 우리는 3일 간의 휴회를 제의할 것이며, 3일 휴회 후 회담에서도 유엔군 측이 기존의 입장을 고수할 경우 이 문제에 대한 논의를 보장해 준다면 다른 회담에서 논의할 수도 있다는 점을 회담이 끝나기 직전 암시할 것이라 언급하면서 이러한 취지의 발언문이 이미 작성되었다고 보고하였다.[98] 마오의 협상전략을 실행에 옮길 준비가 끝났

97 위 전문.

98 위 전문. 실제로는 4일 휴회 후 25일 회담이 속개되었다.

다는 의미였다. 이러한 움직임으로 볼 때, 마오는 외국군 철수문제에 대해 유엔군측의 양보를 기대하기는 이미 불가능하다고 판단하였으며, 이 문제에 대해 스탈린의 동의를 받지 않은 상태였음에도 불구하고 휴회 후 속개되는 회담에서 양보할 것이라고 결정한 것이다.

외국군 철수문제에 대한 스탈린의 의견은 7월 21일에서야 비로소 마오에게 도착하였다. 스탈린은 "우리는 귀하의 관점이 정확하다고 생각한다. 즉 외국군의 철수문제를 의제에 포함시키는 것을 더 이상 고집하지 않는다는 것이다. 지금은 이 문제를 뒤로 미루고 의제에 포함시키지 않는 것에 동의해도 좋을 것이다"라고 언급하면서 외국군 철수문제에 대한 양보에 동의하였다.[99] 외국군 철수문제 해결에서의 가장 큰 장애가 제거된 셈이었다.

스탈린의 동의를 얻은 마오는 7월 23일 리커농에게 "한반도에서 외국군 철수문제는 휴전 후의 다른 회의를 통해서 해결하고, 이번 회담의 의제에 포함시키지 않는 것에 동의한다"라고 언급하고 "우리가 제의한 4개항의 의제에 제5항 '기타 휴전관련 문제'추가할 것을 제안하라"고 지시하였다.[100] 7월 21일부터 4일 간 휴회를 요청한 공산측은 7월 25일 속개된 제9차 회담에서 마오의 지시에 따라 외국군 철수문제에 대해 차후 논의할 것을 보장하는 조건으로 이를 양보할 의사가 있음을 표명하였다. 즉 외국군 철수문제를 명기하는 대신 "쌍방의 관계각국정부에 대한 건의"라는 표현으로 휴전성립 후 일정기간 내에 쌍방이 고위급 대표회담을 소집하여 한국으로부터 외국군대를 철수하는 문제를 협의하자는 것이었다. 이에 유엔군 측은 "우리 측은 휴전조치 논의 시 귀측에 충분한 기회를 준다는데 동의한다. 그러나 이 문제는 마땅히 각국정부의

99 АПРФ, Ф.45, оп.1, д.340, лл.92(1951. 7. 21).

100 『周恩來軍事文選』第4卷 (北京: 人民出版社, 1997), p.204.

최종결정에 따라 해결되어야 하며, 휴전협정 합의이전 혹은 휴전조항 시행 이전에 단독으로 논의될 수는 없다"고 강조하였으며, 다음날 제10차 회담에서는 '건의'의 내용에 대해서는 어떠한 언질도 줄 수 없다는 점을 명백히 하였고, 공산측은 이를 수용하였다.

2) 협상결과 및 함의

결국 7월 26일 오후 속개된 10차 회담에서 양 측은 다음과 같이 휴전회담의제를 최종 확정하였다.

1) 회담의제 채택
2) 한국에서의 적대행위 정지를 위한 기본조건으로서 양측이 비무장지대를 설치할 수 있도록 군사분계선 설정
3) 정전 및 휴전에 관한 조항 수행을 감독하는 기관의 구성, 권한 및 기능을 포함한 한국에서의 휴전을 실현하기 위한 구체적 협의
4) 포로에 관한 협의
5) 양측의 관계 각국정부에 관한 건의

결과적으로 중국이 당초 휴전회담 의제로서 관철시키고자 한 38도선 군사분계선 설정과 한국에서 모든 외국군철수 문제는 그들이 양보하지 않을 수 없었다. 38도선문제는 후속 본회담에서의 구체적인 논의할 수 있다는 여지를 남겨 두었으나 외국군 철수문제는 완전히 휴전회담에서 제외되면서 5)항과 같은 모호한 표현으로 대체되었다.

공산측이 38도선 주장을 양보하면서 관철시키고자 하였던 외국군 철수문제에서 '외국군'은 유엔군, 특히 미군을 말하는 것이다. 한국전쟁에 참전한 유엔군은 유엔과 파병국가들과의 협약에 의해서 구성된 것이었다. 따라서 이 문제는 정부차원의 문제로서 군인들이 군사적인 문제를 논의하는 휴전회담에서 다루어 질 사안은 분명히 아니었

다. 유엔군 측 협상대표들이 합참으로부터 받은 훈령은 군사적 휴전문제만 토의해야 하며, 군대의 철수문제는 정부차원에서 토의되어야 한다고 적 측 대표에게 확실히 환기시키라는 것이었다. 다시 말해 각국정부의 결정에 의거하여 참전한 외국군대와 중국군 등의 철수는 한국문제의 최종적인 해결과 연관하여 이들 정부가 해결해야 할 문제라는 것이다. 트루먼 대통령 역시 유엔군이 철수할 것이라는 어떠한 인상도 적에게 주어서는 안 될 것이라 지시하였으며, 이러한 미국의 확고한 방침은 7월 19일 리지웨이 사령관에게 전달되었다.[101] 또한 같은 날, 미국무부는 에치슨의 성명을 통해 "유엔군은 한국에서 진정한 평화가 수립될 때까지 휴전 후에도 계속 주둔할 것"이라고 주장하였다.[102]

마오는 앞에서 본 바와 같이 회담의제를 고려할 때부터 이 문제는 정치적인 문제로서 논쟁을 예상하였으며, 의제로서 제의를 해야 하는 것인지를 스탈린에게 문의하였다. 이는 마오는 이미 이 문제에 대하여 유엔군 측이 양보하지 않을 것이라는 예상을 하고 있었다고 봐도 무방할 것이다. 그러나 스탈린이 계속 이 문제를 관철시켜야 할 것이라 주장하였기 때문에 계속 이 문제를 제기하였으나 회담 초기부터 마오는 이 문제에 대해 고집할 경우 회담의 진전을 가로막는 심각한 장애요소로 작용할 뿐이라는 사실을 직시하고 있었다. 더구나 마오에 있어서 중요한 것은 쌍방의 군대가 38도선으로 철수하여 하루속히 군사행동을 중지하는 것이었으며, 이 문제는 부차적인 문제로 간주되고 있었다. 이러한 인식은 마오뿐만 아니라 김일성과 말리크도 같은 생각이었다. 마오는 "외국군철군문제로 휴전회담이 장기화 되는 것보다 철군문제를 휴전회담에서 즉각

101 James F. Schnabel, Rovert L. Watson, *The Joint Chiefs of Staff and National Policy Vol.III The Korean War Part II*, 1979, 국방부전사편찬위원회 역,『미국합동참모본부사: 한국전쟁(하)』(1991), pp.33~34.

102 위의 책, p.38, 또한 같은 날 뉴욕타임즈도 같은 요지의 사설을 게재하였다.

해결해야 하는 전제조건으로 삼지 않는 것이 좋다. 말리크 동지의 말대로 38도선에서 군대를 철수시키고 휴전하는 것이 한반도 문제를 평화적으로 해결하는 첫 걸음, 한반도에서의 철군문제는 휴전 후에 다시 토론해도 된다."고 언급한 바 있다.[103] 따라서 마오의 외국군 철수문제 관련 협상전략에 있어서 가장 우선고려대상은 협상 상대방인 유엔군 측이 아니라 스탈린을 설득하여 동의를 얻어내는 일이었다고 할 수 있을 것이다.

그렇다면 스탈린이 외국군 철수문제를 고집한 이유는 무엇인가. 북한의 남침과정과 중국의 참전과정 등에서 파악된 스탈린의 한국전쟁전략의 중요한 부분은 미군을 한반도의 전쟁에 묶어 둠으로써 상대적으로 유럽에서의 미국의 위협을 감소시켜 보겠다는 것이었다. 미군을 포함하는 외국군 철수문제가 정부간 논의되어야할 정치적인 문제이며, 이러한 문제가 군사적인 문제가 다루어지는 휴전회담에서 논의된다는 것이 거의 불가능할 것이라는 사실은 유엔안보리 상임이사국인 소련의 스탈린이 누구보다도 잘 알고 있었을 것이다. 그럼에도 불구하고 이 문제를 제기하고 관철시켜야 할 것이라 주장한 이유는 한국전쟁이 조기에 종결되는 것을 원하지 않고 있었던 스탈린의 휴전회담 지연 전략이라고 볼 수밖에 없을 것이다. 마오가 외국군철수에 대한 협상전략 수정을 처음 시사한 후 열흘이 지나서야 비로소 스탈린은 이에 동의하였다. 그 동안 마오는 회담을 지연시키고 장문의 전문을 보내 설득하면서 스탈린의 동의를 기다렸다. 따라서 이는 스탈린의 고의적인 의도라고 볼 수밖에 없다. 그러나 여기서 우리는 휴전회담을 포함하여 한국전쟁 전반에 걸쳐 스탈린의 영향력과 통제력을 다시 한 번 확인하게 된다.

외국군 철수문제 관련 협상에서 특히 전쟁을 조기에 종

103 『周恩來年譜(1949~1976)』上卷, p.161. 국방부군사편찬연구소, 『중국군의 한국전쟁사(3)』(2005), p.95 재인용.

결시키고자 하는 마오의 의지와 의도가 두드러지게 나타났다. 의제채택 협상의 마지막회담이 되었던 제10차 회담에서 '관계각국정부에 대한 건의'라는 모호한 표현에 대해 유엔군 측이 어떠한 언질도 줄 수 없다는 점을 분명히 하였음에도 공산측이 이러한 제안을 수용한 것은 중국이 조속히 실제적인 문제를 토의하고자 하는 의지를 나타낸 것으로 볼 수 있을 것이다.[104] 즉 마오는 "우리 측은 휴전에 관한 협의를 조기에 달성하기 위하여 외국군 철수문제를 이번 회담 의제에 포함시키지 않는 것에 동의한다"[105]라고 언급함으로써 휴전회담의 진전과 휴전의 조기실현을 희망한다는 뜻을 숨기지 않았다.

그러나 외국군 철수문제 협상은 공산 측의 완전한 양보이자 패배였다. 이 문제는 38도선 문제와는 다르게 이후 속개되는 본회담에서도 구체적으로 논의될 수 없는 사안, 즉 휴전 후 다시 논의할 사안으로 미루어 졌다. 결국 스탈린을 어렵게 설득한 마오는 외국군 철수문제를 '기타 휴전관련 문제'라는 항목을 추가하는 것으로 물러섰고 이는 '관련국 정부에 대한 건의'라는 모호한 표현으로 결론지어졌다. 이러한 결과에 이르기까지는 마오가 이 문제에 대하여 처음부터 회의적인 생각을 가지고 있었다는 점과 함께 휴전회담 진전에 대한 강한 의지, 그리고 미국의 확고한 입장이 중국의 양보를 유도하는데 한몫을 하였다는 점이 지적될 수 있을 것이다.

104 Walter G. Hermes, *U.S. Army in the Korean War: The Tent and Fighting Front*, 육군본부 역, 『유엔군 전사: 휴전천막과 싸우는 전선(제2집)』(서울: 육군본부, 1967), p.32.

105 『周恩來軍事文選』, p.205.

3절 군사분계선설정협상에서 본 중국의 입장과 전략

01 군사분계선으로서의 38도선 공방

1) '38도선' 공방과 미국의 지상보상요구

7월 26일 의제가 합의되고 그날 오후 본회담이 시작되자 중국은 바로 38도선 군사분계선 설정문제를 들고 나왔다. 중국이 38도선 군사분계선설정에 집착한 또 다른 이유는 휴전회담 개최에 합의하게 된 배경에는 말리크가 주장한 "쌍방이 군대를 38도선 밖으로 철수 시킨다"는 의견을 서방측이 받아들였기 때문이라고 인식하고 있었다.[106] 따라서 중국은 38도선을 군사분계선으로 설정하는 것이 휴전회담 시작의 기반이라는 관념을 가지고 있었던 것으로 보인다.

7월 25일 마오는 휴전회담의 막후 책임자인 리커농(李克農)에게 전문을 보내어 "내일(26일)회의에서 의제합의 후 만일 실질적인 문제에 대해 토의를 하게 된다면 반드시 38도선을 군사분계선으로 하여 남북으로 각각 수 ㎞씩 비무장지대를 설정할 것을 관철하라"고 지시하였다.[107] 마오의 지시에 따라 7월 26일 오후 1차 본회담에서 공산 측 대표인 남일은 "우리는 38도선을 쌍방의 군사분계선으로 하고, 쌍방은 각각 남북으로 10㎞씩 철수하여 동 지역을 비무장지대로 설정할 것을 강력하게 주장한다. 그 이유는 첫째, 38도선을 군사분계선으로 확정하는 것은 세계가 공인하고 있는 역사적 사실에 부합된다. 이는 휴전회담의 실질적

106 『중국군의 한국전쟁사 Ⅲ』, p.103.

107 『周恩來年譜(1949~1976)』上卷, p.163.

인 기초가 되는 것이다. 둘째, 전쟁의 발발은 교전일방이 먼저 38도선이라는 분계선을 파괴하였기 때문이며, 전쟁이 끝나지 않는 이유 역시 교전일방이 북한과 중국 인민들의 항의를 무시하고 재차 38도선을 파괴하면서 그 선을 군사분계선으로 설정하려 하기 때문이다. 셋째, 현재의 전선은 쌍방의 군사분계선이 될 수 없다. 휴전에 합의하고 부속사항들이 이행되기 전에는 근본적으로 안정적인 전선이 존재하지 않는다. 따라서 전투가 지속되고 있는 지역에서 군사행동 중지를 요구할 아무런 근거가 없는 것이다"라고 주장하고 이에 덧붙여 "38도선은 현 전황에 부합되는 쌍방의 유일한 합리적인 분계선이다. 비록 쌍방이 38도선 남북으로 일정지역을 점령하고 있다 하더라도 쌍방이 38도선으로 부대를 철수시키는 것이 문제를 해결할 수 있는 유일한 합리적인 방안일 것이다. 만일 38도선을 군사분계선으로 확정한다면 비무장지대 설정 문제는 바로 해결될 수 있을 것"이라고 언급하였다.[108]

그러나 미국은 중국의 군사분계선으로서의 38도선 제의에 대해 의제채택 협상과정에서와 마찬가지로 38도선은 아무런 의미가 없는 지리적인 선에 불과한 것이며, 군사분계선은 마땅히 현 군사적 상황을 반영한 선이어야 한다고 주장하면서 이를 거부하였다. 미국은 여기서 한 걸음 더 나아가 해·공군의 우세를 지상에서 보상받아야 한다는 요구를 들고 나왔다.

이에 대해 중국은 38도선이 현 전황을 잘 반영하고 있다고 주장하면서 "7월 이후 쌍방의 교전지역이 38도선을 네 차례나 오르내렸으며, 쌍방의 공방이 결코 38도선을 벗어나지 않고 있기 때문에 38도선은 현 단계에서의 쌍방의 군사력을 잘 반영하고 있는 선이며, 따라

108 АПРФ, Ф.45, оп.1, д.340, лл.111~113(1951. 7. 27).

서 38도선이 군사분계선으로 되어야 한다"는 점을 강조하였다.[109]

38도선을 둘러싼 유엔군 측과 공산군 측의 공방이 계속되자 공산군 측은 미국의 38도선 거부와 지상보상요구를 의도적으로 협상을 지연시키는 전술이라 인식하고 중국은 언론매체를 통한 국제여론을 동원하여 유엔군 측의 무리한 요구와 회담에 무성의한 태도를 폭로하고, 38도선이 현 단계의 군사적인 상황을 가장 잘 반영하고 있으며 한반도문제를 평화적으로 해결할 수 있는 공정하고도 정확한 군사분계선임을 선전하고자 하였다.[110]

중국의 38도선 군사분계선설정 주장에 대하여 미국은 7월 30일 회담에서 조이는 다음과 같은 4가지 이유를 들어 반대하였다. 1) 38도선은 쌍방의 군사역량을 반영하지 못하므로 불합리함. 2) 38도선은 과거 남북한의 분계선이었음. 그러나 전쟁발발과 동시에 소멸하였을 뿐 아니라 현재의 어떠한 상황과도 관련이 없음. 3) 비록 최근 38도선을 중심으로 군사행동이 전개되고 있지만 38도선에 머물렀던 적은 없음. 따라서 안정적인 전선을 군사분계선으로 설정하는 것이 타당함. 4) 38도선을 군사분계선으로 설정할 경우 유엔군은 유리한 방어진지들을 포기해야 함. 이는 불합리할 뿐 아니라 잘못된 것임.[111] 즉 미국은 38도선은 가상의 지리적인 선으로서 아무런 의미도 정당성도 없으며 군사분계선은 현 전투상황에 의거하여 결정되어야 한다고 주장하면서 중국의 38도선을 거부하였던 것이다.

이에 앞서 7월 27일 회담에서 미국은 우세한 해군과 공군력에 근거한 지상보상을 요구하고 이에 따라 군사분계선을 현 전선 위

109 마오저뚱이 리커농에게 보낸 전문, A. V. 토르쿠노프, 구종서 옮김, 『한국전쟁의 진실과 수수께끼』(에디터, 2003), pp.338~339.

110 АПРФ, Ф.45, оп.1, д.341, лл.1~2(1951. 8. 1).

111 АПРФ, Ф.45, оп.1, д.340, лл.130~131(1951. 7. 31).

치보다 30~50㎞ 북쪽에 제시하였다.[112] 조이는 "당신들이 제의한 비무장지대를 획정하는 선은 현재 한반도에 존재하는 전체적인 군사적 상황과는 완전히 무관한 것이다. 해군과 공군의 효력과 지상군의 효력을 같이 고려하면 이들 셋은 모두 비무장지대에 대해 실제적인 영향을 미친다. 다시 말하면 지상의 비무장지대는 반드시 해군과 공군의 역량이 미치는 실제적인 군사지역을 함께 감안하여 결정해야 한다"고 언급하면서 "당신들이 지상군을 평양과 원산을 가로지르는 선 이북으로 철수시킬 때 포기해야 하는 우세(대가)는 유엔군이 공군과 해군력을 북한 지역에서 철수시킬 때 당신들이 얻는 우세(대가)에 비할 수가 없다"고 덧 붙였다.[113] 이는 비무장지대를 설정하는데 있어서 실질적인 군사적 역량을 기초로 하자는 것이며, 유엔군 측의 해군과 공군력이 우세하므로 이러한 우세를 지상에서 보상받으려는 논리였다.

조이는 7월 28일 회담에서도 "이전의 전쟁(태평양전쟁)에서 미국은 해·공군력으로 일본에 승리했다. 38도선은 군사적인 의미가 없고, 역사적 혹은 기타의 관점에서 이를 고려해서는 안 되며 마땅히 군사적인 관점에서 이 문제를 고려해야 할 것"이라 말하고, 마지막으로 "군사분계선 설정은 해·공군의 행동범위를 마땅히 고려해야 할 것"이라 강조하였다.[114] 미국이 38도선을 받아들이지 않고 이보다 30~50㎞북쪽을 제시한 것은 군사적으로 38도선이 인위적인 선으로서 방어가 어렵다는 측면도 있었지만 정치적인 목적은 38도선 보다 북쪽에서 전쟁을 중단하

112 유엔군 측의 이 최초 제안은 당시 유엔군 측이 확보하려던 선보다 훨씬 북상시킨 것이었으며, 당시 전선이 임진강 하구-연천-철원-김화-간성을 잇는 선이었지만 유엔군 측이 제시한 선은 해주-금천-시변리-평강-장전을 잇는 선으로서 군사적 요충지였던 철의 삼각지대를 유엔군 측에 포함시킨 선이었다. 『남북한관계 사료집』 1권 pp.163~174.

113 『중국군의 한국전쟁사 Ⅲ』, p.104.

114 АПРФ, Ф.45, оп.1, д.340, лл.116~122(1951. 7. 29).

는 것이 북한의 남침의 실패와 패배를 의미하는 것을 입증할 수 있다고 보았기 때문이라는 해석이 가능할 것이다.[115]

뿐만 아니라 미국은 한 걸음 더 나가 8월 11일 회담에서 기 주장하였던 해·공군 우세에 대한 보상에 더하여 유엔군의 지상군 수적 열세에 대한 보상논리를 들고 나왔다. 조이는 지상에서 영토를 보상받아야 되는 이유로서 "공산군 측의 전력은 휴전이 발효되는 그날부터 지속적으로 더욱 증강될 것이다. 우리 측의 해·공군의 작전은 중지될 것이지만 귀측이 지상군은 어떠한 간섭도 받지 않고 휴식하며 재정비 할 것이다. 공공연하게 진지를 구축하게 됨으로써 지구적인 공세를 펼쳐 천연적인 방어진지를 구축하지 못한 부대에게 큰 피해를 입힐 수 있다. 이러한 이유에서 유엔군 측은 계속해서 충분한 방어진지를 확보해야 한다"고 지적하였다.[116]

이러한 미국의 지상보상 논리에 대해 마오는 크게 분노한 것으로 보인다. 7월 28일 마오는 미국의 지상보상요구에 대한 반박논지를 리커농에게 다음과 같이 지시하였다.

> 1. 조이의 발언은 황당하고도 어처구니없음. 그는 휴전회담을 하고자 하는 것이 아니라 전장에서 괴성을 지르고 있는 것임. 귀관들은 발언을 통해 조이에게 그가 휴전을 할 생각인지 아니면 전쟁을 확대할 구실을 찾고 있는지를 묻고...... 지상군의 작전행동중지 상황에서 해공군이 작전행동을 계속한다는 생각을 가지고 있다면 그것은 근본적으로 휴전회담에 성의가 없다는 것을 말해주는 것임.

115 제임스 머드레이, "한국전쟁 휴전협상: 원심작용적 협상전략" 국방대학교 안보문제연구소, 『6·25전쟁과 한반도 평화』, 2000, p.109.

116 『朝鮮停戰談判會議記錄』第2項議程, 1951. 8. 11 기록, 『중국군의 한국전쟁사 Ⅲ』, p.111 재인용.

2. 우리 측은 반드시 38도선 군사분계선설정 주장을 완강하게 고수해야 하며 절대 우리의 진지를 포기해서 안 될 것임. 적측의 무리한 요구를 반박하는 것만이 우리가 점차적으로 양보할 것이라는 적측의 잘못된 착각을 깰 수 있을 것임.

만일 적측이 이 문제로 인하여 회담을 결렬시킨다면 이러한 사실을 공개하는 수밖에 없으며, 그럴경우 적측은 대단히 불리한 지경에 빠져버릴 것임.

마오저뚱
1951. 7. 28. 03:00[117]

위 전문에서 마오는 미국의 지상보상 요구가 자신들의 38도선 주장에 대한 양보를 압박하고자 제기되고 있다고 판단하고 지속적으로 이의 부당함을 반박하면서 38도선의 정당함을 주장할 것을 지시하였다. 중국은 회담 때 마다 매번 미국의 지상보상 주장에 대해 반박하였으며, "미국인들이 우리 군으로 하여금 38도선 이북 후방에 방어선을 구축하라는 터무니없는 주장을 하고 있는 것은 군사분계선문제에 대한 논의를 회피하고 주요문제와 부차적인 문제를 뒤섞어버리고자 하는 것"이라 비난하였다.[118] 8월 10일 회담에서 조이는 공산군 측의 38도선 제의는 군사적인 의미가 전혀 없는 것이며, 군사분계선 문제는 실제 군사적인 상황에 근거하여 토의해야 한다고 다시 한 번 강조하고, 이러한 회담 교착상태를 탈피하기 위한 공산군 측의 제안이 없는지를 물었으며, 이에 남일은 그것은 38도선을 받아들이는 일이라 대답하였다.[119]

뿐만 아니라 중국은 회담을 유리하게 이끌기 위하여

117 АПРФ, Ф.45, оп.1, д.340, лл.114~115(1951. 7. 28).

118 АПРФ, Ф.45, оп.1, д.341, лл.19~20(1951. 8. 3).

119 АПРФ, Ф.45, оп.1, д.341, лл.37~39(1951. 8. 10).

리커농의 건의에 따라 언론을 이용하여 미국의 무리한 제안을 폭로하는 국제선전 전략을 채택하였다. 마오는 매번 회담이 끝난 후 언론발표문을 통하여 적측의 음모를 철저히 폭로해야 하며 특히 중국이 38도선 이외 일체의 문제에 대해 토의를 거부하고 있다는 인상을 주고자 하는 미국의 고의적인 언론플레이에 적극 대응할 것을 지시하였다.[120] 8월 상순, 신화사와 인민일보 등 한반도 주재 종군기자들은 계속해서 평론을 발표하여 '미국 측이 군사분계선을 38도선 이북을 정하려고 획책하는 황당하고 무리한 요구'를 폭로하였다. 뉴욕의 노동자 일보는 8월 1일자에서 군사분계선에 관한 미국 측의 요구에 대해 "회담을 가능하게 했던 말리크의 원래의 진의를 헌신짝 버리듯 차버렸다"고 비판하였으며, 로이터통신 기자는 "교전 일방이 공중과 해상의 위력에 의지하여 영토를 요구하는 것은 역사상 처음 있는 일"이라고 보도하는 등 선전전에서 상당한 효과를 거두었다.[121]

이렇게 평행선을 달리던 양측의 주장은 회담형식을 분과위원회로 전환한 후 8월 17일 1차 분과위원회 회의에서 공산군 측이 처음으로 38도선 주장에서 물러설 수 있다는 암시를 하면서 접점을 찾아가기 시작하였다.[122] 이에 8월 19일 회담에서 유엔군 측은 독자적인 해·공군력에 관해 더 언급하지 않고 그 효과가 이미 현 전선에 반영되어 있다고 가정하자는 제안을 하였다.[123] 이는 미국이 지상보상의 요구에서 물러설 수 있다는 것을 암시하는 동시에 분계선 역시 현 전선을 기준으로 논의하자는 제의로 해석될 수 있는 것이었다. 협상의 쟁점은 이제 군사분계선으로서의 중국의 38도선 조정과 미국의 현 전선 조정을 어떻게

120 АПРФ, Ф.45, оп.1, д.341, лл.45~47(1951. 8. 11).

121 新華社 1951. 8. 9, 『중국군의 한국전쟁사 Ⅲ』, pp.109~110 재인용.

122 국가편찬위원회(1994),『남북한 관계 사료집』3권, pp.3~5.

123 위의 책, pp.9~13.

일치시키는가 하는 문제로 옮겨지고 있었다.

미국의 해·공군의 우세와 지상군의 열세에 대한 보상 요구는 객관적으로 볼 때 중국이 받아들이기 힘든 상당히 무리한 주장이었음은 틀림없다. 따라서 이러한 무리한 요구를 미국이 제기한 이유는 앞에서 언급한 그러한 의도와 목적 외에도 협상카드로서 제기하였을 가능성역시 지적할 수 있을 것이다. 즉 실제적인 지상보상을 관철시키겠다는 의도보다는 중국의 38도선 주장에 대한 양보를 유도하기 위한 압박용 협상카드로 이용하고자 하였다는 것이다. 마오 역시 앞의 7월 28일 전문에서 나타난 바와 같이 이러한 인식을 가지고 있었다. 이후에도 마오는 군사분계선 협상전략을 지시하면서 "적측이 원래의 제의를 고수(지상보상요구)하는 것은 단지 우리로 하여금 38도선 문제에 대한 양보를 압박하기 위한 것"이라 분석하고 있었다.[124]

2) 중국의 38도선에 대한 재고

중국은 회담에서는 계속 38도선을 고집하고 있었지만 사실 회담이 시작 후 오래지 않아 이미 38도선에 대해 재고하고 있었다. 이러한 사실은 북경과 회담대표단과 오고 간 전문을 통해 어렵지 않게 발견된다. 38도선을 재고하게 된 이유는 물론 유엔군 측의 강렬한 반대에 부딪힌 점도 있겠지만 이로 인하여 회담이 결렬될 것을 더욱 우려 한 것 같다.

표면적으로는 8월 15일 회담까지 중국은 회담장에서 계속 38도선의 주장을 굽히지 않았다. 그러나 8월 4일 회담결과 보고에서 리커농은 이미 "적들이 짧은 시간 내에 38도선을 받아들이기 어려울 것으로 보인다"고 판단함으로써[125] 38도선에 대한 재고의 가능성을 열어두

124 АПРФ, Ф.45, оп.1, д.341, лл.53~55(1951. 8. 13).

125 АПРФ, Ф.45, оп.1, д.341, лл.27~28(1951. 8. 4).

어야 할 것이라는 점을 암시하기 시작하였다. 8월 4일 오후 공산군 측 보병 1개 중대가 개성중립지역을 침범함으로써 개성중립지역 위반사건이 발생하였으며, 이를 구실로 유엔군 측은 회담을 거부하였다. 공산군 측은 이를 착오라고 시인하고 김일성과 펑더화이의 명의로 리지웨이에게 재발방지 약속서한을 보내고 우발적인 사건으로 회담이 중단되어서는 안 될 것이라고 강조하였다.[126] 중국의 휴전회담에 대한 의지가 잘 나타나고 있는 부분이다.

8월 10일 재개된 회담에서 유엔군 측은 38도선은 무의미하며 군사분계선 문제는 실제 군사적인 상황에 근거하여 토의해야 할 것이라고 주장하고, 군사분계선협상을 일시 보류하고 제3항 의제에 대한 실질적 토의로 전환할 것을 제의하였으나 공산군 측은 이를 거부하였다.[127] 당시 리지웨이는 공산군 측에게 72시간의 여유를 주되, 만일 변화가 없다면 휴전회담을 결렬시킬 생각이었다. 그러나 미 합참은 리지웨이에게 정부의 휴전회담 정책에 대한 정확한 이해를 촉구하고, 회담을 결렬시키라는 특별한 지시가 없는 한 회담을 결렬시켜서는 안 된다는 지시와 함께 회담을 중단하는 것은 정부차원의 결정이라는 것을 분명히 경고하였다.[128] 이렇게 볼 때 미국이나 중국은 모두 조속한 시일 내에 한국전쟁을 종결지으려는 생각을 가지고 있었고 따라서 휴전회담에 대해서 상당한 의지를 가지고 임하고 있었다.

8월 11일 마오는 회담전략에 관하여 다음과 같이 지시하였다.

126 『중국군의 한국전쟁사 III』, p.110.

127 『남북한 관계 사료집』9권, pp.319~334.

128 FRUS 1951 Vol.VII Korea, Department of State, Washington, 1976, pp.811~812.

… 적측이 기존의 근거 없는 부당한 제의를 포기한다면 대체적인 현 전선에 근거한 군사분계선 설정에 동의하고, 또한 이 선에 대한 조정에 동의하면서 우리 측이 제의한 38도선이 조정의 가장 바람직한 방안이라는 것을 주장하라. 이 방안이 기본적으로 현 군사적 상황에 부합한다. 따라서 38도선을 쌍방의 기본적인 군사분계선으로 설정하고 이 분계선을 기준으로 쌍방의 군대는 후방 10㎞씩 철수하여 비무장지대를 설정하여야 한다.

이러한 조치를 취하면서 우리는 양보할 용의가 있다는 의사를 표명하라. 이렇게 해야 적들로부터 시간을 벌 수 있으며, 적측의 제의에 대해 이해하고 반박할 수 있을 것이다.

마오저뚱
1951. 8. 11. 07:00[129]

위 마오의 전문에서 보는 바와 같이 미국은 회담이 교착상태에 빠지게 되자 회담장에서는 여전히 지상보상을 요구하고 있었지만 언론을 통하여 대체로 현 전선을 군사분계선으로 설정하고자 하는 의도를 흘리기 시작하였음을 알 수 있다.[130] 또한 중국 역시 미국이 근거 없는 부당한 제의, 즉 지상보상요구를 포기하고 이를 정식으로 제의한다면 받아들일 용의가 있음을 나타내고 있다. 즉 지도상에 고정된 지리적인 38도선이 아니라 현 전선의 상황에 근거하여 조정할 수 있는 윤지이는 38도선으로 전환할 수 있다는 것을 말해 주고 있다. 8월 11일 회담에서 남일이 여전히 38도선의 타당성을 주장하면서도 유엔군 측이 10일 회담에서 언급한 '현 전선에 근거한' 군사분계선 설정의 의미와 유엔군 측

129 АПРФ, Ф.45, оп.1, д.341, лл.45~47(1951. 8. 11).

130 АПРФ, Ф.45, оп.1, д.341, лл.45~47(1951. 8. 11).

의 실질적인 군사분계선은 어디냐고 질문 한 것은 위 마오의 회담전략과 무관한지 않다.[131]

8월 12일 새벽, 오전회담을 앞두고 리커농은 회담전략 관련 다음과 같은 요지의 전문을 마오에게 보냈다.

> 적측은 이미 4차례에 걸쳐 현 전선과 군사적 상황에 근거한 군사분계선과 비무장지대의 제의에 대해 토의하기를 희망하였음.
>
> 적측이 38도선의 제의를 받아들이는 것은 불가능함. 최근 며칠 동안 적측은 한편으로 우리로 하여금 먼저 양보를 할 것을 압박하고 있으며, 다른 한편으로는 회담의 중단가능성을 염두에 두고 있음. 따라서 38도선문제에 대한 명확한 정책결정이 반드시 필요함.
>
> 우리(회담대표)의 생각에는 적측의 최종목적은 현 전선에서 전투행위를 중지하는 것임. 이 부분에서는 적측은 약간의 조정에 대해서 동의할 것임. 따라서 우리는 38도선의 관철을 을 위해서 회담의 중단을 고려해야 할 것인지, 아니면 회담의 결렬을 피하기 위하여 현 전선에서 전투행위중지를 고려해야 할 것인지를 필히 결정해야 함. 국제적인 상황과 우리 정부의 요구와 현재 조선에서 전쟁을 계속할 수 없다는 상황 등을 고려 해 볼 때, 우리는 현 전선에서 전투행위중지문제를 고려하는 것이 바람직하며, 38도선을 위한 투쟁을 계속하지 않음으로써 회담의 결렬을 초래하지 않게 해야 함.
>
> 리커농

131 АПРФ. Ф.45. оп.1. д.341. лл.51~52(1951. 8. 12).

1951. 8. 12. 04:00[132]

8월 12일 회담을 앞두고 새벽에 보낸 전문에서 리커농은 이제 적측이 38도선을 받아들이는 것은 불가능하다고 단호하게 말하고, 지금은 38도선의 관철을 위하여 회담을 중단할 것인가, 아니면 38도선을 철회하고 회담을 계속할 것인가를 결정해야 할 시점이라 언급하면서, 38도선을 포기함으로써 회담의 결렬을 피해야 한다고 건의하였다.

8월 12일 오전 속개된 회담에서 유엔군 측은 리커농의 예상대로 "38도선 문제에 대해서는 다시 토의하지 않을 것이며, 대답도 하지 않을 것"이라고 언급하고 "새로운 제의를 해주기 바라며 새로운 제의가 준비되어 있지 않다면 제2항과 3항 의제를 먼저 토의할 것"을 제의하였다.[133] 이 회담이 끝나고 리커농은 마오에게 "유엔군 측이 38도선 제안을 받아들일 가능성이 거의 없다"고 다시 한 번 강조하고, "상대방의 최후의 카드는 현재의 전선에서 전투행위를 중지하고, 다시 부수적인 문제에 대한 약간의 조정을 하는 것이다. 만약 우리가 반드시 38도선을 군사분계선으로 하겠다고 한다면 회담결렬에 대한 준비를 해야 한다. 그들과 38도선을 가지고 다투다가 회담이 결렬되는 것보다는 현재의 전선에서 전투행위를 중지하고 다시 우리가 얻을 수 있는 문제에 대한 약간의 조정을 한 다음 휴전을 실현하는 것이 더 낫다. 그런 다음 3년 정도 힘을 비축할 시간을 버는 것이 좋다. 상부의 지시를 바란다"고 보고하였다.[134] 리커농은 이날 새벽의 전문에서와 마찬가지로 사실상 먼저 38도선 주장의 포기를 건의하면서 회담의

132 АПРФ, Ф.45, оп.1, д.341, лл.56~58(1951. 8. 12).

133 АПРФ, Ф.45, оп.1, д.341, лл.53~55(1951. 8. 13).

134 『중국군의 한국전쟁사 III』, pp.112~113.

결렬보다는 조정을 통한 휴전의 실현이 이득이라는 점을 강조하였다.

리커농의 보고를 받은 마오는 군사분계선 회담전략에 대해 다음과 같이 지시하였다.

1. 적측이 우리의 38도선 제의를 받아들일 생각이 없음. 그러나 현 전선과 군사적인 상황을 기초로 군사분계선과 비무장지대문제를 토의하고자 희망하고 있으며, 동시에 약간의 조정을 할 수 있다는 것을 암시하고 있음.

   지형과 군사적인 상황을 고려할 때 현 전선과 38도선 사이의 38도선 이남과 이북지역의 면적이 대체적으로 비슷함. 이러한 선을 군사분계선으로 부를 수 있으며, 아마 적측도 동의할 수 있을 것임. 하지만 적측은 회담에서의 우위를 차지하기 위하여 우리가 먼저 38도선 문제에 대한 수정안을 제의해 줄 것을 희망하고 있음. 우리 측이 38도선 이외의 기타 분계선에 대한 토의를 거부하고 있다고 언급한 것은 그들이 이 문제에 대한 토의를 거부하지 않는다는 것을 암시하는 것임.
2. 현재의 회담전략은 우리문제에 대해 적측의 회답을 압박하기 용이하도록 우리의 방안을 먼저 제시하지 않도록 하라. 적측이 재차 현 전선에 기초하여 군사분계선과 비무장지대문제를 토의할 것을 희망한다면 당신들은 반드시 적측의 기존 제의가 의미가 없어졌음을 지적하고 적측으로 하여금 구체적인 제의를 하도록 하라.

마오저뚱
1951. 8. 13.[135]

135 АПРФ, Ф.45, оп.1, д.341, лл.53~55(1951. 8. 13).

이 시점에서 중국은 이미 내부적으로는 38도선 주장을 철회하고 미국의 현 전선과 군사적인 상황에 기초한 군사분계선과 비무장지대설정 방안을 원칙적으로 수용하였다고 보아야 할 것이다. 그러나 마오의 8월 13일 전문에서 나타난 중국의 전략은 유엔군 측의 지상보상 요구를 거부하면서 38도선이라는 명확한 주장을 피하고 38도선 부근에 군사분계선을 그음으로써 문제를 해결하겠다는 의도였다. 즉 고정된 38도선과 현 전선을 연계시키는 전략으로 전환하여 현 전선이 38도선 부근에서 형성되어 있다는 주장을 제기하도록 하였으나 이를 먼저 제기하지 않도록 하여 기존의 38도선 주장을 양보한다는 인상을 주지 않으려고 하였다. 그러나 회담장에서는 8월 14일까지 중국은 여전히 38도선에 대한 입장을 고수하였다. 회담이 교착상태에 빠져 진전을 이루지 못하자 8월 15일 미국은 회담형식을 변경하여 분과위원회의 구성을 제의하였으며, 중국은 이에 동의하였다. 제2항 의제를 논의하는 분과 위원회는 유엔군 측의 호데스 소장과, 버크제독, 공산군 측의 셰팡과 이상조 등 각 대표 2명과 보좌관 2명으로 구성되었다. 미국의 분과위원회를 통한 회담 진행 제의에 중국이 쉽게 동의한 것은 회담의 결렬을 우려하고 있던 중국에게 이는 미국의 회담계속 의지로 받아들여졌기 때문일 것이다. 또한 이날 회담에서 중국은 자신이 제의한 38도선을 기준으로 한 비무장지대 설정은 쌍방의 의견을 고려하여 조정할 수 있다고 언급함으로써 38도선에 대한 양보의사를 처음으로 밝혔다.[136] 8월 17일 제1차 분과위원회에서 공산측은 38도선을 경계로 하는 비무장지대 설정에 있어서 지형과 쌍방의 의견을 고려해 조정할 수 있다는 입장을 재확인하였다. 그러나 미국도 지상보상을 여전히 주장하고 있었다.[137]

136 АПРФ, Ф.45, оп.1, д.341, лл.79~80(1951. 8. 16).

137 『남북한관계 사료집』3권, pp.3~5.

중국은 38도선 주장을 양보한다는 인상을 주지 않으려고 상당히 노력했던 것으로 보인다. 마오는 38도선 조정방안에 대해 김일성에게 보낸 전문에서 "만약 38도선 부근에서 지형과 현 군사적 상황을 감안하여 한 선을 긋는다면, 즉 임진강 동쪽으로는 38도선 이북으로, 임진강 서쪽으로는 38도선 이남으로 선을 그으면 남북지역이 대체로 동일해 지고 또한 이를 군사분계선으로 부른다면 다시 38도선을 거론할 필요는 없다. 비무장지대 역시 이 선을 기초로 설정하게 될 것이다........이렇게 되면 정치적으로 보았을 때 이 선은 당연히 38도선이 아닐 것이지만 그래도 여전히 38도선 남북 부근일 것이고 쌍방이 유지하는 남북지역 역시 대체적으로 동등하게 될 것이다. 또한 향후 한반도 문제의 정치적 해결을 구속하지도 않을 것이다. 군사적으로 보았을 때 적들은 그들이 설정해 둔 켄사스 방어선 부근으로 물러나 지킬 수 있게 되고 우리는 임진강 동쪽지역에서 여전히 현 진지를 고수하게 될 것이므로 임진강 서쪽으로는 38도선까지 철수할 필요가 없다"고 그 의미를 해석하였다.[138]

8월 18일 제2차 분과위원회에서 공산군 측은 임진강 동부지역에서는 38도선 북쪽으로 4㎞, 서부지역에서는 남쪽으로 4㎞를 통과하는 선을 군사분계선으로 하는 38도선 조정안을 제시하였다.[139] 이는 중국이 38도선을 수정할 수 있다는 의사의 표현으로 받아들여졌다. 또한 공산군 측은 이전의 모든 지도를 무시하고 새로 시작할 것을 제의하였으며, 이는 유엔군 측이 지상보상요구를 철회한다면 자신들도 38도선 주장을 철회할 수도 있다는 의미로 해석되었다. 이에 부응하여 8월 19일 유엔군 측은 토의를 위해 독자적인 해·공군력에 관해 더 이상 언급하지

138 『중국군의 한국전쟁사 Ⅲ』, p.117.

139 『남북한관계 사료집』3권, pp.6~8.

말고 그 효과가 이미 전선에 반영되었다고 가정하자는 제안을 하였다.[140] 이는 미국이 지상보상요구 철회의사를 밝힌 것이었다.

중국이 38도선 주장에 대해 양보하면서 유연한 태도로 전환하였고, 미국은 지상보상요구를 철회할 수 있다는 입장을 표명함으로써 회담이 진전되는 양상을 보였다. 그러나 일부 진전을 보이던 휴전회담은 유엔군의 개성폭격으로 유발된 개성중립지역 위반사건으로 인하여 8월 23일부터 2개월 여 동안 회담이 중단되는 사태가 벌어졌다.

02 개성사건과 회담중단

1) 개성 중립지역위반사건과 회담중단

8월 23일 유엔군 공군기가 휴전회담 장소 부근을 폭격하는 사건이 발생하자 공산군 측은 개성중립지역 위반이라 강력하게 반발하면서 회담의 중단을 선포하였다. 마오는 이 사건 직후 리커농에게 전문을 보내어 "이번 적기의 야간습격 사건은 그 의도가 분명하다. 나는 회담의 결렬을 두려워하지 않고 강력하게 반격할 것이다. 우리 측은 오늘 휴전회담의 일시 중단을 제의하여 적의 기세를 꺾어야 할 것이다. 동시에 군사적으로도 적의 가능한 공격에 적극 대비해야 할 것이다"라고 지시하였다.[141]

그리고 마오는 유엔군 측의 중립지역 위반사건에 대하여 스탈린에게 다음과 같은 전문을 보냈다.

상대 측은 이러한 행위를 회담의 압력수단으로 이용하고 있음.

140 『남북한 관계 사료집』 3권, pp.9~13.

141 『중국군의 한국전쟁사 III』, p.123.

> 우리는 회담의 중단을 선언하였으며, 상대측이 사건의 책임을 지고 만족할만한 대답을 듣기 전에는 회담을 회복시키지 않을 것임. 그러나 우리는 주동적으로 회담의 결렬을 선언할 생각은 없음.
>
> 만일 시간이 경과하여 상황이 호전될 경우 적측은 회담의 재개를 원할 것임. 이렇게 되면 우리는 주동적으로 회담의 전기를 마련할 수 있는 방법으로 회담을 회복할 것임.
>
> 김일성동지는 개성중립지역의 안전을 위하여 중립국 대표들을 초청하여 감독관과 증인으로 출석시키고 이를 회담재개의 필요조건으로 제시할 것을 제의하였음.
>
> 이에 대해 지시바람.
>
> 마오저뚱
> 1951. 8. 27.[142]

위 마오의 전문에 대하여 스탈린은 "귀하의 의견에 동의하며, 미국인은 회담을 계속 지연시키기를 더욱 원하고 있다. 김일성의 제의는 이득이 없다고 생각된다. 이 제의는 미국인들로 하여금 중국과 조선이 자신들보다 조속한 휴전협정이 필요하다고 인식하게 될 것이므로 우리에게 불리한 것이다"라고 회신하였다.[143] 중국은 일련의 개성중립지역 위반사건이 휴전회담의 지연을 위한 미국의 의도적인 도발이며, 또한 회담의 압력수단으로 이용하고 있다고 이라고 인식하였으나 회담의 결렬을 먼저 선언하지는 않을 것이라 하였다. 즉 비록 회담의 중단을 선언하였지만 그것이 회담의 장기적인 결렬로 이어지는 것은 원하지 않았다. 특

142 АПРФ, Ф.45, оп.1, д.341, лл.86~88(1951. 8. 27).

143 АПРФ, Ф.3, оп.65, д.829, лл.4~5(1951. 8. 29).

히 북한은 회담의 중단사태를 막기 위하여 중립국 감시단 운영을 제의하고자 한 것으로 미루어 조속한 휴전협정이 더욱 필요했음을 알 수 있다.

이 사건에 대해 유엔군 측은 8월 23일의 개성폭격사건이 공산군 측이 회담의 결렬을 위해 조작한 것이라고 주장하였으나[144] 이는 당시 조속한 휴전을 원하고 있었던 중국과 북한의 입장을 헤아려 볼 때 유엔군 측의 주장은 설득력이 떨어진다. 사실 휴전회담이 시작되어 개성지역이 중립지역으로 설정 된 이후 15차례의 중립지역위반사건이 있었으나 한 건을 제외한 14건이 유엔군이나 한국군에 의한 것이었다.[145]

중국은 개성중립지역 위반사건들을 신문과 방송을 통하여 대대적으로 항의하고 폭로함으로써 선전효과를 극대화 시키면서 회담의 주도권을 잡고자 하였다. 그러나 이러한 중국의 태도는 오히려 미국으로 하여금 중국이 회담을 결렬시키려는 의도가 전혀 없으며 회담의 재개를 원하고 있다는 것을 인식시켜 주게 되었으며, 이에 미국은 이 기회를 이용하여 회담장소 변경문제를 구체화하기 시작하였다.

2) 회담장소 변경과 회담재개

유엔군 측은 휴전회담 초기부터 적지인 개성을 회담장소로 정한 것 자체가 공산군 측에 엄청난 양보를 한 것이라 생각하였으며, 미국이 중국의 전략에 말려 들어간 것이라 인식하고 있었다. 개성 중립지역 위반사건으로 회담이 중단되자 미국은 이 기회를 이용하여 회담장소 변경을 시도하게 되었다. 9월 6일부터 미국은 회담장소 변경문제를 구체화하기 시작하였으며, 회담장소 변경을 위한 연락장교회의와 회담장소 변경을 공산군 측에 제의하였다. 이러는 가운데 9월 10일 또 다시 미

144 Walter G. Hermes, *Truce Tent and Fighting Front, US Army*, Washington D.C. 1966, 육군본부 역,『유엔군 전사: 휴전천막과 싸우는 전선』, 1968, p.40.

145 『남북한관계 사료집』1권, 1994.

공군기 1대가 조종사의 착오로 개성중립지역에 기총소사를 가하는 사건(만월리 사건)이 발생하였다. 그러나 이 사건 발생 후 미국은 과거와는 달리 신속하게 공개적인 책임인정과 유감을 표명하고, 중립지역으로서의 개성지역의 취약성을 들어 회담장소를 판문점 부근으로 옮길 것을 제안하였다. 이에 공산군 측 역시 상당히 우호적인 반응을 보였으나 회담장소 변경제의는 거부하였다.

이에 마오는 미국의 태도에 변화가 있다고 판단하고 회담재개를 제의할 것을 지시하였다. 9월 13일 마오는 리커농에게 "조이의 표현은 적이 이미 생각을 바꾸었다는 것을 보여주는 것이다. 상대측이 금후에 회담장변경을 다시 요구하는 것에 관계없이 우리 측은 주도권을 확보하고 개성에서의 회담재개를 제의하거나 동의하라"고 지시하였다.[146] 그러나 회담 장소는 반드시 개성이어야 함을 강조하였다. 마오의 지시에 따라 9월 19일 김일성과 펑더화이의 명의로 리지웨이에게 회담재개에 동의하는 서한을 발송하였으며, 이에 리지웨이는 회담재개 조건으로 회담장소 변경문제를 제기하였다. 또한 이를 위해 연락장교회의를 통하여 쌍방이 만족할 수 있는 회담재개 조건에 대한 합의가 필요함을 제의하였다.[147] 회담의 재개를 원하고 있던 중국은 연락장교회의에 동의하였다. 9월 24일 연락장교회의가 판문점에서 개최되었으나 중국은 개성에서의 휴전회담재개와 그 일시만 토의할 것을 주장하였고, 미국은 회담장소 변경을 휴전회담 재개조건을 강하게 고집하여 연락장교회의는 26일까지 아무런 결과가 없었다.[148]

9월 27일 리지웨이는 직접 펑더화이와 김일성에게 서한

146 『중국군의 한국전쟁사 III』, p.196.

147 김보영, 『한국전쟁 휴전회담 연구』, 한양대학교 대학원 박사학위논문, 2008, p.88.

148 『중국군의 한국전쟁사 III』, p.197.

을 보내 "쌍방 대표단이 가급적 빨리 송현리(판문점 동쪽)교외 쌍방 전선사이의 거리가 비슷한 지역에서 만나 회담을 갖자"고 제의하였으나 10월 3일 펑더화이와 김일성의 답신에는 "북한과 중국은 회담장소를 변경할 이유가 전혀 없다고 생각하고 있으며, 현재의 문제는 바로 개성의 휴전회담을 즉각 재개하는 것이고 회의에서 개성지역 중립화에 대해 엄격한 협의를 규정하여 협의를 위반하는 유사한 사건의 재발방지를 보장하는 것이다."라고 지적하였다. 이에 리지웨이는 "비록 당신들이 송현리에서 회담을 열자는 우리의 제의를 거절하였지만 나는 당신들이 선택하고 우리가 받아들일 수 있는, 대체적으로 쌍방 전선 중간지점에서 회의를 갖자고 제의한다"고 재회신하였다.[149]

10월 7일 중국은 결국 리지웨이의 회담장소 변경을 수락하게 된다. 중국은 조우은라이(周恩來)가 기초한 서한을 펑더화이와 김일성의 명의로 리지웨이에게 보내어 "지금 휴전회담을 즉각 재개해야 하며, 중요한 것은 쌍방에게 모두 구속력 있고 중립지역위반의 재발방지를 보장하는 협의를 엄격하게 규정하는 것이다. 회담재개를 위하여 휴전회담지역의 중립범위를 확대해서 개성과 문산을 모두 포함시킨 긴 지역으로 설정하고 회담장소는 판문점으로 옮기며, 쌍방이 안전을 책임진다. 쌍방대표단은 즉시 판문점에서 회담을 재개하고 재개후의 첫 회의에서 중립범위의 확대 및 중립지역 안전확보의 원칙을 논의하자"고 제의하였다.[150] 리지웨이는 회담장소를 판문점으로 하는 것에는 동의하였으나 중립지역범위확대에 대해서는 의문을 제기하였다.[151]

이로써 회담장소 변경문제는 판문점으로 합의되었다. 그

149 위의 책.

150 위의 책.

151 위의 책, p.198.

렇다면 양측이 결국 판문점으로 회담장소의 변경에 동의한 이유는 무엇인가. 먼저 중국과 북한은 모두 조속한 휴전을 바라고 있었고 따라서 휴전회담을 재개하고자 하는 의지가 강했음을 지적할 수 있을 것이다. 중국은 북한에 대한 원조부담에서 하루빨리 벗어나고 싶었으므로 최선을 다하여 조속한 시일 내에 휴전을 원하고 있었고, 따라서 조속한 회담재개를 위해서는 유엔군 측이 회담재개조건으로 강하게 제시하고 있는 회담장소 변경요구를 받아들이는 수밖에 없었던 것이다. 또한 10월 3일부터 개시된 유엔군의 추계공세에서 공산군 측은 상당한 타격을 받았다.[152] 이러한 군사적인 상황 역시 공산군 측으로 하여금 회담재개를 압박하였다고 볼 수 있다. 그리고 회담장소를 판문점으로 변경하는 것이 반드시 유엔군 측에 유리한 것은 아니라고 판단한 점도 지적할 수 있을 것이다.[153]

반면에 미국이 측이 회담장소를 개성에서 판문점으로 옮기고자 한 이유는 우선 리지웨이는 회담초기부터 회담장소 문제에 있어서 공산군 측에 일방적으로 양보하였다고 생각하였으며, 때문에 회담벽두부터 회담장소의 변경을 제기하였다. 그러나 이 시점에서의 회담장소 변경은 전략적인 복선이 깔려있었다. 그것은 군사분계선 협상에서 지상보상요구가 좌절되자 그 다음의 목표로서 개성지역을 확보하고자 하였던 것이다. 개성지역의 확보는 군사적인 점령과 협상을 통한 방법 등을 모두 고려할 수 있는 목표라고 볼 수 있었다. 군사적인 방법이건 협상의 방법이건 개성지역을 확보하기 위해서는 동 지역이 중립지역에서 탈피해

152 공산군 측은 유엔군의 추계공세를 성공적으로 방어하였다고 주장하지만 유엔군은 이 공세를 통해 서부전선에서 3~4㎞, 동부전선에서 6~9㎞ 전진하였으며, 동·서부전선에서 모두 467㎢를 점령하였다. 『중국군의 한국전쟁사 III』, pp.174~194 참조.

153 10월 18일 마오는 리커농에게 지시한 회담전략에서 "실제로 회담장소가 판문점으로 옮겨져 쌍방이 경비를 책임지게 되고 중립지역이 문산까지 확대되는 것은 적측이 볼 때 별 이득이 없는 것이다. 이러한 상황에서 적기는 문산 상공에 진입하지 못하게 됨으로써 이는 적측에 오히려 불리한 것"이라고 언급하고 있다. АПРФ, Ф.45, оп.1, д.341, лл.139~140(1951. 10. 18).

야 하며, 더구나 회담장소로 남아있어서는 불가능한 일이었다.[154] 실제로 이후 재개된 회담에서 미국은 개성지역 확보에 대한 의도를 숨기지 않고 관련지역과의 흥정을 요구하였다.

회담장소 변경에 동의하였지만 그 다음 쟁점으로 중립지역의 범위문제가 대두되었다. 중립지역의 범위문제는 미국에 있어서는 공군의 작전범위와 개성 확보와 관련되어 있었기 때문에 미국은 중립지역의 범위축소를, 중국은 확대를 주장하면서 논쟁을 이어갔다. 이와 관련하여 마오는 유엔군 측의 중립지역 축소의도를 "문산이 개성과 같은 크기의 중립지역으로 설정되어 서울의 진입로가 개방되고 개성 중립지역이 그들의 공군의 행동을 구속하여 중립지역협정을 위반하게 될 것을 우려하고 있으며, 실제로 회담장소를 판문점으로 변경한 것은 중립지역을 문산까지 확대한다는 것인데 적은 자신들에게는 전혀 이익이 없고 오히려 구속이 더 커져 문산 상공에 항공기도 넘어올 수 없다고 판단하는 것 같다"고 분석하고 "반드시 문산과 개성이 동등한 지위를 가져야 함을 설명하라"고 지시하였다.[155] 이러한 분석은 중립지역의 확대가 미국에게 실질적인 불이익을 주고 있으며 이러한 점이 미국의 회담재개 결정에 걸림돌이 되고 있다는 것을 마오가 인정한 것이다. 이러한 인식에서 중국은 중립지역 범위문제에 대한 논쟁에서 미국에게 상당한 양보를 하면서 이를 축소시켰다. 마오는 "우리 측이 제의한 개성-문산 중립지역과 두 개의 마을을 잇는 중립지대 축소의 제의는 그렇게 중대한 양보는 아니다. 만일 적측이 동의하지 않을 경우 우리는 중립지역을 더욱 축소할 용의가 있다"고 하면서 회담재개에 집착하였다.[156] 즉 마오는 중립지역의 범위문제로 시간을

154 조이는 만일 개성이 휴전회담장소로서 중립지역이 아니었더라면 일찍이 이미 유엔군에 의해 점령되었을 것이라 주장하였다.

155 『중국군의 한국전쟁사 III』, p.198.

156 АПРФ, Ф.45, оп.1, д.341, лл.139~140(1951. 10. 18).

끄는 것이 별 이익이 없다고 판단하였으며, 더구나 개성과 문산을 잇는 중립지역이 유엔군의 공군작전에 상당한 장애가 되면서 유엔군 측의 요구가 강경하였음을 고려하지 않을 수 없었다. 중국에 있어서 당시의 가장 중요한 목적과 가장 큰 이득은 조속히 회담을 재개해야 한다는 것이었다.

개성과 문산 사이의 중립지역에 대한 13일 간의 긴 논쟁 끝에 10월 22일 양측은 드디어 판문점에서의 회담재개와 중립지역에 관하여 합의하고 '쌍방대표단의 회담재개에 관한 협정'과 '쌍방 연락장교 공동양해각서'에 서명하였다. 여기서 주목할 점은 쌍방이 양해사항으로서 "우발적으로 중립지역 상공을 비행하는 경우와 유엔군사령부 지휘 하에 있지 않은 비정규군 또는 유격대가 침범하는 경우에는 유엔군의 책임이 아님"을 명시하였다.[157] 중국이 이러한 미국의 요구를 수락한 배경에는 사소한 중립지역 위반사건 때문에 휴전회담이 또 다시 지연되거나 중단되어서는 안 될 것이라는 휴전회담에 대한 의지가 반영되어 있다고 볼 수 있다.

03 군사분계선으로서의 '접촉선 논쟁'

1) 실제접촉선과 비무장지대 설정문제

회담이 재개되기 전 공산군 측은 이미 군사분계선으로서의 38도선에 대한 주장을 철회하고 현재의 전선에서 약간의 조정을 가하는 정도에서 분계선을 확정한다는 방침을 정해 놓고 있었다. 이때 유엔군 측의 군사분계선에 대한 입장도 역시 현 전선에 기초하면서 켄사스 · 와이오밍선의 안전보장이었다.

157 『중국군의 한국전쟁사 III』, pp.199~200.

회담재개를 앞두고 리커농은 회담전략과 관련하여 두 개의 전문을 마오에게 보내 지시를 청하였다.

> 우리는 적측으로 하여금 먼저 절충안을 제의할 것을 요구할 것임.
> 우리는 당초 회담시작과 함께 제1방안, 즉 쌍방군대는 각각 38도선 이북과 이남 후방으로 철수하고 38도선 지역에 비무장지대를 설정하는 것을 제의한다는 전략이었음.
> 그러나 38선 이남의 우리점령지역과 38선 이북의 적측 점령지역이 커다란 차이가 있음을 고려하면(우리 점령지역 2640㎢, 적 점령지역 5364㎢) 적측이 우리의 제의에 동의하지 않을 것임.
> 따라서 현재 이 방안의 제의는 시간낭비일 뿐이라고 생각함. 따라서 우선 제2방안을 제의하면서 현 전선을 고려하여 조정할 수 있음을 암시할 것임.
> 이렇게 하면 우리는 시간을 다시 지연시킬 수 있을 것이며, 그 후 우리는 제3방안 즉 조정을 거친 현 전선에서의 전투행위중지를 제의할 것임.
> 최근 적들이 임진강 동쪽지역에서 전진하였으므로 제3방안을 수정해야 함. 1~2일 후 우리는 이 방안을 제의하려 함.
> 지시바람.
>
> 리커농
>
> 1951. 10. 22. 23:00[158]

158 АПРФ, Ф.45, оп.1, д.341, лл.144~146(1951. 10. 22) 중국의 제1방안은 38도선에 비무장지대설치, 제2방안은 현 진신과 연계된 38도선 조정방안, 제3방안은 현 전선에 기초한 전투행위중지 방안이다.

리커농은 이어서 제2방안의 조정에 대해 다음과 같은 의견을 마오에게 보냈다.

> 최근 아군과 적군의 접촉선에 변화가 발생하여 제2방안에 대하여 조정할 것을 결정하였음.
>
> 1. 분계선은 거진리 마을 부근의 동해안에서 시작하여...... 서해안의 아산리까지임.
> 2. 교환지역과 분계선의 군 접촉선으로서의 조정예정지역은 상류동 마을 중심을 기준으로 아군은 서쪽후방으로 성원리-곡가리-판문점 지역까지, 적군은 동쪽후방으로 고랑포리-약담-대용리지역까지 각각 평균 약 5㎞ 철수함. 쌍방군대가 철수한 지역은 비무장지역으로 설정됨.
> 3. 지시받은 방안에 근거하여 아군이 38도선 이남 점령지역(2640㎢)에서 철수하고 나면 1880㎢, 적군이 38도선 이북 점령지역(5364㎢)에서 철수하고 나면 1944㎢가 각각 남게 됨으로써 쌍방 점령지역면적은 비슷하게 됨. 비무장지역의 남쪽 경계선이 지나는 지역은 적측의 '켄사스'방어선 내의 양호한 지형을 고려하였으므로 적측이 그 지역이 방어에 적합하지 않다는 구실로 반대하지는 못할 것임.
>
> 리커농
>
> 1951. 10. 23.[159]

위 리커농의 전문에 대해 10월 24일 마오는 리커농에게 다음과 같은 군사분계선 회담전략을 지시하였다.

159 АПРФ, Ф.45, оп.1, д.341, лл.150~151(1951. 10. 23).

> 회담재개 후 첫 회담에서 상대측이 고려할 수 있는 새로운 방안을 하나씩 제기하자고 제안하라. 상대측이 동의하지 않으면 새로운 방안 제의를 서두르지 말고 며칠 연기하고, 상대측이 동의하면 우리 측은 귀관이 23일 제의한 현재의 전선에 약간의 조정을 가하는 방안을 제안하라. 이 방안과 상대측과의 논쟁의 결과에 따라 현재상태의 휴전에 조정을 하는 현실적 기초에서 군사분계선을 확정하는 목적을 달성할 수 있을 것이다.
>
> 마오저뚱
> 1951. 10. 24.[160]

위의 전문들에서 볼 때 중국은 회담재개 이전부터 제1방안 즉 38도선 군사분계선으로 하는 방안은 이미 포기하였을 뿐 아니라 제2방안을 거쳐 최종적으로는 제3방안, 즉 현실적 기초(실제 접촉선)에서 군사분계선을 확정하는 것을 목적으로 하고 있었다는 것을 알 수 있다. 쌍방이 모두 실제 접촉선을 염두에 두고 있었지만 이러한 실제 접촉선을 확정하는 데는 상당한 시일이 소요되었다.

중국이 파악하고 있었던 미국의 기본적 입장은 '캔사스'선의 안전보장이었다. 중국은 회담이 재개된 이후 미국의 태도가 조금 수그러들었고 해·공군의 우세를 구실로 지상보상의 요구를 철회함으로서 공산군 측이 12,000㎢의 지역에서 물러나라는 황당한 주장을 포기하였다고 보고 있었다.

회담재개 당일 오후 분과위원회 회의에서 미국이 먼저 새로운 군사분계선 설정방안을 제의하였다. 미국이 제안한 방안에 의하

160 周恩來年譜(1949~1976), 上卷 p.190, АПРФ, Ф.45, оп.1, д.341, лл.147~149(1951. 10. 24).

면 동해안과 금성 부근의 극히 작은 지역에서 자신이 철수하는 것 이외에 대진리(동해안 간성 북쪽)동쪽과 금성 동쪽 지역, 김화 서쪽지역, 특히 임진강 서쪽의 38도선 남쪽지역의 분계선은 모두 현재의 실제접촉선을 크게 넘어서고 있었고 공산군 측 진지내부로 깊숙이 들어와 있었으며, 심지어 전체 개성지역이 모두 미국 측 통제구역으로 획정되어 있었다. 이 방안에 따르면 공산군 측은 약 1,500㎢지역을 포기해야 하였다.[161] 그러나 리커농은 미국이 제시한 새로운 분계선 방안에 대해 일단 '기본적으로 현재 접촉선과 부합'되며, 더 이상 미국의 지상보상이 요구는 보이지 않으며, 그 대신 개성지역의 확보를 시도하고 있다고 평가하였다.[162]

다음날 중국은 미국의 제안을 거부하고 10월 24일 마오의 지시에 따라 분계선과 비무장지대 안을 제시하였다. 그것은 서부의 옹진반도를 횡단하여 철운동 남서쪽, 점공리 서족, 원동리 남서쪽을 거쳐 동해안의 초도리에 이르는 선이었다. 이에 따르면 유엔군 측은 하계와 춘계공세를 통해 점령한 동부전선의 군사적인 주요거점(피의 능선, 단장의 능선, 해안분지, 김화, 철원 등)을 고스란히 넘겨주어야 했으며, 그 대신 공산군 측은 옹진반도와 연안지역을 유엔군 측에 양보하겠다는 것이었다.[163] 미국 역시 이 제안을 거부하였다.

이렇게 쌍방이 서로 다른 분계선 방안을 내놓았지만 중국은 실제접촉선으로 군사분계선을 설정하는 데는 큰 어려움이 없을 것으로 예상하고 있었다. 10월 28일 분과위원회 회의가 끝난 후 리커농은 "쌍방은 내일부터 접촉선문제에 대해 구체적으로 토론하기로 하였으며, 2개 방안을 놓고 지역에 대한 조정을 하기로 하였다. 1~2일 내에 양측이

161 『중국군의 한국전쟁사 Ⅲ』, p.201~202.

162 АПРФ, Ф.45, оп.1, д.341, лл.154~155(1951. 10. 25).

163 『남북한관계 사료집』3권, pp.45~62.

동의하는 쌍방군대 접촉선을 확정할 수 있을 것으로 예상된다. 적측은 이 문제에 있어서 쌍방의 의견차이가 크지 않다는 점을 암시하였다"고 보고하고, 협상전략과 관련하여 "최근의 상황으로 볼 때 향후 시간을 지연시키며 우리의 입장을 고수한다 하더라도 적측이 우리의 방안을 받아들이도록 양보하게 하기는 불가능하다. 우리에게 이러한 상태가 장기화되는 것은 적절하지 못하다. 따라서 우리의 생각으로는 양측이 모두 인정하는 접촉선을 우선 확정한 후 우리 측이 주도적으로 조정된 방안에 기초하여 현재 전선이 형성된 지역에서 전투행위 중지를 제의할 수 있을 것이다"라고 건의하였다.[164] 리커농은 접촉선문제에 대해 쌍방의 의견차이가 크지 않으므로 중국 측이 기존의 방안을 고집하면서 시간을 끌기보다는 약간의 양보를 하더라도 접촉선을 조속히 확정하는 것이 이득이라는 생각이었다. 이에 마오는 리커농의 건의에 동의하고 10월 29일 "쌍방의 접촉선이 확정된 후 우리 측이 주도적으로 현재 상태에서의 전투행위중지에 약간의 조정을 가하는 방안을 제안하라"는 지시를 내렸다. 10월 30일 리커농은 쌍방군대 접촉선문제에 대한 협상전략에 대해 마오에게 다음과 같이 보고하였다.

> ...적측은 쌍방이 인정하는 쌍방군대 접촉선의 확정은 어렵지 않을 것이라 언급하였음. 만일 오늘 오전회담에서 미국 측이 계속해서 쌍방이 접촉선 문제에 대한 논의를 거부하면 우리 측은 쌍방 군대의 접촉선 확정을 기다리지 않고 약간 조정된 현재 전선지역에서 전투행위를 중지하는 방안을 제기할 것임.
>
> 우리의 생각으로는 쌍방군대 접촉선문제에 관하여 논쟁이

164 АПРФ, Ф.45, оп.1, д.341, лл.158~159(1951. 10. 29).

있겠지만 변화가 크지는 않을 것임. 만약 이 방안을 제안한 다음 미국 측이 여전히 다른 지역과 개성의 교환을 무리하게 요구한다면 우리 측은 현재 군대의 실질적인 접촉선을 군사분계선으로 정하고 쌍방이 각각 후방 2㎞씩 물러나고 그 지역을 비무장지대로 설정하는 방안을 직접 제안하여 미국 측이 다시는 무리한 요구를 할 수 없도록 하겠음.

리커농
1951. 10. 30. 02:00[165]

이에 마오는 "우리 측이 31일 주도적으로 현재 상태에서의 약간의 조정을 거친 현재 전선지역에서의 전투행위중지 방안을 제의한다는 의견에 동의한다"고 언급하고, "만일 상대측이 다른 지역으로 개성지역과 교환하자는 입장을 견지하면 우리는 현재 상태에서의 휴전과 각자 2㎞씩 후방으로 후퇴하여 남북경계선을 설정하자는 단순한 현재 상태의 휴전방안을 제안하여 적측이 이를 받아들이게 하고 지역을 교환하는 논쟁에 말려들지 말 것"을 지시하였다.[166] 이에 따라 10월 31일 제13차 분과위원회 회의에서 공산군 측은 "현 접촉선을 기준으로 폭 4㎞의 비무장지대 설치"를 제의하고 이를 최종적인 제안이라 규정하였다.[167]

그러나 미국은 이를 거부하고 11월 5일에는 군사분계선의 최종합의를 유보하고 다른 의제를 먼저 토의하자는 소위 '잠정 불확정'방안을 제의하였다. 즉 군사분계선과 비무장지대를 구체적으로 확정하지 않고 군사분계선 문제에 관한 원칙만 확정한 후 휴전협정 서명 당시의 지상접촉선에 의거하여 다시 구체적으로 확정하기로 하고 다른 의제

165 АПРФ, Ф.45, оп.1, д.342, лл.3~7(1951. 10. 30).

166 АПРФ, Ф.45, оп.1, д.342, лл.1~2(1951. 10. 31).

167 『중국군의 한국전쟁사 Ⅲ』, p.203.

를 먼저 토의하자는 제의였다. 중국은 이를 미국의 시간지연전술과 개성을 손에 넣으려는 시도라고 인식하였으며, 제2항 의제를 완전히 타결하기 전까지는 다른 의제로 넘어갈 수 없음을 고집하였다.[168]

11월 6일 마오는 다시 "11월 7일의 회담에서 현재상태의 휴전과 각자 2㎞씩 후퇴하여 이 지역을 비무장지대로 설정하는 방안을 적극적으로 제의하라"고 지시하였으며, 이에 회담에서 공산군 측은 현재의 실질적인 접촉선을 기준으로 한 군사분계선과 비무장지대 안을 제시하고, "서로 동의하지 않는 한 어떠한 조정도 없다"는 조건을 제시하면서 당장 확정할 것을 주장하였으며, 확정한 군사분계선은 큰 변동이 생기지 않는 한 수정되어서는 안 된다는 조건도 부가하였다.[169] 이러한 제의를 볼 때 중국은 군사분계선 협상만 마무리 되면 곧 쉽게 휴전이 성사될 것이라고 생각하고 있었던 것으로 판단된다. 그러나 미국은 실질적인 접촉선을 기준으로 한다는 데는 동의하였지만 그 조건에 대해서는 거부하였다.

미국의 태도가 자신의 제의에 접근하고 있음을 감지한 중국은 미국의 의견을 반영한 수정안을 제의하였다. 즉 마오는 11월 7일 밤 리커농에게 보낸 전문에서 1) 군사분계선과 비무장지대에 관한 문제는 현재 상태에서 휴전하고 각자 후방으로 2㎞씩 물러난다는 원칙에 의거 확정한다. 2) 분과위원회는 위의 원칙에 근거하여 현재 쌍방의 최전방 접촉선을 검토 수정하여 쌍방의 군사분계선을 확정하고 이 선에서 각자 2㎞씩 물러나 비무장지대로 정한다. 3) 휴전협상의 전체를 토의한 다음 쌍방의 최전선 접촉선에 만약 어떠한 변화가 있다면 그 때 분과위원회는 반드시 이러한 실질적인 변화에 근거하여 이에 상응하는 수정을 가한다

168 『남북한관계 사료집』 3권, pp.221~224.

169 『중국군의 한국전쟁사 III』, p.215.

는 3개항을 제의하고 관철시킬 것을 지시하였다.[170]

마오의 지시에 따라 공산군 측은 11월 10일 분과위원회 회의에서 이를 제의하였으며, 유엔군 측이 이를 받아들임으로써 쌍방은 실질적인 접촉선을 기준으로 군사분계선을 설치하는 원칙에 대한 합의에 도달하였다.

2) 미국의 개성지역에 대한 흥정시도

회담재개 후 미국은 더 이상 지상보상을 요구하지 않았으나 이때부터 노골적으로 개성지역을 확보하고자 하였다. 미국의 전략은 개성을 자신들의 통제 하에 두거나 최소한 비무장지대 내에 두려는 것이었다. 개성지역을 확보해야 한다는 미국의 논리에 대해 조이는 10월 26일 회담에서 "만일 휴전회담으로 인하여 개성이 중립화되지 않았다면 이미 유엔군에게 점령되었을 것이다. 유엔군이 개성지역을 필요로 하는 것은 대한민국 수도 서울의 안전을 충분하게 보장하기 위해서이다"라고 주장하였다. 27일 회담에서 미국은 다시 "북한 해안의 일부도서를 포기할 예정이다. 이들 지역에 대한 포기와 개성지역에서의 이에 상당하는 지역과 교환해야 한다"는 지역교환을 주장하였다.[171] 즉 미국은 개성의 특수성을 주장하며 고성과 금성부근에서 포기하는 지역 및 서해 일부 작은 섬들과 개성지역을 교환하고자 시도하였다. 개성지역의 교환 흥정이 중국의 강력한 반대에 부딪히자 미국은 한걸음 물러나 '개성을 비무장지대로 설정하자'거나 '각자 절반씩 점령하자' 등의 요구를 하면서 개성지역에 집착하였다. 즉 미국은 만일 개성을 확보할 수 없다면 차선책으로 이 지역을 비무장지대에 포함시키기 위한 절충을 시도하였으며, 개성

170 위의 책, p.216.

171 위의 책, p.202.

을 가로지르는 접촉선을 설정하여 개성을 분할 점령하여 비무장지대에 두려고 하였다.[172] 앞에서 언급한 군사분계선설정 협상 초기에 미국이 실제 접촉선을 기준으로 하는 어떠한 방안도 거부한 이유 중의 하나는 쌍방군대 접촉선이 확정되기만 하면 개성지역을 차지하려는 미국의 요구는 아무런 근거가 없게 되기 때문이었다.

그러나 중국 역시 개성을 포기하려는 의사는 전혀 없었다. 서울 공략을 위한 전략적 요충지인 개성을 장악하는 것은 중부와 동부전선에서 38도선 이북지역의 상당부분을 상실하더라도 이를 능가하는 전략적 이득이 있다는 계산이었다. 공산군 측은 유엔군 측이 서울 방어를 위해 개성이 필요하다면 자신들은 평양 방어를 위하여 개성이 필요하다는 논리로 대응하였다.[173] 미국이 회담에서 전략적으로 중요한 개성지역에 대하여 지역교환 흥정을 시도하고 있고 이것이 군사분계선 협상의 진전에 걸림돌이 되고 있다고 인식한 중국은 회담 대표들에게 군사분계선 협상에서 특히 지역을 교환하자는 논쟁에 말려들지 말 것을 주문하였을 뿐만 아니라[174] 휴전회담을 유리하게 이끌기 위하여 군사적인 전술적 반격작전, 개성방어 작전, 서해안 도서점령 작전 등을 전개하였다.

휴전회담에서 개성을 요구하는 미국의 기도에 대해 개성의 안전과 회담에서의 주도권 확보를 위해 리커농과 세팡은 10월 28일 중앙군사위원회와 펑더화이에게 전문을 보내 개성의 방어를 강화해 적의 가능한 공격에 대비해야 한다는 선의를 하였다. 이에 펑더화이는 10월 29일 제19병단과 제65군단에 전문을 보내 "적이 회담에서 개성을 향해 접근해 개성지역을 축소시키고 이를 기정사실화하여 우리 측의 양보

172 『남북한관계 사료집』 3권, pp.170~191.

173 김보영(2008), p.96.

174 АПРФ, Ф.45, оп.1, д.342, лл.1~2(51. 10. 31).

를 얻어내려 기도하고 있다. 우리는 반드시 침범하는 적에게 심각한 타격을 가해야 한다"고 지시하였다. 또한 11월 5일 리커농과 셰팡은 펑더화이에게 전문을 보내 "회담에서 미국이 지연전술을 쓰고 있는 이유 중의 하나는 개성지역에 대해서 군사적 공격을 진행하여 우리로 하여금 그들의 무리한 요구를 받아들이게 하려는 것이라 판단하고 있다"고 언급하였다.

이러한 지시에 따라 제65군단은 진지를 강화하는데 그치지 않고 11월 한 달 동안 개성남쪽, 사천강 동쪽, 한강 북쪽지역에서 두 차례의 작전을 전개하여 한국군을 사천강 동쪽 및 한강 남쪽으로 몰아내고 280㎢의 통제지역을 확보하였다. 이로써 개성지역의 방어가 더욱 안정될 수 있었다. 동시에 미국 측이 회담에서 그들이 점령하고 있는 약간의 섬과 개성을 교환하자고 하는 구실을 없애고 미국 측의 서해안 연안도서지역 정보기지를 소탕하기 위하여 제50군단을 동원하여 서해 연안 도서지역에 대한 상륙작전을 진행하였다.[175] 제50군단은 11월 5일 철산반도 남쪽 2㎞ 지점의 단도, 11월 16일에는 정주남쪽의 애도 점령하는 성과를 거두었다. 이러한 중국인민지원군의 개성 확보와 도서공격 작전은 판문점회담에 상당한 영향을 미쳤다고 할 수 있다.[176]

미 합참은 결국 개성문제를 양보해야 한다는 결론에 이르게 된다. 미국여론이 개성문제로 인해 회담이 결렬되는 것을 지지하지 않는다는 것 때문이었다. 당시 리지웨이 장군의 개성에 관한 입장을 미국 내에서는 잘 이해하지 못하였으며, 뉴욕타임즈는 협상 대표단이 휴전선과 관련하여 큰 틀에서의 합의는 이루어졌음에도 불구하고 사소한 문제

175 압록강 하구에서 청천강 하구에 이르는 연해의 일부 섬은 국군 백마부대 및 평북연대라 부르는 특수무장공작원들의 근거지였다. 이들 섬의 특수공작원들은 미국과 한국의 정보기관과 협력하여 레이다 도청장치 등을 이용하여 공산군 측의 군사정보를 전문적으로 수집하고 북한 북부 서해안지역을 수시로 잠입하여 파괴활동을 전개하고 있었다.

176 『중국군의 한국전쟁사』Ⅲ, pp.209~215 참조.

에 얽매어 주저하고 있다고 비판하였다.[177] 이 당시는 이미 "군사분계선은 일반적으로 현 전선을 따라야 한다"는 원칙을 쌍방이 모두 수락한 상황이었으므로 현 군사적 상황을 협상으로 변경하고자하는 것, 즉 현 상황에서 적측이 점령하고 있는 개성지역을 확보하거나 비무장지대로 만드는 것이 무리한 시도일 수밖에 없다는 것이 미국 합참의 결정이었을 것이다.

3) 접촉선의 시점에 대한 논쟁

앞에서 언급한 바와 같이 공산군 측은 마오의 지시에 근거한 군사분계선설정 안을 11월 10일 제의하였으며, 미국이 수락함에 따라 쌍방은 실질적인 접촉선을 기준으로 군사분계선을 설정하는 원칙에 대한 합의에 도달하였다. 그러나 그 이후부터 접촉선의 시점에 대한 논쟁이 시작되었다. 미국은 전선이 유동적이기 때문에 휴전성립시기까지 군사분계선과 비무장지대는 확정될 수 없다는 논리와 함께 군사분계선은 휴전협정 조인시점의 접촉선이 되어야 한다고 주장하였다. 반면에 중국은 휴전성립 시점과는 관계없이 군사분계선 협상이 완료되는 시점의 접촉선을 군사분계선으로 확정해야 한다고 주장하였다.

미국 측 주장은 그들의 해·공군의 우수한 전력을 근거로 휴전협정 조인 시에는 현재와 다른 접촉선이 될 가능성을 크게 보고 있었다는 인식이 깔려 있었다. 조이는 11월 11일 회담에서 "언제 휴전 할지 모르는 상황에서 공산측은 변하지 않는 고정적인 군사분계선을 확정하여 사실상의 휴전으로 얻어지는 모든 이익을 취하려 기도하고 있다"고 공산군 측을 비판하였다.[178] 이렇게 볼 때 유엔군 측은 휴전에 대해 시간적으로 별로 낙관적인 견해를 가지고 있지 않았다는 것으로 판단할 수 있다.

177 James F. Schnabel & Rovert J. Watson(1979), p.63.

178 『조선정전담판문제』, p.311.

그러나 공산군 측은 현 전선에는 별다른 변동이 없을 것이라 가정한 것으로 보인다. 회담에서 셰팡은 접촉선과 근접한 정도의 조정은 가능하다는 유연한 태도를 보였지만 "최근 한반도 전세에서 전략전술상 의미 있는 큰 변화는 없었다. 당신들이 추계공세는 겨우 몇 개의 고지를 점령한 것일 뿐이다...... 당신들은 휴전성립 시까지 시일이 걸릴 것이라고 예측하지만 왜 곧 휴전이 될 수 있다는 예측은 하지 못하는가?"라고 언급하였다.[179] 물론 공산군 측의 이러한 주장의 이면에는 다른 의제에 관한 협상에서 유엔군의 군사적 압력을 배제하고자 하는 의도가 깔려 있다는 것 역시 부정할 수 없을 것이다.

다시 말해 양측의 주장의 요점은 유엔군 측은 전선이 유동적이기 때문에 휴전협정이 조인될 때까지 실제접촉선에 근거한 군사분계선과 비무장지대는 확정될 수 없다는 입장이었으며, 반면에 공산군 측은 최근 몇 개월 동안 전선에는 큰 변화가 없었음을 전제로 "우리가 조속한 시일 내에 휴전에 이르면 큰 변동이 없을 것이고 그것이 곧 최종합의가 될 것"이라고 주장하였다.[180] 여기서 우리는 공산군 측의 전쟁에 대한 조속한 시일 내의 휴전의지를 또 한 번 읽을 수 있다.

미국은 여전히 개성지역에 대한 미련을 버리지 못하고 있었으며, 군사분계선은 휴전협정조인 시의 접촉선에 근거한다는 원칙에 합의하고 다음의제 토의로 넘어가자고 주장하고 있었고, 중국은 현재 합의 가능한 접촉선을 확인하여 지도에 표시하는 것으로 제2항 의제를 완전히 마무리하자고 주장하였다.[181] 그러나 접촉선의 시점에 대한 논쟁에서 유연한 태도를 보이면서 먼저 양보한 것은 미국이었다. 이 시기에 미

179 『남북한관계 사료집』3권, pp.274~292.

180 위의 책, pp.274~292.

181 위의 책, pp.352~374.

합참은 회담의 전개과정에서 '실제접촉선'에 근거한 군사분계선 설정이라는 원칙적인 합의를 이끌어 낸 것에 대하여 중요한 의미를 부여한 것으로 보인다. 이는 결과적으로 공산군 측이 회담 초기부터 주장해왔던 38도선을 양보한 것이지만 이에 상응하는 유엔군 측의 양보는 미흡한 것이었다. 지상보상요구와 개성지역 확보요구를 철회하기는 하였으나 관철시키기에는 애초부터 무리한 요구였다. 또한 공산군 측이 38도선을 양보하고 유엔군 측의 현 전선에 기초한 선을 수용하였음도 불구하고 유엔군 측이 계속 압박한다면 공산군 측이 원래의 요구였던 38도선으로 돌아갈 수도 있다는 우려가 제기되었다. 이러한 이유로 미 합참은 11월 12일 "다른 의제들이 1개월 이내에 타결되지 않는다면 군사분계선은 재협상 한다"는 조건을 붙여 공산군 측의 안을 수락할 것을 리제웨이에게 지시하였다.[182]

리제웨이는 이 방안에 대해 유엔군 측의 입장을 약화시킬 것이라고 반발하였으나 11월 14일 미 합참은 대통령의 재가를 받아 공산군 측의 분계선 안을 수용할 것을 재확인 하였다.[183] 이 지시에 따라 유엔군 측 대표단은 11월 17일 회의에서 자신들의 '잠정 불확정'방안을 포기하고 공산군 측이 제의한 현재의 실질적인 접촉선을 군사분계선으로 하고 쌍방이 각각 2㎞ 후방으로 물러나 비무장지대를 설정한다는 원칙에 동의하면서 30일 간의 시한을 부가하는 조건의 절충안을 제시하였다. 즉 만일 30일 내에 휴전합의가 이루어지지 않는다면 군사분계선은

182 *FRUS* Vol. II (1979), pp.1122~1124.

183 미국이 이러한 양보를 결정한 이유로는 외교적 요인과 군사적 요인이 작용하였다. 외교적 요인으로는 당시 개막된 유엔 총회에서 소련은 원폭금지에 대한 국제회의, 4대 강대국과 중국 간의 평화회의, 38도선을 기준한 한국전쟁의 휴전 등을 주장하며 미국에 대해 외교적 공세를 펴고 있었다. 또한 군사적인 측면에서 휴전회담이 시작된 1951년 7월부터 11월 당시까지 유엔군은 6만여 명의 사상자를 내었으며, 그중 22,000명 이상이 미군이었다. 특히 사상자 대부분은 군사분계선협상이 진행되고 있었던 9~10월에 집중되어 있었다. James F. Schnabel & Rovert J. Watson(1979), pp.68~70.

그 당시의 실질적인 접촉선에 따라 조정한다는 것이었다.[184]

이에 마오는 11월 18일 "상대측이 우리의 제의와 근접한 방안을 제시하였다. 우리는 당연히 이 의제에 대해서 상대측과의 협의를 이루어야 하지만 오늘 회의에서는 서두르지 말라. 제3, 4항의 의제내용을 검토할 시간을 벌기위하여 당신들은 19일 아침 상대측에게 전화로 분과위원회회의를 이틀간 중단하고 21일 다시 재개하자고 통보하라"고 지시하였다.[185] 이와 관련하여 11월 19일 리커눙은 미국이 제의한 30일의 유예기간을 20일로 축소 제의하는 방안을 마오에게 문의하였으며, 이에 마오는 다음날 "상대측이 제의한 30일에 동의하라. 왜냐하면 적이 서두르고 있는데 우리가 적보다 더 서두른다는 모습을 보이는 것은 좋지 않기 때문이다. 우리의 입장은 30일 이내에 합의를 이루면 좋지만 시간이 길어지더라도 두렵지 않다는 것이다"라고 지시하였다.[186] 11월 21일 제33차 분과위원회에서 공산군 측은 17일 제안한 유엔군 측의 방안을 정식으로 수락하면서 30일 내에 어떠한 전선의 변경이 일어나더라도 분계선은 변경할 수 없다는 수정안을 제의하였다. 유엔군 측이 이에 동의하면서 양측은 11월 23일 제35차 분과위원회에서 군사분계선과 비무장지대 설정에 합의하였다. 그리고 분과위원회에서 가조인한 협정문 초안에 따라 11월 27일 제28차 본회담에서 군사분계선협정이 정식으로 체결되었다.

184 『남북한관계 사료집』3권, pp.467~483.

185 『중국군의 한국전쟁사 III』, p.217.

186 위의 책.

04 군사분계선협정체결과 함의

1951년 11월 27일 체결된 군사분계선 협정 내용은 다음과 같다.[187]

1. 휴전협정이 조인될 때까지 전투행위는 계속한다.
2. 현 접촉선을 군사분계선으로 확정하고 이를 중심으로 남북으로 각각 2㎞씩 도합 4㎞의 비무장지대를 설치한다.
3. 상기 군사분계선 및 비무장지대는 30일 이내에 휴전협정이 조인될 경우에 한하여 유효하다.
4. 30일 이내에 휴전협정이 조인되지 않을 경우 군사분계선은 휴전협정이 조인될 당시의 실제접촉선으로 한다.

이 협정에 의거 양측은 12월 10일 접촉선을 확정하였으며, 이 접촉선을 기준으로 남북으로 각각 2㎞ 후방에 남쪽과 북쪽의 경계선을 확정하고 4㎞폭의 비무장지대를 설정하였다. 또한 이 협정으로 인하여 미국은 한반도의 전장에서 군사적인 압력을 경감시킬 의도가 전혀 없었지만 군사분계선에 합의한 이후 30일 동안은 결과적으로 임시휴전기간이 되고 말았다. 이 기간 동안 유엔군 측은 지상에서 현 전선을 유지·강화하는데 주력한 반면, 공산군 측은 견고한 방어진지를 구축하고 지상군 특히 북한군을 재정비하고 증강하는 등 대폭적인 전력 증강을 이루었다.[188]

결과적으로 공산군 측이 이 30일을 전력 증강을 위해 이용하였지만, 마오가 30일의 제의를 받아들인 것은 이 기간 동안 기타

187 『남북한관계 사료집』3권, pp.538~541.

188 국방부전사편찬위원회, 『한국전쟁 휴전사』, 1989, p.140 참조.

의제의 합의가 마무리되어 휴전협정이 완전히 체결되기를 기대하였고 이를 낙관하고 있었기 때문이었다. 군사분계선협상과정에서 마오는 스탈린에게 보낸 전문에서 "조속한 전면적인 휴전협정의 달성은 회담시작부터 제기해온 우리의 일관적인 요구이자 우리가 분투하고 있는 목적이기도 하다. 만일 공동의 노력으로 30일간의 토론을 거쳐 기타의제에 합의한다면 전면적인 휴전협정을 달성할 수 있을 것으로 믿고 있다"고 언급하였다.[189] 그러나 결과적으로 30일 동안의 회담은 각 측의 주장만 난무하는 논쟁이 이어졌고 휴전협상이 완료될 것이라는 기대와는 점점 멀어져가고 있었다. 이는 전투계속의 원칙과 함께 30일 이 지난 후 치열한 고지쟁탈전으로 이어졌으며, 결과적으로 휴전협정체결 시까지 수많은 사상자를 내게 되는 처참한 전투가 이어졌다.

군사분계선협정에 전투행위계속의 원칙의 삽입은 미국의 요구였고 더구나 이를 단독조항으로 넣을 것을 요구하였다. 결국 미국은 이를 관철시킴으로써 이후 협상과정에서 군사적인 압박을 가할 수 있는 근거를 마련하였다는 긍정적인 평가를 내릴 수도 있지만[190] 이로 인하여 이후 1년 반 여 기간 동안 엄청난 사상자를 초래하였다는 부정적인 평가 역시 면하기 어려울 것이다. 전투계속원칙의 부정적인 측면을 평가할 때 이 책임이 미국 측에만 있다고 볼 수는 없을 것이다. 마오가 이를 수용한 이유는 물론 30일 이내에 휴전협정을 체결할 수 있을 것이라는 낙관적인 견해를 가지고 있기도 하였고 더구나 미국이 전투계속원칙을 견지하고 있으므로 해서 이로 인한 또 다른 쟁점을 만들고 싶지 않았을 것으로 볼 수 있다. 하지만 전투를 계속해야 할 것이라는 스탈린의 압력에 굴복할 수밖에 없었던 측면도 지적되어야 할 것이다. 마오는 군사분계선

189 АПРФ, Ф.45, оп.1, д.342, лл.34~37(1951. 11. 22).

190 김보영(2008), p.111.

협정에 관한 스탈린의 의견에 대하여 답한 전문에서 "당신은(스탈린) 휴전협정 이전의 적대행위에 대해서는 상호양해 한다는 점을 재 강조하였다. 실제로 우리들 간(회담 쌍방)에 휴전협정 체결 이전에 즉각 전투중지의 합의에 도달한 적은 없다. 따라서 우리가 상호양해의 문제를 제기할 필요가 없으며, 협정문 가운데 부속문으로 삽입할 것을 건의할 것이다."라고 언급하였다.[191]

이 전문으로 미루어 조속한 휴전을 원하지 않았던 스탈린은 중국이 조속한 휴전을 바라는 나머지 군사분계선협상에서 38도선을 포기하는 등 미국에 과도한 양보를 하고 있다고 인식하고 있었으며,[192] 이에 어떤 일이 있더라도 휴전협정이 체결될 때까지는 전투가 계속되어야 할 것이라 압박하고 있었던 것으로 판단된다. 이러한 스탈린의 의견과 마오의 생각에 따라 중국은 미국의 전투계속원칙에 대해 아무런 이의를 제기하지 않았고 미국은 이를 협정에 명시하였던 것이다.[193]

191 АПРФ, Ф.45, оп.1, д.342, лл.34~37(1951. 11. 22).

192 스탈린은 휴전협상에 임하는 적합한 자세는 중국과 북한이 회담에서 민활한 전술로서 강경노선을 채택하야하며, 조급하게 , 조속히 회담을 끝내겠다는 태도를 보여서는 안 될 것이라고 질책하였다. АПРФ, Ф.45, оп.1, д.342, лл.23(1951. 11. 19).

193 중국은 11월 13일 분과위원회 26차 회의에서 전투행위중지를 언급하였으나 그 뒤로 이 주장은 슬그머니 자취를 감추었다.

05장

중국의 한국전 참전과 대내외적 영향

1절
중국의 한국전 참전이 국내정치통합에 미친 영향

2절
중국 '항미원조'운동의 대내적 성격과 의의

3절
중국의 한국전 참전의 대외적 영향

05장 중국의 한국전 참전과 대내외적 영향

1절 중국의 한국전 참전이 국내정치통합에 미친 영향

01 신생 사회주의중국의 국내상황과 한국전 참전

신생 사회주의 중국의 과제는 다른 신생국과 다를 바 없는 정권의 정통성 획득과 국내정치통합이었다. 그러나 중국의 경우 국가와 사회의 사회주의체제로의 전환이라는 기본 전제하에서 대중들로부터 정통성을 획득하고 정치통합을 이룩해내야만 하였기 때문에 사회주의 경험이 없는 중국으로서는 대단히 어려운 과제였다.

정치체제의 이질성은 그 사회의 사회, 경제, 문화적인 특징을 결정하는 중요한 변수가 되며, 정치체제의 이질성은 사회, 경제, 문화적인 가치체계의 이질성을 수반함으로써 정치적 통합에 부정적인 요소로 작용할 것임에 틀림없다. 신생 사회주의중국은 중국의 정치체제에 근본적인 변화를 가져왔으며, 사회주의를 경험해 보지 못했던 중국에서 사회주의 체제로의 급속한 전환이 필요하였다. 따라서 신생 중국의 내부에 존재하고 있었던 과거 봉건주의적인 요소와 서구열강들과 미국, 그리고 국민당정부가 남겨놓은 자본주의적 요소 등 다양하고도 복잡한 이질성을 어떻게 극복하고 사회주의 정권에 대한 대중들의 지지를 획득하고 정치통합을 이룩할 것인가는 당시 중국지도부가 가장 심각하게 고려해야 할 문제였다.

정치적 통합을 과정보다는 상태나 조건에 중점을 두고 정의하는 에찌오니(A. Etzioni)는 폭력수단의 사용에 대한 효과적인 통제권을 강조하면서 그것을 하나의 정치공동체로 나아가기 위한 통합의 조건으로 보고 '이러한 공동체는 공동체전체에 대해 자원과 보상을 배정하며, 정치적 자각을 가진 대다수 시민들의 정치적 일체성을 형성하는 의사 작성에 중심을 두고 있다'고 지적하고, 도이취(K. Deutsch)도 역시 공동체 의식의 중요성을 강조하고 있다.[1] 신생 사회주의중국의 당면과제인 정통성 획득과 정치통합을 이룩하기 위해서는 먼저, 전면적인 사회주의적 개조를 통한 사회, 경제, 문화적인 통합을 이룩하여야 하였으며, 폭력수단에 대한 효과적인 통제권을 확립하고 지방분권세력의 제거를 통한 중앙집권화의 완성이라는 세 가지 목표를 달성해야 하였다.

사회주의정부수립 1년 밖에 되지 않고, 더구나 12년 동안 항일전쟁과 내전을 치른 중국이 세계 최강의 미국과 전쟁을 한다는 것이 가능한 일인가의 문제는 당시 중국지도부에게는 심각하게 고려해야 될 문제였다. 당시의 중국의 상황은 경제재건 사업을 막 시작한 시점이었

1 도이취는 에찌오니와 같이 공동체 의식을 강조하였지만 에찌오니의 '정치공동체의 효과적인 폭력수단의 통제권'을 '일정한 집단내에서 이해와 견해차이를 평화적으로 조정하여 필요한 변경을 평화적으로 성취할 수 있는 믿음'으로 대체하고 있다. 정치통합에 관한 학자들의 견해는 J. E. Dougherty & R. L. Pfaltzgraff. Jr., Contending Theories of International Relations(New York : Harper & Row, 1981) pp.417~467 참조.

고,[2] 장기간에 걸친 전쟁의 상처를 치유해야 할 시간이 필요하였으며, 국가의 재정상황은 대단히 곤란하였다. 그리고 정부 수립 후 국민당군대를 격퇴한 많은 지역들은 토지개혁조차도 시행하지 못하고 있었고, 이런 요인들로 인하여 정권의 안정이 위협받고 있는 상황이었다. 더구나 인민해방군의 무기와 장비는 상당히 낙후되었을 뿐 아니라 해군과 공군은 창군단계에 머무르고 있었다.[3] 이러한 국내적인 어려움에도 불구하고 한국전에 참전해야 하는 이유로서 중국은 "만일 미국이 전 한반도를 점령하여 압록강변을 위협하게 한다면 중국은 안정적으로 국내건설에 매진할 수 없을 뿐 아니라 국제적, 국내적으로 반동세력들이 확산되어 중국이나 아시아 각국에게 극도로 불리할 것이기 때문이다"라고 밝히고 있다.[4]

이러한 중국의 참전이유를 볼 때, 물론 대외적으로 국가안보를 위협받고 있다는 인식이 저변에 깔려있지만 뿐만 아니라 그 중점이 그들의 안정적 국내건설과 국내에서의 반사회주의 세력확산 저지에 있다는 것을 분명히 하고 있다. 바꾸어 말하면 참전을 하지 않는다면 국내건설은 타격을 받을 것이고 국내 반사회주의 세력이 확산되어 정권의 정통성 획득과 정치통합이 크게 위협받을 것이라는 주장인 것이다. 사회주의국가로서 기초를 다지기 위한 경제재건과 중국사회의 사회주의적 개혁은 공산당의 통치기반을 다지기 위해서도 시급히 해결해야 할 당면과제중의 하나였다. 특히 사회 곳곳에 남아있는 자본주의적 요소들의 제거는 신생 사회주의중국의 정치통합을 위해 최우선적으로 추진해야 되었던 과제였으나 사회주의를 경험하지 못한 중국 사회 각 부문에서의

2 한국전쟁 발발 직전에 개최된 중국공산당 제7기 전국대표대회 3차 중앙위원회전체회의에서 중국은 경제재건을 위하여 3년 동안 토지개혁 완성, 기존 공상업의 합리적 조정, 국가기관 운영경비의 대폭 절약 등 3가지 임무를 완수해야 한다고 밝혔다. 胡繩 主編, 『中國共産黨的七十年』(北京: 中共黨史出版社, 1991), p.278 참조.

3 胡繩(1991), p.278.

4 위의책.

반발과 저항이 예상되는 문제였다. 중국 사회에 잔존하고 있는 자본주의적 요소는 곧 미국적인 요소라는 인식이 팽배해 있던 당시 중국지도부는 미국이 중국공산당의 사회주의개혁에 가장 중요한 적이라고 인식하고 있었고, 더구나 미국이 한국전에 참전하고 북진하자 미국이 대내외적으로 중국을 위협하고 있다는 생각을 갖기에 충분하였다.

중국은 한국전 참전을 고려하기 시작한 8월 말부터 이를 국내문제와 연계시키고자 하는 의도가 나타나기 시작하였으며, 이는 그들이 8월 말부터 격렬한 반미선전과 함께 대중운동의 불을 붙이기 시작하였다는 점에서 짐작해 볼 수 있다.[5]

02 대중운동을 통한 사회·경제·문화적 통합

1) 신생 사회주의중국과 대중운동

중국은 오랜 혁명기간 동안 대중의 혁명적 에너지에 대한 믿음에 바탕을 둔 대중운동이란 독특한 전통을 확립하였고 이러한 대중운동은 인민대중의 혁명적 적극성만 개발할 수 있다면 어떠한 어려움이라도 극복할 수 있는 혁명적 이상주의와 평등주의로 특징되는 연안공산주의정신을 바탕으로 한 것이었다. 1940년에서 1943년, 일본군의 대규모 공세와 국민당정부의 세 차례에 걸친 봉쇄정책으로 연안정권은 심각한 경제적, 군사적 위기국면에 봉착하게 되었다. 이러한 위기국면을 돌파하기 위하여 마오저뚱(毛澤東)과 중국공산당은 대중들의 혁명적 열

5 1950. 8. 26 "世界知識"의 조우은라이 성명시, Allen S. Whiting, China Crosses the Yalu (Califoornia: Stanford Univ. Press, 1960), P.84, 1950. 9. 1 People's Daily, Gurtov & Hwang (1980), p.51 등 참조.

의를 동원하려는 대대적인 대중운동을 전개하였다. 예를 들면, 연안정풍운동(延安整風運動, 1942~1944), 정병간정운동(精兵簡政運動, 1941~1943), 하향운동(下鄕運動, 1941~1942), 합작사운동(合作社運動, 1942~1944), 생산운동(生産運動, 1943~1944) 등을 통하여 중국공산당은 기존의 체제와 사상에 대한 철저한 반성을 이끌어 내고, 이를 통하여 대중의 혁명적 에너지를 동원, 조직화함으로써 위기를 돌파하려 하였다. 특히 경제위기를 극복하기 위하여 중국공산당은 자력갱생과 근고분투의 기치를 내걸고 모든 간부, 관료, 지식인, 당원들을 생산투쟁에 총력 동원하였고 대중들의 희생정신과 봉사정신을 강조하였다.[6] 이러한 대중운동으로 중국공산당은 국공내전에서 승리할 수 있는 역량을 키울 수 있었다.

4년에 걸친 국공내전이 막바지에 이르면서 중국공산당은 1949년 10월 1일 사회주의중국의 탄생을 선포하였으나 사회주의 신생국인 중국은 곧 수많은 문제에 직면하게 되었다. 그들이 당면한 국내적인 문제는 신생국으로서 정권의 지속을 위한 중앙집권화 추진, 사회주의 국가로서의 국내불안요소 제거를 위한 반혁명·반사회주의 세력 소탕, 토지개혁 등 제반 사회주의 개혁을 통한 사회주의국가건설 기반구축, 그리고 오랜 전쟁으로 피폐된 경제의 재건을 통한 국가재정의 안정 및 민생안정 등으로서 모두들 시급한 해결을 기다리고 있었다.[7]

이러한 문제들 가운데서도 가장 심각하고도 우선적인 문제는 오랜 그들의 항일전쟁과 혁명전쟁으로 피폐된 경제상황을 호전시켜 각종 생산력을 전쟁 전 수준으로 회복시키는 일이었으며, 이는 중국정부에게 지체할 수 없는 화급한 과제였다.[8] 당시 중국의 경제는 생산의

6 서진영, 『현대중국정치론』 (서울: 나남출판, 1999), p.25

7 서상문, 『毛澤東과 6·25전쟁』 (서울: 국방부 군사편찬연구소, 2006), p.299

8 "斯大林與毛澤東會談記錄"(1949. 12. 16), 沈志華,《毛澤東與韓戰–中蘇最高機密檔案》(香港: 天地圖書, 1998), '附錄' p.382.

감소, 계속되는 군비지출, 그리고 높은 인플레이션으로 등으로 물가는 계속 앙등하고 있었고[9] 생필품과 식량은 절대부족 상태였다. 또한 철도, 도로들도 전쟁으로 인하여 파괴되어 거의 마비상태에 이르고 있었다.[10] 게다가 전통적으로 강한 지방 분권주의 경향과 방대한 인구로 말미암아 이러한 경제재건의 과정은 대단히 심각한 문제를 안고 있었다.[11] 중국정부는 이러한 경제적 난관을 돌파하기 위하여 인민해방군을 생산 활동에 투입하게 되었고 이와 함께 농업생산의 증대를 꾀하고자 토지개혁을 통한 농촌의 사회주의혁명을 시작하였다.

그러나 경제 재건에 대한 중국정부의 이러한 노력에도 불구하고 생산성 향상과 생산증대의 가시적인 성과는 좀처럼 나타나지 않았고 이러한 경제적인 어려움은 국민들의 생활수준을 빈곤상태에 놓이게 하였으며, 이는 다시 신생정부의 권력기반 구축에 심각한 장애로 작용하였다. 이러한 경제적인 어려움이 계속되고 회복의 기미가 보이지 않자 중국정부는 한국전 참전 얼마 전, 재정의 균형, 생필품의 가격안정, 인플레이션의 억제 등을 위하여 전시경제체제를 다시 부활하는 것을 심각하게 고려하고 있었다.[12]

경제 재건과 더불어 사회주의국가로서의 기초를 다지기 위한 전통적인 중국사회의 개혁과 자본주의 잔재의 제거 역시 그들이 당면한 과제 중의 하나였다. 중국 사회를 사회주의국가 사회로 개조하는

9 예를 들면 상하이(上海)의 물가는 49년 6월부터 50년 2월까지 9개월 동안 무려 70배가 올랐다. John King Fairbank, *The Unite States & China* (Chicago: Harvard Univ. Press, 1968), p.371.

10 Yuan-Li Wu, "The Chinese Economy Since 1949", *A Decade Under Mao Tse-Tung* (Hong Kong: The Green Pagoda Press LTD., 1959), p.65.

11 Han-Shik Park, "Chinese Foreign Policy Orientation and the Korean Peninsula", *Korea & World Affairs* (1980; Summer, Vol. IV, No.2), p.302.

12 Melvin Gurtov & Byong-Moo Hwang, ed., *China Under Threat ; The Politics of Strategy and diplomacy* (Baltimore: The John Hopkins Univ., 1980), p.27.

것은 공산당의 통치기반을 다지기 위해서도 시급히 해결되어야 할 문제였다. 이러한 근본적인 개혁을 위한 우선적인 목표 중의 하나가 지주계급과 도시자본가계급 같은 소위 착취계급의 제거였다. 지주계급을 제거하기 위해서 토지개혁을 실시하였고, 도시에서는 '반혁명활동 진압에 관한 지령'을 공포하여 본격적으로 도시 자본가계급을 비롯한 반혁명분자의 제거에 나섰다. 또 다른 하나의 목표는 중국 인민들을 국가에 대한 강렬한 혁명적 충성심을 지닌 사회주의적 인민으로 전환시키는 것이었다. 이는 일반적으로 애정과 충성심이 가족과 친척집단으로 향해 왔던 전통적인 중국의 가족중심사회를 개조하는 가족제도의 개혁으로 나타났으며, 이러한 가족제도의 개혁을 위하여 취했던 첫 단계 조치는 50년 새로운 '혼인법'을 공포한 일이다.[13] 이와 더불어 '새로운 사회주의사회'에서 전통적인 가족제도의 사회적 영향력을 최소화시키기 위한 운동이 과격하고 반전통적이며 반부르조아적 정치운동의 하나로 전개되었으며 점진적이기보다는 주로 강제력과 강력하고 잘 조직된 대중운동의 압력에 의해 촉진되고 있었다.

내부의 자본주의의 잔재를 제거하고 급격한 사회주의 개혁이 필요할 당시에, 그리고 경제의 재건을 위하여 전시경제체제의 부활을 심각하게 고려하고 있을 때, 또한 이 두 마리의 토끼를 잡기 위해서 혁명적인 대중운동의 필요성이 대두되고 있을 때, 한국전쟁의 발발과 미군의 한국전 참전 및 38선 돌파는 중국에게 대대적이고 급진적이면서 다방면의 목적을 지닌 대중운동을 일으킬 수 있는 호기를 제공하였던 것이다. 따라서 당시 중국지도부는 중국의 한국전 참전과 함께 대대적인 대중운동을 전개한다면 이는 다음 같은 것들을 가능하게 해 줄 것이라 생각했을 것이다. 먼저, 전국적이고 대대적인 대중운동을 통해 국내

13 위의 책, p.27.

에 잔존하고 있었던 많은 실재적·잠재적인 적, 즉 반공세력, 국부군의 잔존세력, 전통적인 비밀결사등의 제거와 회유가 가능하다는 것이다. 이들은 만약 중국이 한국전쟁에서의 미국의 승리를 수동적으로 받아들인다면 새로운 희망을 가지고 투쟁할 집단들이었다. 또한 사회주의개혁의 일환으로 중국 내에서 과거 아편전쟁 때부터 뿌리를 내리고 있었던 미국을 위시한 서구 열강들의 세력과 영향력을 청산하는데 좋은 계기가 될 수 있다는 것이었다. 둘째, 정권초기 급진적인 토지개혁과 반혁명운동의 진압 등으로 국민들의 지지와 신임을 점차 상실해 가고 있던 중국정권으로서는 대외전쟁의 수행과 함께 대중운동을 통하여 국민들의 애국심을 자극하여 정권에 대한 지지도를 높이고 정권을 안정시킬 수 있을 것이다. 셋째, 사회주의적인 사회·경제 질서 재편을 위해서는 상당히 급진적인 정책이 필요하므로 대외전쟁과 함께 추진되는 대중운동은 급진적인 정책의 추진을 한층 용이하게 할 것이다. 넷째, 극심한 인플레이션의 극복과 생산의 증가를 위하여 국민들을 동원할 수 있을 것이며, 전시경제체제를 부활함으로써 물자부족으로 인한 국민들의 내핍생활을 강요할 수 있을 것이다.

이렇게 볼 때 한국전의 참전과 같은 대외전쟁의 수행은 전국적인 대중운동의 전개를 위한 가장 효과적인 동인(動因)을 제공할 수 있고 이러한 운동을 전개시키는데 있어서 결정적인 작용을 할 수 있을 것이라는 인식이 중국 지도부의 한국전 참전결성에 상당히 긍정적으로 작용했을 것이다.[14]

위와 같은 고려 하에 한국전쟁기간 동안 중국은 항미원조운동, 토지개혁과 농업호조합작운동, 3반5반 운동, 사상개조운동 등

14 Melvin Gurtov & Byong-Moo Hwang, ed., *China Under Threat ; Yhe Politics of Strategy and Diplomacy* (Baltimore: The John Hopkins Univ.), p.59.

을 대대적으로 전개하였으며, 이 대중운동들은 모두 한국전쟁참전기간 중에 시작되어 한국전쟁이 끝나기 전, 혹은 한국전쟁이 끝나면서 종결되었다는 점에서 볼 때, 중국의 대중운동은 한국전 참전이라는 대외전쟁이 수행과 불가분의 관계를 가지고 있다고 해야 할 것이다. 특히 '항미원조'운동은 한국전쟁이라는 대외전쟁을 효과적으로 이용하여 성공적으로 추진한 대표적인 대중운동이었으므로 다음절에서 별도로 자세히 분석해 보기로 할 것이며, 여기서는 토지개혁과 농업호조합작운동, 3반(反)5반(反) 운동, 사상개조운동 등에 대해서 살펴보기로 한다.

2) 토지개혁과 농업호조합작(互助合作)운동

1950년 6월 중앙인민정부위원회는 제7기 3중전회에서 결정된 "중화인민공화국토지개혁법"을 통과시켰다. 토지개혁법의 기본적인 목적은 지주계급의 봉건적 착취를 폐지하고 농민으로 하여금 토지를 소유하게 하는 농민토지소유제에 있었다. 토지개혁은 사회주의 국가에서 사회주의적 경제통합의 가장 기초가 되는 것으로서 토지개혁의 성공 없이는 사회주의적 중앙집권적 계획경제란 불가능한 것이다. 더구나 중국은 절대 대다수의 국민이 농민이었고 이들의 지지를 이끌어 내기 위해서는 급속한 토지개혁이 필요하였다. 이를 위해 중국은 대중운동이란 방법을 채택하여, 철저하게 당의 지도아래 조직적인 토지개혁운동을 추진해 나갔으며, 농촌에서의 선전교육과 함께 민주당파와 지식인들을 동원하여 반봉건통일전선을 형성해 나갔다.[15] 그리하여 53년 봄 일부 소수민족 지역을 제외한 전 지역에서의 토지개혁이 완료되어 3억여 명의 소작 농민들이 약 4천 7백만 ha의 토지를 무상으로 분배받았다. 이러한 토지개혁으로 농촌지역에서 봉건적 착취구조가 파괴되었고 지주와 부농중심의

15 胡繩(1991), pp.283~284.

농촌경제를 자작농중심의 신민주주의경제로 개편할 수 있었을 뿐만 아니라, 중국공산당은 토지분배에 참여한 광대한 빈농과 소작농들의 정치적 충성심과 지지를 확보하고, 이들을 중심으로 농촌사회의 새로운 사회주의적 정치조직과 질서를 구축함으로써 중국공산당의 정치적 지배력을 급속도로 확장, 안정화시킬 수 있었다.[16]

당시의 토지개혁운동이 일부 부농과 중농의 잉여 토지 소유를 인정하는 신민주주의적 혁명노선이라 할지라도 토지개혁운동이 2년여에 걸친 단시간에 전국적인 범위에서 완료되었다는 사실은 이 운동이 얼마나 급진적이고 과격하게 진행되었나를 짐작케 한다. 이는 중국의 토지개혁 과정이 한국전쟁이라는 대외적인 위기를 이용한 반봉건주의, 반제국주의운동과 반혁명·반사회주의 세력 일소를 위한 일련의 급진적인 대중운동들과 동시에 진행되었기에 가능했던 것으로 볼 수 있다.

1차적인 토지개혁이 완료되어 지주계급이 타파되고 모든 농민들은 자신의 토지를 분배받았으나 신민주주의적 혁명노선 하에 여전히 일부 부농과 중농이 허용되고 있었다. 이러한 부농경제를 언제까지 허용할 것인가에 대한 문제는 당시 당내에서 이론이 있었지만 그 궁극적인 목적은 농업의 집단화 혹은 사회주의화라는 데는 이견이 없었다. 즉 농업의 집단화와 사회주의화에 대해 류샤오치(劉少奇)는 그 실현을 단계적으로 생각하여 상당한 기간을 전제로 한 먼 장래의 문제로 보고 있었고, 마오저뚱(毛澤東)은 부농경제의 존속과 사회주의적 개조를 동시 병행적으로 수행될 수 있는 것이라 생각하였다.[17] 하지만 농민이 자기소유가 된 토지를 집단적 소유에 제공함을 허락할 것인가의 문제는 심각하게 고려해야 할 문제였다. 신민주주의적 혁명단계에서 토지에 대한 기득권을 인

16 서신명(1999), p.28.

17 우노시게아끼 저, 김정화 옮김, 『중국공산당사』(서울: 일월서각, 1984), p.191.

정받은 일부 부농과 부유한 중농층이 호조합작을 흔쾌히 받아들일 리 없고 하층 중농이나 이미 토지를 분배받은 빈농층도 자신의 소유가 된 토지를 다시 내 놓아야 되는 호조합작에 대해서는 저항감이 있을 수 있다. 이렇게 될 때 정권 초기 토지개혁을 통해 확보했던 농민들의 지지를 상실하게 되어 정권의 기반이 흔들릴 수도 있다는 것이다. 따라서 마오는 농민들의 토지에 대한 사유의식이 성장하기 전에 적극적인 사회주의적 조치가 필요하다고 인식하였고, 당시 한국전쟁 참전으로 성숙되었던 국내의 급진적인 분위기는 이를 가능하게 해 주었다. 소련과 기타 사회주의 국가와 비교할 때 중국이 일찍이 이러한 농업 집단화 운동이 51년 말 토지개혁이 완료되기 전부터 일부 추진되고 있었고 52, 53년에 가속화되었다는 사실에 주목할 필요가 있다는 것이다.[18]

51년 9월 중국공산당 중앙위원회는 제1차 농업호조합작회의 개최하여 농업생산의 호조합작을 추진할 것을 결정하였으며, 이 결정을 바탕으로 호조합작의 방침을 확정한 것이 53년 봄 "농업생산호조합작발전에 관한 중공중앙 결의"와 53년 말 "농업생산합작사발전에 관한 중공중앙 결의"이다. 그러나 농업의 호조합작운동은 실제로 51년 9월회의 이후 본격적으로 추진되고 있었고, 53년 봄 이미 상당한 성과를 거두고 있었다. 중국은 농민들의 저항을 의식하여 초기에는 수개의 국영집단농장에 앞선 기술과 신식 개량농기구를 투입하여 현지농민의 생산량을 월등하게 높여 집단농장의 우월성을 보장함으로써 농민에 대한 집단화 모범교육을 실시함으로써 농업의 호조합작이 생산량 증가를 가져올 수 있다는 인식을 심어주자빈농들의 적극적인 참여가 이루어지기도 하였으나 급진적이고 과격한 현상이 나타나기도 하였다.[19]

18 위의 책, p.198.

19 胡繩(1991), p.324.

또한 이러한 농업호조합작운동이 빠른 시일 내에 확대될 수 있었던 것은 당시의 '애국증산운동' 및 '무기헌납운동'과 무관하지 않다. 당시 농민들의 사정은 토지는 받았으나 현대식 농기구, 농업기술과 관개시설 확보할 능력이 없어 생산력이 저하되고 있었고, 이러한 상황에서 애국증산운동에 참여하여 필히 생산력을 제고 시켜야 하였고, 무기헌납을 위한 성금납부를 약속하여야 하였으며, 약속한 성금은 기일 내에 납부하여야만 하였다. 개인적인 능력으로는 이러한 국가의 요구에 부응할 수 없었던 농민들은 결국 농업의 집단화에 동의하지 않을 수 없었을 것이고 자신의 땅을 내놓지 않을 수 없었을 것이다.

호조합작운동의 결과, 1954년 말 통계에 의하면 호조대는 1951년 말 400여만 개에서 54년 1,000여만 개로, 초급합작사는 51년 300여 개에서 53년 1400개, 54년 가을 10만 여개, 54년 말 48만 여개로 대폭 증가하였다. 또한 여기에 참여한 농민은 52년 2,100만호에서 54년 말 7,000만호로 증가하였으며, 전체농민의 19.2%에서 60.3%로 대폭 증가하였다.[20]

3) 3반·5반(三反·五反) 운동과 사상개조운동

3반·5반운동과 사상개조운동은 모두 자본가계급, 사회주의정권에 비판적인 관료와 지식인들을 대상으로 하는 대중운동이었다는 점에서 그 맥락을 같이 하고 있다. 당시 신민주주의적 혁명노선이 채택으로 계급화합 정책을 추진하고 있던 중국은 사회주의에 비판적인 태도를 가지고 있던 국민당시대의 관료들과 지식인들을 등용하고, 그리고 소자본가계급의 재산축적을 어느 정도 허용하고 있었다. 그러나 이들 중에는 음으로 양으로 사회주의정권을 비판하는 자가 그치질 않았고, 한

20 胡繩(1991), p.324.

국전쟁 특수로 사적 자본주의 영역이 번창하기 시작하였다. 이에 중국은 부정, 부패, 그리고 관료주의의 병폐를 척결하고, 자본주의영역에 대한 당과 국가의 통제력을 강화하고 자본주의적 요소에 대한 '이용, 제한, 개조'의 방침을 확립할 필요가 있었다. 또한 이른바 구지식인들의 부르조아 반동사상을 제거함으로써 중국사회에 대한 당의 이념적 헤게모니를 수립하려 하였다. 이러한 필요에서 중국은 한국전쟁 참전이라는 대외적인 위기를 이용하여 국가기관원, 상공업자, 소자본가, 지식인들의 반정부적, 반사회주의적 행위를 철저히 단속하려 하였으며, 이러한 목적에서 추진된 대중운동이 3반·5반운동과 사상개조운동이었다.

3반·5반 운동은 원래 항미원조운동의 일환이었던 애국증산운동을 전개하는 과정에서 후진적인 중국경제의 각 부문에서 낡은 비능률적 생산방법·관리방법을 개선하려는 취지에서 일어난 부수적인 대중운동이었다. 3반은 반부패, 반낭비, 반관료를 의미하였으며, 5반은 뇌물, 탈세, 국가재산 절취, 국가경제정보 절취, 불량제품에 대한 배격운동이었다. 즉 3반 운동은 당과 정부를 대상으로, 5반 운동은 민간기업을 대상으로 전개된 대중운동이었다. 그러나 이 운동이 진전되어감에 따라 3반 운동은 중국 공산당과 정부를 대상으로 하는 운동이라기보다 국민당시대의 관리를 숙청하는 과격한 운동으로 변모되어갔으며, 5반운동도 단순히 일부 소시민과 자본가들의 5가지 독소적 행위만을 비난·청산하는 운동에 그치지 않고 유산계급에 대한 무산대중의 전면적인 계급투쟁의 운동으로 발전하였다.[21]

사상개조운동은 신민주주의적 혁명단계에 있었던 중국

21 Doak Barnett, *Communist China–The Early Years;1945–55* (New York: Frederick A. Preager, 1966), p.139. 1년 동안 북경, 상해 등 9대도시에서만도 자영 상공업자 45만 명을 심사하였으며, 그 결과 76%가 각종 위법행위를 하고 있다는 것이 적발되었고 이들은 최고 사형까지 처해졌다. 우노시게야께(1984), p.195.

이 정권 수립 후 최초로 부르조아 계급의 반동사상에 대하여 진행하였던 대규모적인 비판운동이었다. 이 운동의 지침이 된 것은 51년 5월 20일 '영화 무훈전(武訓傳)에 대한 토론을 중시해야 한다'는 인민일보 사설로서 마오는 이 사설에서 무훈이 봉건적인 지배시대의 인물이면서도 봉건적 문화와 전연 대결하려하지 않고 또한 봉건적 기초나 봉건적 상부구조에는 전연 손을 대려고도 하지 않는 태도를 문제 삼았다. 이후 1951년 7월 중국공산당창립 30주년을 맞아 '마오저뚱 선집'의 발간을 계기로 9월 북경대학 12명의 저명한 교수들이 당의 뜻에 부응하여 북경대학 교원들의 정치학습운동을 발기한 것을 시작으로 이 운동은 북경과 천진지역 고등교육기관 교원들의 사상개조 학습운동으로 확산되어 갔다.[22] 이어 조우은라이가 발표한 '지식분자 개조문제에 대하여'보고서는 지식인에 대한 사상개조의 필요성과 목적을 피아의 구분을 명확히 하고, 제국주의, 봉건주의, 관료자산계급의 사상을 비판하고 민족사상, 애국사상을 가진 지식분자들이 대중들의 입장과 무산계급의 편에 설 것을 강조하였다.[23] 북경과 천진을 중심으로 시작된 이 운동은 조우은라이의 보고서와 함께 전국규모의 지식분자 사상개조운동으로 확산되어 갔으며, 1952년 초 이 운동이 기본적으로 종료될 때까지 전국고등교육기관 교원의 91%, 대학생의 80%, 중등학교 교사의 75%가 이 운동에 참가하였다. 이 운동에 대해 중국은 "이 운동의 추진과정에서 비록 그 방법이 일부 기관들이 인민재판식의 투쟁방법을 사용하는 등 폭력적인 면이 나타나서 시식인들의 반발을 불러일으키기는 하였으나 전체적으로 볼 때 그 효과는 대단히 긍정적 이었다"고 평가하고 있다.[24] 이렇게 중국 자신이 이 운동의 추

22 田應奎 主編, 『黨和國家重大決策的歷程 第三卷』(北京: 紅旗出版社, 1997), p.196.

23 위의 책.

24 위의 책, p.197.

진과정에서의 폭력성을 시인할 정도로 이 운동은 잔학한 수단으로 전개되어 나갔으며, 그러한 잔학성과 급진성으로 인하여 이 운동은 전국적인 범위에서 단시간에 완료될 수 있었다.[25]

03 군의 정규화와 현대화를 통한 물리적 통치력 확립

1) 사회주의 국가에서의 군의 위상 및 역할

사회주의국가에 있어서의 군은 공산당의 군대이다. 따라서 민주주의국가와는 달리 공산당은 군에 대한 절대적 통제권을 확보해야 한다. 중국 역시 "중국공산당의 군대에 대한 절대영도는 인민군대의 성격과 목적을 유지하는 근본보장이며, 군은 반드시 당의 절대영도하에 두고 모든 행동은 중국공산당 중앙군사위원회와 중화인민공화국 중앙군사위원회의 지휘에 따르도록 하며, 당에 대한 어떠한 독립성도 용납하지 않는다. 또한 어떠한 정당, 조직도 군에 대해 간섭하는 것이 허용되지 않는다. 상기 두 기관은 인원구성이 완전히 일치하는 동일 기관이기 때문에 당이 군을 영도하는 것과 국가가 군을 영도하는 것은 일치 한다"[26]주장함으로써 군에 대한 당의 절대영도를 천명하고 있다. 또한 군에 대한 당의 절대영도의 원칙 아래 군은 당의 정책을 집행하는 도구로서의 역할을 수행해야 한다. 따라서 중국은 "군대는 반드시 당의 절대적 영도를 받아야 하고 반드시 당이 총지휘해야 한다는 원칙을 견지해야 하며, 군은 당의 노선, 방침, 정책을 관철하고 집행하는데 노력하는 모범이 되

25 周鯨文(1962), pp.225~236 참조.

26 張万年 主編, 이두형·이정훈 옮김, 『중국인민해방군의 21세기 세계군사와 중국국방』(서울: 평단문화사, 2002), pp.379~380.

어야 한다"[27]고 주장하고 있다. 그리고 이를 위해 요구되는 것은 전 군이 다른 어느 집단보다도 사회주의사상으로 철저히 무장되어야 함을 강조하고 있는 것이다.

어느 국가에서나 군이라는 물리적 폭력의 독점과 군에 대한 통제력의 확립은 정치통합과 안정을 위해 가장 기본적으로 요구되는 요소이다. 그러나 사회주의 중국이 다른 민주주의국가들과 다른 점은 위에서 언급한 당이 군을 지휘·통제하며, 군은 당의 정책적도구로서의 역할을 수행해야하고, 이를 위해 군을 사회주의사상으로 철저하게 무장시켜야 한다는 것이다. 중국은 이러한 목적을 달성하기 위하여 정권 수립에 앞서 1948년 말 먼저 과거 항일전쟁과 국공내전을 지휘하였던 기존의 중공중앙군사위원회를 중국 인민혁명군사위원회로 개편하였으며, 1949년 9월 중국 인민정치협상회의 "공동강령" 제20조는 "중화인민공화국은 통일된 군대를 건립한다. 즉 인민해방군과 인민공안부대는 중앙인민정부 인민혁명군사위원회의 통솔을 받으며, 통일된 지휘, 제도, 편제, 기율을 시행 한다"고 규정함으로써 인민혁명군사위원회는 군의 최고 통수기관이 되어 군을 정비해 나가게 되었다. 이후 인민혁명군사위원회는 그 산하에 총참모부, 총정치부, 총후근부를 설치하고 군 조직을 정비해 나갔다. 한국전쟁이 끝난 1954년 중국은 '중화인민공화국헌법'에 의거 국방위원회를 설치하고, 중공중앙은 군사위원회를 부활시켰다. 군사위원회를 부활시키면서 중국은 "한국전쟁 기간 동안 인민혁명군사위원회는 국민당 잔여 군을 섬멸하고 인민해방군의 정규화, 현대화를 추진하여 항미원조전쟁을 승리로 이끌면서 신생중국의 정권을 안정시키고 동양과 세계평화에 공헌하였다"고 인민혁명군사위원회를 평가하였다.[28]

27 위의 책.

28 中國人民解放軍總參謀部政治部宣傳部編, 『軍史集要』(上海: 上海人民出版社, 1997), pp.252~253.

2) 한국전 참전과 군의 정규화와 현대화

국공내전이 끝나고 신 중국이 수립될 무렵 중국 인민해방군은 많은 문제를 안고 있었다. 먼저 오랫동안 전쟁을 수행하면서 양적으로 팽배해져 내전이 끝났을 무렵 인민해방군은 600여 만이라는 방대한 수로 불어나 있었다.[29] 또한 양적인 방대함에 비해 군이 보유한 무기와 장비는 낙후되어 있었고 무기체계 역시 통일되지 않아 혼란스러운 상황이었다. 또한 당시 인민해방군의 절반가량은 국민당 군 투항자들로서 사회주의사상에 쉽게 동조하기 힘든 사상적 배경을 가지고 있는 자들이었다. 이렇게 볼 때 정부수립 당시의 군의 상태로서는 사회주의 혁명 완수를 위한 당의 군대로서의 역할을 수행하기란 불가능하였다. 따라서 정부 수립 후 새로운 사회주의 정규군으로의 체제정비, 국가재정부담 경감을 위한 감축, 군의 현대화 등을 위하여 군의 재정비는 반드시 필요한 것이었다.

먼저, 방대한 군의 감축이라는 측면에서 본다면, 중국 인민해방군은 50년 10월 한국전 참전당시 626만에서 53년 1월 406만으로 감축되어 있었으며,[30] 이는 군의 정편(整編)계획에 따라 귀향한 군인들도 있었지만 이러한 감축 결과에 한국전에 투입된 병력의 규모와 희생자들이 고려되지 않을 수 없을 것이다. 한국전에 참전한 중국 인민지원군의 연 병력 수와 희생자 수는 정확히 밝혀져 있지는 않으나 휴전 당시 한국전선에서 중국은 참전 최대 병력인 81만 9천의 병력을 유지하고 있었으며, 희생자 수 역시 정확한 숫자를 밝히기는 힘들지만 최소한 50만 이상

29 彭德懷의 '八大報告'중에서, 史成之, "簡論解放軍的過去和中共的未來", 『明報月刊』(香港: 明報, 1970), p.6

30 국방군사연구소, 『한국전쟁(중)』(서울: 국방군사연구소, 1995), p.159.

이라는 견해가 지배적이다.[31] 여기에 부상자 수까지 합친다면 전쟁 사상자 수는 더욱 증가 할 것이다. 이러한 한국전쟁 수행과정에서 예상되는 사상자 수는 참전 결정과정에서 군의 감축이라는 군의 정편계획의 일부로서 중국지도부에 의해 충분히 고려되었을 것이다. 다시 말해서 참전 전 국가의 재정부담 경감을 위한 군의 감축 계획에 따른 강제적인 귀향조치는 상당한 저항과 반발이 따르고 있었으므로[32] 한국전의 참전이야말로 강제적인 귀향조치에 따른 반발의 우려 없이 자연스럽게 군을 감축할 수 있는 기회가 될 수 있다는 인식이 참전 결정 과정에 개입되어 있었을 것이라는 것이다.

다음으로 군의 현대화는 군의 체제, 편제, 지휘, 작전, 제도 등 여러 가지 요소들을 포함하고 있다. 중국은 참전 결정과정에서 소련을 대신한 대리전쟁을 수행함으로써 소련으로부터 군의 현대화에 필요한 원조를 획득할 수 있을 것이므로 한국전의 참전은 그 승패와 관계없이 중국으로 하여금 소련에 대한 군사적 원조요구를 정당화시킬 수 있는 구실로 작용할 수 있다는 점을 고려했을 것이고, 실제로 참전 전 마오와 조우는 소련을 방문하고 스탈린에게 군사적인 원조를 요청하였다. 중국은 한국전 참전 후 비록 상당기간동안 소련의 군사적 지원을 받지 못하여 어려운 전쟁을 수행하였지만 52년 가을부터 소련의 군사원조를 대량으로 받기 시작하면서 중국 인민해방군은 현대화된 소련제 무기와 장비로 무장되기 시작했을 뿐 아니라 소련군 선문가들의 지도아래 소련군의 현대화된 체제, 지휘, 편제, 훈련, 제도에 따라 질적인 현대화가 이루

31 국방부 전사편찬위원회, 『한국전쟁』(서울: 국방부 전사편찬위원회, 1987) pp.124~168 참조.

32 50년 초의 군의 감축은 주로 국가재정적인 부담을 경감시키기 위하여 취해졌으며 감축된 병력은 국가경제건설에 투입될 수 있도록 귀향조치가 이루어졌으나 군내의 반발로 인해 한국전쟁당시까지 복원된 병력은 25만 정도에 불과했다. 中國人民解放軍總參謀部政治部宣傳部編,(1997), p.290.

어지기 시작했으며, 대규모의 현대적인 군수산업이 소련에 의존하여 추진되게 되었다.[33] 그 결과 한국전쟁 후반기에 이르러 중국 인민해방군은 과거 유격전을 수행하던 단일병과의 군에서 다병과의 현대화된 정규군으로 성장하여 한국전 참전초기와는 전혀 다른 군대가 되어 있었다. 또한 한국전에서의 전투력 유지를 위해서는 현대전에서 요구되는 기술적으로 전문화된 인력의 선택적 충원이 중요하였기 때문에 전문직의 우수한 노동자와 학생들을 군 간부로 충원하기 위한 운동이 전개되었으며, 그 결과 전쟁이 끝난 후 군 간부들의 직업화를 가능하게 해 주었다.[34] 뿐만 아니라 33개월 동안 한국전에서 세계 최고의 미군과의 전투경험은 현대화된 군사기술과 전술전략을 습득하는 중요한 계기가 되었다. 이렇게 볼 때, 확실히 중국 인민해방군에 있어서 한국전에 참전하지 않았더라면 상당한 시간이 흐를 때까지도 제한될 수밖에 없었던 군의 현대화 과업을 조기에 달성할 수 있게 해 주었다.[35] 중국 자신 역시 한국전 참전을 통해 중국군은 현대화전쟁의 경험을 얻었고 중국의 국방현대화건설을 촉진하게 되었다고 주장하고 있다.[36]

그리고, 사회주의 군대로서 군의 질적 재정비 역시 대단히 중대한 과제였다. 이는 중국 인민해방군의 절반을 차지하고 있었던 사상적으로 믿을 수 없는 국민당 군 출신의 장교와 사병들의 정리라는 측면이다. 사상적으로 동화되기 어려운 국민당 군 출신자들의 사상성과 사회주의 중국에 대한 충성심을 시험하고 이들을 정리할 수 있는 기회를 제공한 것이 한국전 참전이었다. 한국전 참전의 기회를 이용하여 이들을

33 Clubb O. Edmond, *China and Russia: The Great Game* (New York: Columbia Univ. Press, 1971), p.391.

34 John Gittings(1967), p.98.

35 위의 책, p.47.

36 中國人民解放軍總參謀部政治部宣傳部編,(1997), p.280.

대거 전투에 투입시킨다면 이들의 충성심과 복종심을 시험할 수 있을 뿐만 아니라 사상적으로 동화될 수 없는 불평분자를 제거할 수 있어 명실상부한 사회주의 군대로서의 재정비가 가능할 것이라는 기대이다. 실제로 중국은 참전 지원군을 편성함에 있어 정예군을 주축으로 투항한 국민당 군 출신자들을 주된 전투력으로 활용하였다. 따라서 한국전에 참전한 지원군중에는 대량의 국민당 군 출신 장교와 사병들이 있었고 이들은 전쟁에 나가기 앞서 모두 충성을 위한 지원서, 결의서 등을 작성하여야만 하였다.[37] 그리하여 한국전이 끝난 후의 중국 인민해방군은 사회주의 사상으로 무장된 신생 사회주의 중국에 충성스러운 군대가 되어 있었으며, 당의 절대적 영도 아래 당의 노선과 정책을 추구하는 도구로서의 역할을 충실히 수행하는 군으로 변모해 있었다.

04 지방분권세력 제거를 통한 중앙집권화

중국은 정권수립 초기 사회개혁과 국가재건활동을 군구(軍區)에 크게 의존하지 않을 수 없었다. 군구는 혁명전쟁의 공세단계에서 국민당 군이 장악한 지역을 몇 개의 큰 전구(戰區)로 나누어 대규모 지역적 야전군을 편성하여 진공·점령할 필요성에서 생긴 것으로서 인민해방군 정규부대의 최고 단위였다. 이러한 군구의 야전군은 중국공산당의 대륙제패와 중국정권의 통치권확립과정에서 중요한 역할을 수행하게 되었는데, 그것은 정권초기의 지방행정이 6개의 대 군구에 설치된 군정위원회를 통하여 행해지고 있었다는 것이다. 군정위원회는 비록 당이 엄격

37 史成之, "簡論解放軍的過去和中共的未來", 『明報月刊』(香港: 明報, 1970), pp.6~7

히 군을 통제하고 있었다고는 하지만 군사정부의 형태를 지니고 있었으며 대부분의 지역에서 실질적인 통치기관으로서 막강한 지방분권적 권력을 행사하고 있었기 때문에 정치권력의 중앙집권화에 막대한 지장을 초래하고 있었다.[38]

특히 당시 동북인민정부 주석이었던 가오깡(高崗) 등이 구축하고 있던 만주세력은 항일전쟁과 국공내정기간에도 독자적인 작전을 수행했던 대표적인 지방분권세력이었으며, 스탈린과의 개인적인 친분관계를 바탕으로 소련과 단독으로 외교적인 협정을 체결할 정도의 세력을 형성하고 있었으므로 중국공산당 중앙으로서는 소련을 등에 업고 있는 만주세력이 중앙집권화에 가장 큰 장애가 되고 있었다.[39] 1951년 중앙정부에 국가계획위원회를 설치하고 가오깡을 주임으로 임명하여 그의 세력기반이 약한 중앙정부로 진출시켰으나 여전히 만주 지역 세력과 스탈린과의 친분을 배경으로 중앙에서 류사오치와 조우은라이와의 권력투쟁을 일으키게 되었다.[40] 이 권력투쟁에는 당시 화동행정구군정위원회주석 겸 화동군구정치위원이었던 라오수스(饒漱石)가 가세함으로써 중앙으로서는 이는 지방 세력의 중앙에 대한 도전으로 받아들여졌고, 이들 세력의 제거를 위해서는 무엇보다도 먼저 이들의 권력기반이었던 만주의 세력을 약화시켜야만 하였다. 이러한 상황에서 중공중앙은 가오깡의 저항을 받지 않고 자연스럽게 마오저뚱의 정예부대를 만주지역에 투입할 수만 있다면 일단 만주세력을 제거할 수 있는 기반을 마련할 수 있을 것이라 보았고 여기에 절호의 기회를 제공해 준 것이 한국전쟁의 발발과 참전이었다.

---

38 Ying-Mao Kau, *The People's Liberation Army & China's Nation-Building* (New York: International Arts & Science Press, 1973), p.29.

39 위의 책.

40 가오깡을 국가계획위원회에 주석으로 임명한 것은 그의 스탈린과의 친분관계를 이용하여 경제재건에 소련의 지원을 받고자 하는 목적도 있었다.

중국의 한국전쟁 참전이 가오깡과 소련을 더욱 밀착시켜 중앙집권화에 커다란 장애가 될 것이라는 참전반대론자들의 우려와 달리 마오는 한국전 참전 기간동안 추진한 이른바 '만주작전'을 통해 가오깡의 독립왕국을 무너뜨렸다. 마오저뚱의 '만주작전'[41]은 한국전쟁 참전과정에서 먼저, 마오의 정예부대인 린뱌오(林彪)의 제4야전군(대만해협 연안에 주둔)을 만주에 대량 투입하여 한국전쟁 참전 인민지원군을 위한 후방기지로 삼으면서 만주지역에서의 군사적인 통제권을 확보해 나갔다.[42] 둘째, 가오깡을 국가계획위원회 주임으로 중앙으로 불러들인 후 당의 조직을 통해 가오깡의 지지세력이었던 만주의 인적, 조직적 기반을 흔들어 놓는 '가오깡 고립작전'을 구사하였다.[43] 셋째, 한국전쟁기간 중 가오깡의 세력이 북한에 미치는 것을 단절시키기 위하여 북한과 연결된 가오깡의 추종세력에 대한 제거를 시도하였다. 한국전쟁 당시 친 가오깡파로 알려진 니즈량(倪志亮) 주 북한대사의 실종사고가 이와 무관하지는 않을 것이라는 주장들이 제기되고 있다. 넷째, 52년 4월 만주에서 화폐개혁을 단행하고 8월에는 동북인민정부를 폐지하였다.

이러한 일련의 만주작전은 한국전 참전을 계기로 마오저뚱의 정예군을 만주에 대량 투입한 가운데 진행되었으며, 결과적으로 한국전쟁 기간 중 가오깡의 만주왕국이 무너졌다는 점에서 이는 중국이 한국전 참전을 통해 얻은 중대한 성과라 아니할 수 없다. 가오깡의 숙청

41 田豈, "高饒反黨聯盟始來", 史家麟編, 『中共高饒事件面面觀』(香港: 自由出版社, 1955), pp.97~98.

42 미국이 한국전쟁에 참전하자 마오는 인민해방군 제4야전군 산하 제13병단을 동북지역으로 이동시켰으며, 7월 초 38군, 39군, 40군, 42군 등 26만의 병력으로 구성된 동북 변방군과 동북공군사령부를 편성하여 7월 말 安東, 集安, 本溪등 압록강변에 집중 배치하였다. 한국전쟁이 발발 전까지 동북지역에는 42군만이 치치하얼(중소국경에 근접한 지역)부근에 주둔하고 있었다. 杜導正 主編, 『重大決策幕後』(海口: 南海出版社, 1998), p.252 참조.

43 3반운동이 51년 10월 만주지역에서 먼저 시작된 것 역시 이와 무관하지 않을 것이다.

은 중앙에서의 권력투쟁의 결과이긴 하지만 중국정치사에서의 첫 번째 권력투쟁으로 기록되는 가오와 라오사건은 지방 세력의 중앙에 대한 도전이며, 정권초기 중앙집권화에 대한 저해세력으로 인식된 지방분권세력에 대한 중앙집권화세력의 승리라고 볼 수 있는 것이다. 결국 마오저뚱은 이 '가오·라오(高饒)사건'을 이용하여 6대행정구를 폐지하고 중앙집권화를 가속화시키면서 자신의 정치적 입지를 공고화하였다.

2절 '항미원조'운동의 성격과 의의

01 항미원조운동의 배경과 목적

앞에서 언급하였듯이 신생 사회주의국가가 중국에게 사회주의개혁을 가속화시킬 수 있는 구실과 동력을 제공한 것이 바로 한국전쟁이었으며, 외부침략자로서의 미국이었다. 미국은 자본주의국가의 대명사로서 아시아 국가들에 대해 제국주의적 침략전쟁을 자행하고 있다는 중국공산당의 인식은 100여 년의 반식민지 상태를 거치면서 형성되어온 것이었으며, 또한 국공내전 당시 미국이 국민당정부를 지원하면서 신 중국 출범 후 곳곳에 남아있는 자본주의의 잔재는 모두 미국이 뿌려놓은 것이라는 인식이 더해지면서 국내적으로도 미국은 당시 중국공산당의 사회주의개혁에 가장 중요한 적이었다. 신생 사회주의국가가 안고 있었던 산적한 국내문제와 함께 미국이 자신의 동북지역을 위협하고 있었던 한국전쟁의 상황은 중국으로 하여금 대내외적인 위기를 느끼게 하기 충분하였다. 내부의 자본주의의 잔재를 제거하고 급격한 사회주의개혁이 필요할 당시에, 그리고 경제의 재건을 위하여 전시경제체제의 부활을 심각하게 고려하고 있을 때, 또한 이 두 마리의 토끼를 잡기 위해서 혁명적인 대중운동의 필요성이 대두되고 있을 때, 한국전쟁의 발발과 미국의 한국전 참전 및 38선 돌파는 중국에게 대대적이고 급진적이면서 다방면의 목적을 지닌 대중운동을 일으킬 수 있는 호기를 제공하였던 것이다.

중국은 8월 말부터 한국전의 전황에 맞추어 서서히 대중운동의 불을 붙이기 시작하여 10월 말 지원군의 한국전 참전과 함께 전국적이고 대대적인 '항미원조'운동을 전개하였다. 제2단계의 동원운동인 '항미원조'운동이 한국전 참전과 함께 대대적으로 전개되었다는 것은 이러한 동원운동이 이미 그들이 한국전 참전을 고려할 때부터 신중히 계산된 것이라 볼 수밖에 없다. 한국전 참전과 때를 같이하여 대대적으로 전개된 '항미원조·위국보가(抗美援朝·衛國保家)'운동의 주된 목적은 표면적으로는 북한을 지원하는 중국정부의 입장을 온 국민의 감정으로 확산시키기 위한 것이고 또한 북한을 지원함으로써 '미 제국주의자'들의 위협에 대항한다는 것이었다. 그러나 일반적으로 대중운동이 가지는 특성으로 미루어 볼 때 '항미원조'운동의 목적이 이러한 대외적인 목적에 그칠 수만은 없다. 사회주의적인 개혁과 개조, 그리고 경제재건이 시급했던 당시 중국의 상황을 감안하여 본다면 '항미'가 의미하는 것은 외부의 적으로서의 미국보다 그들 내부에 잔재하고 있는 '미 제국주의'적 요소를 제거한다는 사회주의 개혁과 개조에 더 큰 의미를 두고 있었으며, '원조'의 의미는 북한을 원조하기 위해 애국적인 국민감정에 호소하여 생산증가를 위한 실질적인 행동, 세금납부의 안정, 생산효율의 자극을 위한 경제재건의 목적이 숨어있는 것이라 해석될 수 있다.[44] 이는 항미원조운동의 방향을 지시

44 John Gittings, *The Role of the chinese Army*, (London: Oxford Univ. Press, 1967), p.87.

한 그들의 문건에서 충분히 입증되고 있다. 1951년 10월 24일, 중국인민항미원조총회 펑쩐(彭眞)부주석은 전국 정협 제1기 3차 회의에서 "항미원조운동의 향후 추진사업으로 애국주의 교육 심화와 확대, 국내에 숨어있는 제국주의 앞잡이와 간첩에 대한 철저한 제거, 종교계의 자정운동 계속, 특히 기독교와 천주교계의 애국교도들은 교회의 제국주의분자를 철저히 제거하고 중국교회와 제국주의 간의 관계를 철저히 차단할 것, 애국증산절약운동 전개 등이다."라고 강조하였다.[45]

따라서 당시 중국지도부는 한국전 참전과 함께 전개되는 '항미원조'운동은 다음 같은 것들을 가능하게 할 것이라 생각했다고 볼 수 있다. 먼저, '항미'를 통해 국내에 잔존하고 있었던 많은 실재적·잠재적인 적, 즉 반공세력, 국부군의 잔존세력, 전통적인 비밀결사등의 제거와 회유가 가능하다는 것이다. 이들은 만약 중국이 한국전쟁에서의 미국의 승리를 수동적으로 받아들인다면 새로운 희망을 가지고 투쟁할 집단들이었다. 또한 사회주의개혁의 일환으로 중국내에서 과거 아편전쟁 때부터 뿌리를 내리고 있었던 미국을 위시한 서구 열강들의 세력과 영향력을 청산하는데 좋은 계기가 될 수 있다는 것이었다. 둘째, 정권초기 급진적인 토지개혁과 반혁명운동의 진압 등으로 국민들의 지지와 신임을 점차 상실해 가고 있던 중국정권으로서는 대외전쟁의 수행과 함께 대중운동을 통하여 국민들의 애국심을 자극하여 정권에 대한 지지도를 높이고 정권을 안정시킬 수 있을 것이다. 셋째, 사회주의적인 사회·경제질서 재편을 위해서는 상당히 급진적인 정책이 필요하므로 대외전쟁과 함께 추진되는 대중운동은 급진적인 정책의 추진을 한층 용이하게 할 것이다. 넷째, 극심한 인플레이션의 극복과 생산의 증가를 위하여 국민들을 동원

45 劉金質·楊淮生 主編, 『中國對朝鮮和韓國政策文件滙編(1949~1952)』(北京: 中國社會科學出版社, 1994), p.221.

할 수 있을 것이며, 전시경제체제를 부활함으로써 물자부족으로 인한 국민들의 내핍생활을 강요할 수 있을 것이다.

이렇게 볼 때 한국전의 참전과 같은 대외전쟁의 수행은 전국적인 대중운동의 전개를 위한 가장 효과적인 동인(動因)을 제공할 수 있고 이러한 운동을 전개시키는데 있어서 결정적인 작용을 할 수 있을 것이라는 인식이 중국 지도부의 한국전 참전결정에 상당히 긍정적으로 작용했을 것이다.[46]

02 항미원조운동의 전개과정과 특징

1) 항미원조운동의 시작

한국전쟁 발발 직후 중국의 주된 관심은 대만에 있었다. 전쟁 발발 후 이틀 동안 아무런 공식적인 태도도 표명하고 있지 않았던 중국은 6월 27일 트루만 대통령이 대만해협의 중립화를 선언하고 동 해협에 미 7함대를 파견하자 이에 격렬히 반응하였다. 트루만의 선언에 대해 중국은 "대만이 중국의 일부라는 사실은 영원히 변하지 않을 것이며, 이는 역사적인 사실이자 카이로선언과 포츠담선언에 의해 확인 된 것이며, …… 중국인민은 확실하게 미국의 침략을 몰아내어 승리할 것이며, 대만을 회복할 것이다"[47]라고 강하게 반발하였다. 이어 6월 말 미군의 개입과 함께 7월 7일 유엔 안보리에서 유엔군사령부설치에 관한 결의안이 통과되고 7월 20일 대전에서 미군과 북한군의 첫 전투가 벌어졌으

46 Melvin Gurtov & Byong-Moo Hwang, ed., *China Under Threat ; The Politics of Strategy and diplomacy* (Baltimore: The John Hopkins Univ.), 1980, p.59.

47 Winberg Chai, *The Foreign Relations of the People's Republic of China* (New York: Capricorn Books, 1972), pp.99–100.

나 여전히 그들의 주된 관심은 대만문제에 있었다. 1950년 7월 21일, 중국은 한국전쟁과 관련된 첫 대중운동인 "미국의 대만·조선침략 반대운동주간"을 발기하였다. 이 운동에 대해 중국은 "이 운동주간동안 미국이 우리의 적이라는 사실을 전 국민으로 하여금 철저하고도 명백하게 인식할 수 있도록 정치교육을 강화하고, 미국의 침략에 대항하여 대만해방을 위하여 단결해야 할 것이며, 이는 대만해방을 위한 실질적인 행동, 예를 들어 공장근로자들과 농민들은 생산증대, 학생들은 열심히 공부하는 것 등과 결합되어야 한다"고 주로 대만문제에 대해 언급하고 있다. 이러한 주장으로 볼 대 중국은 이때까지는 한국전쟁에 대한 참전이나 전쟁참전과 관련된 대대적인 대중운동은 심각하게 고려하고 있지 않았음을 짐작할 수 있다.

그러나 전쟁이 교착상태에 들어가고 이어 한국군과 미군의 반격으로 전선이 38선에 이르자 중국은 미군의 38선 돌파에 대한 경고와 함께 참전을 심각하게 고려하게 되었고, 참전을 계기로 사회주의 개혁을 위한 대대적인 전시 대중운동을 계획하고 있었음을 짐작할 수 있다. 중국 지도부가 한국전 참전결정과정에서 대내적인 대중운동을 함께 고려하고 있었다는사실은 조우은라이(周恩来)총리의 중국 인민정치협상회의 제1기 전국위원회 제18차상무위원회에서의 보고가 이를 입증하고 있다. 1950년 10월 24일 행해진 "항미원조, 보위화평(保衛和平)"제하의 보고에서 조우은라이는 "중국은 3년에서 5년에 걸쳐 생산력 회복이 필요하다. 51년 예산에서 국방비를 총예산 43%에서 30% 축소하고, 70%를 경제건설과 교육에 투입해야 하나 미국이 이를 가로막고 있다. 조선문제는 대만문제와 연관되어 있으며, 미국의 방어선은 대만해협까지 구축되어 있다. 이러한 미국에 대항하기 위하여 국내적으로 미국의 스파이들의 활동을 진압하고, 국민 내부의 단결을 공고히 하여 경제건설을 지속해야 한다"고 강조 하였다.[48] 이는 중국지도부가 최초로 공식적으로 항미원조운동을 표명한 것이며, 보고서의 대부분은 국내에 잔존하고 있는 미국이 남기고 간 자본주의와 제국주의 의 잔재를 제거하고 경제건설을 위하여 국민들의 단결을 호소하는 등 항미원조운동의 대내적인 의의와 필요성을 역설하고 있다. 그리고 10월 26일, 기존의 '중국 인민 미국침략반대위원회'와 '중국인민 세계평화옹호위원회'가 합병되어 '중국 인민 세계평화옹호 미국침략반대위원회'로 개편 강화되었으며, 동 위원회는 바로 '중국 인민항미원조총회'라는 명칭으로 중앙과 지방조직을 확대 정비하고 항미원조운동을 주관하였다.[49]

2) 항미원조운동의 전개 및 특징

항미원조운동은 그 특징에서 볼 때 크게 세 단계로 나누어 전개되었다. 첫 번째 단계는 50년 10월부터 51년 5월까지로서 주로 반사회주의적 요소를 제거하는 애국주의 운동이 주가 되었고, 두 번째 단계는 51년 6월부터 51년 말까지로서 참전한 중국지원군의 전투기와 중무기 구입을 위한 무기헌납운동이 주를 이루었다. 마지막단계인 51년 말부터 정전 시까지는 애국증산절약운동과 참전군인들의 가족들의 생계를 돕기 위한 지원운동이 강조되었다.[50]

(1) 애국주의 운동

먼저 항미원조운동 초기 50년 10월부터 51년 5월까지

48 《周恩來文選, 下卷》(北京: 人民出版社, 1984), p.54.

49 김하룡, 〈한국전쟁이 중공정치에 미친 영향〉, 《아세아 연구》(서울: 고려대 아세아문제연구소, 1967. 9), pp.27~31.

50 Peter S. H. Tang, *Communist China Today* (Washington: Research Institute on Sino-Soviet Bloc, 1961), p.387.

전개된 애국주의운동은 애국선서운동, 애국주의 교육운동 등을 중심으로 추진되었으며, 이러한 초기의 항미원조운동은 50년 12월 2일 텐진(天津)시 경제계 42,000여 명이 '항미원조 보가위국'군중집회를 개최한 것을 시작으로 전국적으로 확산되어갔다. 그 주된 목적은 국내에 여전히 잔존하고 있던 자본주의적 요소와 반혁명세력들을 제거하는데 있었다. 중국은 신생 사회주의 국가건설에 장애가 되는 이러한 요소와 세력들은 미국이 중심이 된 제국주의가 뿌려놓은 것들이며, 따라서 '항미'의 의미는 외부의 적으로서의 미국에 대항한다는 의미보다는 내부에 존재하고 있는 미 제국주의적인 요소들을 제거한다는 의미를 띠고 있다는 것이다.

초기 애국주의운동의 목적이 내부의 적으로서의 미국이 남기고 간 제국주의적인 요소를 제거하고 중국사회를 사회주의로 개조하는데 있다는 사실은 50년 12월 28일 인민일보에 게재된 장편의 사설이 잘 입증해 주고 있다.[51] 동 사설은 당시 항미원조운동이 급속히 확산[52] 되고 있으나 전국적으로 불균형을 이루고 있다고 지적하고, 지역별 불균형이 나타나는 이유를 중국이 오랫동안 미국이 중심이 된 제국주의의 기만과 압박을 받아왔기 때문이며 미국이 뿌려놓은 이러한 사상적 독소는 신 중국건설에 막대한 장애가 되고 있으므로 이 운동을 통하여 전 국민들의 정치적인 각오를 한층 더 굳게 하고, 미 제국주의 침략의 본

51 "항미원조 보가위국운동의 전국적 지속적 확대" 『人民日報』 1950. 12. 28 사설.

52 동 사설은 공장노동자들이 애국주의생산경쟁을 전개하여 선양(沈陽)일대는 9만명의 노동자들이 이 운동에 참가하였으며, 기계공업부문의 16개 공장이 이미 목표를 초과 달성하였고, 농민들은 가장 질 좋은 쌀을 公粮으로 납부하고 있다고 주장하고 있다. 또한 대도시의 학생과 교사 교수들은 공장과 농촌을 돌며 애국주의운동을 선전(베이징지역만 3만여 명)하고 있으며, 베이징, 텐진, 상하이, 우한, 난징, 선양 등 6개 도시 2만여 명의 학생들이 군 학교에 입학을 신청하였고, 대도시의 공상업계 종사자들 수십만이 애국시위에 참가, 애국서약과 적극경영, 투기방지, 물가안정, 적극적인 세금납부 등을 맹세하였다고 언급하고 있다. 뿐만 아니라 종교계 역시 기독교혁신선언 서명운동을 전개하여 이미 26,700여 명 서명하였으며, 이들은 제국주의와의 관계단절과 자신들의 방식으로 신앙생활을 할 것을 서약하였고, 스촨(四川)지역 및 일부지역의 천주교도들 역시 혁신운동을 제창하기 시작하였다고 주장하였다.

질을 더욱 확실히 인식하여 반혁명분자들의 유언비어를 일소하여 위대한 애국주의 운동으로 전개되어야 한다고 강조하면서 "우리가 당면한 가장 중요한 정치적 임무는 전 국민의 정치적 각오를 제고시켜 제국주의와 그 앞잡이들이 뿌려놓은 친미(親美), 숭미(崇美), 공미(恐美)의 사상적 독소를 제거하고 미 제국주의에 대한 복수심과 경멸의 태도를 배양하여 애국애민의 자존심과 자신감을 확립하는 것이다. 이를 위해 반드시 항미원조운동을 계속 확대해야 할 것"이라고 항미원조운동의 성격을 분명히 하고 있다. 또한 "중국의 역사상 많은 반제국주의 운동이 비록 민족을 자각시키는 역할을 하였지만 미 제국주의의 침략, 특히 미국이 뿌려놓은 사상적인 독소에 대해서는 철저한 청산을 한번도 하지 못하였다. 따라서 항미원조운동이 전개되고 있지 못한 지역의 일부 도시 주민 중, 특히 자본가계급, 그리고 미국식 교육을 받은 지식인, 미국선교사의 영향을 받은 종교계인사들 중에는 여전히 어리석은 관념을 가지고 반혁명적인 유언비어를 퍼뜨리고 있다. 이러한 상황을 신속히 개선하기 위해서 작금의 위대한 항미원조 투쟁과 독립된 강성한 신중국 건설의 역사적인 임무가 필요한 것"이라고 강조하고, 항미원조운동의 효과적인 전개방법으로 첫째, 집회와 시위를 통한 미 제국주의의 침략 고발 둘째, 공장, 학교, 단체, 행정단위별로 고발대회 개최, 미 제국주의의 만행 고발, 숭미, 친미, 공미의 잘못된 사상 등을 피해자들의 경험, 가해자들의 자아비판 등을 통하여 검토하고 토론을 통하여 '항미'의 인식을 깊게 해야 할 것이라 주장하면서 다음해인 1951년에는 반제 애국의 사상교육운동을 더욱 활발하게 전개하여 제국주의와 그 앞잡이들의 독소를 깨끗하게 제거하여야 할 것이라 강조하고 있다. 이는 중국이 항미원조운동의 구체적인 전개방법까지 제시하면서 다음해까지도 이 운동을 활발히 전개해야 할 것임을 수상한 것이며, 이후의 전개양상을 짐작할 수 있게 하는 대목이다.

1951년에 접어들자 실제로 애국주의운동의 구체적인 실천방안을 제시하고 이를 강요하는 중국당국의 주장들과 애국주의운동의 전국적인 확대를 독려하는 지시들이 항미원조운동을 이끌고 있었다. 1951년 3월 8일, 중화전국총공회의 "항미원조 애국교육 확대를 위한 5·1 전국적 시위 준비에 관한 지시"[53]는 항미원조 애국주의교육활동이 여전히 충분히 심도 있게 확산되지 못하고 있으며, 지역별 기관별로 불균형을 이루고 있음을 지적하면서 미 제국주의에 반대하는 애국주의교육을 철저히 하는 것은 엄숙한 정치적 임무임을 강조하고 있다. 동 지시는 5·1 전국 애국시위준비를 위하여 1) 각종 형식을 활용한 항미원조 애국주의 시사교육의 확대, 애국선서를 병행함으로써 애국적인 열정을 고취하고, 2) 항미원조 애국주의 시사교육은 토지개혁지역에서는 필히 토지개혁교육과 결합하여 추진하고, 토지개혁은 반동세력과 제국주의 앞잡이들의 뿌리를 뽑는 것으로서 중국인민의 대변신을 위한 결정적인 조건이기 때문에 농민들이 봉건지주를 반대하는 혁명투쟁과 연계되어야 하며, 3) 시사교육의 방법으로는 미 제국주의자, 일본, 장제스(蔣介石) 등이 과거 중국 인민들에게 저지른 만행을 고발하는 방법과 과거의 생활과 현재의 생활을 비교함으로써 공산당과 인민정부, 마오저뚱에 대한 열렬한 지지를 이끌어 내어야 할 것이라 강조하고 있다. 또한 이러한 교육활동과정에서 애국주의적 노동경쟁 확대, 공장, 기업, 각 기관, 학교, 농장 등에 잠입 해 있는 간첩, 위장군인, 도주한 지주, 불량분자 등 반혁명분자의 색출·검거, 애국선서운동의 각 기관별, 업종별 전개 등의 몇 가지의 목적을 달성할 수 있을 것이며, 5·1 애국시위를 통하여 중국인민의 역량을 과시하고 전 국민이 일치단결하여 미국을 비롯한 제국주의자들과 국내반동세력의 잔재들에게 만약 침략의 폭행을 중지하지 않고 국민들에게 투항하지 않고 어리석은 행동을 계속한다면 단지 죽음의 길밖에 없다는 것을 보여주어야 한다고 주장하고 있다.

53 劉金質·楊淮生(1994), p.151.

이와 함께 애국주의운동의 전국적인 확대를 위하여 중국인민항미원조총회는 1951년 3월 14일 "항미원조운동의 전국적인 확대를 위한 통고"를 통하여 "전 국민들을 애국교육과 애국운동에 적극적으로 참여하게 해야 하며, 이를 위해, 1) 1개월 이내에 구체적인 계획을 수립, 5·1 이전에 보급, 5·1 이후에 심화 할 것, 2) 4월 하순 전국 모든 지역의 인민들은 소규모 회의를 소집하여 미국 침략의 만행과 국민당 간첩들의 죄상을 고발하고, 애국선서를 하고, 이러한 소규모 회의를 통하여 전 국민을 동원함으로써 항미원조운동의 실제적인 활동을 강화하여 중국 내의 제국주의 잔재를 일소하고 미국과 국민당일당들을 제거하여야 할 것"[54]이라 강조하고 있으며, "전국 모든 지역, 모든 국민이 항미원조의 애국교육을 반드시 받아야"라는 제하의 3월 17일 인민일보 사설은 중국 인민들의 항미원조운동은 전에 볼 수 없었던 애국운동으로 번지고 있으나 대부분의 농촌과 소도시의 운동은 상당히 미흡하며, 문화교육계, 상공업계의 애국인식과 열정이 아직 부족하고, 종교계의 자발적인 혁신애국운동은 겨우 초보단계이며, 전인구의 절반을 차지하고 있는 여성들의 애국운동참여도 극소수에 지나지 않고 있음을 지적하면서 항미원조운동의 전국적인 확대를 독려하고 있다.[55]

위에서 볼 때, 중국은 당시의 애국주의운동의 전국적인 확대를 상당히 시급한 문제로 인식하고 있었으며, 그것은 중국 내의 반사회주의적, 반혁명적인 요소들이 상당히 깊게 뿌리박고 있었고 이는 사회주의국가 건설에 막대한 장애가 되고 있었다는 사실을 반증하고 있는 것이라 볼 수 있다.

애국주의운동이 주를 이루었던 초기의 항미원조운동은

54 위의 책, p.158.

55 "전국 모든 지역, 모든 국민이 항미원조의 애국교육을 반드시 받아야", 『人民日報』, 1951. 3. 17. 사설.

1951년 5월이 되면서 새로운 국면에 접어들게 된다. 우리는 이러한 변화는 "항미원조운동을 새로운 단계로 올리자"제하의 5월 1일 인민일보 사설에서 감지할 수 있는 바, 동 사설은 "항미원조운동은 중국국민들의 사상적인 무장과 정치적 적극성을 대폭 제고 시켜 공장노동자들은 생산경쟁운동을 전개하고 있고, 농촌에서도 생산경쟁과 애국양곡 헌납운동이 광범위하게 진행되고 있으며, 상공업계에서는 수많은 사람들이 앞을 다투어 세금을 납부하고 있으며, 학생과 교수들은 농촌으로 내려가 항미원조 선전활동을 하고 있다"고 그동안의 성과를 평가한 후 "항미원조 애국교육을 받은 비율이 전국적으로 지역에 따라 20%~80%로 상당한 불균형을 보이고 있으므로 이후 각급당위원회는 항미원조운동이 취약한 지역에 노력을 집중시켜 적시에 대중운동인 항미원조운동의 열정을 각 방면의 실제업무로 확대하여 대중들로 하여금 반혁명분자를 제거하게 하고 공장은 생산경쟁, 농촌은 생산목표 달성을 위한 투쟁으로 유도해야 할 것"[56]이라 주장함으로써 이후의 항미원조운동은 그동안의 고취해온 애국주의 정신을 바탕으로 생산력 향상과 물질적 희생을 강요하는 방향으로 전개될 것임을 암시하고 있다.

(2) 무기헌납운동

앞에서 언급한 바와 같이 항미원조운동이 1951년 5월 들어 생산력 향상과 물질적 희생을 강요하는 방향으로 전개될 것이라는 암시는 다음달인 6월 곧 현실로 나타나게 된다. 즉, 6월 1일 중국인민항미원조총회가 "애국선서, 비행기와 대포 헌납 및 참전군인가족우대에 관한 호소"를 발함으로서 무기헌납운동이 본격적으로 시작되었다는 사실이다. 동 호소문은 1) 애국선서운동을 확대하여 중국 인민정치협상회의

56 "항미원조운동을 새로운 단계로 올리자", 『人民日報』, 1951. 5. 1. 사설.

가 구체화한 애국행동강령을 인민들의 공동생활 강령으로 삼아 항미원조, 반혁명진압, 봉건토지제도의 소멸 투쟁에 나서야 하며, 애국선서 실천경쟁운동을 추진할 것, 2) 한국 전선에서 비행기, 대포, 탱크, 고사포 등의 무기가 부족하기 때문에 남녀노소를 불문하고 애국적인 증산운동을 전개하여 증가된 수입의 일부 혹은 전부를 무기구입을 위해 헌납할 것, 3) 참전가족과 부상군인들에 대한 우대운동 전개 등 3개항을 지시하였지만[57] 그 중점은 제2항인 애국적인 증산을 통한 무기헌납운동이었다. 애국선서운동 역시 그 주안점은 전 국민을 사회주의사상으로 무장시켜 사회주의중국에 대한 애국적인 열정을 고취하여 생산 활동과 생산에 있어서의 적극성을 유도하는 데 있었으므로[58] 결국은 증산을 통한 무기헌납운동과 직결되고 있었.다고 볼 수 있으며, 참전가족을 도와주는 것도 증산의 여유분으로 참전가족들을 물질적으로 지원하는 것이었다.

전국 모든 기관, 단체, 개인을 대상으로 전개된 무기헌납운동은 두 가지 방법으로 진행되었다. 하나는 바로 성금을 납부할 수 있는 기관이나 개인은 바로 현금으로 납부하는 것이고, 다른 하나는 현금이 없는 경우 기일을 정해 언제까지 얼마를 납부하겠다는 약속을 공개적으로 하여 이를 증산을 통해 납부하는 방법이었다. 그렇지만 당시의 경제상황에서 대부분은 후자의 방법을 택할 수밖에 없었으며, 자발적인 의사에 따른다고는 하였지만 전국의 기관, 단체, 개인은 이 약속을 지키기 위해서는 적극적인 생산 활동과 내핍생활을 하지 않을 수 없었다. 다시 말해서 무기헌납운동은 사실상 전시경제체제의 부활을 의미하는 것이었다.

중국은 무기헌납운동의 전국적인 확대와 독려를 위해 지속적으로 포고문, 통지문, 호소문 등을 발표하였다. 1951년 7월 4

57 劉金質·楊淮生(1994), p.178.

58 국방부 군사편찬연구소 역, 『중국군의 한국전쟁사 Ⅲ』(서울.: 국방부 군사편찬연구소, 2005), p.840.

일, 중국인민항미원조총회는 6월 1일 이후 이미 전투기 1970대분과 다량의 대포와 탱크 등이 헌납되어 대단한 성과를 이루고 있으나, 여전히 많은 지역에서는 아직 전개되고 있지 못하고 있는 등 무기헌납운동의 전개가 불균형을 이루고 있다고 지적하고 전국인민에 대하여 항미원조운동의 지속적인 강화를 호소하였으며,[59] 8월 22일 "증산 무기헌납계획집행과 기간 내 성금 납부에 관한 통지"에서 8월 20일 현재, 전국적으로 이미 헌납약속 액이 비행기 2323대, 대포 128문, 고사포50문, 탱크 5대에 달하고 있으며, 실제로 접수된 성금은 2897여 억 위엔으로 약속 액의 8%를 기록하는 등 애국헌납운동이 전국적인 대중운동으로 확대되고 있다고 밝히고 전국의 생산기관과 가정들은 증산 헌납계획을 세우고 약속한 기일 내에 성금을 납부할 수 있도록 해야 할 것이며, 애국헌납운동이 아직 전개되고 있지 않은 일부지역에서는 빠른 시일 내에 이 운동을 전개할 것을 강조하였다. 또한 일부지역에서 강제하는 현상이 일어나고 있으므로 이에 대한 개선을 촉구하였으며,[60] 10월 13일에는 "지원군 참전 1주년 기념 및 항미원조사업 강화에 관한 통지"를 통해 무기헌납운동을 독려하였다.[61]

또한 중국인민항미원조총회는 11월 17일 "무기헌납 성금접수업무의 기한 내 완성 및 항미원조의 지속적인 강화에 관한 통지"에서 "1951년 6월 1일 무기헌납운동을 호소한 후 11월 15일 현재 헌납약속 액은 4조1124여 억 위엔, 실제 성금 접수 액은 3조4700여억 위엔(헌납약속 액의 84.5%)에 달하는 등 위대한 성과를 거두었으며, 현재 헌납약속업무는 이미 원만하게 완성되었으므로 본회는 다음과 같은 사항을 제의한다.

59 劉金質·楊淮生(1994), p.193.
60 위의 책, p.204.
61 위의 책, p.212.

1) 금년 말까지 헌납성금 접수업무를 완료하여 무기헌납운동을 종결할 것, 2) 헌납약속업무를 중단하고 헌납업무의 중점을 성금접수에 둘 것, 3) 강제적이 아닌 능력에 맞는 자발적인 형식을 취할 것, 4) 무기헌납 모금운동이 완료된 후, 항미원조운동은 애국증산절약운동이 중심이 될 것이며, 동시에 애국주의의 선전과 교육의 확대를 통하여 중국에서의 제국주의 앞잡이들의 침략활동을 철저히 소탕할 것임. 또한 애국선서운동을 더욱 심화하고 보급하고, 열사가족과 군인가족을 우대할 것"이라고 밝혔다.[62] 그 후 12월 27일 중국인민항미원조총회는 "무기헌납운동 종결에 관한 통지"를 발하고 6월 1일부터 시작된 무기헌납운동이 12월 말 성공적으로 종결되었음을 공포하였다. 1952년 6월 25일 발표된 전국인민무기헌납운동에 관한 중국인민항미원조총회 최종결과보고에 따르면 1951년 6월 1일부터 1952년 5월 말까지 1년 동안 접수된 무기헌납성금 총액은 5조 5650억 6230만 6834위엔으로서, 전투기 한대 가격 15억 위엔으로 계산할 때 3710대의 전투기를 구입하고도 6230만 6834위엔이 남는 금액이며, 모금된 성금은 중국인민지원군에 보내져 전투기 등 무기를 구입하는데 사용될 것이라 밝히고 있다.[63]

무기헌납운동과정에서 중국이 스스로 밝힌바와 같이 1년 만에 3710대의 전투기를 구입할 수 있는 5조 5650여 억 위엔이 모금되었다는 것은 위대한 성과가 아닐 수 없다. 하지만 당시의 경제 상황에서 단시간에 이러한 거액을 모금할 수 있었던 것은 모금 과정에 상당한 강제성을 띠고 있었다는 것을 시사하고 있다.[64] 그것은 비록 중국이 무기

62 위의 책, p.244.

63 위의 책, p.333.

64 당시 중국은 국민들의 헌금을 효과적으로 받기 위해 전투기 한 대 15억 위엔, 탱크 한 대 25만 위엔, 대포 한문 9만 위엔 등 무기의 가격을 고시하고 주로 각 단체·기관별로 전투기 몇대, 탱크 몇대 등의 방식으로 헌금을 받았다. 解力夫,『韓國戰爭實錄: 下卷』(北京: 世界知識出版社, 1993), pp.726~727 참조.

헌납운동을 국민들의 자발적인 의사에 의해서 전개되었다고 주장하지만 앞에서 본바와 같이 강제적인 모금활동이 아닌 능력에 맞는 자발적으로 진행되어야 할 것이라는 그들의 지시가 동운동이 실제로 전국각지에서 상당한 강제성을 띠고 진행되고 있었다는 것을 반증하고 있다.

(3) 애국증산절약운동

앞에서 언급한 바와 같이 1951년 11월 17일 중국인민항미원조총회는 항미원조운동의 지속적인 강화에 대한 통지에서 "무기헌납운동완료 후, 항미원조운동은 애국증산절약운동이 중심이 되어 전개되어야 할 것이며, 애국주의교육을 심화 발전시켜 국내의 제국주의분자들의 침략활동을 철저히 제거하고, 애국선서운동을 확대해야 할 것"이라고 밝힘으로써 항미원조운동은 그 중점이 무기헌납운동에서 애국증산절약운동으로 전환할 것을 지시하였다. 이어서 1952년 12월 22일에는 "항미원조운동의 지속적인 강화에 관한 중국인민항미원조총회의 지시"를 발하고 항미원조운동의 지속적인 전개를 위한 4개항의 중심임무를 하달하였다. 그것은 ① 항미원조사상교육의 지속적인 심화를 통해 중국의 국방건설, 경제건설에 대한 장기적인 항미원조운동의 의의를 국민들에게 명확히 밝히고, ② 애국증산절약운동 강화하여 생산량과 생산효율을 높이고 국방건설과 경제건설을 가속화함으로써 인민지원군을 지원하고, ③ 참전용사가족 우대사업을 철저히 하여 그들의 생계와 생활에 불편함이 없게 하고, ④ 인민지원군에 대한 보급과 위문활동을 강화 할 것 등이었다.[65]

이러한 애국증산절약운동은 실제로 경제적인 측면이 강조된 운동이었다. 주된 목적이 증산과 절약을 통한 경제건설의 가속

65 劉金質·楊淮生(1994), p.414.

화에 있었으며, 이와 함께 인민지원군에 대한 보급물자 조달, 그리고 참전군인가족들을 생계를 위한 원활한 지원활동 전개 등의 목적을 가지고 있다고 볼 수 있다. 애국증산절약운동은 구체적으로 '애국선서운동'을 중심으로 전개되었다. '애국선서운동'은 먼저 기업가와 공장주 등 경제계인사들로부터 시작되었는데 이들은 미국의 침략에 대항하는 대규모의 시위와 함께 생산증가를 위해 스스로 맹세하고 신속한 세금의 납부와 인민지원군을 지원하는 서약을 하는 '애국적인 선서'에 서명하는 것이었다.[66] 이 운동은 곧이어 전국적으로 확산되어 노동자와 농민들까지도 이 '애국적인 선서'에 서약하고 대규모 반미시위를 벌였으며, 생산방법의 개량, 증산, 절약의 목표가 설정되고 민중들이 서로 경쟁하여 생산현장에서 신기록을 창조하는 운동으로 확산되어 갔다. 그리고, 참전군인가족의 생계를 위한 '지원운동'은 참전군인 가족들을 위한 생계지원을 위하여 농촌에서는 군인가족들을 위하여 대신 농사를 지어주고, 도시에서는 식량, 옷, 생필품 등을 선물 형식으로 제공하는 운동이었다.[67] 이 모든 것들이 국민들의 지속적인 내핍생활을 강요하는 것으로써 전쟁수행을 위한 물자의 조달과 국가의 재정적인 부담을 국민들에게 전가하면서 더 나아가서는 국가의 경제를 재건해 보겠다는 일련의 정책이었다.

66 John Gittings(1967), p.87.

67 위의 책, p.87.

03 항미원조운동의 성과 및 의의

중국의 한국전 참전이 중국 내부에 미친 영향은 긍정적인 면이 부정적인 면보다 더 많았다. 즉 참전의 '득'이 '실'보다 많았다고 볼 수 있다는 것이다. 물론 중국지원군은 한국전에서 당초 예상했던 것보다 훨씬 어려운 전쟁을 수행했음은 지원군 사령관이었던 펑더화이의 회고록에 잘 나타나 있다. 그러나 참전으로 인한 그들의 대내적인 성과는 참전하지 않았더라면 상당시간을 걸쳐 달성될 수밖에 없었던, 그리고 달성여부가 의문시되는 것들을 단시간에 가능케 해주었다. 이러한 성과는 주로 '항미원조'운동이라는 대중운동을 통하여 달성할 수 있었다. 전쟁 후 중국지도자들의 "만약 중국이 '항미원조'운동을 하지 않았더라면 중국의 앞날은 상상할 수도 없었을 것이다"[68]라는 자랑 섞인 말을 미루어 볼 때 '항미원조'운동의 성과가 어떠했는가를 알 수 있다.

신생사회주의 국가인 중국에서의 대중운동은 그 목적이 복합적인 차원에서 다방면으로 전개되었으므로 그 성과 역시 다방면에서 나타났다. 1951년 10월 24일, 중국인민항미원조총회 펑쩐(彭眞)부주석은 전국 정협 제1기 3차 회의에서의 '항미원조 보가위국운동에 관한 보고'에서 항미원조운동의 성과를 다음과 같이 평가하였다. "중국인민은 항미원조운동을 통하여 제국주의자 특히 미 제국주의자들의 과거 중국에서의 침략활동의 영향과 경제적 침략의 잔재세력들을 신속하게 소탕하였으며, 제국주의의 앞잡이, 간첩들을 진압하였다. 이러한 제국주의 잔재세력을 소탕하기 위한 열렬한 활동은 노동자, 농민, 청년, 여성, 상공업계뿐만 아니라 기독교, 천주교 등 종교계에서도 전개되었다. 또한 애국선서(서약)운동이 전국적으로 전개되어 화북, 동북, 화동지역의

68 周鯨文(1960), p.172.

50%이상의 주민들이 애국선서를 하였으며, 애국선서운동은 각계각층의 인민들을 단결하게 함으로써 국방건설, 토지개혁, 반혁명 진압, 농공업 생산 증대, 정치문화학습 등에서 중요한 역할을 하였다."[69] 그리고 다음날인 10월 25일 인민일보 사설은 "지난 1년 동안 항미원조운동은 조선에서의 반침략전쟁을 지원했을 뿐 아니라 중국 내의 제국주의 잔여세력과 정치사상을 제거하였으며, 국방공고, 토지개혁, 반혁명 제압, 농공업발전, 정치문화교육 등의 민주개혁과 건설사업을 가속화 시켰다"고 그 성과를 평가하였다.[70] 이러한 주장들은 모두 항미원조운동의 성과가 다방면에서 나타나고 있음을 말해주는 것이며, 이는 곧 항미원조운동에서 대내적인 목적이 상당한 비중을 차지하면서 다양한 방면으로 전개되고 있었음을 반증해주고 있는 것이다.

항미원조운동에 대한 중국의 평가와 주장을 종합해 볼 때, 항미원조운동의 성과와 그 의의는 다음 몇 가지로 요약될 수 있을 것이다.

첫째, '항미원조'운동은 신생 사회주의국가의 당면과제였던 국가와 사회에 대한 사회주의개혁이라는 측면에서 대단한 성과를 거두었다. 즉 잔존하고 있던 국내의 반혁명세력과 자본주의 잔재의 일소라는 측면에서 큰 성과를 거두었다는 것이다.[71] 먼저 국내의 반혁명세력의 제거라는 측면에서 볼 때, 국민당군의 예상 밖의 빠른 붕괴로 하여 갑작스레 방대한 영토와 인구를 가진 신생중국이 탄생하였으

69 劉金質·楊淮生(1994), p.221.

70 『人民日報』 1951년 10월 25일 사설.

71 한중 한국전쟁학술회의에서 중국측의 劉國新(당대중국사연구소)연구원은 발표를 통해 "50년 10월 10일 중공 중앙은 '반혁명세력'의 진압을 공개적으로 지시하고 대규모 진압운동을 발동하였고, 한국전쟁으로 이 반혁명진압운동은 과격화되었으며 전쟁이 없었다면 보다 신중하고 유연했을 것이며, 50년 10월에 이러한 조치가 나왔다는 전에서 그 시점이 중요하다'고 주장하면서 한국전쟁과 반혁명세력 일소와의 관계를 지적하였다.

나, 여전히 전국에 걸쳐 잔존하고 있던 반혁명세력의 활동으로 인하여 국내는 불안한 상태였다. 따라서 이러한 반혁명 잔재세력의 일소는 정권의 안정과 혁명의 완수를 위해 필수적인 것이었다. 그러나 중국지도자들은 이와 같은 반혁명 잔재를 일소하는 데는 모순된 두 문제를 동시에 고려하지 않으면 안 되었다. 그것은 아직도 신생사회주의 정권에 대하여 반신 반의적인 태도를 가지고 있는 중국민중들의 정권에 대한 소극적 태도를 열광적 지지의 적극적인 태도로 끌어올리는 일과 피 비린내 나는 준엄한 대량숙청과 소탕을 어떻게 양립시키는가 하는 문제였다. 이 양립하기 어려운 두 과제를 동시에 수행하게 해 준 것이 한국전의 발발과 참전이었다.

한국전쟁이 발발하자 중국은 이 국제적인 긴장상태를 그들의 국내문제 해결에 이용할 수 있는 좋은 기회로 인식하고 1950년 7월 말 '반혁명활동진압에 관한 지령'을 공포하고 국부군의 잔존세력을 소탕할 뿐만 아니라 도시지역에서 본격적으로 반혁명분자를 색출하기 시작하였다. 특히 항미원조운동 초기에 강조되었던 '애국주의운동'은 '애국'이란 이름아래 중국민중들을 사회주의중국에 대한 지지자로 만들면서 반혁명적인 잔재들을 일소하는데 결정적인 역할을 하였다. 다음으로 자본주의 잔재의 일소라는 측면에서 볼 때, '항미원조'운동의 목적 중의 하나는 앞에서도 언급했듯이 중국내부의 '항미', 즉 미국을 비롯한 서방제국주의 세력과 자본주의 잔재의 청산이었다. 이를 위해 중국은 서방제국주의의 침략도구라 인식하고 있었던 기독교와 천주교를 몰아내기 위한 삼자혁신운동(三自: 自給, 自養, 自傳)을 추진하여 먼저 교회와 교회가 운영하고 있던 학교 · 병원 등과 외국과의 관계를 일절 단절시켰다. 또한 9월 전국기독교위원회를 구성하여 "중국 기독교단체들은 다음과 같은 것들에 대해 응당 최대한의 노력을 해야 한다. …… 교회는 제국주의가 중국 내에서 행한 죄악과 …… 기독교내부의 제국주의를 숙청하는 것과 …… 더욱이 미 제국주의가 종교를 이용함으로써 반동 음모를 배양한 것에 대하여 군중에게 똑똑히 인식하도록 해야 한다."는 선언문을 발표하고 모든 기독교도들로 하여금 서명케 하였으며, 서명하지 않을 경우는 제국주의의 앞잡이로 몰아갔다.[72]

중국정부는 또 1950년 12월 '미국원조 문화교육 · 사회사업기관과 종교단체를 처리 접수하는데 관한 방침의 결정'과 '외국보조 및 외자경영의 문화교육 · 사회사업기관 및 종교단체 등록 접수의 조례'를 공포하여 미국과 서구국가의 지원을 받던 모든 기관과 종교단체들을 몰수하였으며, 교도들에게 삼자운동을 강요하면서 전국적으로 기독교, 천주교도들을 박해하였다. 그 결과 대부분의 중국인 교도들은 제국주의의 앞잡이 혹은 반혁명분자라는 죄명으로 체포, 구금, 살해, 혹은 노동개조를 당하게 되었으며 외국인 교도들은 미 제국주의의 특무 혹은 간첩이라는 죄명으로 국경 밖으로 추방되었다.[73] 초기의 항미원조운동은 '애국주의운동'과 '반혁명진압운동'이 결합되어 진행되었기 때문에 중국공산당은 둘 중의 하나를 마음대로 적용하여 사람들을 교살하였으며, 더구나 한국전쟁은 이러한 '항미'운동의 잔학성을 발휘하는데 아주 편리한 정치적 도구를 제공하였다. 반혁명분자의 숙청이 단시일 내에 진행될 수 있었던 것도 이러한 고조된 중국민중의 애국열과 결부되지 않고서는 방대한 국토와 인구를 가진 중국에서 성공을 거두기는 힘들었을 것이다. 이렇게 볼 때 중국의 한국에서의 군사적인 모험은 그들의 정권 지지를 위한 민중들의 충성심과 애국심의 결속을 위해 계획되었다고 보아도 무방할 것이다.[74]

둘째, 한국전쟁에 참전한 인민지원군의 전투수행에 필

72 周鯨文(1960), p.166.

73 위의 책, p.200.

74 Arthur Steiner, "Current 'Mass Line' Tactics in Communist China", *Problem of Communism* (1951. June. No. 2), p.435.

요한 중무기를 지원하고 국가재정을 확보하기 위한 '무기헌납운동'이다. '무기헌납운동'은 폭동적인 애국주의 운동과 함께 모든 국민으로부터 헌납을 강요한 결과 운동을 시작한 1951년 6월부터 1952년 5월까지 1년이라는 짧은 기간동안 앞에서 언급한 바와 같이 무려 5조 5천여 억 위엔을 헌납 받았으며, 이는 당시의 전투기 3710대의 가격과 맞먹는 액수였다. 이 정도 양의 전투기와 중무기는 전세를 뒤집을 만큼의 막대한 양이지만 인민지원군은 한국전쟁 전 기간동안 무기와 물자의 부족으로 상당히 어려운 전쟁을 치러야 하였으며, 특히 공군력에서는 심각한 열세를 면치 못하였다. 또한 이러한 막대한 액수의 성금이 기부되었음에도 불구하고 중국정부는 이 자금으로 누가 어디서 얼마만큼의 무기를 구입해서 지원했다고 발표한 적도 없었고, 그러한 증거도 찾기 힘들다.[75] 그것은 헌납된 성금으로 무기를 직접 구입하려고 심각하게 의도 한 적이 없었다는 것을 말해준다. 따라서 이 '헌납운동'의 주된 목적은 실질적인 전시경제체제 부활을 통한 세금의 추가징수, 생산 자극, 인플레이션 방지 등에 있었다고 보아야 하는 것이 타당할 것이다. 후에 밝힌 '헌납운동'에 대한 중국당국의 공식적인 평가, 즉 "헌납운동은 중국지원군의 전투력 증강에 보탬이 되었을 뿐만 아니라, 이 운동은 국가재건운동의 규모를 확대하였으며 그 속도를 가속화 시켰다"는 말 중 후자에 이 운동의 주된 의도가 있었다고 볼 수 있다는 것이다.[76] 그렇지만 이 막대한 돈이 구체적으로 어디에 어떻게 전용되었는지 또한 그 자료를 찾기 힘들다.

셋째, 애국주의운동과 무기헌납운동이 실효를 거두기 시작하면서, 항미원조운동은 1951년 말부터 점차 경제적인 애국증산절

75 Peter S. H. Tang, Communist China Today (Washington: Research Institute on Sino-Soviet Bloc., 1961), p.388.

76 John Gittings(1967), p.88.

약운동의 양상을 띠기 시작하여, 앞에서 언급한 바와 같이 세금납부운동과 함께 생산방법의 개량, 증산, 절약의 목표가 설정되고 민중들이 서로 경쟁하여 신기록을 창조하는 운동으로 확산되어 갔다. 대외전쟁을 치르고 있으면서도 중국의 농공업 총생산량은 1952년 말 이미 전쟁 전의 수준을 초과하였으며,[77] 1953년 중국경제가 회복기를 지나 새로운 경제건설의 단계에 돌입하게 된 것은 애국증산 운동으로서의 항미원조운동이 공장과 농촌의 생산성을 크게 자극하여 생산량이 급속도로 증대한데 기인한 것이라고 볼 수 있다.[78] 이 애국증산운동은 앞에서 언급한 바 있는 삼반운동과 오반운동을 수반하였다. 중국이 이러한 급진적인 대중운동을 주도할 수 있게 해준 상황적 요인은 말할 것도 없이 대외적인 위기인 한국전쟁이었고, 더구나 한국전 참전이라는 항독소(抗毒素)의 이용은 그들에게 내부의 오물을 청소하여 사회주의 개조를 단행하고 정치기반을 견고히 하는데 결정적인 역할을 하였을 뿐만 아니라 전시경제체제의 부활을 통하여 국민들의 내핍생활을 강요함으로써 국가경제를 재건할 수 있는 기반을 닦을 수 있었다.

77 1952년 총생산액은 827억위엔으로 1949년에 비해 77.5%가 증가하였다. 解力夫(1960), p.728.

78 김하룡, "한국전쟁이 중공정치에 미친 영향", 『아세아 연구』(서울: 고려대 아세아문제연구소, 1967. 9), p.32.

3절 중국의 한국전 참전의 대외적 영향

01 국제적 지위제고와 자유진영과의 관계

한국전에 개입함으로써 중국이 얻은 중요한 대외적인 결과는 아시아에서 강력한 힘을 가진 국가로서의 사회주의 중국의 정립이었다. 특히 사회주의진영에서 신생중국의 위상을 높이는 계기가 되었다. 한국전쟁을 통하여 비록 동북아지역 차원이었지만 마오의 신생 사회주의중국은 그들의 이익을 위해서 초강대국인 미국에 직접 대항할 수 있는 의지와 능력을 보여주었다. 분명히 중국은 한국전쟁에서의 그들의 군사적인 행동으로 인하여 국제적인 주목을 받았다.

한국전 참전으로 인한 중국의 국제무대에서의 강력한 부상은 일본과 동남아 국가들에게는 중국의 호전성에 대한 상반된 반응으로 나타났다. 즉 한편으로는 이 지역 공산주의자들의 사기를 강화시켰지만, 다른 한편으로는 많은 아시아 국가들에게 그들이 중국의 힘의 목표물이 될 수도 있다는 우려와 경계심을 주게 되었다.[79] 또한 중국의 한국전 참전은 국제사회에 대해 중국은 확실히 소련의 편에 서있으며 사회주의진영에서 소련과 일치단결된 모습을 보여주었다. 한국전쟁을 자본주의진영과 공산주의진영간의 대결이라는 국제전쟁의 구도로 전환시켰으며, 냉전구도, 특히 동아시아의 냉전구도를 공고화시키는 중요한 계기가 되었다. 미국에 대항하는 강력한 사회주의중국의 부상은 미국의 공산주의 팽창저지라는 봉쇄정책과 날카롭게 충돌하였다. 중미관계는 한국전쟁 발발과 함께 트루먼 독트린으로 인해 야기된 타이완해협 중립화 문제

79 Whiting(1960), p.166.

로 더욱 복잡해 졌다. 1950년 6월 27일 미국은 트루먼 독트린에서 "공산주의국가가 무력수단으로 독립 국가를 침략하고, 공산당부대가 타이완을 점령하는 것은 장차 태평양지역의 안전과 이 지역에서 합법적이고 필수적인 임무를 수행하는 미군부대를 직접 위협하는 것"이라고 주장하고 타이완해협의 중립화를 선언하는 한편 미국은 해협의 중립화를 보장하기 위하여 제7함대를 파견하였다. 또한 타이완의 미래 지위에 대해서는 반드시 태평양의 안전회복, 대일본 강화조약의 조인을 기다리거나 혹은 유엔이 고려해서 결정되어야 한다고 주장하였다. 이러한 트루먼 독트린은 중국의 입장에서는 분명히 자신의 주권을 직접 침해하는 행위였다.

한국전쟁의 발발과 타이완해협의 중립화를 선언한 트루먼의 성명으로 중국은 '타이완 해방'을 연기 내지는 단념치 않으면 안 될 입장에 몰리게 되었으며, 미국은 중국의 주된 적으로 남게 되었다. 그러나 이러한 타이완해협의 중립화와 중국의 한국전 참전은 베이징, 모스크바, 워싱턴 간의 새로운 관계 패턴을 형성하게 만들게 함으로써 역설적으로 이후의 양국갈등을 효과적으로 관리하는 경험을 제공하였다. 한국전쟁 시 미 · 중간의 외교적 채널의 결여가 더 큰 규모의 전쟁을 초래하였고, 전쟁을 더 오래 연장시켰다는 점을 쌍방이 반성하고 인식하게 됨으로써 이후 미 · 중 위기와 갈등의 해결을 위한 중요한 선례로 작용하였다.[80] 이러한 선례는 미국과 중국으로 하여금 인도차이나반도와 대만해협의 위기과정에서 더 효과적이고 세련된 전략적 커뮤니케이션을 가능하게 하였다.

그리고 여기서 또 한 가지 지적하고 넘어가야 할 부분은 한국전 참전으로 인하여 중국은 유엔에서의 합법적인 지위를 오랫동안 인정받지 못하였다는 점이다. 사실 한국전쟁 이전 국제적인 분위기는

80 Kalicki(1975), p.74

중국의 유엔에서의 합법적인 지위의 획득에 부정적이지 않았다. 신중국 수립 후 인도 등 일부국가들과 외교관계가 수립되었으며, 영국과는 수교 회담이 진행되고 있었다. 미국도 유엔에서 신중국의 대표 자격을 부인하는 부결권을 더 이상 행사하지 않을 것이라고 결정하기에 이르렀다.[81] 그러나 중국이 한국전에 참전하자 이를 이유로 미국의 주도하에 1951년 2월 1일 유엔 정치위원회의 결의에 의하여 중국은 '침략자'로 규정되었다. 그 후 유엔에서의 중국의 대표권 문제 논의는 미국에 의하여 계속 연기되거나 저지되었으며, 그 결과 중화민국(타이완)이 계속 중국의 대표권을 가지고 안보리 상임이사국의 지위를 향유하고 있었으며, 이러한 상황은 1971년 9월 중국이 유엔의 대표권을 획득할 때까지 계속되었다.

뿐만 아니라 중국이 한국전 참전으로 비록 국제정치무대에서 강력한 힘을 가진 국가로 등장한 것은 사실이나 이후 상당기간동안 중국의 외교정책에 신축성을 잃게 되었다. 유엔에서 중국이 '침략자'로 규정됨에 따라 중국은 상당기간에 걸쳐 사회주의 국가들을 제외한 국가들과의 관계가 거의 봉쇄되었다고 할 만큼 대외정책 수행에 있어서 신축성을 잃게 되었다. 중국에 대하여 중립적 입장을 취하고 있던 국가들까지도 대중국 금수조치에 동조할 수밖에 없었다.[82] 중국은 이러한 외교적인 난관을 돌파하고자 1954년 반둥회의에 참가하여 비동맹그룹과의 관계강화에 나서게 되었다.

81 華慶昭, 『從雅爾塔到板門店: 美國與中,蘇, 英(1945~1953)』(北京:中國社會科學出版社, 1992), p.185.

82 김하룡, "한국전쟁과 중공의 국제적 지위", 김준엽 편, 『중공권의 장래』(서울: 법문사, 1967), p.432.

02 중·소, 중·북 관계

중·소 관계와 중·북 관계에 대해서는 이미 많은 연구와 저술들이 있다. 따라서 여기서는 중국의 한국전 참전을 둘러싼 몇 가지 사안만 지적하고자 한다. 먼저 지적해야 할 부분은 앞의 4장까지 분석과 서술을 통해서 본 바와 같이 중국의 참전과 전쟁수행과정에서 중·소 양국 간에는 미묘한 갈등과 대립이 있었다는 점이다. 특히 소련공군의 지원과 무기제공문제를 둘러싸고 중국은 상당한 불만과 비난을 쏟아내었다.[83] 소련공군의 지원문제는 중국이 참전을 결정하는 결정적인 전제조건이 될 수 있음을 스탈린이 알고 있었음에도 불구하고 스탈린은 공군력 제공에 적극적이지 않았다. 따라서 참전결정논의에서 많은 중국지도자들이 소련의 공군지원이 없는 참전에 반대하였다. 하지만 마오는 결국 소련공군의 지원 없는 참전을 밀어붙였다는 사실은 앞에서도 자세히 언급한 바 있다. 뿐만 아니라 휴전협상과정에서도 미묘한 불일치와 갈등이 있었음을 볼 수 있었다. 그러나 한국전쟁기간동안 이러한 스탈린과의 경험은 역설적으로 마오로 하여금 스탈린과 소련을 재평가하는 계기가 되었다는 것이다. 다시 말해 한국전쟁이 끝나면서 중국은 정부수립 초기 '소련일변도' 외교정책을 표방하면서 소련을 추종하는 사회주의 신생국에

83 소련의 군사적 지원은 제한된 것었다. 다시 말해 중국인민해방군이 미군의 공격을 견뎌 낼 수 있을 만큼 시간과 양을 제한하여 제공하였을 뿐이다. 또한 1960년대 소련은 한국전쟁에서 중국에 차관형식으로 제공한 무기의 대금회수를 요구하였다. 이에 중국은 1964년 2월 소련공산당에 보낸 서한에서 "당시 우리는 소련으로부터의 차관에 대하여 원금과 이자 모두 갚았다. 미국에 반대해서 싸운 한국전쟁에 소련이 무상지원은 없었다"고 비난하였다. 姚旭, "抗美援朝的英明決策", 『黨史研究』, 1980, 第 5期, 이홍영 역 "미국에 대항하고 조선을 지원한 현명한 정책", 『중소연구』제8권 4호, 1984, p.233 참조. 또한 1973년 1월 중일우호조약 체결 일본대표단에게 중국은 "소련은 죽음의 상인이다. 중국은 한국전쟁에 지원군을 파견하여 피와 생명을 제공하였다. 소련이 한 일이라고는 무기를 판 것이었다. 그들은 무기 값만 받아간 것이 아니라 이자까지 걷어갔다"고 비난한 바 있다. Nakajima Mineo, "The Sino-Soviet Confrontation in the Historical Perspective" in Yonosuke Nagai & Akira Iriye ed.,*The origins of the Cold War in Asia* (Columbia Univ. Press, 1977) p.217.

서 탈피하여 또 다른 사회주의 대국으로서의 면모를 갖춰가고 있었다는 것이다. 만일 한국전쟁이 아니었다면 마오는 상당 기간 동안 사회주의 이데올로기와 코민포름이 주도하는 세계공산주의 운동을 열렬히 지지하면서, 그리고 소련의 외교정책에 대해서 일정 정도의 환상이나 맹신을 가졌을 것이다. 그러나 한국전쟁이 지나면서 마오는 소련에 대해서 훨씬 더 이성적인 인식과 판단을 할 수 있는 독자적인 존재로 변모해 있었다. 이러한 변화가 몇 년 후 소련과의 이념분쟁을 야기할 수 있는 바탕을 제공하였다고 볼 수 있다는 것이다.

다음으로 북한과의 관계에 있어서 중·북 양국은 전쟁 이전부터 공동의 항일투쟁과 혁명경험으로 인하여 유대감을 가지고 있었다. 그러나 전쟁을 거치면서 이 동지적 유대감은 '혈맹'으로 발전할 수 있었다는 점을 지적할 수 있다.[84] 중국은 한국전 참전을 통하여 만주에 망명정부까지를 생각하고 있었던 김일성 정권으로 하여금 전쟁 전과 별 차이가 없는 한반도 북부지역의 통치권을 회복하는데 결정적인 역할을 하였다. 또한 한국전에 참전하였던 중국인민지원군 출신 간부들은 이후 수십 년 동안 중국 인민해방군 지도부를 형성함으로써 양국 간의 정치·군사적인 관계강화에 기여하였다. 따라서 중국의 한국전 참전은 이후 북한에 대한 중국의 영향력을 크게 확대시켰음이 분명하다.

한국전쟁 이전 북한은 소련의 절대적인 영향아래 놓여 있었으며, 중국의 북한에 대한 영향력은 미미하였다. 그러나 중국의 대북 영향력이 전쟁 전보다 크게 확대되었고 양국 간의 관계가 급속도로 접근하였지만 중국이 북한에 대해서 소련과 대등한 지위를 가지게 되었다고는 말하기 어렵다. 한국전 참전으로 인하여 증대된 중국의 대북 영향력

84 북한과 중국 양국의 혈맹관계를 제도화 한 것은 1961년 7월 체결한 '조중 우호협력 및 상호원조에 관한 조약'이다.

과 지위는 그들이 한국전에 참전하여 소련이 다 할 수 없는 역할을 대행한 결과로서 북한에 있어서 중국의 영향력은 소련의 우위를 인정하는 범위 내에서 종속적인 영향력에 불과하였던 것이다.[85] 그렇지만 중국의 한국전 참전의 결과 소련과 대등한 수준까지는 미치지 못하더라도 북한에 대한 영향력이 전쟁 전보다 월등히 증대시켜주었고 양국관계의 강화를 가져와 1961년 동맹조약 체결의 기반을 제공하였다는 사실은 부인할 수 없을 것이다.

85 Guy Wint, *Communist China's Crusade* (New York: Frederick A. Praeger, 1965), p.73.

맺음말

한국전쟁은 스탈린이 감독하고 김일성이 주연을, 마오저뚱이 조연을 담당한 한편의 다큐멘터리 전쟁영화라 볼 수 있다. 마오는 당초 그 조연의 역할을 그냥 가볍게 생각하였다. 하지만 감독의 생각에는 이 조연이 없는 주연은 있을 수 없는 것이었다. 더구나 감독이 직접 출연할 수도 없는 영화였다. 이 전쟁영화의 명감독이었던 스탈린은 자신이 각색한 전쟁영화에 마오를 교묘하게 조연으로 끌어들였다. 그리고 주연을 능가하는 연기를 요구하였다. 주연인 김일성으로서도 무게감 있는 조연을 마다할 필요는 없었다. 그러나 전쟁의 조연역할을 거부할 수 없었던 마오는 적극적인 역할이 요구되는 시점에서 신생 사회주의국가인 중국의 미래를 위한 복합적인 고려를 하였고 그 결과 전쟁이 끝나자 마오의 의도대로 중국은 완전한 사회주의 국가로 변모되어 있었다.

조연이었던 중국의 한국전 참전은 두 가지 측면에서 그 성격, 혹은 의의를 발견할 수 있다. 그 중 하나는 한국전 참전에 대한 입장으로서 북한의 남침지원에는 소극적이었고, 한국전의 참전결정은 방어적이었으며, 휴전회담에서는 적극적이었다는 점이며, 다른 하나는 중국의 한국전 참전 결과에서 보여 지는 참전의 득(得)과 실(失)의 문제로서 그 결과는 잃은 것보다 얻은 것이 많았다는 사실을 지적할 수 있다.

스탈린은 북한의 남침을 소·중 관계, 동북아전략 및 세계전략적 차원 등 다차원적인 측면에서 고려하고 있었다. 스탈린은 특히 북한이 남침할 경우 미국이 개입할 것이라는 전략적 계산 하에 마오로 부터 외부세력 개입 시 지상군

파병을 포함한 모든 포괄적인 약속을 받아내었다. 그러나 마오의 동의를 얻어내는 과정에서 스탈린은 자신은 미국을 이 전쟁에 끌어들이려는 전략적 계산을 하고 있었음에도 불구하고 미국의 직접개입 가능성을 중국에게 은폐하였으며, 자신이 북한의 남침에 동의한 사실도 3개월 반이 지난 1950년 5월 14일에야 비로소 마오에게 확인해 주었다. 이 기간 동안 스탈린은 북한의 남침에 대한 마오의 생각을 읽으면서 결국 자신의 남침전략구상 속으로 마오를 끌어들이는데 성공하였다.

미군의 직접개입에 대해 과소평가하고 있었던 마오는 김일성의 남침이 내전의 성격을 가질 것이고, 월등한 군사력을 가진 북한이 빠른 시일 내에 무력통일을 달성할 수 있을 것으로 믿었으며, 중국에게는 별다른 영향을 주지 않을 것으로 예상하고 있었다. 따라서 마오는 김일성의 남침계획에 동의하고 지원을 약속하였으나, 그 지원의 범위는 단지 인민해방군의 조선인 부대를 북한에 인도해 주는 정도만으로 충족될 것이라 생각하고 있었고, 가능성이 희박한 '미군이 직접 개입하여 38선을 넘을 경우' 파병한다는 조건부 지원약속을 하였을 뿐이다.

따라서 북한의 남침 이전까지 중국 인민해방군의 움직임으로 볼 때 조선인 부대의 북한 이동 이외에는 별다른 특이점을 발견할 수 없다. 또한 당시 동북군구에는 6대 군구 가운데 가장 작은 규모인 약 22만 정도의 병력이 배치되어 있었을 뿐이었다. 이는 직접 파병을 염두에 둔 군대의 배치라고 보기 어렵다.

이러한 정황은 마오가 미군의 직접개입 가능성을 낮게 평가하고 있었고, 한반도에서의 전쟁이 중국의 동북지역에까지 영향을 미치지는 않을 것이라는 인식을 가지고 있었다는 것을 입증해 준다. 이러한 마오의 인식을 바탕으로 볼 때 인민해방군의 재편성과 재배치, 인민해방군 조선인부대의 북한인도 등의 군사적 조치들을 한국전쟁 참전을 전제로 한 준비라고 보기는 힘들다. 따라서 북한이 남침에 대한 소련의 동의를 얻어내고 남침을 준비하는 과정에서 중국이 한국전쟁에 직접개입하려는 의도가 있었다거나 더 나아가 중국이 북한과 남침을 공모하였다는 주장은 더욱 동의하기 힘들다. 중국의 지상군파병의 약속을 받아내고자 하는 스탈린의 남침전략 구상은 성공적으로 완성되었으나, 북한의 남침개시 전까지 마오는 한국전쟁에 개입할 아무런 필요성을 느끼고 있지 않았을 뿐만 아니라 북한에 대한 지원약속도 이념적, 조건적, 제한적인 성격을 가지고 있는 소극적인 것이었다. 더구나 북한의 남침준비 단계에서 소련과 북한과의 긴밀한 협력관계와 비교하면 중국은 이 준비단계에서 소외되어 있었다고 해도 과언이 아니다.

북한의 남침 이후 중국은 낙관적인 관망의 단계, 전쟁의 장기화를 우려한 소극적 대비단계, 전황이 악화에 따른 적극적 대비와 참전가능성 검토단계, 적극적인 참전고려 단계를 거치면서 결국 한국전 참전을 결정하였다.

중국이 선세가 역전 조짐이 보이기 시작하던 8월 중순 그 때까지 지속해온 국민당 잔여부대의 소탕을 포함한 대만에 대한 공격준비를 일단 보류하고 즉각 중국 인민해방군을 전시 비상 예비동원체제로 전환시키기는 하였으나 마오는 9월 중순 이전까지만 해도 군대를 직접파병하는 형식의 한반도 전쟁 개입 의도를 가지고 있지 않았다. 그러나 국군과 미군이 38선을 회복하고 38선 돌파의 조짐이 보이자 중국은 미 제국주의로부터의 위협의식을 느끼지 않을 수 없었으며, 미군이 38선을 돌파할 경우 중국은 참전하지 않을 수 없을 것이라고 경고하기에 이르렀다. 김일성과 스탈린의 지원요청과 함께 1950년 10월 1일 국군이 38선을 돌파하고 이어 10월 8일 미군이 38선을 넘어 북진을 개시하자 마오와 중국 지도부는 참전을 적극 고려하게 되었고, 수차례의 회의와 논쟁과정에서 마오는 중국지도부를 설득하면서 소련공군의 지원이 없는 상황에도 불구하고 참전결정을 이끌어 내었으며, 10월 19일 출병명령과 함께 중국인민지원군은 압록강을 넘었다.

어느 국가이든 국경을 접하고 있는 인접국에서 전쟁이 발발하였다면 그에 상응하는 적절한 대비와 조치를 강구하는 것은 당연한 일이다. 중국 역시 적극적인 대비방안으로 한반도 전황이 역전될 경우 미국의 군사적 승리를 막기 위해 개입할 필요성까지도 인식하고 있었을 것이다. 그러나 여기서 지적하고 넘어가야 될 것은 비록 중국이 북한을 지상군을 파병하여 군사적으로 직접 지원한다고 하더라도 그것은 북한의 한반도 혁명, 즉 북한의 남침 적화통일을 지원하는 것이 아니라 상황이 역전되어 중국의 안보가 위협받는 상황에 처하지 않도록 하기 위한 안보적인 고려에서 나온 방어적인 조치라는 점이다. 이러한 관점은 설사 참전결정 시점이 일부의 주장처럼 더 앞 당겨진다 할지라도 그 본질은 한반도 공산혁명에 대한 적극적 지원과 개입이 아니라 최악의 경우에 대비한 안보적 고려에서 비롯되었다는 사실은 변하지 않는다는 것이다.

중국의 참전으로 한국전쟁은 국제전으로 비화되었으며, 한국전쟁의 국제화는 곧 적당한 선에서의 휴전을 예고한 것이라 볼 수 있다. 냉전이 격화되어 가던 시기에 냉전의 주역들이 벌였던 그 전쟁은 이미 어느 일방의 완전한 승리도 완전한 패배도 용납될 수 없는 전쟁으로 변해 버렸으며, 따라서 국가적 체면을 유지하면서 휴전의 명분을 모색해야 될 수밖에 없었다. 한국전쟁에서 참전국들의 국가적 체면을 유지한 채 휴전의 명분을 보장해 줄 수 있는 적당한 선이 전쟁 발발전의 선, 즉 38선이었다. 먼저 이를 제기한 측은 서방측이었다. 중국인민지원군이 참전 후 거세게 밀고 내려오자 1950년 12월 서방측은 휴전을 제의하였다. 그 당시는 공산군 측이 평양을 막 점령한 시점이었다. 공산군 측이 38선에 도달하기 전 서방측은 이미 38선을 분계선으로 휴전을 제시하였으며, 중국은 이를 긍정적으로 받아들였다. 그러나 협상에서의 우위를 차지하기 위하여 스탈린이 이에 제동을 걸면서 중국은 남진을 계속하였다. 공산군이 38선을 넘어 남진하자 서방측의 휴전 제의 명분은 이미 사라져 버렸으며 따라서 국군과 유엔군이 38선 이남지역을 회복할 때까지 휴전논의를 멈출 수밖에 없었다.

그러한 의미에서 다시 38선을 중심으로 전선이 형성된 1951년 6월은 휴전을 모색하기에는 최적의 시기였다. 그들의 목표는 각기 달랐지만, 특히 한국은 북진통일을 주장하며 여전히 휴전에 노골적으로 반대하였지만, 휴전의 당위성과 필요성이라는 측면에서는 한국을 제외한 참전국들 사이에는 이미 공동인식이 형성되고 있었다. 특히 중국에 있어서 38선은 국가의 체면과 참전의 명분을 지킬 수 있는 선이었다. 결국 휴전을 둘러싼 각국의 이해관계가 맞아떨어지면서 개성에서 휴전회담이 개최되게 되었다.

스탈린은 자신이 사실상 전쟁을 주도하고 있었고, 휴전논의에서도 구체적인 지시와 조언을 하고 있었지만 여전히 전면에 나타나지 않는 철저한 배후세력으로 남으려 하였다. 이러한 스탈린의 태도와 전략은 북한의 남침준비단계에서부터 보여준 일관된 것이었다. 이 일관된 전략는 일관된 목표, 즉 미국과의 공개적인 충돌을 회피하기 위해서였다. 마오가 수차례 스탈린에게 휴전회담을 직접 지휘해 줄 것을 요청하지만 스탈린은 여전히 이러한 이유로 이를 거절하고 그 짐을 마오에게 떠넘겼다.

휴전회담은 초기부터 스탈린이 배후에서 통제하였으나 실질적인 협상은 마오가 주도해 나갔다. 비록 스탈린이 배후에서 회담을 통제하고 영향력을 행사하고 있었고, 특히 휴전에 대한 생각이 자신과 다르다는 사실을 알고 있었지만 마오는 스탈린을 끝까지 설득하면서 자신의 의도대로 협상을 이끌어 나가고자 하였다. 또한 의제채택협상의 과정을 통해 볼 때 우리가 주목할 만한 것은 휴전의 조기실현에 대한 마오의 의지가 강하게 나타나고 있었다는 것이다. 마오는 휴전회담에서 제기할 의제를 고려하는 단계에서부터 회담진전에 장애가 될 수 있다고 판단한 중국 자신들과 관련된 사안들, 즉 대만문제와 유엔에서의 중국대표권 문제 등을 주도적으로 제거시켰다. 그러나 마오가 휴전회담에 적극적이었던 반면 스탈린은 마지못해 휴전회담에 동의하였으나 휴전회담에 미온적인 태도를 보이고 있었다.

스탈린은 한국전쟁 휴전 자체에 대해서 처음부터 부정적인 생각을 가지고 있었으며, 전쟁은 계속되어야 할 것이라 주장하였다. 스탈린은 한국전쟁을 세계적 차원의 대미전략의 일환으로 간주하고 있었던 반면, 마오는 자신에 대한 안보위협에 대응하는 국지적인 제한전이라 인식하고 있었다. 휴전문제를 놓고 마오와 스탈린의 관계에서 갈등이 발생하지 않을 수 없는 이유였다. 따라서 휴전회담 개최여부 문제에서 부터 마오는 스탈린을 설득해야 하였다. 마오는 전쟁이 장기화된다 하더라도 승산도 없고 이득도 없을 뿐 아니라 오히려 대내외적으로 상당한 손실이 우려된다는 점을 들어 스탈린을 계속 설득하였다.

마오는 의제채택회담 초기부터 유엔군측의 반대로 쟁점이 되고 있었던 38도선 군사분계선 설정문제와 한반도에서 외국군 철수문제가 휴전회담의 의제로서 논리적으로 취약하며, 설득력이 없다는 것을 인지하고 있었다. 38도선 군사분계선 설정문제에 대해서는 유엔군 측이 38도선은 받아들일 수 없다고 하지만 비무장지대 설정에는 뜻을 같이 하고 있으므로 후속 본 회담에서 비무장지대설정에 대한 구체적인 논의가 분명히 있을 것이고, 38도선 군사분계선 설정문제는 그때 가서 다시 논리를 보강하여 제기하면 된다는 계산을 하였으며, 또한 외국군 철수문제는 관철되기 어려운 문제로서 38도선 양보를 협상카드로 활용할 수는 있겠지만 이는 정부차원에서 논의되어야 하는 정치적인 문제가 틀림없다고 인식하고 있었으므로 이 문제를 아예 휴전회담에서는 논의하지 않고 휴전 후 논의하는 것으로 양보하였다. 따라서 의제채택회담에서부터 마오는 이 두 문제가 전쟁종식이라는 목적에서 볼 때 부차적인 문제이며, 따라서 이 문제를 고집하는 것보다는 양보하면서 실질적인 회담을 진전시켜 조속한 시일 내에 전쟁을 종결시키는 것이 이득이라 판단하였던 것이다.

본 회담의 군사분계선협상에서 결과적으로 중국은 38도선을 양보하는 대신 미국의 지상보상요구와 개성지역 획보요구를 철회시키고 현재의 쌍방군대 접촉선에서 군사분계선을 확정하는 방안을 관철시킨 반면, 미국은 중국으로부터 38도선에 대한 양보만 얻어내는데 그쳤다. 그러나 중국의 38도선에 대한 양보 역시 전략적 계산 내의 양보였다. 따라서 군사분계선협정은 중국이 훨씬 더 많은 이익을 챙긴 결과가 되었다. 이에 비해 미국은 잠정적인 군사분계선 설정이라는 명목적인 것 외에 별 다른 이득을 챙기지는 못했다. 회담 초기부터 양측의 발목을 잡아왔으며 도저히 접점을 찾을 수 없을 것 같았던 군사분계선 문제가 2개월의 회담중단사태까지 겪으면서 드디어 1951년 11월 27일 군사분계선 협정을 체결하면서 타결되자 양측은 모두 나머지 의제에 대한 합의에 상당히 낙관적인 생각을 가지고 있었던 것 같다. 그러나 30일이면 합의될 것 같았던 나머지 의제들이 난항을 겪으면서 군사분계선협정에 명기된 전투행위계속 원칙으로 인하여 1년 반 이상 동안 한 치의 땅도 더 뺏으려는 치열한 전투가 계속되었고 엄청난 사상자를 내었다. 하지만 쌍방군대의 접촉선은 불행히도 1953년 7월 휴전협정 체결시점에 와서도 크게 달라진 것은 없었다.

휴전 본회담에서의 중국의 협상전략기조는 회담의 결렬을 막고 협상을 진전시켜 조속히 휴전을 실현시키는 것이었다. 당시 북한은 매일 계속되는 미 공군의 공습에 북한 전역이 초토화 되고 있었고, 중국은 막대한 인적·물적 손실과 함께 하루빨리 북한을 원조해야 하는 부담에서 벗어나고자 하였다.

중국이 한반도에서 대외적인 전쟁을 치르고 있을 즈음 중국 국내에서는 한국전쟁 참전과 의미 있게 관련된 대내적인 작업들이 진행되고 있었다. 그것은 사회·경제·문화 등 전 국가적 범위에서 추진된 대중운동을 통한 사회주의적 통합, 군의 정규화와 현대화를 통한 물리적 통치력 확립, 지방분권세력 제거를 통한 중앙집권화 구축 등이었다. 사실 이러한 것들은 한국전쟁이 발발하지 않고 참전하지 않았더라도 그들의 신생 사회주의중국의 정권안정을 위하여 시급히 추진되어야 할 과제였음은 분명하다. 이렇게 본다면 중국의 이러한 국내문제와 한국전쟁과의 인과관계 혹은 그 관련성을 지나치게 강조하는 것은 무리한 주장일 수도 있다. 그러나 중국이 정부수립 초기 위에서 언급한 대내적인 목표를 달성하기 위한 일련의 과정에 있었다 할지라도 한국전쟁의 발발과 참전이 적어도 이를 단시간에, 그리고 대중들의 저항을 최소화하면서 추진할 수 있게 하는 계기를 마련하였다는 점은 부인할 수 없을 것이다. 다시 말해서 한국전 참전이 아니었더라면 훨씬 더 많은 시간 필요하였고 대중들의 저항이 훨씬 심하였을 것으로 예상되는 신생중국의 사회주의적 정치적인 통합과 안정을 단시간에 달성하게 했다는 것이다.

또한 본문에서 언급한 대내적인 성과들이 한국전 참전기간 동안 우연히 얻어진 결과로 보기는 어렵다. 그렇다면 이러한 성과들은 참전결정과정에서부터 면밀히 검토되고 계산된 결과라고 보아야 할 것이다. 대외전쟁의 결정이란 대외정책결정 중 가장 어렵고 신중을 요하는 결정임은 어느 국가나 다 마찬가지일 것이다. 중국 역시 한국전 참전이란 대외정책을 결정할 당시 참전의 득(得)과 실(失)을 다방면에서 다차원적으로 면밀히 계산했을 것이고, 결국 실보다 득이 많을 것이라는 판단이 섰기 때문에 참전을 결정한 것이라 보아야 한다. 그렇다면 참전의 결과로서 얻었던 대내적인 측면에서의 성과 역시 참전과 동시에 이미 신중히 의도된 결과물이라 보아도 무방할 것이다.

특히 항미원조운동은 한국전 참전과 직접적인 연관을 가지는 대중운동으로서 중국 현대사에서 볼 때 드물게 보여 지는 성공한 대중운동에 속한다. 이 대중운동은 그 이후의 대약진운동, 사회주의교육운동, 문화혁명 등의 대중운동이 결국 노선투쟁과 권력투쟁을 야기한 것과는 달리 대중운동의 추진과정에서 권력투쟁의 측면은 거의 보이지 않는다. 물론 한국전 참전결정과정에서 일부

경제 관료들이 국가경제와 재정상의 이유로 참전을 반대한 사실은 있었으나 노선투쟁이나 권력투쟁으로 이어지지 않았으며, 성공적으로 이 운동을 완수함으로써 정부수립초기에 필요한 국가기반을 구축할 수 있었다. 이러한 점으로 미루어 참전 결정 과정에서 한국전쟁이라는 대외전쟁 참전이 대내적으로 급격하고도 대대적인 대중운동을 가능케 할 것이라는 중국지도부내의 인식과 이에 대한 동의가 있었을 것으로 강하게 추측할 수 있다.

누구보다도 항미원조운동의 성과를 높이 평가하고 중시하고 있는 것은 바로 중국 자신이다. 중국은 1954년 9월에 공포된 그들의 '중화인민공화국 헌법' 전문에 "항미원조전쟁은 토지개혁, 반혁명분자진압, 경제부흥 등 주요 정책조치와 더불어 그들의 사회주의체제의 기초를 구축하는데 공헌한 4대 요인 중의 하나였다"고 명기함으로써 항미원조운동의 대내적인 성과를 그들 자신이 공식적으로 확인하고 있다. 이것은 중국의 한국전 참전과 함께 대외전쟁지원을 구실로 전개되었던 항미원조운동이 실제로는 대내적인 목적을 위한 대중운동으로 전개되어 당시 중국사회에 뿌리박고 있던 자본주의·제국주의의 세력과 영향력을 청산하게 하였고 민중들의 애국심을 고무하고 이를 이용하여 경제재건에 기초를 닦았으며, 사회주의 정권을 안정시키는데 결정적인 역할을 하였다는 것을 중국 스스로가 인정하는 것이다. 이렇게 볼 때, 중국의 한국전 참전은 정부수립 초기 불안한 권력을 유지·안정시키기 위하여 단순히 국민들의 주의와 관심을 밖으로 돌리려는 소극적인 방편으로 국내적인 긴장상태의 조성에 그치는 것이 아니라, 한국전쟁이라는 대외적 위기를 이용하여 다양한 방면에서의 그 목적이 면밀히 계산된 대중운동에 불을 붙임으로써 그들이 말하는 중국혁명의 연속이라는 보다 적극적인 의미를 가지는 것으로 해석되어야 할 것이다.

결과적으로 중국은 한국전쟁이라는 대외전쟁을 수행하면서 대외적인 위기를 대내적인 기회로 활용함으로써 당시 중국사회에 뿌리박고 있던 봉건적, 제국주의적, 자본주의적 사상과 세력을 청산하게 되었고, 민중들의 애국심을 고무하고 이를 이용하여 전쟁에 대한 지지를 이끌어 내었고 정치적 통합을 가속화시키면서 사회주의 정권을 안정시킬 수 있었던 것이다.

참고문헌

단행본

- 국방군사연구소 편, 『한국전쟁(상), (중)』, 1995.
- 국방부 전사편찬위원회, 『한국전쟁』, 1987.
- ______________, 『한국전쟁 휴전사』, 1989.
- 국방부 군사편찬연구소, 『중국군의 한국전쟁사 III』, 2005.
- 국사편찬위원회, 『남북한관계 사료집』1권, 3권, 9권, 1994.
- __________, 『한국전쟁, 문서와 자료, 1950~53년』, 2006.
- 김경일 지음, 홍면기 옮김, 『중국의 한국전쟁 참전 기원』, 서울: 논형, 2005.
- 김보영, 『한국전쟁 휴전회담연구』 한양대학교 박사학위논문, 2008.
- 김양명, 『한국전쟁사』, 서울: 일신사, 1976.
- 김옥준, 『중국외교정책과 노선』, 서울: 리북, 2011.
- 김원권·김병곤, 『한국전쟁 휴전사』, 서울: 국방부전사편찬위원회, 1989.
- 김학준, 『한국전쟁』, 서울: 박영사, 2010.
- 김형인 외 옮김, 윌리엄 스톡, 『한국전쟁의 국제사』, 서울: 푸른역사, 2001.
- 박명림, 『한국전쟁의 발발과 기원(제1권)』, 서울: 나남출판사, 1996.
- 박영실, 『중국인민지원군과 북·중관계』, 서울: 선인, 2012.
- 박창희, 『현대중국 전략의 기원』, 서울: 플래닛미디어, 2011.
- 데이비드 핼버스탬, 정윤미·이은진 옮김, 『콜디스트 윈터』, 서울: 살림, 2009.
- 서상문, 『毛澤東과 6·25전쟁』, 서울: 국방부 군사편찬연구소, 2006.
- 서진영, 『현대중국정치론』서울: 나남출판, 1999.
- 세르게이 곤차로프, 성균관대학교 한국현대사 연구반 옮김, 『흔들리는 동맹: 스탈린과 마오저뚱 그리고 한국전쟁』, 서울: 일조각, 2011.
- 션즈화 저, 최만원 역, 『마오저뚱, 스탈린과 조선전쟁』, 서울: 선인, 2010.
- 예프게니 바자노프, 나딸리아 바자노프 저, 김광린 역,『소련의 자료로 본 한국전쟁의 전말』, 서울: 도서출판 열림, 1998.
- ______________________________,『한국전쟁의 전말』, 서울: 열림,1998.
- 우노시게아끼 저, 김정화 옮김, 『중국공산당사』, 서울: 일월서각, 1984.
- 이종석, 『북한-중국관계, 1945~2000』, 서울: 중심, 2001.

• 임광택, 『한국전쟁시 중공군의 전략전술』, 국방대학원 석사논문, 1982.
• 장완넨 편, 이두형·이정훈 옮김, 『중국인민해방군의 21세기 세계군사와 중국국방』, 서울:평단문화사, 2002
• 장준익, 『북한인민군대사』, 서울: 서문당, 1991.
• 주젠룽 저, 서각수 옮김, 2005,『모택동은 왜 한국전쟁에 개입했을까』, 서울: 도서출판 역사넷, 2005.
• 주영복, 『내가 겪은 조선전쟁』1권, 서울: 고려원, 1990.
• 최규연, 『중공의 군대』, 중국연구소, 1974.
• 최영, 『중공정치군사론』,.서울: 일지사, 1983.
• 한중 한국전쟁학술회의 자료, 2000. 10. 中國 丹東개최.
• 홍쉐즈 지음, 홍인표 옮김, 『중국이 본 한국전쟁』, 서울: 고려원, 1992.
• A. V. 토르쿠노프, 구종서 옮김, 『한국전쟁의 진실과 수수께끼』, 에디터, 2003.
• Callum A. MacDonald, Korea: The War Before Vietnam, N.Y., NJ.: Macmillan, 1986.
• C. Turner Joy, 김홍열 역,『공산주의자는 어떻게 협상하는가?』, 해양전략연구소, 2003.
• James F. Schnabel, Rovert L. Watson, The Joint Chiefs of Staff and National PolicyVol.III The Korean War Part II, 1979, 국방부전사편찬위원회 역,『미국합동참모본부사: 한국전쟁(하)』, 1991.
• Walter G. Hermes, U.S. Army in the Korean War: The Tent and Fighting Front, 육군 본부 역, 『유엔군 전사: 휴전천막과 싸우는 전선(제2집)』, 서울: 육군본부,1967.
• ______________, Truce Tent and Fighting Front, US Army, Washington D.C. 1966, 육군본부 역,『유엔군 전사: 휴전천막과 싸우는 전선』, 1968.
• Attlee, Clement, As It Happened, London: Heinemann, 1954.
• Barnett, Doak A., Communist China–The Early Years;1945~55 (New York: Frederick A. Preager, 1966.
• Chai, Winberg, The Foreign Relations of the People's Republic of China,

New York: Capricorn Books, 1972.

• Department of State, Department of State Bulletin, Vol.1 23, October 2, 1950.

• ________________, FRUS. Vol.II, Washington, 1976.

• Dougherty, J. E., & Pfaltzgraff, R. L. Jr., Contending Theories of International relations, New York : Harper & Row, 1981.

• Edmond, Clubb O., China and Russia: The Great Game, New York: Columbia Univ.Press, 1971.

• Fairbank, John King, The Unite States & China, Chicago: Harvard Univ. Press,1968.

• Gardner, Lloyd C., eds., The Korean War, New York; Quadrangle Books, 1972.

• Gittings, John, The Role of the Chinese Army, London: Oxford Univ. Press, 1967.

• Goncharov, Sergei N., & Lewis, John W., Uncertain Partner: Stalin, Mao and Korean War, Stanford Univ. Press, 1993.

• Gurtov, Melvin and Byung-moo Hwang, China under Treat: The Politics of Strategy and Diplomacy, Baltimore: John Hopkins University Press, 1980

• Hastings, Max, The Korean War, A Touchstones Books, 1987.

• Jian Chen, China's Road To The Korean War: The Making of the Sino-American Confrontation, New York: Columbia University Press, 1994.

• Kalicki, J. H., The Pattern of Sino-American Crisis: Political-Military Interaction inthe 1950's, New York: Cambridge Univ. Press, 1975.

• Panikkar, K. M., In Two Chinas,London: Aiien &Uwin, 1955.

• Peter S. H. Tang, Communist China Today, Washington: Research Institute onSino-Soviet Bloc, 1961.

• Poats, Rutherford M., Decision in Korea, New York: The Mcbride, 1954.

• Schecter, Jerrold L., Khurshchev Remembers, The Glasnost Tapes,

Little BrownCompany, 1970.

- Shuguang Zhang and Jien Chen, eds., Chinese Communist Foreign Policy and theCold War in Asia-New Documentary Evidence, 1944~1950, Chicago: Imprint Publication, 1996.
- Spanier, John W., The Truman McArthur Controversy and the Korean War, Cambridge: Harvard Univ. Press, 1959.
- Tsou Tang, China in Crisis, Vol. II: China's Policies in Asia & America's Alternatives, Chicago Press, 1968.
- Whiting, Allen S., Chinese Policy and Korean War, Lexington: Health and Company, 1972.
- ________________, China Crosses the Yalu, California: Stanford Univ. Press, 1960.
- Wint, Guy, Communist China's Crusade, New York: Frederick A. Praeger, 1965
- Ying-Mao Kau, The People's Liberation Army & China's Nation-Building, New York: International Arts & Science Press, 1973.
- 力平,『開國總理周恩來』, 北京: 中央黨校出版社, 1994.
- 『毛澤東軍事文選』第6卷, 北京: 軍事科學出版社, 1993.
- 中共中央文獻研究室編,『周恩來傳 1949~1976(上册)』, 北京: 中央文獻出版社, 1998.
- 中華人民共和國外交部 外交史研究室編,『周恩來外交活動大事記 1949~1975』, 北京: 世界知 識出版社, 1993.
- 中國人民解放軍軍事科學院編, 『周恩來軍事文獻(第四卷)』, 北京: 人民出版社, 1997.
- 中國人民解放軍總參謀部政治部宣傳部編, 『軍史集要』, 上海: 上海人民出版社, 1997
- 中共中央文獻研究室編, 『建國以來毛澤東文稿』第1册, 北京: 人民出版社, 1996.
- ________________, 『周恩來年譜: 1949~1976』, 北京: 中央文獻出版社, 1997.
- ________________, 『周恩來傳: 1949~1976(上册)』, 北京: 中央文獻出版社,

1998.
• 王樹增,『朝鮮戰爭』, 北京; 解放軍文藝出版社, 2000.
• 外交部外交史研究室, 『當代中國使節外交生涯』第1輯, 北京: 世界知識出版社, 1995.
• 田應奎 主編, 『黨和國家重大決策的歷程 第三卷』, 北京: 紅旗出版社, 1997.
• 杜平, 『在志願軍摠部』, 北京: 解放軍出版社, 1989.
• 杜導正 主編, 『重大決策幕後』, 海口: 南海出版社, 1998.
• 沈志華, 『毛澤東, 斯大林與韓戰』, 香港: 天地圖書, 1998
• ______, 『毛澤東與韓戰-中蘇最高機密檔案』 香港: 天地圖書, 1998.
• ______, 『中蘇同盟與朝鮮戰爭研究』, 中國; 廣西師範大學出版社, 1999
• ______, 『朝鮮戰爭-俄國檔案館的解密文件(上)』, 臺灣:中央研究院近代史研究所史料叢刊,2003.
• ______, 『朝鮮戰爭: 俄國檔案館的解密文件』, 台北: 中央研究院近代史研究所, 2003.
• ______, 『毛澤東·斯大林與朝鮮戰爭』, 廣州: 廣州人民出版社, 2003.
• 和田春樹, 『韓國戰爭』, 東京: 岩波書店, 1995.
• 周恩來, 『周恩來文選』下卷, 北京: 人民出版社, 1984.
• ______, 『周恩來軍事文選』 第4卷, 北京: 人民出版社, 1997.
• 周鯨文, 『風暴十年』, 香港: 時事批評社, 1962.
• 胡繩 主編, 『中國共産黨的七十年』, 北京: 中共黨史出版社, 1991.
• 『建國以來毛澤東文稿』第1册, 北京: 中央文獻出版社, 1987.
• 軍事科學院 軍事歷史研究部編著, 『中國人民志願軍抗美援朝戰史』, 北京: 軍事科學出版社, 1992.
• 軍事科學院軍事歷史研究部, 『抗美援朝戰爭史(第1卷)』, 北京: 軍事科學出版社, 2000.
• 柴成文·趙勇田, 『板門店談判』, 北京: 解放軍出版社, 1991.
• 師哲, 『在歷史巨人身邊 : 師哲回憶錄』, 北京: 中央文獻出版社. 1995.
• 逄先知·李捷, 『毛澤東與抗美援朝』, 北京: 中央文獻出版社, 2000.
• 郭寶恒, 胡支援 著, .『馳騁漢江南北-42軍在朝鮮』, 沈陽: 遼寧人民出版社,

1996.
• 陳宏,『跨過鴨綠江』, 北京: 藍天出版社, 2003.
• 徐焰,『第一次較量-抗美援朝戰爭的歷史回顧與反思』, 中國廣播電視出版社, 1990.
•『朝鮮停戰談判問題』, 北京: 世界知識出版社, 1951.
• 楊風安·王天成,『駕馭朝鮮戰爭的人』, 北京: 中共中央黨校出版社, 1993.
• 楊得志,『爲了和平』(北京: 長征出版社, 1987), p.12.
• 彭德懷,『彭德懷自述』, 北京: 人民出版社, 1981.
• ______,『彭德懷軍事文選』, 北京: 中央文獻出版社, 1988.
• ______,『彭德懷傳』, 北京: 當代出版社, 1993.
•『彭德懷年譜』北京: 人民出版社, 1998.
• 解力夫,『朝鮮戰爭實錄(上),(下)』, 北京: 世界知識出版社, 1993.
•『黨的文獻』第5期, 北京: 中央文獻出版社, 2000.
• 劉金質·楊淮生 主編,『中國對朝鮮和韓國政策文件滙編 1(1949~1952)』北京: 中國社會科學出版社, 1994.
• 聶榮臻,『聶榮臻回憶錄』, 北京: 解放軍出版社, 1986.
• 寶石少譯,『赫魯籲夫回憶錄』, 北京: 中國廣播電視出版社, 1998.
• 華慶昭,『從雅爾塔到板門店: 美國與中,蘇, 英(1945~1953)』(北京:中國社會科學出版社, 1992)

논문

• 김영호, "6·25전쟁 개전결정과 휴전협상 과정에서 공산3국 사이의 공조에 관한 비교연구",『평화학연구』제14권 5호, 2013.
• 김옥준, "중국의 한국전 참전과 국내정치",『국제정치논총』, 서울: 한국국제정치학회, 제42집 1호, 2002.
• ______, "중국 항미원조운동의 대내적 성격과 의의",『중국학논총』, 한국 중국문화학회,2007.
• ______, "북한의 남침에 대한 중국의 지원약속과 소련의 역할",『대한정치학회보』제18집1호, 2010.

- ______, “중국의 한국전 참전과 국내정치”, 한국정치외교사학회편,『한반도분쟁과 중국의 개입』, 서울: 선인, 2012
- ______, “북한의 남침에 대한 소련의 전략과 중국의 동의배경: 소련의 남침동의부터 남침개시까지를 중심으로”,『국제정치연구』, 2013. 6.
- ______, “중국의 한국전 참전에 대한 전략적 고려: 북한의 남침개시부터 지원요청까지를 중심으로”,『동북아논총』, 2013. 6.
- ______, “중국의 한국전 참전에 대한 전략적 고려: 북한의 남침개시부터 지원요청까지를 중심으로”,『국제정치연구』제16집 1호, 동아시아국제정치학회, 2013. 6.
- ______, “중국의 한국전쟁 참전결정과정: 북한의 지원요청부터 참전결정까지를 중심으로”,『동북아연구』, 제28권 2호, 2013. 12
- ______, “한국전쟁 휴전회담 의제채택협상에서의 중국의 전략: 38도선 군사분계선설정문제와 외국군 철수문제를 중심으로”,『중국학논총』제45집, 2015. 3.
- 김하룡, “한국전쟁이 중공정치에 미친 영향”,『아세아 연구』, 서울: 고려대 아세아문제연구소, 1967. 9.
- 데이비드 쑤이, “중공군의 한국전쟁참전(II), (III), (IV)”,『전략연구』통권 36~38호, 서울:한국 전략문제연구소, 2006.
- ____________, “중공군의 한국전쟁참전(V), (VI)”,『전략연구』통권 39~40호, 서울: 한국전략문제연구소, 2007.
- ____________, “중공군의 한국전쟁 참전(X)” ,『전략연구』통권 44호, 서울: 한국전략문제 연구소, 2008.
- 백학순, “중국내전시 북한의 중국공산당을 위한 군사원조”『한국과 국제정치』제10권1호, 1994.
- 송종환, 1999, “한국전쟁에 대한 소련의 전략적 목표에 관한 연구”『국제정치논총』제39집 2호, 서울: 한국국제정치학회
- 신복룡, “한국전쟁 휴전협정의 비밀협상에 관한 연구: 미국역할을 중심으로”,『한국정치학회보』제21집 2호, 1987.
- 이재훈, “1949~50년 중국인민해방군 내 조선인부대의 입북에 대한 북·중·소 3국의 입장”『국제정치논총』제45집 3권, 국제정치학회, 2005

• 이종석, "국공내전시기 북한·중국관계(3)", 『전략연구』1998년 제1호, 1998.
• ______, "한국전쟁과 북한-중국관계", 『전략연구』통권 15호, 서울: 전략문제연구소, 1999.
• ______, "국공내전시기의 중. 북한관계(III)"『전략연구』통권 13권, 서울: 한국전략문제연구소, 1999.
• 야오쉬 저, 이홍영 역 "미국에 대항하고 조선을 지원한 현명한 정책", 『중소연구』 제8권 4호 1984,
• 양규송, "중국군의 정전협상전략", 국방부 군사편찬연구소, 『한국전쟁사의 새로운 연구』,서울: 국방부 군사편찬연구소, 2001.
• 이병주, "한국전쟁 휴전회담 신석", 『중국연구』, 통권 58호, 1993 여름.
• 제임스 머드레이, "한국전쟁 휴전협상: 원심작용적 협상전략" 국방대학교 안보문제연구소, 『6·25전쟁과 한반도 평화』, 2000.
• Bajanov, Evagueni, "Assessing the politics of the Korean War" 1995. 7. 24 '한국전 쟁 역사적 기록의 평가' 학술회의(워싱턴 조지타운대학) 발표문.
• "Chinese Communist Government", Agent Report by 308th CIC Det., RG338, BoxP605, WNRC, 8 Feb. 1951.
• Denissov, Valeri, 1995, "Korean War of 1950~1953: Thoughts about the conflict'scauses and actors" 1995. 7. 24 '한국전쟁: 역사적 기록의 평가'학술회의(워싱턴조지타운대학) 발표문.
• Han-Shik Park, "Chinese Foreign Policy Orientation and the Korean Peninsula",Korea & World Affairs, Summer, Vol. IV, No.2, 1980.
• "Memorandum by G. F. Kennan" (Aug. 8, 1950), in FRUS: 1950, vol.1.
• "Memorandum of Conversation in Department of State by D. Rusk" in FRUS: 1951, vol. VII, Part 1., Washington D.C.: GPOI, 1983.
• Mineo Nakajima, "The Sino-Soviet Confrontation: Its Roots in the International Background of the Korean War", The Australian Journal of Chinese Affairs,No.1., 1979.
• ______________, "The Sino-Soviet Confrontation in the Historical Perspective" inYonosuke Nagai & Akira Iriye ed.,The origins of the Cold War in Asia,Columbia Univ. Press, 1977.

- "Proposed Cease-fire in Korea"(8 Feb. 1951), Agent Report by 308th CIC Det.,RG338, Box P605, WNRC.
- Steiner, Arthur, "Current 'Mass Line' Tactics in Communist China", Problem ofCommunism, June. No. 2. 1951.
- Weathersby, Kathryn, "New Findings on the Korean War" CWIHP Bulletin, Issue 3,1993.
- ____________________,"To attack, or not to attack? Stalin, Kim Ilsung, and theprelude to wat" in CWIHP Bullitin, Issue 5, 1995.
- Yuan-Li Wu, "The Chinese Economy Since 1949", in A Decade Under MaoTse-Tung, Hong Kong: The Green Pagoda Press LTD., 1959.
- 史成之, "間論解放軍的過去和中共的未來", 『明報月刊』, 香港: 明報, 1970.
- 田豈, "高饒反黨聯盟始來", 史家麟編, 『中共高饒事件面面觀』, 香港: 自由出版社, 1955.
- 伍修權, "李克農同志在朝鮮開城", 柴成文主編, 『板門店談判紀實』, 北京: 時事出版社, 2000.
- 李越然, "我在周總理身邊工作的偏斷回憶", 外交部外交史編輯會編, 『新中國外交風雲』, 北京,1990.
- 李越然, "我在周總理身邊工作的偏斷回憶", 外交部外交史編輯會編, 『新中國外交風雲』, 北京:外交部外交史編輯會, 1990.
- 李海文, "中共中央究竟何時決定支援軍出國作戰?", 『黨的文獻』1993년 5호.
- 青石, "金日成沮止了毛澤東進攻臺灣計劃", 香港:『月刊明報』 1994. 7.
- 清源, "韓戰秘密檔案的公開", 香港:『月刊明報』, 1994.
- 徐澤榮, "有關朝鮮戰爭的面幾訪點紀錄", 『傳記文學』 第77卷 第4期, 2000.
- ______, "中國介入朝鮮戰爭之始末與目標", 『傳記文學』第77卷 第4期, 2000.
- 張希, "彭德懷受命率帥抗美援朝的前前後後", 『中共黨史資料』第31號, 1989. 10.
- 雷英夫, "抗美援朝戰爭幾個重大決策的回億", 『黨的文獻』, 1993. 6.
- 潘龍海, "并肩征戰五万里: 在中國人民解放軍種的朝鮮族" 『延邊大學 社會科學報』, 吉林: 延邊大學 社會科學部, 1993.

전문

- АПРФ, ф.45, оп.1, д.332, л.47~48(1949. 10. 26).
- АВПРФ, ф.45, оп.1, д.334, л.8~9(1949. 12. 25).
- АВПРФ, ф.45, оп.1, д.334, л.22(1950. 1. 25).
- АВПРФ, ф.059а, оп.5а, п.11, д.3, л.92(1950. 1. 30).
- АВПРФ, ф.059а, оп.5а, п.11, д.3, л.92~93(1950. 1. 31).
- АПРФ, ф.45, оп.1, д.331, лл.54(1950. 5. 3).
- АПРФ, ф.0102, оп.6, п.22, д.49, лл.49~67(1950. 5. 12).
- АВПРФ, ф.059а, оп.5а, п.11, д.3, лл.100~103(1950. 5. 13).
- РГАСПИ, ф.558, оп.11, д.334, л.56(1950. 5. 14).
- АПРФ, ф.45, оп.1, д.331, лл.55(1950. 5. 14).
- АПРФ, ф.558, оп.11, д.334, л.56(1950. 5. 14).
- АВПРФ, ф.45, оп.1, д.331, лл.59~61(1949. 5. 18).
- АПРФ, Ф.45, оп.1, д.339, лл.31~32(1951. 6. 13).
- АПРФ, Ф.45, оп.1, д.339, лл.57~60(1951. 6. 13).
- АПРФ, Ф.3, оп.65, д.828, лл.181~185(1951. 6. 27).
- АПРФ, Ф.45, оп.1, д.339, лл.90~91(1951. 6. 30).
- АПРФ, Ф.45, оп.1, д.339, лл.93~94(1951. 6. 30).
- АВПРФ, ф.059а, оп.5а, п.11, д.4, лл.12~13(1951. 6. 30).
- АПРФ, Ф.45, оп.1, д.339, лл.95~96(1951. 6. 30).
- АПРФ, Ф.45, оп.1, д.339, лл.93~948(1951. 6. 30).
- АВПРФ, ф.059а, оп.5а, п.11, д.4, лл.12~13(1951. 6. 30).
- АПРФ, ф.45, оп.1, д.346, лл.104(1950. 7. 1).
- АВПРФ, ф.059а, оп.5а, п.11, д.3, лл.107(1950. 7. 1).
- АВПРФ, ф.059а, оп.5а, п.11, д.3, лл.107~110(1950. 7. 2).
- АПРФ, ф.45, оп.1, д.346, лл.136~139(1950. 7. 4).
- АВПРФ, ф.059а, оп.5а, п.11, д.3, лл.111~114(1950. 7. 4).
- АПРФ, ф.45, оп.1, д.331, лл.79(1950. 7. 5).
- АВПРФ, ф.059а, оп.5а, п.11, д.3, лл.115(1950. 7. 5).

- АПРФ, ф.45, оп.1, д.346, лл.143~144(1950. 7. 8).
- АВПРФ, ф.059а, оп.5а, п.11, д.3, л.4, л.151(1950. 7. 8).
- АПРФ, ф.45, оп.1, д.331, лл.82(1950. 7. 8).
- АВПРФ, ф.059а, оп.5а, п.11, д.3, лл.117(1950. 7. 8).
- АПРФ, ф.45, оп.1, д.331, л.85(1950. 7. 13).
- АВПРФ, ф.059а, оп.5а, п.11, д.3, л.118(1950. 7. 13).
- АПРФ, Ф.45, оп.1, д.340, лл.88~91(1951. 7. 20).
- АПРФ, ф.45, оп.1, д.334, лл.88~89(1950. 7. 22).
- АПРФ, ф.45, оп.1, д.331, л.79(1950. 7. 25).
- АПРФ, ф.45, оп.1, д.334, л.90(1950. 7. 25).
- РГАСПИ, ф.558, оп.11, д.334, лл.97~98(1950. 8. 27).
- АПРФ, ф.45, оп.1, д.334, л.94(1950. 8. 27).
- АВПРФ, ф.059а, оп.5а, п.11, д.4, лл.155~156(1950. 8. 28).
- АВПРФ, ф.3, оп.65, д.827, лл.81~82(1950. 9. 23).
- АВПРФ, ф.3, оп.65, д.827, лл.90~93(1950. 9. 27).
- АВПРФ, ф.45, оп.1, д.347, лл.41~45(1950. 9. 30).
- АВПРФ, ф.45, оп.1, д.334, лл.97~98(1950. 10. 1).
- АВПРФ, ф.45, оп.1, д.334, лл.105~106(1950. 10. 3).
- РГАСПИ, ф.558, оп.11, д.334, лл.126~128(1950. 10. 7).
- РГАСПИ, ф.558, оп.11, д.334, л.132(1950. 10. 8).
- РГАСПИ, ф.558, оп.11, д.334, лл.134~135(1950. 10. 11).
- РГАСПИ, ф.558, оп.11, д.334, л.140(1950. 10. 12).
- РГАСПИ, ф.558, оп.11, д.334, л.141(1950. 10. 12).
- РГАСПИ, ф.558, оп.11, д.334, лл.142~144(1950. 10. 12).
- РГАСПИ, ф.558, оп.11, д.334, л.145(1950. 10. 13).
- АВПРФ, ф.45, оп.1, д.335, лл.1~2(1950. 10. 13).
- АВПРФ, ф.45, оп.1, д.347, л.75(1950. 10.13).
- АВПРФ, ф.45, оп.1, д.335, л.3(1950. 10. 14).
- АВПРФ, ф.45, оп.1, д.347, л.77(1950. 10. 14).

- АПРФ, Ф.3, оп.65, д.828, лл.44~47(1950. 12. 9).
- АПРФ, Ф.3, оп.65, д.828, лл.181~185(1951. 6. 27).
- АПРФ, Ф.45, оп.1, д.340, лл.3~4(1951. 7. 1).
- АПРФ, Ф.45, оп.1, д.340, лл.5(1951. 7. 2).
- АПРФ, Ф.45, оп.1, д.339, лл.6~7(1951. 7. 3).
- АПРФ, Ф.45, оп.1, д.339, лл.8~10(1951. 7. 3).
- АПРФ, Ф.45, оп.1, д.339, лл.11~12(1951. 7. 3).
- АПРФ, Ф.45, оп.1, д.340, лл.19~20(1951. 7. 5).
- АПРФ, Ф.45, оп.1, д.339, лл.22~24(1951. 7. 10).
- АПРФ, Ф.45, оп.1, д.339, лл.25~28(1951. 7. 11).
- АПРФ, Ф.45, оп.1, д.339, лл.29~30(1951. 7. 11).
- АПРФ, Ф.45, оп.1, д.339, лл.35~42(1951. 7. 12).
- АПРФ, Ф.45, оп.1, д.339, лл.57~60(1951. 7. 13).
- АПРФ, Ф.45, оп.1, д.340, лл.43~45(1951. 7. 13).
- АПРФ, Ф.45, оп.1, д.340, лл.56~61(1951. 7. 16).
- АПРФ, Ф.45, оп.1, д.340, лл.64~67(1951. 7. 17).
- АПРФ, Ф.45, оп.1, д.340, лл.68~70(1951. 7. 18).
- АПРФ, Ф.45, оп.1, д.340, лл.71~75(1951. 7. 19).
- АПРФ, Ф.45, оп.1, д.340, лл.88~91(1951. 7. 20).
- АПРФ, Ф.45, оп.1, д.340, лл.92(1951. 7. 21).
- АПРФ, Ф.45, оп.1, д.340, лл.111~113(1951. 7. 27).
- АПРФ, Ф.45, оп.1, д.340, лл.114~115(1951. 7. 28)
- АПРФ, Ф.45, оп.1, д.340, лл.116~122(1951. 7. 29).
- АПРФ, Ф.45, оп.1, д.340, лл.130~131(1951. 7. 31).
- АПРФ, Ф.45, оп.1, д.341, лл.1~2(1951. 8. 1).
- АПРФ, Ф.45, оп.1, д.341, лл.19~20(1951. 8. 3).
- АПРФ, Ф.45, оп.1, д.341, лл.27~28(1951. 8. 4).
- АПРФ, Ф.45, оп.1, д.341, лл.37~39(1951. 8. 10).
- АПРФ, Ф.45, оп.1, д.341, лл.45~47(1951. 8. 11).

- АПРФ, Ф.45, оп.1, д.341, лл.51~52(1951. 8. 12).
- АПРФ, Ф.45, оп.1, д.341, лл.56~58(1951. 8. 12).
- АПРФ, Ф.45, оп.1, д.341, лл.53~55(1951. 8. 13).
- АПРФ, Ф.45, оп.1, д.341, лл.79~80(1951. 8. 16).
- АПРФ, Ф.45, оп.1, д.341, лл.86~88(1951. 8. 27).
- АПРФ, Ф.3, оп.65, д.829, лл.4~5(1951. 8. 29).
- АПРФ, Ф.45, оп.1, д.341, лл.139~140(1951. 10. 18).
- АПРФ, Ф.45, оп.1, д.341, лл.144~146(1951. 10. 22).
- АПРФ, Ф.45, оп.1, д.341, лл.150~151(1951. 10. 23).
- АПРФ, Ф.45, оп.1, д.341, лл.147~149(1951. 10. 24).
- АПРФ, Ф.45, оп.1, д.341, лл.154~155(1951. 10. 25).
- АПРФ, Ф.45, оп.1, д.341, лл.158~159(1951. 10. 29).
- АПРФ, Ф.45, оп.1, д.342, лл.3~7(1951. 10. 30).
- АПРФ, Ф.45, оп.1, д.342, лл.1~2(1951. 10. 31).
- АПРФ, Ф.45, оп.1, д.342, лл.1~2(51. 10. 31).
- АПРФ, Ф.45, оп.1, д.342, лл.34~37(1951. 11. 22).
- АПРФ, Ф.3, оп.65, д.515, лл.35~37(1951. 12. 5).
- АПРФ, Ф.3, оп.65, д.336, лл.17~19(1951. 12. 7).
- АВПРФ, ф.059а, оп.5а, п.11, д.3, лл.193~195(1951. 12. 7).
- АПРФ, Ф.3, оп.65, д.336, лл.17~19(1951. 12. 7).
- АВПРФ, ф.059а, оп.5а, п.11, д.3, лл.193~195(1951. 12. 7).
- АПРФ, Ф.45, оп.1, д.336, лл.20~29(1951. 12. 7).
- АВПРФ, ф.059а, оп.5а, п.11, д.3, лл.196~197(1951. 12. 7).
- АПРФ, Ф.3, оп.65, д.828, лл.23~24(1951. 12. 7).
- АВПРФ, ф.059а, оп.5а, п.11, д.5, лл.7~8(1951. 12. 7).